BUCHREIHE DER ANGLIA
ZEITSCHRIFT FÜR ENGLISCHE PHILOLOGIE

Herausgegeben von
Helmut Gneuss, Hans Käsmann, Erwin Wolff
und Theodor Wolpers

17. Band

RAIMUND BORGMEIER

THE
DYING SHEPHERD

Die Tradition der englischen Ekloge
von Pope bis Wordsworth

MAX NIEMEYER VERLAG TÜBINGEN

1976

CIP-Kurztitelaufnahme der Deutschen Bibliothek
Borgmeier, Raimund
The dying shepherd : d. Tradition d. engl. Ekloge von Pope bis Wordsworth. –
1. Aufl. – Tübingen : Niemeyer, 1976
(Buchreihe der Anglia, Zeitschrift für englische Philologie ; Bd. 17)
ISBN 3-484-42019-7

Als Habilitationsschrift gedruckt mit Unterstützung der
Deutschen Forschungsgemeinschaft

ISBN 3-484-42019-7

Satz und Druck: Wörner GmbH, Stuttgart
Einband von Heinr. Koch Tübingen

INHALTSVERZEICHNIS

VORWORT

"The Golden Age is not to be regilt; P. [Pastoral] is gone out, and Pan extinct" – mit diesem Ausspruch des Dichters Thomas Hood aus dem frühen 19. Jahrhundert über den Tod der Pastoraldichtung belegt das *Oxford English Dictionary* signifikanterweise das Stichwort *Pastoral*. Die vorliegende Studie versucht, die Hintergründe einer solchen Feststellung zu erhellen. Nachdem von der deutschen Anglistik in letzter Zeit bereits andere literarische Formen im 18. Jahrhundert, wie z. B. die Ode, das Epitaph oder das komische Epos, zum Gegenstand eingehender Untersuchungen gemacht worden sind, soll hiermit auch die für diesen Zeitraum nicht weniger repräsentative Gattung der Pastoraldichtung analysiert werden.

Das vorliegende Buch ist die überarbeitete Fassung meiner Bochumer Habilitationsschrift aus dem Jahre 1973. Mein aufrichtiger und herzlicher Dank gilt meinem Lehrer, Herrn Prof. Dr. Ulrich Suerbaum, Bochum, ohne dessen stetige und wohlwollende Förderung diese Arbeit nicht zustande gekommen wäre und dessen sachverständigem und kritischen Rat ich in Einzelpunkten ebenso wie in grundlegenden Fragen für viele Erkenntnisse und Verbesserungen verpflichtet bin.

Auch Herrn Prof. Dr. Ulrich Broich, München, sowie Herrn Prof. Dr. Gerd Stratmann, Bochum, danke ich herzlich für ihre freundliche Unterstützung und wertvollen Anregungen. Den Bochumer Professoren Herrn Hellmuth Flashar, Herrn Siegfried Grosse und Herrn Karl Maurer bin ich ebenfalls für ihre bereitwillige Hilfe sehr verbunden. Danken möchte ich nicht zuletzt Herrn Peter Zenzinger und mit ihm Herrn Reinhard Lutz am Insitut für Anglistik und Amerikanistik, Gießen, für die Mühe und Geduld bei der Vorbereitung des Manuskripts für den Druck; bei der Erstellung des Registers hat auch Fräulein Jutta Niggestich, Bochum, mitgeholfen.

Mein Dank gilt ferner den Mitarbeitern der Universiätsbibliotheken Bochum und St. Andrews/Schottland sowie des *British Museum* und ganz besonders der Deutschen Forschungsgemeinschaft für ein Reisestipendium nach London sowie vor allem für einen erheblichen Zuschuß zu den Druckkosten dieser Arbeit.

Gießen, im Mai 1976   Raimund Borgmeier

I.

EINLEITUNG

Die Geschichte der englischen Pastorale im 18. Jahrhundert ist die Geschichte der Schlußphase einer literarischen Gattung. Während zu Beginn des Jahrhunderts der junge Pope in seinen *Pastorals* (1709) mit Erfolg die klassische Tradition der Ekloge weiterführt und bis weit über die Jahrhundertmitte hinaus zahlreiche Werke der Gattung, zum Teil von bedeutenden Autoren, entstehen, ist am Ende bei Wordsworths "Michael. A Pastoral Poem" (1800) kaum mehr als der Gattungsbegriff erhalten geblieben. Für die Romantik ist die Pastorale als Gattung tot. Auch später dauert die Entfremdung von der Eklogendichtung an, und noch im 20. Jahrhundert wird häufig übereinstimmend festgestellt, die Pastorale sei dem modernen Empfinden wesensfremd.[1]

Bei der zunehmenden Erforschung der englischen Dichtung des 18. Jahrhunderts in den letzten Jahrzehnten, die in vielem grundlegend neue Erkenntnisse gebracht hat, blieb deshalb die Gattung der Pastorale ausgespart.[2] Sie wird von der Kritik gern mit einer kurzen negativen Bemerkung abgetan, so etwa bei T. S. Eliot, der summarisch erklärt: "... [the 18th century] is cursed with a Pastoral convention – Collin's Eclogues are bad enough, and those of Shenstone consummately dull..."[3] Die wenigen Spezialforscher und Spezialisten, die sich mit angrenzenden Gebieten beschäftigen, äußern sich ähnlich. Beispielsweise kommt J. E. Congleton in seiner umfassenden und intensiven Untersuchung *Theories of Pastoral Poetry in England. 1684–1798* nur auf die konkrete Pastoraldichtung zu sprechen, um sie als unwürdigen

---

[1] Z. B. Homer Smith, "Pastoral Influence on the English Drama", *PMLA*, 12 (1897), S. 359 ("So foreign is pastoral literature to modern methods of thought..."); Herbert E. Cory, "The Golden Age of Spenserean Pastoral", *PMLA*, 25 (1910), S. 241 ("Modernity has taught us, with some reason, to laugh at pastorals."); James Holly Hanford, "The Pastoral Elegy and Milton's *Lycidas*", *PMLA*, 25 (1910), S. 403 ("... we have to-day all but forgotten the pastoral tradition and quite lost sympathy with the pastoral mood."), Hallett Smith, *Elizabethan Poetry. A Study in Conventions, Meaning and Expression*, 1968 [¹1952], "Pastoral Poetry", S. 31f. ("A critical appreciation of the Elizabethan eclogue is not easy for a modern reader...").

[2] Vgl. Erwin Wolff, „Englische Literatur im 18. Jahrhundert. Ein Forschungsbericht (1950–1960)", *Deutsche Vierteljahresschrift*, 35 (1961), S. 280 bzw. S. 285.

[3] "Poetry in the Eighteenth Century", *From Dryden to Johnson*, Pelican Guide to English Literature, 4, hrsg. von Boris Ford (Harmondsworth, 1957), S. 274.

Gegenstand für die Anstrengungen der pastoralen Theorien der Zeit zu apostrophieren.[4] Meist glaubt man der Sache dadurch Genüge getan zu haben, daß man mehr oder weniger kurz das Ende der Gattung konstatiert, wobei der angenommene Zeitpunkt bisweilen schon vor dem 18. Jahrhundert liegt.[5]

Die Literaturhistorie hat lange Zeit ihr Interesse bevorzugt oder sogar fast ausschließlich auf die Phasen der Entstehung und der Blüte in der Geschichte einer literarischen Gattung gerichtet. Von dieser Einstellung abzuweichen bestand um so weniger Veranlassung, wenn man – wie im Falle der Pastorale – aufgrund der eigenen poetischen Vorstellungen eine Gattung als unbedeutend ansah und ihr Ende letztlich für begrüßenswert halten mußte.

In Wirklichkeit spielt die Pastorale im 18. Jahrhundert, obwohl ihr Ende bevorsteht und auch spätestens nach der ersten Hälfte des Jahrhunderts vorauszusehen ist, literaturgeschichtlich eine entscheidende Rolle. Sie hat die Funktion einer Leitgattung, auf die sich das Interesse maßgeblicher Autoren konzentriert, und in ihr spiegeln sich die fundamentalen Wandlungen, die sich im Verlauf des Jahrhunderts für die Dichtung insgesamt vollziehen. Dr. Johnson, der große klassizistische Literaturkritiker, welcher persönlich kein Freund der Pastorale ist,[6] bezeugt genau um die Mitte des Jahrhunderts ihre Bedeutung, indem er feststellt: "There is scarcely any species of poetry that his allured

---

[4] (Gainesville, Florida, 1952), S. 295: "Perhaps never has such mediocre poetry received so much critical attention."

[5] Vgl. z. B. Sir Edmund Chambers, Hrsg., *English Pastorals* (London, 1906), "Introduction", S. XLIV ("The interest of the history of English pastoral ends abruptly with the seventeenth century."); Cory, "Golden Age", S. 267 ("...the formal eclogue has perished."); A. Bourgery, "Les Bucoliques de Virgile dans la poésie moderne", *Revue des études latines*, 23 (1945), S. 144 ("...le genre pastoral finit avec le XVIIIe siècle."); Frank Kermode, Hrsg., *English Pastoral Poetry from the Beginnings to Marvell* (London, 1952), "Introduction", S. 42 ("...the true impulse of rustic Pastoral petered out..."); Calvin William Truesdale, *English Pastoral Verse from Spenser to Marvell: a Critical Revaluation* (Diss. Washington, 1956), S. 230 ("Beyond Marvell there is little in the way of successful *formal* pastoral..."); Peter V. Marinelli, *Pastoral* (London, 1971), S. 3 ("...its [the pastoral's] death in the latter eighteenth century..."); Paul Alpers, "The Eclogue Tradition and the Nature of Pastoral", *College English*, 34 (1972), S. 352 ("...the eclogue tradition ... concludes with ... Milton's *Lycidas*").

[6] Vgl. die vernichtenden Bemerkungen, die Johnson in den *Lives of the English Poets*, World's Classics, 2 Bde. (London, 1952) über die Pastorale macht: "Milton" (I, S. 112), "Congreve" (II, S. 25), "Fenton" (II, S. 57), "Gay" (II, S. 69), "Pope" (II, S. 309), "A. Philips" (II, S. 370ff.), "Shenstone" (II, S. 392), "Lyttelton" (II, S. 465).

more readers or excited more writers than the Pastoral."[7] Diese bedeutende Gattung kommt nicht einfach zu einem plötzlichen Erliegen, sondern sie setzt sich in einem langen Prozeß mit wesentlich veränderten Bedingungen auseinander und ändert dabei in unterschiedlicher Weise ihr Gesicht, bis schließlich kaum noch Gemeinsamkeiten mit der ursprünglichen Form vorhanden sind und die Gattung damit aufgehört hat zu bestehen.[8]

Die Entwicklung der Ekloge vom Klassizismus bis zum Beginn des 19. Jahrhundert, die in der vorliegenden Arbeit untersucht werden soll, wird also nicht nur Erkenntnisse über die Gattung selbst liefern, sondern darüber hinaus Einsicht in die Faktoren vermitteln, die einen so tiefgreifenden Wandel wie das Verschwinden einer beliebten Gattung in der Literaturgeschichte bewirken können. Wir werden uns vor allem mit der Wirkweise literarischer Tradition und dem sich verändernden Verständnis von Tradition und Originalität im 18. Jahrhundert zu befassen haben; das Selbstverständnis des Dichters und die Poesiekonzeption der Zeit werden eine entscheidende Stelle in den Untersuchungen einnehmen; schließlich wird die gewandelte Vorstellung von der Bedeutung der den Menschen umgebenden Natur grundlegend zu diskutieren sein.

Es wird sich zeigen, daß den zu beobachtenden Fakten nicht hinreichend Rechnung getragen werden kann durch eine Literaturbetrachtung, die den Niedergang einer Gattung ausschließlich als das Ergebnis einer gattungsimmanenten Evolution erklären möchte. Ein solcher Standpunkt findet sich insbesondere bei den russischen Formalisten vertreten, für die Viktor Šklovskij programmatisch formuliert: „Eine neue Form entsteht nicht, um einen neuen Inhalt auszudrücken, sondern um eine alte Form abzulösen, die ihren Charakter als künstlerische Form bereits verloren hat."[9] Die Ablösung der alten Form der Pastorale durch die neuen Formen, deren sich die Romantik bedient, erfolgt sehr wohl in erster Linie deswegen, weil die mitzuteilenden Inhalte sich

---

[7] "Delights of Pastoral Poetry", *The Rambler*, 36, Saturday, 21st July 1750. – Ausg. Everyman's Library (London/New York, 1953), S. 78.

[8] Freilich ist dieser Schlußpunkt, wie meist in der Literaturgeschichte, nicht endgültig. Selbst im 20. Jahrhundert haben bekannte englische Dichter wie W. H. Auden, Roy Campbell und Louis MacNeice die Tradition der Ekloge – wenn auch in veränderter Form – mit Erfolg weitergeführt.

[9] „Der Zusammenhang zwischen den Verfahren der Sujetfügung und den allgemeinen Stilverfahren" *Russischer Formalismus. Texte zur allgemeinen Literaturtheorie und zur Theorie der Prosa*, hrsg. von Jurij Striedter (München, 1971), S. 51.

geändert haben. Obschon die Pastorale als Gattung eigenständiger und künstlicher, d. h. stärker systembezogen ist als die meisten anderen Gattungen, steht ihr Niedergang doch in enger Beziehung zu Veränderungen des allgemeinen Bewußtseins und damit gesellschaftlichen Wandlungen, die um diese Zeit in England eingetreten sind. Es ist eine methodische Frage, die an späterer Stelle geklärt werden soll, in wie eingehender Weise diese außerliterarischen Faktoren zum Gegenstand der Untersuchung gemacht werden.

Der erste Schritt, der der Problemanalyse und methodischen Erörterung vorauszugehen hat, muß darin bestehen, das Wesen der Gattung zu bestimmen. Die Unmöglichkeit oder Sinnlosigkeit einer idealtypischen, abstrakten Gattungsdefinition, welche von verschiedenen Seiten allgemein nachdrücklich hervorgehoben wird,[10] und damit die Notwendigkeit einer historisch orientierten Festlegung der Gattung gelten für die Pastorale in besonders hohem Maße. In keiner anderen Gattung wird die Gattungstradition so sehr mitreflektiert wie in der Pastorale. Wir werden daher zunächst die wichtigsten Vorbilder im Rahmen einer skizzenhaften Überschau über die Entwicklung der Gattung von den Anfängen in der Antike bis zum ausgehenden 17. Jahrhundert behandeln, um daraus die Anhaltspunkte für die anschließende Untersuchung gewinnen zu können.

1. Die Tradition der Pastoraldichtung bis zum 18. Jahrhundert

Die Anfänge der Gattung liegen im Dunkeln. Theokrit, der zu Beginn des 3. Jahrhunderts v. Chr. in Alexandria schreibt, ist der erste Dichter von Hirtengedichten, dessen Werk man heute kennt. Die verbreitete Annahme, Theokrit sei auch der Begründer der Gattung, läßt sich nicht einwandfrei beweisen, aber auch nicht widerlegen.[1] Auf jeden Fall sind bei Theokrit alle Grundelemente und Variationsformen der bukolischen Tradition angelegt.

---

[10] Vgl. z. B. Ulrich Suerbaum, „Text und Gattung", *Ein anglistischer Grundkurs*, hrsg. von Bernhard Fabian (Frankfurt a. M., 1971), S. 113: „Die Gattungen ... sind kein geschlossenes System von abstrakten Idealtypen ... Gattungen sind vielmehr ... historische Gegebenheiten ..." Oder: Jurij Tynjanov, „Das literarische Faktum", *Russischer Formalismus*, hrsg. von Striedter, S. 397: „Dann ... wird klar, daß es unmöglich ist, eine *statische* Definition des Genres zu geben ..."

[1] Vgl. A. S. F. Gow, *The Greek Bucolic Poets*, transl. with brief notes (Cambridge, 1953), Vorwort, S. XVI.

4

Das unter Theokrits Namen überlieferte Korpus von 30 Gedichten[2] besteht nur zum geringeren Teil aus Stücken mit pastoralem Charakter,[3] daneben finden sich vor allem städtische Szenen und mythologische Gedichte. Auch der Titel *Eidyllia*, „Bildchen", hat zunächst nichts mit Hirtenpoesie oder dem Idyllischen im heutigen Sinne zu tun.[4] Aber die pastoralen Gedichte, die den Anfang der Sammlung ausmachen, haben bei weitem die stärkste Resonanz und bestimmen schon in der Antike das allgemeine Bild Theokrits und die Vorstellung von seinem Werk.

Am einflußreichsten und vielleicht auch am kennzeichnendsten für Theokrit ist „Thyrsis", das erste Eidyllion. Es beginnt damit, daß der Schäfer Thyrsis und ein Ziegenhirt einander in alternierender Rede Komplimente wegen ihrer Musik machen. Sie vergleichen sie mit den harmonischen Lauten der Natur, mit dem Flüstern der Pinie und dem Rauschen des Wasserfalls, und erkennen sich gegenseitig eine Stellung zu, die unmittelbar nach den Göttern der Hirtenmusik, Pan und den Musen, kommt.[5] Thyrsis lädt den Ziegenhirten ein, sich an einem schö-

---

[2] Die Echtheit wird bei einigen, z.B. VIII, IX, XXI, XXIII, XXV, XXVI, XXVII, mehr oder weniger stark angezweifelt. Da jedoch auch diese Gedichte als Werke Theokrits überliefert sind und als solche gewertet wurden, ist die Echtheitsfrage für den Rahmen dieser Arbeit ohne Belang.

[3] Bukolische Gedichte sind vor allem I–XI, mit Ausnahme von II.

[4] Der Ursprung der Bezeichnung, die in den Theokritscholien zuerst auftaucht, ist unklar. Vgl. dazu Albin Lesky, *Geschichte der griechischen Literatur* (Bern/München [2. Aufl.], 1957/8), S. 772.

[5]
ΘΥΡΣΙΣ

Ἁδύ τι τὸ ψιθύρισμα καὶ ἁ πίτυς αἰπόλε τήνα
ἁ ποτὶ ταῖς παγαῖσι μελίσδεται, ἁδὺ δὲ καὶ τὺ
συρίσδες· μετὰ Πᾶνα τὸ δεύτερον ἆθλον ἀποισῇ·
αἴκα τῆνος ἕλῃ κεραὸν τράγον, αἶγα τὺ λαψῇ·
αἴκα δ' αἶγα λάβῃ τῆνος γέρας, ἐς τὲ καταρρεῖ
ἁ χίμαρος· χιμάρῳ δὲ καλὸν κρέας, ἔστε κ᾽
    ἀμέλξῃς.

ΑΙΠΟΛΟΣ

ἅδιον ὦ ποιμὴν τὸ τεὸν μέλος ἢ τὸ καταχὲς
τῆν᾽ ἀπὸ τᾶς πέτρας καταλείβεται ὑψόθεν ὕδωρ.
αἴκα ταὶ Μοῖσαι ιὰν υἴιδυ δῶρον ἄγωνται,
ἄρνα τὺ σακίταν λαψῇ γέρας· αἰ δέ κ᾽ ἀρέσκῃ
τήνας ἄρνα λαβεῖν, τὺ δὲ τὰν ὄϊν ὕστερον ἀξῇ.

THYRSIS
SOMETHING sweet is the whisper of the pine that makes her music by yonder springs, and sweet no less, master Goatherd, the melody of your pipe. Pan only shall take place and prize afore you; and if they give him a horny he-goat, then

5

nen Ort in der Landschaft niederzulassen und eine Melodie vorzuspielen. Dieser hält es jedoch nicht für recht, die dem Pan geheiligte Mittagsruhe zu stören, und fordert stattdessen Thyrsis auf, sein Lied von den Leiden des Daphnis zu singen. Als Belohnung verspricht er ihm außer Ziegenmilch ein schön gefertigtes Gefäß und, indem er die darauf abgebildeten Darstellungen eingehend und lebendig beschreibt, leistet er indirekt eine Art Ersatzbeitrag für die verweigerte Melodie.

Die Ekphrasis, die Schilderung der drei zwischen Efeu- und Akanthus-Ornamenten dargestellten Szenen, setzt jeweils ein mit der konkreten Wiedergabe der stofflichen Abbildung, löst sich dann aber von der statischen Beschreibung und beobachtet die eingearbeiteten Figuren mit dramatischer Unmittelbarkeit als dynamische Akteure. Die beiden Männer auf dem ersten Bild, die als Rivalen im Wechsel („ἀμοιβαδὶς“, Z. 34) um die Gunst der schönen Frau werben, mühen sich, aus Liebe schon lange hohläugig, vergeblich. Der alte Fischer auf der zweiten Abbildung strengt sich an, vom Felsen das Netz einzuholen, und seine sichtbare Muskelstärke kommt der Jugendkraft gleich.[6] Der kleine Junge der dritten Darstellung, der den Weinberg bewachen soll, flicht aus Halmen und Binsen eine Heuschreckenfalle und kümmert sich in seiner Freude darüber nicht um die beiden Füchse, die ihm die reifen Trauben und aus dem Ranzen das Frühstück stehlen. Das den drei Szenen Gemeinsame ist die Vergänglichkeit und Gefährdung des schönen gegenwärtigen Augenblicks, die Unbeständigkeit des Ideals (oder Beinah-Ideals). Den „alles zum Vergessen bringenden Hades“ (Z. 63) führt der Ziegenhirt denn auch in einer rhetorischen Frage als letztes Argument an, um Thyrsis zum Singen zu bewegen.

Nach einer Aufforderung an die Musen zum Mitsingen, die sich als Refrain in wechselndem Abstand von zwei bis fünf Zeilen wiederholt, sowie der Namensnennung des Sängers, beginnt Thyrsis seinen Gesang

---

a she shall be yours; and if a she be for him, why, you shall have her kid; and kid's meat's good eating till your kids be milch-goats.

GOATHERD

As sweetly, good Shepherd, falls your music as the resounding water that gushes down from the top o' yonder rock. If the Muses get the ewe-lamb to their meed, you shall carry off the cosset; and if so be they choose the cosset, the ewe-lamb shall come to you.

Text und Übersetzung aus der auch im folgenden zugrundegelegten Ausgabe der Loeb Classical Library, *The Greek Bucolic Poets*, übers. von J. M. Edmonds (London/Cambridge, Mass., 1960 [¹1912]), S. 8f. – Die Theokritsche Anapher („῾Αδύ ... ἁδὺ ... ἅδιον“) wird in der nachfolgenden Bukolik oft nachgeahmt (wie bereits in dem unechten IX der Sammlung).

[6] Das griechische ἄξιον ἅβας (Z. 44) kann auch bedeuten „des Jugendalters wert“.

mit der Frage an die Nymphen, wo sie waren, als Daphnis dahinsiechte. Selbst Füchse, Wölfe und der Löwe beweinten den sterbenden Daphnis, die Herden trauerten um ihn. Sein Vater Hermes und Priapus, der Fruchtbarkeitsgott, kamen und bemühten sich um ihn; aber er trug seine unglückliche Liebe bis zum Ende und schwieg. Erst als die Liebesgöttin, deren Macht er sich widersetzt hat, kommt und ihn spöttisch auf seine Niederlage anspricht, bricht er sein Schweigen und erklärt ihr mit bitteren Anspielungen auf ihre unrühmliche mythologische Vergangenheit Feindschaft bis ins Jenseits. Dann sagt er den wilden Tieren, den Wäldern und Flüssen Lebewohl. Sterbend ruft er Pan, den Gott der Hirtenmusik, um ihm seine Flöte zu übergeben, und schließt mit einem mehrfachen Adynaton, mit dem Wunsch, der normale Lauf der Natur möge sich verkehren: jetzt, da Daphnis stirbt, sollen minderwertige Pflanzen wie Dornen und Disteln schöne Blumen und Früchte hervorbringen, der Hirsch die Hunde jagen und Schreieulen mit Nachtigallen wettstreiten, d.h. in allen Bereichen soll Niederes dem Höheren den Platz streitig machen (da der edle Daphnis ein so unwürdiges Ende findet). Daphnis' Tod wird von Thyrsis in seinem Lied kurz mit dem Bild der Acheronfahrt umschrieben, zugleich hat Thyrsis seinen Refrain zum Schluß abgeändert. Die letzten vier Male heißt die Aufforderung an die Musen statt „ἄρχετε (stimmt an)" „λήγετε (hört auf)".

Nach seinem Lied fordert Thyrsis die versprochenen Belohnungen. Er gelobt den Musen ein Trankopfer von der Milch und verheißt, später noch süßer für sie zu singen. Der Ziegenhirt spricht ihm seine guten Wünsche aus und preist ihn wegen seiner Gesangskunst. Dann gibt er ihm den Becher und überläßt ihm die Ziege zum Melken, um sich schließlich wieder seiner Herde zuzuwenden, und zwar mit der Mahnung an die Ziegen, nicht so übermütig zu springen, sonst werde sie der Bock schon scheuchen.

Das Eidyllion behandelt die drei ineinander wirkenden Grundthemen der pastoralen Dichtung – Liebe, Tod und Musik/Dichtung. Um aussichtslose Liebe geht es schon im ersten Teil der Ekphrasis, bei den beiden werbenden Männern, Liebesschmerz ist der Grund für den Tod des Daphnis, und eine ironische Anspielung auf das Thema ‚Liebe' findet sich auf anderer Ebene in der abschließenden Warnung der Ziegen vor dem Bock.

Das Thema des Todes, oder, umfassender ausgedrückt, der Vergänglichkeit, bestimmt in milderer, wenn auch unübersehbarer Weise die Darstellungen auf dem Gefäß und beherrscht dann das Daphnis-Lied. Dieses Thema steht im Kontrast zur Vollkommenheit der pasto-

ralen Welt, die vor allem im Motiv des pastoralen *locus amoenus* bei
der Aufforderung des Thyrsis zum Ausdruck kommt, es wird betont
durch die pastorale Synusie,[7] die Erlebnis- und Leidensgemeinschaft der
gesamten pastoralen Welt, einschließlich der sonst grausamen Raub-
tiere, und erscheint endlich mit seiner ganzen Härte und Dissonanz in
den Adynata des sterbenden Daphnis: Tod und Vergänglichkeit werden hier gleichsam als Widersprüche und Verkehrungen der Natur
gesehen.

Auch das dritte große Thema ist mehrfach und auf verschiedenen
Stufen behandelt. Die Thyrsis-Ziegenhirt-Ebene verwirklicht zunehmend die in der Pastoraldichtung stets latent vorhandene Gleichsetzung
Musik – Lied – Dichtung; das Motiv der Geschenke dient zur Hervorhebung des Werts der Dichtung. Die variierte Entsprechung von Ekphrasis und Daphnis-Lied erinnert an die Struktur des Wettgesangs.[8]
In der Ekphrasis kommt dieses Thema, wie die beiden vorigen, nur
relativ gedämpft zum Tragen: das „ἀμοιβαδὶς" des ersten Teils weist
darauf hin, daß die beiden Männer ihr Liebeswerben in der ritualisier-
ten Form des Wettgesangs durchführen. Daß es in diesem Werk entscheidend um Dichtung geht, wird deutlich, als Daphnis vor seinem
Tod den Gott der Hirtenmusik ruft, um ihm seine Flöte zu übergeben,
und als er zuletzt seine Kette von Adynata mit dem Beispiel von
Nachtigallen und Schreieulen schließt.

Die Art der Darbietung, die von ähnlicher Wichtigkeit ist wie die
Themen, wird bestimmt durch ihrem Wesen nach gegensätzliche narra-
tive und dramatische Momente. Während in dem Eidyllion handlungs-
mäßig eigentlich kaum etwas geschieht und es in erster Linie auf die
Beschreibung bzw. Erzählung ankommt, so wird das Dargebotene doch
vermittels der Rollenverteilung unmittelbar präsentiert. Genauer muß
man zwischen drei einander überlagerten Handlungsebenen unterscheiden:

1. Der Dichter kann sich in eigener Person an den Leser wenden.
2. Die Hirten sprechen miteinander und mit ihren Tieren und führen
   einfache Handlungen aus (z. B. Überreichen des Geschenks).

---

[7] Dieser Terminus wird hier statt des im Englischen eingebürgerten, von Ruskin
stammenden Ausdrucks *pathetic fallacy* verwandt, um das darin enthaltene,
unangebrachte Moment der Abwertung auszuklammern.

[8] Dadurch daß der eine Sänger (Thyrsis) dem andern (Ziegenhirt) unvergleichlich
überlegen ist, verschwindet die agonale Komponente, und es bleibt nur die dialogische Anlage.

3. Die Charaktere des vorgetragenen Liedes und auch der Ekphrasis handeln und reden.

Obwohl die Ebenen, wie angeklungen ist, eine so starke Eigenbedeutung haben, daß der Beziehungsrahmen gelegentlich durchbrochen wird, und obwohl sie für sich in unterschiedlicher Weise die einzelnen Themen durchspielen, hat die Hirtendialog-Ebene tragende Funktion. Auf ihre dramatische Gegenwart beziehen sich die Einlagen, von ihrer Sicht aus wird die Darstellung der dritten, höheren Ebene gerafft. Die tiefere Dichter-Leser-Stufe wird hier (im Unterschied etwa zum Eidyllion XI, wo der Dichter zu Anfang den befreundeten Arzt Nikias anspricht) nicht realisiert. In der poetischen Form werden die beiden kontrastierenden Prinzipien der unmittelbaren Vorführung und der mittelbaren Reproduktion am deutlichsten dadurch sichtbar, daß zum einen der erzählende Vers des Epos, der Hexameter, verwandt wird, daß andererseits aber der liedhafte Refrain direkt in Erscheinung tritt.

In den anderen pastoralen Stücken der Sammlung wird das Grundschema des 1. Eidyllions variiert. Zum großen Teil ist der dialogische Charakter stärker ausgeprägt, wie in IV, wo die Hirten Battos und Korydon sich in schnellem Hin und Her regelrecht streiten. Der mehrfach durchgeführte Wettgesang kann amöbäisch oder monodisch sein, d. h. er kann entweder in kurzen, unmittelbar respondierenden Beiträgen erfolgen, wie in V und VIII, oder in längeren, aufeinander bezogenen Darbietungen, wie in VI und IX. Auch in dem herausragenden Eidyllion VII, wo der Dichter unter dem Namen Simichidas selbst auftritt bzw. in der ersten Person berichtet, tragen er und Lycidas auf der Wanderung längere Gesänge vor. Umgekehrt finden sich in III und XI Monologe von unglücklichen Liebenden, die nur durch die Anrede an die nicht antwortende und gar nicht einmal direkt anwesende[9] Geliebte eine dialogische Tendenz aufweisen.

In bezug auf die unterschiedliche Abwandlung der Elemente und Motive, die im Eidyllion I vorkommen, ist zu erwähnen, daß die pastoralen Geschenke, wenn es sich um einen ausgesprochenen Wettgesang handelt, meist den Charakter von Pfändern annehmen, die den Besten belohnen. Andererseits können die Geschenke aber auch für die Geliebte vorgesehen sein, was besonders angebracht ist, wenn das Gedicht, wie XI, eine *invitatio* darstellt, die werbende Aufforderung an die Geliebte, das pastorale Leben mit dem Sprecher zu teilen.

---

[9] Der Ziegenhirt in III spricht vor der Höhle der geliebten Amaryllis, der Kyklop in XI zu der Seenymphe Galatea von einem Felsen am Meer.

9

Der auffälligste Unterschied zwischen den verschiedenen Eidyllia liegt wohl in dem wechselnden Ausmaß der in I am meisten fortgeschrittenen Idealisierung der Hirten und ihrer Tätigkeit und damit in der Berücksichtigung des wirklichen Landlebens. So wirken beispielsweise die in IV und V auftretenden Charaktere ausgesprochen rustikal, wenn sie einander vorwerfen, durch heimliches Melken der Kühe Milch zu stehlen, die Herden zu vernachlässigen oder einen Fellumhang bzw. eine Flöte entwendet zu haben; sie sind abhängig von ihren Herren, müssen mit widerspenstigem Vieh fertig werden, und es kommt vor, daß einer sich beim Hüten der Herde einen Dorn in den Fuß tritt, den er sich dann von dem andern herausziehen lassen muß; sie scheuen nicht davor zurück, in ihren Liedern auch prosaische Dinge des Landes wie Käseproduktion oder Obstplantagenschädlinge zu behandeln.[10] Trotzdem mißversteht man Theokrit, wenn man annimmt, es sei ihm hauptsächlich um eine möglichst lebensgetreue Abbildung wirklicher Hirten und ihres urwüchsigen, schlichten Landlebens zu tun gewesen.

Diese Auffassung, die vor allem durch den Gegensatz zu Vergil zustande gekommen sein dürfte, sich wegen der generell vergleichsweise bescheidenen Griechischkenntnisse gut halten konnte und durch die poetischen Anschauungen der Romantik gestützt wurde, hat lange das Theokrit-Bild beherrscht. "A faithful reproduction of the main conditions of actual life was the characteristic of Theocritus' poetry", meint Greg,[11] stellvertretend für viele.

Erst seit einiger Zeit hat die Literaturwissenschaft gelernt, Theokrits pastorale Dichtung in Beziehung zur übrigen Dichtung der hellenistischen Epoche zu setzen, die sich durch überlegte Kunsthaftigkeit und ein hoch entwickeltes Formbewußtsein auszeichnet. Man hat erkannt, daß Theokrit zwar wahrscheinlich die Sitten und Traditionen der Hirten seiner sizilianischen Heimat zugrundelegt, sie aber – wie es in unserer Deutung des Eidyllions I deutlich geworden ist – nicht einfach naturalistisch reproduziert, sondern in unterschiedlicher Weise künstlerisch verfremdet und gestaltet. Unter anderem hat sich der dorische Dialekt, der gern als Beleg für die natürliche Schlichtheit des Dichters angeführt wurde, als eine in dieser Weise nie gesprochene Kunstsprache

---

[10] Die folgenden Stellen mögen als Beispiele dienen: IV, Z. 3 (Milchdiebstahl); IV, Z. 13ff. (Vernachlässigung der Herde); V, Z. 2 (Felldiebstahl); V, Z. 4 (Diebstahl der Flöte); IV, Z. 4, V, Z. 5 und 8 (Abhängigkeit); IV, Z. 44ff. (widerspenstiges Vieh); IV, Z. 50ff. (Dorn im Fuß); V, Z. 86f. (Käse); V, Z. 112ff. (Obstschädlinge).
[11] *Pastoral Poetry*, S. 13.

herausgestellt,[12] welche die tatsächliche Sprache der sizilianischen Hirten andeuten soll. Wenn Theokrit demnach oft als ungekünstelter Sänger des Landes angesehen werden konnte, so ist dies u. a. – wie Gow bemerkt[13] – als ein hoher Tribut für sein darstellerisches Feingefühl und Geschick zu werten. Gilbert Lawall umreißt Theokrits Qualität und Bedeutung, wenn er im Hinblick auf die eigene Untersuchung feststellt:

> Far from being merely a coarse but charming poet of rustic genre scenes, Theocritus is here seen as the most sophisticated poet of his age and thus a fitting founder of what became the most sophisticated and artificial literary tradition in Western Europe – the pastoral.[14]

Theokrits Einfluß auf die englische Bukolik, insbesondere die Eklogendichtung des 18. Jahrhunderts, vollzieht sich kaum durch direkte Impulse,[15] hauptsächlich dagegen durch die weitere Tradition der Gattung. Die griechischen Nachfolger Theokrits, Moschos und Bion bzw. die unter ihren Namen überlieferten Dichter, sind wenig hervorragend und haben nur durch zwei Elegien einige Bedeutung. Bions orientalische Einflüsse verratende, mit ihrem variierten Doppelrefrain stark ritualistische „Totenklage um Adonis" (I) entwickelt den „Thyrsis" des Theokrit weiter, indem hier ein Toter, und nicht ein Sterbender beklagt wird. In der „Totenklage um Bion" von (Pseudo-)Moschos (III) wird zum ersten Mal ein pastoraler Dichter in der Gestalt eines Hirten betrauert; außerdem zeichnet sich hier unmißverständlich eine bewußt empfundene Gattungstradition ab, wenn der Dichter etwa in variierter Entsprechung den Refrain Theokrits imitiert.[16]

---

[12] Vgl. dazu Gow, *Greek Bucolic Poets,* S. XXIII.
[13] Ebd.
[14] *Theocritus' Coan Pastorals. A Poetry Book* (Cambridge, Mass., 1967), S. V.
[15] Dies muß selbst Robert Thomas Kerlin (*Theocritus in English Literature* [Lynchburg, Virginia, 1910]) trotz seiner angestrengten Suche nach (meist wenig überzeugenden) Parallelen implizit zugeben, indem er sagt: "The refined and polished graces of Vergil's Eclogues were ... [in the 18th century] vastly perferred to the more genuine poetry, though more homely sentiments, of the Sicilian Idylls." (S. 48). – Andererseits belegt Kerlin, daß durch drei vollständige Übersetzungen (Creech, 1687; Fawkes, 1767; Polwhele, 1786) und eine ganze Reihe von Teilübersetzungen auch für den wenig Griechisch-Kundigen die Möglichkeit einer Bekanntschaft mit Theokrit bestand (S. 166).
[16] Theokrit:
ἄρχετε βουκολικᾶς Μοῖσαι φίλαι ἄρχετ' ἀοιδᾶς.
Pseudo-Moschos:
ἄρχετε Σικελικαὶ τῷ πένθεος ἄρχετε Μοῖσαι.

Ihre entscheidende Prägung für die weitere Geschichte erhält die Gattung erst in der römischen Literatur. Vergils *Bucolica*, die in den Jahren 42–39 v. Chr. entstehen, stellen das klassische Muster und Beispiel dar, an dem sich künftige Pastoraldichter, zum Teil – wie etwa im 18. Jahrhundert – bis zur Ausschließlichkeit, orientieren. Wie der Titel des Werkes andeutet, beschränkt sich Vergil im Unterschied zu Theokrit auf den pastoralen Bereich. In den zehn Eklogen, wie die einzelnen Gedichte später von den antiken Kommentatoren und Biographen genannt werden, knüpft Vergil eng an den griechischen Vorgänger an und konzentriert, abstrahiert und moduliert die bei Theokrit angelegten Elemente. Als Folge der Verdichtung und Sublimierung ergeben sich dann jedoch auch wesentliche Veränderungen sowie eine Erweiterung des Horizonts der Gattung.

Als Beispiel für Vergils Theokrit-Imitation und das Kennzeichnende seiner Dichtung wollen wir die 8. Ekloge, und insbesondere deren erste Hälfte, die sich stark an Theokrits Eidyllion I anschließt und die später in der englischen Eklogendichtung des 18. Jahrhunderts großen Einfluß hat, genauer ins Auge fassen.[17] Zunächst ein Überblick. Nach einer Einleitung des Dichters und einer längeren Widmung an einen ungenannten Patron (Pollio) folgt in neun durch den Refrain abgesetzten Strophen das Lied des Damon, an das sich nach zwei überleitenden Zeilen des Dichters das in seinem Aufbau nahezu deckungsgleiche[18] Lied des Alphesiboeus anschließt. In der Einleitung kommt nur in einem Wort zum Ausdruck, daß es sich um einen Wettgesang handelt ("certantis", Z. 3), das Schwergewicht legt der Dichter auf die magische Wirkung des Gesanges der beiden Hirten auf das Vieh ("iuvenca"), die wilden Tiere ("lynces") und sogar auf die eigentlich unbelebte Natur ("flumina"). Mit der Widmung blickt Vergil auf seine eigene Dichtung; er fragt, ob es ihr vergönnt sein wird, zu einer solchen Höhe aufzusteigen, daß sie die Taten des Patrons besingen kann, und geht dann dazu über, den Hintergrund des Wettgesanges anzudeuten: es ist die Zeit des frühen Morgens, und während die Herde dabei ist, das taufrische Gras zu

---

[17] Eingehende Interpretationen, denen die vorliegende Studie in manchem verpflichtet ist, finden sich bei Brooks Otis, *Virgil. A Study in Civilized Poetry* (Oxford, 1963), S. 105ff. (Damon-Lied) sowie Michael C. Putnam, *Virgil's Pastoral Art. Studies in the* Eclogues (Princeton, N.J., 1970), S. 225ff. (ganze Ekloge). – Als Text ist hier die Vergil-Ausgabe von Hirtzel (Oxford, ¹1900) zugrundegelegt.

[18] Wenn man Vers 28a als echt annimmt, ergeben sich je zehn Strophen, deren wechselnde Zeilenzahl nur bei den letzten leicht divergiert; erkennt man ihn für unecht, stellt sich nach G. Hermann die Möglichkeit, Z. 75 entsprechend zu tilgen, um die Kongruenz zu erhalten.

fressen, hat der Hirt, auf seinen Olivenstab gelehnt, Muße zum Singen.

Damons Lied, das er offensichtlich nicht als Äußerung in eigener Person vorträgt, sondern für den erst Z. 55 genannten Tityrus, beginnt mit der gleichen Tageszeit. Im Gegensatz zur harmonischen Ruhe der Natur, die das Leben des neuen Tages erwartet, klagt der Sprecher seine unglückliche Liebe zur ungetreuen Nysa den Göttern; als nächstes nennt er Arkadien mit seinem tönenden Wald und den sprechenden Pinien, die seine Zeugen sind. Die Vereinigung der Nysa mit Mopsus bedeutet eine Verkehrung der Natur, wie an zwei nun möglichen Adynata (Greife und Pferde vereinigt, Hunde und Rehe friedlich beisammen) anschaulich wird. Mit bitterer Ironie fordert der Sprecher den Mopsus zur Hochzeitszeremonie auf und lobt die Partnerwahl der Nysa, die die Hirtenmusik und die pastorale Welt verachtet und sich um die Götter (die die Einhaltung ihrer Treueschwüre zu überwachen haben) nicht kümmert. Er erinnert sich dann an die Entstehung seiner Liebe, als er als Junge Nysa mit ihrer Mutter in seinem Garten beim Äpfelsammeln führte. Jetzt kennt er die Liebe, Amor, wie er wirklich ist, in seiner ganzen Härte und Gefühllosigkeit. Amor hat die Medea sogar zum Mord an ihren Kindern gebracht. Jetzt mag sich ruhig Unmögliches ereignen, wie der Sprecher in einer Kette von Adynata ausspricht (aber zu diesen ‚Unmöglichkeiten‘ gehört als letzte auch, daß er, Tityrus, wie Orpheus bei den Bäumen und Arion unter den Delphinen, durch sein Lied magische Gewalt ausübt). In der letzte Strophe fährt Tityrus mit dem Wunsch fort, alles möge zu tiefem Meer werden; er verabschiedet sich von den Wäldern und will sich vom Felsen in die Wellen stürzen; sein Lied soll das letzte Geschenk des Sterbenden an die Geliebte sein.[19]

Während das im anderen Teil der Ekloge folgende Lied des Alphesiboeus hauptsächlich Theokrit II („Pharmakeutriai“ – „Zauberinnen“) nachgebildet ist, lehnt sich das Damon-Lied – wie Otis feststellt[20] – in seinem Aufbau an Theokrits „Thyrsis“ an. Inhaltlich werden in den einzelnen Strophen neben I vor allem die Eidyllia III und XI imitiert, welche beide die werbenden Klagen verschmähter Liebender zum Gegen-

---

[19] Putnam (*Virgil's Pastoral Art*, S. 275) irrt offensichtlich, wenn er den Singular "habeto" mit "silvae" in Verbindung bringt ("... the poet-shepherd offers his song as a last *munus* to his woods"). – Im übrigen ist sicher Heynes Verständnis richtig, der "munus" als das Lied versteht, im Unterschied zu Voss, der es auf Damons Tod bezieht (vgl. Vergil, *Opera*, hrsg. von Albert Forbiger [Leipzig, ³1852], Bd. 1, S. 141).

[20] *Virgil*, S. 105.

stand haben. Die programmatische Bedeutung der Theokrit-Imitation zeigt sich an der Tatsache, daß nur eine einzige Strophe ohne Parallele bei Theokrit ist.[21] Auch der (zum Schluß variierte) Refrain mit seiner betonten Aufforderung zum pastoralen Gesang weist deutlich auf die gewollte Nachfolge Theokrits hin.[22] Trotzdem ist schwerlich zu verkennen, daß sich Imitation hier nicht einfach mit Kopie gleichsetzen läßt, und H. J. Rose hat recht mit der Bemerkung: "... the eighth Eclogue ... [is] one of those in which Virgil, so far as we can judge, moves furthest away from his Greek models and ventures deepest into originality."[23]

Selbst wenn man den in der Vergil-Kritik gern begangenen Fehler einer Würdigung Vergils durch Herabstufung Theokrits vermeidet, muß man doch konstatieren, daß die lateinische Ekloge viel strenger komponiert ist als das erste Eidyllion. Neben dem ausgewogenen Diptychon-Aufbau im großen tritt dies besonders in der durch den Refrain gegliederten Strophenstruktur[24] hervor.

Anders sind ebenfalls die Realitätsebenen gehandhabt. Im Unterschied zu Theokrit I ist hier außer der dramatischen Ebene der beiden Hirten (Damon, Alphesiboeus) und der referierten Schicht des unglücklichen Liebenden (Tityrus) auch die zugrundeliegende kommunikative Stufe (Dichter – Leser) in Einleitung und Widmung ausgebildet. Indem Vergil die Person des Dichters, die Entstehung des Gedichts und sein Verhältnis zu anderen literarischen Gattungen, nämlich Epos und Tragödie, thematisiert und zugleich die dramatische Ebene des Wettgesang-Zeremoniells auf ein Minimum reduziert, löst er die Ekloge von der vorgeprägten pastoralen Schablone und gibt ihr neue Aussagemöglichkeiten. An die Stelle der äußeren, mehr prozeduralen Dramatik tritt weitgehend eine innere, psychologische. Die Komplexität des Gedichts kommt wesentlich dadurch zustande, daß Vergil die verschiedenen Ebenen nicht deutlich absetzt und sie nicht allein, wie Theokrit, durch

---

[21] Die nicht an Theokrit ausgerichtete Strophe sind die Zeilen 47–50 mit dem mythologischen *exemplum* der Medea. Vgl. die parallele Aufstellung bei Otis, *Virgil*, S. 109f.

[22] Vergil VIII:
incipe Maenalios mecum, mea tibia, versus.
Theokrit I:
ἄρχετε βουκολικᾶς Μοῖσαι φίλαι ἄρχετ' ἀοιδᾶς.

[23] *The Eclogues of Virgil* (Berkeley/Los Angeles, 1942), S. 147.

[24] Bei Theokrit unterbricht der Refrain hin und wieder zusammenhängende Passagen. Vgl. dazu G. Rohde, *De Vergili eclogarum forma et indole* (Berlin, 1925), S. 28 (erw. bei Rose, S. 148).

den Realitätsrahmen und motivische Verknüpfung verbindet, sondern sie ineinander übergehen läßt: er führt zuerst die dramatische Ebene, und dann erst die kommunikative ein, die zeitlichen Umstände (früher Morgen vor Tagesanbruch) in der dramatischen und referierten Schicht stimmen überein, und durch die mehr andeutende Darstellung des dramatischen Rahmens, den Verzicht auf erzählende Raffung und die späte, indirekte Namensnennung der agierenden Person (Tityrus) wirkt das Damon-Lied nicht als Zitat, sondern unmittelbar.

Vor allem stellt Vergil die drei großen pastoralen Themen Liebe, Dichtung, Tod/Vergehen, die bei Theokrit teilweise nur angedeutet waren, konzentrierter in den Vordergrund und bringt sie stärker miteinander in Verbindung. Der Komplex ‚Dichtung' beherrscht und überspannt die beiden anderen. Nur in der Dichtung kann, wie die drei Adynata-Reihen deutlich machen, das Unmögliche Wirklichkeit werden. Die Liebe bietet – das läßt die Kontrastierung Einst und Jetzt erkennen – bloß im Rückblick ideale Züge, auch in der bukolischen Welt führt die Realität zum Tode hin.[25] Arkadien, das von Vergil geschaffene pastorale Land,[26] ist nur bedingt ein Idealbereich der Harmonie zwischen Mensch, Tier und Landschaft, das Leiden des Einzelnen kann auch im Gegensatz zur harmonischen Natur stehen[27] – die Idealität Arkadiens liegt vor allem darin, daß es das Land der Dichtung ist. Das dem Gott Pan heilige Mänalus-Gebirge besitzt den idealen Respons für die Dichtung, die pastorale Synusie ist, mehr als bei Theokrit, integraler Bestandteil der pastoralen Welt.

Ein ähnliches Bild zeigen die übrigen Eklogen, die sich wohl nach Kompositionstechnik und Thematik, nicht aber ihrem Charakter nach von VIII unterscheiden. Stets ist Vergil wenig an der agrarischen Realität interessiert und vermeidet alles derb Rustikale.[28] Der ausnahmslos hohe Sprachstil und die gewählte, ausgefeilte Diktion erreichen trotz der ursprünglichen Schlichtheit des Gegenstandes eine gewisse Nähe zum Epos.[29] Die sublimierte, von grober Stofflichkeit befreite Welt der

---

[25] Der Selbstmord des Hirten mit seiner pathetischen Tragik steht in markantem Kontrast zur Vorlage, der nicht ernst gemeinten, etwas komischen Androhung des Ziegenhirten in Theokrit III. – Vgl. Otis, *Virgil*, S. 118f.

[26] Siehe dazu Bruno Snell, „Arkadien, die Entdeckung einer geistigen Landschaft", *Die Entdeckung des Geistes. Studien zur Entstehung des europäischen Denkens bei den Griechen* (Hamburg, 1946), S. 233–258.

[27] Vgl. Z. 17–20.

[28] Wie Viktor Pöschl in seiner Studie *Die Hirtendichtung Virgils* (Heidelberg, 1964) zeigt, spricht sich Vergil in der 7. Ekloge, seiner „bukolische[n] ars poetica" (S. 101), prononciert gegen rustikalen Realismus aus.

[29] Dies bemerkt auch Otis, *Virgil*, S. 128.

Hirten[30] wird, ohne ihre Eigenbedeutung zu verlieren, für Vergil zur Metapher, die es ermöglicht, Probleme, Werte und Ideen, auf die es dem Dichter ankommt, d. h. vor allem literarische, poetisch zu untersuchen. In I und IX geht es, neben dem Standort des Dichters in der Gesellschaft, um die Problematik der augusteischen Landverteilung, in X nimmt Vergil Stellung zur Elegiendichtung des Gallus, mit VII schreibt er eine „bukolische ars poetica",[31] VI hat eine Kosmogonie zum Inhalt, V, die pastorale Elegie auf den toten bukolischen Held Daphnis, bezieht sich nach dem Verständnis vieler Kommentatoren auf den Tod Caesars. Am meisten erhebt sich Vergil über die ländliche Wirklichkeit in der berühmten Ekloge IV, wo er den Anbruch des Goldenen Zeitalters durch die Geburt des Knaben besingt, und ausdrücklich kündigt er die thematische Höhe dieses Gedichtes in der einleitenden Aufforderung an die Musen an:

Sicilides Musae, paulo maiora canamus!

Im Einklang mit der bereits in VIII beobachteten Verschmelzung der drei pastoralen Grundthemen finden sich die diesen Themen entsprechenden Grundformen Liebesklage, Wettgesang und Totenklage bei Vergil weniger rein ausgeprägt als in der griechischen Bukolik. Am klarsten treten sie in den frühen, Theokrit-nahen Eklogen II (Liebesklage des Corydon) und III (Wettgesang zwischen Menalcas und Damoetas) zutage. Trotz der Vertiefung und inhaltlichen Erweiterung der bukolischen Dichtung gegenüber Theokrit sind bei Vergil jedoch die in dem griechischen Vorbild auftretenden Motive der Gattung, wie etwa pastorale Geschenke, *invitatio*, Pfänder, pastoraler *locus amoenus*, Übergabe der Hirtenflöte, alle wieder zu finden. Selbst die Namen der Hirten sind griechisch, was freilich auch eine starke Umwertung beinhaltet; denn in dem lateinischen Kontext müssen griechische Namen exotisch und unwirklich erscheinen.[32]

---

[30] Friedrich Klingner stellt fest: „Bei ihm [V.] fehlt den Gegenständen die sachliche Klarheit, die Bestimmtheit und Sinnfälligkeit, die sie bei Theokrit haben. Dafür gibt es Atmosphäre, Stimmung, Beseeltheit aller Dinge..." („Virgil. Wiederentdeckung eines Dichters", *Römische Geisteswelt* [München, [4]1961], S. 247).

[31] Siehe Anm. 28.

[32] Hierauf weist Erwin Panofsky in seinem viel zitierten Artikel hin, "Et in Arcadia ego. On the Conception of Transience in Poussin and Watteau", *Philosophy and History. Essays presented to Ernst Cassirer*, hrsg. von Raymond Klibansky und H. J. Paton (New York/Evanston/London, 1963), S. 227.

Einen der wichtigsten und für die spätere Geschichte bedeutungsvollsten Unterschiede zu Theokrit bildet die Tatsache, daß Vergil ein Gedichtbuch schreibt.[33] Er komponiert nicht nur das Einzelgedicht mit großer Sorgfalt und Konzentration – die größeren Eidyllia sind mit gut 150 Zeilen um die Hälfte länger als die nur zweimal über 100 Verse langen Eklogen –, sondern er setzt auch die ganze Sequenz in sehr überlegter Weise zusammen. Das leitende Prinzip ist dabei das der formalen *variatio*,[34] der Entsprechung und methodischen Abweichung: die stärker dramatischen, dialogischen Eklogen der ungeraden Nummern wechseln ab mit den mehr monodischen oder narrativen Stücken, in denen der Dichter selbst deutlicher in Erscheinung tritt, welche unter den geraden Nummern laufen. Diese haben im Gegensatz zu jenen, die unmittelbar mit dem Dialog beginnen und aufhören,[35] einen Rahmen oder zumindest eine Einleitung (II, VIII). Viermal, an verschiedenen Stellen in der Sammlung, schließt eine Ekloge mit Einbruch des Abends. Die Sammlung als Ganzes ist augenscheinlich in zwei Hälften (I–V; VI–X) gegliedert, deren Entsprechung vor allem in den Schlußgedichten über den toten Daphnis und den sterbenden Gallus sichtbar wird; den Kern bilden je zwei eindeutiger an Theokrit orientierte Gedichte (II und III; VII und VIII). Die beiden am weitesten von der ,pastoralen Norm' entfernten Eklogen (IV und VI) stehen im Zentrum der gesamten Sequenz.

Die *Bucolica* sind – wenn man von der hinsichtlich der Autorschaft umstrittenen und relativ wenig bekannten *Appendix Vergiliana* absieht – Vergils Erstlingswerk; später wendet er sich den Gattungen Lehrgedicht und Epos zu, schreibt die *Georgica* und schließlich die *Aeneis:* „…cecini pascua, rura, duces" – heißt es in dem dem Dichter selbst zugeschriebenen Epitaph. Nach diesem biographischen Ort bei Vergil gilt die Pastoraldichtung bis ins 18. Jahrhundert vorzugsweise als Dichtung für den Anfänger und wird in der theoretischen Hier-

---

[33] Lawalls Versuch in *Theocritus' Coan Pastorals*, die Eidyllia I–XII als hellenistisches Gedichtbuch zu deuten, ist zwar interessant, aber keineswegs überzeugend. – Der Hinweis des Servius, Vergil habe eine Sammlung von zehn bukolischen Gedichten Theokrits vor sich gehabt, scheint gleichfalls wenig verläßlich (erw. von D. E. W. Wormell, "The Originality of the Eclogues", *Virgil*, hrsg. von D. R. Dudley [London, 1969], S. 5, den diese Information überzeugt).

[34] Vgl. Wormell, "Originality", S. 7. – Putnam (*Virgil's Pastoral Art*, S. 6) hat sicher recht, wenn er die Verschiedenheit der konkurrierenden, von der Kritik entworfenen Schemata als Argument für deren Angreifbarkeit ins Feld führt und vor allem die von Vergil gewählte Reihenfolge betont.

[35] Nur die Ekloge VII hat, da der Wettgesang von dem Schiedsrichter Meliboeus berichtet wird, gleichfalls Einleitung und Schluß.

archie der poetischen Gattungen, so bereits in der mittelalterlichen *rota Virgilii*, als niedrigste Stufe angesiedelt.

Vergils Einfluß auf die englische Pastoraldichtung, vor allem die des 18. Jahrhunderts, ist so gewaltig, daß man ihn weder übersehen noch bestreiten kann. Eine Meinungsverschiedenheit ist nur in der Frage seiner Bewertung möglich. Unter der Einwirkung der Romantik, die die Griechen einseitig vor den römischen Autoren bevorzugt, ist er lange als überwiegend negativ beurteilt worden. So sagt z. B. Martha Hale Shackford: "He [Virgil] has given us the idylls in a debased form, in which strict artistic unity is violated."[36] Gern wird Vergils Bedeutung mit impliziertem oder ausdrücklichem Bedauern konstatiert, wie etwa von Richard F. Jones in der symptomatischen Äußerung:

> Any discussion of the eclogue in English literature, especially of the eighteenth century, must necessarily draw more from Virgil than from Theocritus. Although the Roman himself followed closely in the footsteps of his predecessor, and although artistically his work is inferior to the idylls of the latter, the *Bucolics* have furnished the model for the type.[37]

Das Verständnis Vergils als "a liberator of the Pastoral", wie Kermode es formuliert,[38] hat sich noch nicht sehr weit durchgesetzt.

Die lange Reihe von Dichtern, welche die Eklogentradition nach Vergil fortsetzen, bis Spenser sie im 16. Jahrhundert als erster Autor von Rang in England aufgreift, findet später kaum noch Beachtung[39] und ist daher in diesem Zusammenhang von untergeordneter Bedeutung. Mehr als ein Jahrtausend lang bleibt die Eklogendichtung auf die lateinische Sprache festgelegt. In der Antike verfassen Calpurnius Siculus in der Nerozeit und Nemesianus im 3. Jahrhundert ihre Sammlungen als Epigonen Vergils: während der frühere Autor einzelne Züge des Vorbildes banalisiert und übertrieben herausarbeitet (z. B. die Huldigung an den Herrscher in I), begnügt der spätere sich erfolgreicher mit kleineren Modifikationen der übernommenen Elemente (etwa in I die Totenklage um einen *alten* Menschen). Das Mittelalter fühlt sich

---

[36] "A Definition of the Pastoral Idyll", *PMLA*, 19 (1904), S. 588.
[37] "Eclogue Types in English Poetry of the Eighteenth Century", *JEGP*, 24 (1925), S. 34.
[38] *English Pastoral Poetry*, S. 27.
[39] So ist es etwa interessant, daß Alexander Pope in der von ihm bearbeiteten Ausgabe *Selecta Poemata Italorum. Qui Latine scripserunt*, 2 Bde. (London, 1740), nur drei Eklogendichter (Sannazaro, Amaltheus, Vida) wiedergibt.

von der Ekloge offenbar wenig angezogen; es sind fast nur einzelne
Stücke von geringer poetischer Qualität überliefert.[40]

Die neue Blüte der Pastoraldichtung in der italienischen Renaissance
steht wieder ganz unter dem Zeichen Vergils.[41] Trotzdem vollziehen
sich entscheidende Veränderungen. Wie bereits in der Antike und mehr
noch im Mittelalter versteht man Vergils Gedichte sehr stark allego-
risch,[42] und so legt Petrarca, der als erster eine Eklogensammlung
schreibt – von Dante gibt es nur zwei unbedeutende Einzelstücke –,
jeweils einen allegorischen Sinnschlüssel zugrunde,[43] ohne dessen spezielle Kenntnis – anders als bei Vergil – wichtige Schichten der Ekloge
unverstanden blieben. Für Bocaccio sowie Mantuanus, den einflußreichsten Eklogendichter der italienischen Renaissance, gilt Ähnliches;
Mantuanus IX trägt z. B. den bezeichnenden Untertitel „De moribus
curiae Romanae, post religionis ingressum" und behandelt – nach dem
Vorbild von Petrarca VI, VII und XII – unter dem allegorischen Gewand des Schäferlebens die Mißstände in der römischen Kurie. Eine
bemerkenswerte Neuerung, von der an späterer Stelle noch eingehender
die Rede sein soll,[44] führt Sannazaro in seinen fünf *Eclogae* ein, indem
er den Bereich der Hirten durch den der Fischer ersetzt. Auch Sanna-
zaros *Arcadia* mit den 12 eingestreuten Eklogen in italienischer Sprache
ist bemerkenswert, während ansonsten die zahlreichen Eklogen in der
Muttersprache nicht die Bedeutung der lateinischen Dichtungen erreichen. Anders in Frankreich: Marot, dem Spenser in zwei Eklogen folgt,
Baïf, von dem er bei seinen metrischen und strophischen Experimenten
beeinflußt ist, und Ronsard schreiben alle in der Landessprache. Bei den
französischen Eklogen fallen besonders die elaborierten Huldigungen
an den Herrscher und seine Familie auf.[45] Baïf und Ronsard, der in

---

[40] Z. B. von Severus Sanctus und Beda Venerabilis, s. N. E. Lemaire, Hrsg., *Poetae Latini Minores*, 2 Bde. (Paris, 1824), Bd. I, S. 576ff. und 598ff.

[41] "[Post Vergilium] scripserunt alii, sed ignobiles ... excepto inclyto praeceptore meo Francisco Petrarca", sagt Bocaccio kennzeichnenderweise. (Zit. bei Enrico Carrara, *La Poesia pastorale* [Milano, 1909], S. 87.) Ein Autor wie Faustus Andrelinus, bei dem eine Abhängigkeit von Calpurnius und Nemesianus auffällt, bildet eine Ausnahme. (Vgl. *The Eclogues of Faustus Andrelinus and Joannes Arnolletus*, hrsg. von Wilfred P. Mustard [Baltimore, 1918].)

[42] Vgl. Domenico Comparetti, *Vergil in the Middle Ages*, übers. von E. F. M. Benecke (London, 1895), v. a. S. 59f.

[43] Z. B. wird "muscosos ... scopulos" in I erklärt als "i potenti e ricchi rivestiti del patrimonio come di musco".

[44] Siehe Kap. IV, 3.

[45] Z. B. Marot III, IV; Baïf I, XVI, XVII; Ronsard I, II.

seiner 40 Seiten langen Anfangsekloge den ursprünglichen Rahmen ins Gewaltige steigert, verraten wieder einen stärkeren Einfluß Theokrits als die italienischen Bukoliker. Im übrigen sind hier noch alle Gattungsmotive (trotz der starken Veränderungen) vorhanden, und die Gattung wird deutlich vor dem Hintergrund ihrer langen Tradition gesehen.[46]

Die beiden frühesten Vertreter der Eklogendichtung in England haben aus erklärlichen Gründen keine nennenswerte Resonanz. Alexander Barclays um 1514 geschriebene fünf Eklogen stellen unförmige Gebilde dar – I umfaßt 1330 Verse –, die sich stark an die Vorbilder, Aeneas Sylvius' *Miseriae Curalium* (I–III) und Mantuanus V und VI (IV; V) anlehnen und mit schwerfälliger Darstellung, simpler Argumentation und offenen Widersprüchen[47] behaftet sind. Die acht meist etwas gewaltsam dialogisierten Eklogen von Barnabe Googe (1563) stechen vor allem durch ihren didaktischen Puritanismus hervor; z. B. wird der auf die traditionelle Liebesklage in II folgende Selbstmord des Dametas in IV vermittels einer berichteten Rückkehr des Toten aus der Hölle als Folge frevelhafter Idolatrie gewertet. So hat „E. K." nicht ganz unrecht, wenn er in dem der Originalausgabe beigefügten Kommentar Spenser als englischen Gründer der Gattung anspricht und seine Intention darin sieht "... to furnish our tongue with this kinde, wherein it faulteth ..."[48]

Edmund Spensers *The Shepheards Calender*, der 1579 anonym veröffentlicht wird, etabliert die Gattung in der englischen Literatur und leitet – was freilich in diesem Zusammenhang weniger von Belang ist – die große Zeit der elisabethanischen Dichtung ein, in der pastorale

---

[46] So hängt z. B. in Baïf III der Schäfer Toinet, der für den Dichter selbst steht, seine Hirtenflöte, die er nach Egon (Petrarca) und Janot (Marot) von Tityrus übernommen hat, der sie wiederum von einem alten Sizilianer erhielt, an Pans Pinie auf.

[47] Vgl. etwa den Gegensatz zwischen traditionellem *locus amoenus* und englischer Klima-Realität in IV: "We sit in shadowe..." (Z. 815); "Neare is winter the worlde is to harde." (Z. 1152)

[48] *The Works of Edmund Spenser.* A Variorum Edition, hrsg. von Edwin Greenlaw u. a., *The Minor Poems*, Bd. 1 (Baltimore, 1943), S. 10. – In diesem Anspruch, den E. K. für den Dichter erhebt, wird eine Besonderheit der Gattung deutlich. Die Betonung des πρῶτος εὑρέτης geht historisch auf Vergil VI, 1f. zurück:

Prima Syracosio dignata est ludere versu
nostra neque erubuit silvas habitare Thalia.

Der Sache nach ergibt sie sich als kompensatorische Folge aus dem Prinzip der Imitation.

Elemente eine tragende Rolle spielen. Es ist kaum zu leugnen, daß Spenser sich nur in geringem Maße unmittelbar von den antiken Vorbildern inspirieren läßt und hauptsächlich den italienischen und französischen Autoren der Renaissance folgt.[49] Wie dort kann man eine starke Hervorkehrung der Allegorie beobachten. Außerdem macht Spenser maßgeblich benachbarte heimische Traditionen für die Gattung nutzbar; in mehreren Eklogen nennt er unter dem pastoralen Pseudonym 'Tityrus'[50] Chaucer als Lehrmeister und poetisches Vorbild.

Die für die Geschichte der Pastoraldichtung wesentlichste Neuerung liegt in der Anordnung der Eklogen nach den Monaten des Jahres. Spenser schafft als erster nicht nur eine Eklogen-Sammlung, sondern einen einheitlich ausgerichteten Zyklus. Das Kalenderschema ist – wie Marinelli hervorhebt[51] – als Gliederungsprinzip für die Gattung besonders angemessen, da ihm die wechselseitige Beziehung von Mensch und Natur, also eine konstituierende Konvention der Eklogendichtung überhaupt, die sich besonders in der pastoralen Synusie äußert, zugrundeliegt. Wir wollen als Beispiel die erste Ekloge, die kürzeste und schlichteste des *Calender*, wo das Prinzip sehr deutlich wird, näher untersuchen.

"Januarye" gehört zum Typ der Liebesklage. Der Hirt Colin Cloute (der nach der Erklärung von E. K. für Spenser selbst stehen soll) beklagt seine unglückliche Liebe zu der Städterin Rosalind. Bereits in den beiden Einleitungsstrophen der 13 Strophen zu je sechs Zeilen langen Ekloge stellt der Dichter die Verbindung zwischen Mensch und pastoraler Welt her: ebenso schwach und heruntergekommen wie die Herde, die Colin gegen Ende des Winters aus dem Pferch führt, sieht auch der Hirt aus, der nun in erfahrener Kunst[52] sein Klagelied anstimmt. Colin spricht nach einer Anrufung der Liebesgötter, die in glücklicher Höhe wohnen, und vor allem des Schäfergottes Pan, der selbst die Qualen der Liebe erlitten hat, in dreifacher Steigerung (Erdboden, Bäume, Herde)[53] die vom Winter heimgesuchte Welt an und setzt sich jeweils zu ihr in Beziehung; die Spiegelung des Zustands des Hirten durch die pastorale Welt wird sofort ausdrücklich betont:

---

[49] Vgl. Halett Smith, *Elizabethan Poetry*, S. 32.
[50] In "October" (Z. 55) nimmt er dagegen mit "the Romish Tityrus" auf Vergil Bezug.
[51] *Pastoral*, S. 50.
[52] "Well couth he tune his pipe, and frame his stile." (Z. 10)
[53] Nach elisabethanischer Vorstellung entsprechend den drei unteren Stufen der Schöpfungspyramide: *mineral, vegetable, animal kingdoms*.

[4] Thou barrein ground, whome winters wrath hath wasted,
    Art made a myrrhour, to behold my plight:
    Whilome thy fresh spring flowrd, and after hasted
    Thy sommer prowde with Daffadillies dight.
    And now is come thy wynters stormy state,
    Thy mantle mard, wherein thou maskedst late.

[5] Such rage as winters, reigneth in my heart,
    My life bloud friesing with vnkindly cold:
    Such stormy stoures do breede my balefull smart,
    As if my yeare were wast, and woxen old.
    And yet alas, but now my spring begonne,
    And yet alas, yt is already donne.

Nicht nur die augenblickliche desolate Verfassung von Umwelt und
Sprecher sind analog, darüber hinaus wird der schnelle Ablauf und
Verfall des Jahres[54] zum frühen Niedergang im Leben des Hirten als
Korrespondenz gesehen. Die Entsprechung ist dadurch unterstrichen,
daß die winterliche Erde zum Schluß von Strophe 4 mit den anthropo-
morphen Attributen des Kleider-Bildes ("Thy mantle", "thou mas-
kedst") belegt wird, während in der Folgestrophe der Mensch auf sich
selbst die klimatologischen Termini der Natur ("friesing", "cold",
"stormy") anwendet. Die gleiche bildhafte Verbindung erfolgt im
nächsten Strophenpaar, wo die kahlen Bäume als weinende Liebhaber
von Blumen und Vögeln angeredet werden, deren Tränen zu Eiszapfen
gefroren sind, und andererseits der Hirt von sich selbst in pflanzlichen
Kategorien spricht ("my lustfull leafe"; "My timely buds"; "The
blossome, which my braunch of youth did beare").[55] Bei der letzten
Apostrophe, die sich an die Herde richtet, wird der Vergleich – entsprechend der größeren Nähe der Bezugsobjekte (Herde – Hirt) – konzentriert in der gleichen Strophe (8) ausgesprochen.

In stilisierter Form ("A thousand sithes", "tenne thousand sithes")
verflucht und segnet Colin dann die Stunde, als er sich bei einem Besuch in der benachbarten Stadt verliebte; denn die Liebe bringt ihm
zugleich Freude und Leid und Verderben. Wenn das Motiv der ‚Liebe

---

[54] Der Herbst wird in der Folge der Jahreszeiten ("spring" – "sommer" – "wyn-
ters") mit gutem Grund ausgelassen, da er die Assoziation der Fruchtbarkeit hat. –
In der ähnlichen Dezemberekloge stellt Spenser einen Gegensatz zwischen der
normalen Ernte des Herbstes und der ‚Mißernte' im Leben des Hirten her.

[55] Hallett Smith sieht in seiner Interpretation die auftretenden Verbindungen un-
genau, wenn er die Strophen 5 und 6 (und nicht 4–5; 6–7) einander gegenüber-
stellt (*Elizabethan Poetry*, S. 35).

auf den ersten Blick‘ hier an Vergil VIII erinnert, so ist die pastorale
Dreieckskonstellation der Strophe 10 – wie auch E. K. bemerkt – Vergil II verwandt: Colin weist den um ihn werbenden Hobbinol und
seine rustikalen Geschenke zurück, Rosalind ist für ihn alles; doch sie
verachtet ländliche Musik und Schäferweise und lacht über Colins
Lieder (11). Deshalb entsagt der Sprecher am Ende seiner unglücklichen
Muse und zerbricht seine Hirtenflöte (12). In der letzten Strophe
schließt der Dichter den dramatischen Rahmen, indem er das Hereinbrechen der Nacht und den Heimweg des Hirten und seiner Herde, die
sein Unglück mit hängendem Kopf zu betrauern scheint, berichtet.

Die Allegorie im engeren Sinne, d. h. die verdeckte Behandlung von
biographisch oder historisch bedeutsamen Personen und Ereignissen, ist
von Spensers Kritikern nach dem Vorbild der Renaissance-Theorie im
allgemeinen und E. K.s im besonderen[56] zweifellos überbetont worden.
So wird z. B. noch in einer neueren Studie mit scheinbarer akademischer
Akribie an der Identität von „Rosalind" in der Januar-Ekloge folgendermaßen herumgerätselt:

> The problem of working out the anagram of Rosalind's real name is not
> too difficult if we take *Elisa*, *R* (abbreviation for *Regina*), and the first
> syllable of *England*. If we take R first, spell *Elisa* backwards, and change
> the *g* of *Eng* to *d* for the purpose of euphony and of achieving a recognizable girl's name, we get Rasilende, a name close in sound and spelling to
> *Rosalind*. . . .[57]

Dennoch hat unser Beispiel deutlich gemacht, daß die Allegorie im weiteren Sinne, der auch in der früheren Tradition stets angelegte metaphorische Grundcharakter der pastoralen Welt, die für anderes und
mehr als nur für das Leben der Hirten steht, bei Spenser weit entwickelt ist.

Um dieser Allegorie ein Gegengewicht zu geben, führt Spenser auf
der anderen Seite – im Vergleich etwa zu Vergil – verstärkt realistische
Materie aus dem ländlichen Leben ein und anglisiert die Welt der

---

[56] Puttenham sagt in seiner Poetik über die Zielsetzung der Ekloge: "...the Poet
deuised the *Eglogue* ... not of purpose to counterfait or represent the rusticall
manner of loues and communication: but vnder the vaile of homely persons, and
in rude speeches to insinuate and glaunce at greater matters, and such as perchance
had not bene safe to haue disclosed in any other sort..." (*Arte of English Poesie*,
hrsg. von Gladys D. Willcock/Alice Walker [Cambridge, 1936], S. 38) – E. K.
hält es für Spensers Absicht, "...to vnfold great matter of argument couertly..."
(*Minor Poems*, Bd. 1, S. 10)

[57] Paul E. McLane, *Spenser's Shepheardes Calender: A Study in Elizabethan Allegory* (Notre Dame, Ind., 1961), S. 32.

Hirten. Die vorkommenden Namen sind nicht mehr lateinisch bzw. griechisch, wie noch bei Barclay und Googe, sondern haben einen englischen Klang: Colin,[58] Hobbinol, Rosalind. Der Winter mit Frost und Eis trägt unverkennbar nordeuropäische Züge. Auch die in Strophe 4 zitierten "Daffadillies" wirken ausgesprochen englisch; wenn sie freilich als Schmuck des *Sommers* genannt werden, zeigt dies, daß Spenser – wie es ihm die nachromantische Kritik schwer anlastet[59] – auf sog. ,Naturbeobachtung' an sich keinen Wert legt, sondern Naturphänomene in erster Linie als poetische Ausdrucksmittel und Zeichen behandelt. Die Narzisse kommt bereits bei Theokrit (I, 133) und Vergil (V, 38) als Symbol des Schönen vor; hier erscheinen die Blumen durch den Kontext sowie den der Wirklichkeit entsprechenden Plural konkreter. Die archaische und gelegentlich in Dialekt übergehende Sprache hat ebenfalls – ähnlich wie bei Theokrit, dessen Beispiel über die Pléiade hier wirksam ist[60] – hauptsächlich Zeichenfunktion und soll nicht die genaue Wiedergabe echter Hirtensprache sein.

Die Anlage der Eklogen des *Calender* ist – das hat schon "Januarye" deutlich gemacht – weniger episch, als es in der römischen Bukolik der Fall war; das Referenzschema der verschiedenen Realitätsebenen (kommunikative, dramatische und referierte Schicht) bleibt schwächer ausgeprägt. Die nur in den beiden monologischen Eklogen, der ersten und letzten der Sammlung, ausgebildete Dichter-Leser-Ebene dient lediglich zur Schaffung eines Rahmens, der Dichter tritt höchstens in allegorischer Verkleidung, nicht aber in der ersten Person auf. Bestimmend ist die dramatische Schicht. Die meisten Eklogen haben das Treffen zweier Hirten zum Gegenstand, sie beginnen mit einer Frage des einen Sprechers an den andern[61] (in der Regel, warum er so traurig sei) und enden mit dem Auseinandergehen der Hirten, meist wegen des Anbruchs der Nacht.[62]

Die pastoralen Themen, die in der Januar-Ekloge behandelt werden, sind aus der vorhergehenden Tradition bekannt. Liebe und Dichtung

---

[58] E.K. weist freilich zu Z.1 darauf hin, daß der Name "Colin" zugleich eine Anlehnung an Marot bedeutet.

[59] Palgrave (zit. *Minor Poems*, Bd. 1, S. 245) sagt zu dieser Stelle: "...of true passion there is no sign, and the notice of 'Daffadillies' as the ornament of 'Sommer' in its prime ... would not have fallen from a poet who had his eye closely on natural fact." – Ähnlich mißbilligend Jusserand (zit. S. 248).

[60] W.L. Renwick, "The Critical Origins of Spenser's Diction", *MLR*, 17 (1922), S. 1–16.

[61] Febr., März, Apr., Mai, Juli, Aug., Sept. (verschoben), Nov.

[62] Jan.–Jun. und Aug.

stehen im Vordergrund, der Komplex ‚Tod, Vergänglichkeit' kommt mehr indirekt zur Sprache, am ausdrücklichsten wohl in Z. 53f.:

> Yet all for naught: such sight hath bred my bane.
> Ah God, that loue should breede both ioy and payne.

Die unglückliche Liebe bringt Verderben und Leid, wogegen alles Positive vergeblich ist und demgegenüber auch die Dichtung resignieren muß (Zerbrechen der Flöte). Wenn hier freilich von "ioy and payne" die Rede ist, wird angedeutet, daß es sich um ‚süßes Leid' handelt – und daß vielleicht auch (wie in der petrarkistischen Sonett-Dichtung, die beträchtlichen Einfluß auf den *Shepheardes Calender* ausübt) die Darstellung dieses Leides angenehmer Natur sein kann. Der Gegensatz Stadt : Land, der bei Vergil eher am Rande in Erscheinung tritt (II;[63] VIII, 2. Hälfte; evtl. IX) und sogar eine positive Beurteilung der Stadt beinhalten kann (I), wird hier nach dem Beispiel des Mantuanus[64] zur wertenden Gegenüberstellung.

Nach ihrer Thematik teilt der Kommentator E. K. die Eklogen in drei Klassen ein – klagende, unterhaltende und moralische:

> ... eyther they be Plaintiue, as the first, the sixt, the eleuenth, and the twelfth, or recreatiue, such as al those be, which conceiue matter of loue, or commendation of special personages, or Moral: which for the most part be mixed with some Satyrical bitternesse, namely the second of reuerence dewe to old age, the fift of coloured deceipt, the seuenth and ninth of dissolute shepheards and pastours, the tenth of contempt of Poetrie and plesaunt wits.[65]

Die Gruppe der rekreativen Eklogen ist am wenigsten scharf umrissen und fällt nach ihrer Definition teilweise fast mit den klagenden zusammen, weshalb E. K. wohl auch davon absieht, die einzelnen Stücke zu nennen. Am meisten von der ursprünglichen Pastorale entfernt sich die zuletzt genannte, zahlenmäßig größte Klasse der moralischen oder moralisch-satirischen Eklogen, in denen Spenser weitgehend von Mantuanus abhängig ist und sich am entschiedensten der Allegorie im engeren

---

[63] Putnams Deutung der 2. Ekloge ist wohl eindeutig überinterpretiert, wenn er hier "an intellectual dialogue between boorishness and the polish of civilization" zu finden meint (*Virgil's Pastoral Art*, S. 84).

[64] Vgl. VI ("De disceptatione rusticorum et civium"), 245f.: "... omnibus urbs est / fons et origo malis ..."

[65] *Minor Poems*, Bd. 1, S. 12.

Sinne bedient. In II, V und IX werden Fabeln mit moralisch-allegorischer Zielsetzung erzählt. Das pastorale Kleid ist am dünnsten in der Juli-Ekloge, wo Mantuanus VIII (mit stark verändertem Inhalt) imitiert wird: der Diskussion des Hochland- und des Tiefland-Hirten über die verschiedenen Vorzüge ihrer Lebensbereiche liegt unübersehbar der theologische Disput zwischen *High Church* und *Low Church* zugrunde. Ein Ausgleich entsteht jedoch durch die benachbarten Gedichte, die einen ausgesprochen bukolischen Charakter besitzen.

Das Gliederungsprinzip des Zyklus ist wieder – abgesehen von dem Kalenderschema, das vor allem bei den Sommermonaten nicht streng beachtet wird – das der *variatio*. Die Eklogen der verschiedenen Gruppen sind so zusammengestellt, daß sie ein Muster bilden, in dem sich, ohne ermüdende Regelmäßigkeit, Entsprechung und Kontrast die Waage halten,[66] so daß man auch bei der Anordnung – wie E. K. die Sprache des Werkes charakterisiert[67] – von "disorderly order" sprechen kann. Auch die Länge der umfangmäßig stark divergierenden (und doch mit durchschnittlich 184 Zeilen wesentlich über Vergil hinausgehenden) Eklogen richtet sich anscheinend nach diesem Grundsatz.[68] Die Variation geht bis zu den mannigfaltigen Metren und Strophen,[69] die Spenser im *Shepheardes Calender* anwendet und in denen ein Großteil seines Einflusses auf die außerpastorale Dichtung der Zeit begründet ist.

Zusätzlich zu seinem Eklogenbuch hat Spenser auch einzelne Gedichte der Gattung verfaßt, das längere "Colin Clovts Come Home Againe", dessen biographische Allegorie die Kritik über Gebühr beschäftigt hat,[70] und die pastorale Elegie "Astrophel" auf den Tod des jungen Dichters Sir Philip Sidney. Hier ist vor allem die Einzelstellung von beispielhafter Bedeutung.

Die Zeit von 1579 bis gegen Ende des 17. Jahrhunderts kann man, wie Cory es in dem Titel seines Aufsatzes zum Ausdruck bringt, als

---

[66] Vgl. Hallett Smith, *Elizabethan Poetry*, S. 34.

[67] *Minor Poems*, Bd. 1, S. 8.

[68] Zeilenlänge der Eklogen (jeweils ohne Motto): 78 (I), 246 (II), 118 (III), 161 (IV), 317 (V), 120 (VI), 232 (VII), 195 (VIII), 259 (IX), 120 (X), 208 (XI), 156 (XII).

[69] Siehe die Zusammenstellung von Renwick, wiedergegeben in *Minor Poems*, Bd. 1, S. 640.

[70] Vgl. Sam Meyer, *An Interpretation of Edmund Spenser's Colin Clout* (Notre Dame, Ind., 1969), bes. S. 170.

"The Golden Age of the Spenserean Pastoral"[71] bezeichnen. Die zahlreichen Dichter, die sich an der Ekloge versuchen, erblicken ganz offensichtlich in Spenser ihr großes Vorbild und imitieren den *Shepheardes Calender*, obgleich sie, um ihr eigenes Werk zu rechtfertigen und entsprechend der historisch etablierten Gattungspraxis, mehr oder weniger substantielle Veränderungen und Abweichungen durchführen. Wenn Kermode allerdings das hohe Ansehen, in dem die Pastoraldichtung der Zeit bei der Kritik steht, formuliert und feststellt, "... the general level of achievement was almost incredibly high",[72] so gilt das wohl für die pastorale Lyrik, nicht jedoch für die längere und deshalb von anderen Gesetzen abhängige Ekloge.

Im Gegenteil läßt sich nach Spenser eine erhebliche Trivialisierung der Ekloge feststellen. Eine Ausnahme bildet lediglich Michael Drayton, dessen *Idea. The Shepheards Garland Fashioned in nine Eglogs* (1593) die gleiche poetische Höhe wie das durchgehend imitierte Vorbild erreicht, aber literarhistorisch in keiner Weise eine vergleichbare Bedeutung gewinnt. Sonst wird nach dem legitimierenden Beispiel von Spensers Fabeln die Ekloge weithin zum Vorwand, eine Geschichte, gleich welcher Art, meist jedoch mit moralischer Zielsetzung, zu erzählen. Hier sind die drei in englischen Hexametern abgefaßten Gedichte von Francis Sabies *Pan's Pipe* (1595) und mehr noch die vier in Thomas Lodges *A Fig for Momus* (1595) enthaltenen Eklogen zu nennen. Deutlich tritt die erzählend-unterhaltende Intention auch bei William Browne in *The Shepheards Pipe* (1614) zutage, wo z. B. I das lange Märchen vom Prinzen Jonathas und seiner falschen Geliebten Fellicula und VI den Schwank vom gefräßigen Hund wiedergibt; didaktische Züge machen sich besonders in der spießbürgerlich-moralischen Geschichte von der nymphomanen Braut (VII) bemerkbar. Richard Brathwaite drückt die Erzählabsicht bereits in dem Titel *The Shepheards Tales* (1621) aus; auch bei ihm findet sich engstirniger bürgerlich-puri-

---

[71] *PMLA*, 25 (1910), S. 241–267. – Andere Darstellungen des Zeitraums, außer Greg, bei: H. Oskar Sommer, *Erster Versuch über die englische Hirtendichtung* (Marburg, 1888); Katharina Winscheid, *Die englische Hirtendichtung von 1579–1625. Ein Beitrag zur Geschichte der englischen Hirtendichtung* (Halle, 1895); Truesdale, *English Pastoral Verse*. – Die beiden ersten Arbeiten bieten wenig mehr als Aufzählungen und Inhaltsangaben, die jüngere Studie ist (wie es auch in dem Gutachten des Promotionsausschusses zur Sprache kommt) trotz richtiger Einzelerkenntnisse der Aufgabe nicht voll gewachsen, was zum großen Teil darauf zurückzuführen ist, daß sie die verschiedenen Gattungen und ihre Traditionen zu wenig berücksichtigt.

[72] *English Pastoral Poetry*, S. 42.

tanischer Moralismus,[73] außerdem stechen allegorische Züge hervor: "Technis tale" (I) beispielsweise mit Platos Höhlengleichnis in pastoralisierter (und trivialisierter) Form enthält weithin verdeckte Autobiographie.

Eine Übersteigerung der Allegorie ist neben der Tendenz zur trivialen Erzählung kennzeichnend für die Eklogen dieser Zeit. Persönliche Allegorie beherrscht einseitig George Withers *The Shepherds Hunting* (1615); Philarete, der in den ersten drei der fünf Eklogen von anderen Hirten im Gefängnis besucht wird, steht für den in der Marshalsey-Anstalt gefangenen Dichter, die anderen repräsentieren seine literarischen Freunde (Willy = William Browne; Cuddy = Christopher Brooke usw.). Mit einer langen, ungehemmt allegorischen Geschichte berichtet Philarete in zwei Fortsetzungen (II und III) den Grund seiner Gefangenschaft: er ist seinen allegorischen Hunden (Love, Lust, Envy, Revenge, Jealousy, Avarice, Ambition, Fear, Despair, Cruelty, Hope, Compassion, Joy, Sorrow, Vanity, Inconstancy, Weakness und Presumption), mit denen er zu jagen liebt, schließlich nicht mehr gewachsen, und zwei Untiere, von Envy und Hate gebissen, verkleiden sich als Schafe und sagen, die Hunde hätten unschuldige Schafe zugerichtet; auch andere schädigen heimlich Schafe und geben den Hunden des Philarete die Schuld, so daß dieser schließlich verurteilt wird. Die *Piscatory Eclogues* (1633) von Phineas Fletcher, in denen ebenfalls persönliche Allegorie eine große Rolle spielt, werden an späterer Stelle noch zur Sprache kommen.[74]

Noch ungezügelter wirkt in den Eklogen die religiöse Allegorie, die zum Teil völlig den Boden der Schäferwelt unter den Füßen verliert. Bei Edward Fairfax (1603) setzt in IV der verführerische Fuchs das unschuldige Lamm, nachdem er es in einem feinen Netz gefangen hat, prächtig gekleidet auf einen Thron und geht dann nach einem üppigen Gastmahl mit ihm ins Bett, so daß es durch die faulen Umarmungen ganz vergiftet ist und allenfalls noch von dem Schäfer, der alle Schafe

---

[73] So heißt es etwa in der 1. Ekloge des 2. Teils (R. Brathwaite, *Natures Embassie* [Boston, Lincs., 1877], S. 239) auf die Frage des Schäfers Linus, ob man die von Räubern geraubte Braut des Corydon nicht befreien könne, aus dem Munde des Bräutigams: "To what end *Linus*, she's dishonoured!" – In der folgenden Ekloge kommt Sapphus' Hochzeit mit Silvia nicht zustande, weil die Braut bei der Trauungszeremonie beschuldigt wird, schwanger zu sein; an dem neu festgesetzten Tag bringt sie tatsächlich einen Sohn zur Welt, dessen Vaterschaft unklar bleibt.

[74] Siehe Kap. IV, 3.

und Hirten behütet, gerettet werden kann. Der Höhepunkt wird erreicht und in mancher Hinsicht auch schon überschritten mit Francis Quarles' *The Shepheards Oracles* (1646); es geht nun ausschließlich noch um theologische und kirchenpolitische Fragen, die der Autor jedoch um der Verständlichkeit willen nicht mehr vollständig in das Gewand der pastoralen Allegorie einhüllt: Gallio in I erläutert dem Britannus offen und ausführlich den theologischen Begriff "Dispensation", und Anarchus in VIII macht aus seinem Abscheu gegenüber dem "Book of Common Prayer" keinen Hehl. Von der Eklogentradition bleiben neben dem allgemeinen Vorwand der Hirtenwelt hauptsächlich formale Elemente wie Wettsingen, Dialogeinleitung, Dialog (alle Eklogen) und dramatischer Abschluß (Abend). Formal interessant ist im übrigen das durchgehende *heroic couplet*[75] der Sammlung, das nach der Metrenvielfalt der elisabethanischen Epoche den Weg zum monometrischen Klassizismus des beginnenden 18. Jahrhunderts weist.

Eine frühe, als Kunstwerk wenig beachtliche Ausprägung dieses Klassizismus sind die fünf anonymen *Eglogs, or, Pastorals on Several Arguments* (1682), in deren Vorwort der Autor "Virgil (the best of Poets)"[76] nennt und an Spenser, den er angeblich als einzigen englischen Pastoraldichter kennt, die schwerverständliche Sprache tadelt.[77] Er sieht die Gattung in symptomatischer Weise als "Dialog", der es erlaubt, Dinge "of an Universal Nature or Interest"[78] zu diskutieren. In den Eklogen vertreten die Sprecher dialogisch in verständlichen, wenngleich nicht selten gelehrten und umständlich steifen *couplets* antithetische Prinzipien, die mit dem einfachen Leben auf dem Lande zu tun haben. Der "Swain", der in III gegenüber dem Soldaten für die Vorzüge des Landlebens eintritt, ist kein Hirt, sondern ein Bauer.

Die Einzeleklogen, welche neben den Sammlungen in diesem Zeitraum entstehen, haben im allgemeinen keine Bedeutung. Lediglich Miltons pastorale Elegie "Lycidas" (1638) ist von großem Einfluß und soll uns im weiteren Verlauf unserer Untersuchungen noch näher beschäftigen. Auch Milton ist maßgeblich von der Antike, genauer Vergil,

---

[75] Lediglich in V und XI gibt es kurze Einschübe mit anderem Metrum.

[76] "Preface", A2.

[77] "Of *English Poets* I know none that have written in this Nature, unless our *Spencer*, a man doubless [sic] of extraordinary ability, tho's so unhappy as to lessen the Excellency of his Thoughts by committing them too remisly (if not needlesly affected) unto a Language not easily understood within the same Century of years in which his Poems were published." – "Preface", A2.

[78] A2 und A3.

bestimmt[79] und kann als ein weiteres, etwas verfrühtes Beispiel für Corys Feststellung über das sich bereits im 17. Jahrhundert vorbereitende und Anfang des 18. Jahrhunderts eintretende Zurückgehen des Spenser-Einflusses dienen: "... Virgil gradually gained the ascendancy, greatly to the detriment of bucolic poetry."[80] Wie weit auch Corys vorausschauende Wertung berechtigt ist, wird im folgenden zu klären sein.

2. Besonderheiten der Eklogendichtung und das 18. Jahrhundert – Problemanalyse und Vorüberlegungen

Aus dem Überblick über die Geschichte der Pastorale bis zum 18. Jahrhundert ergibt sich eine Reihe von Fragen, welche die Perspektiven für die folgende Untersuchung bestimmen. Da wir von der Annahme einer spezifischen Traditionalität der Eklogendichtung ausgegangen sind, ist zunächst noch einmal zu fragen, welche Wirkweise die Tradition in der Gattung entfaltet und welche grundsätzlichen Veränderungen im Verständnis und in der Bewertung einer derartigen literarischen Tradition während des 18. Jahrhunderts eintreten. Mit Hilfe der durch die historische Überschau gewonnenen Kriterien muß anschließend geklärt werden, welche formalen Merkmale die Ekloge konstituieren, welche Gedichte zu der Gattung zu rechnen sind und welches Textkorpus damit der Untersuchung zugrunde liegen wird. Die Frage nach dem Wesen, dem inhaltlichen Radius, den Aussagepotenzen der Gattung, die durch eine Diskussion der vorhandenen Sekundärliteratur eingeleitet werden soll, führt dann zu Überlegungen, in welcher Weise sich diese wesentlichen Komponenten im 18. Jahrhundert aufgrund umfassenderer Wandlungen verändern. Im Anschluß daran kann versucht werden, einen detaillierten Plan für das weitere Vorgehen zu entwerfen und die methodischen Schwerpunkte der Untersuchung festzulegen.

Es hat sich bestätigt, daß die Eklogendichtung in sehr ausgeprägter Weise eine literarische Tradition darstellt. Der einzelne bukolische Dichter ist sich der Tatsache bewußt, daß wichtige Grundzüge seines Werks bereits durch die Gattungskonvention vorgezeichnet sind und daß er das (vorläufig) letzte Glied einer längeren Traditionskette bildet. Dabei gibt das Bild der ‚Kette‘ den Sachverhalt nur bedingt

---

[79] Vgl. Hanford, "The Pastoral Elegy and Milton's *Lycidas*", S. 424, der diese Abhängigkeit trotz des spürbaren eigenen Widerwillens feststellen muß.
[80] "Golden Age", S. 266.

richtig wieder; denn wie wir gesehen haben, besteht eine Tendenz, programmatisch, aber auch in der Praxis, unmittelbar vorausgehende Vertreter der Gattung zu übersehen oder sich kontrastiv von ihnen abzusetzen, als positive Orientierung dagegen hauptsächlich ein entfernteres Vorbild zu wählen, dessen poetische Größe genügend Anregung verspricht und dessen zeitliche – und nach Möglichkeit auch sprachliche – Distanz ausreichend Spielraum für das eigene Werk und seine Daseinsberechtigung gewährt. Anfang des 18. Jahrhunderts ist dieses Vorbild nahezu uneingeschränkt Vergil.

Der Traditionscharakter der Eklogendichtung manifestiert sich vor allem im Prinzip der Imitation: man ist nicht bestrebt, Anlehnungen an frühere Werke zu vermeiden oder wenigstens zu kaschieren, sondern man sucht und benutzt sie, um mit der Variation von Anklängen und Abweichungen ein für den mit der Tradition vertrauten Leser reizvolles literarisches Spiel zu treiben und um durch den Kontrast zwischen Vertrautem und Verändertem eigene Aussagen zu realisieren. Falsch wäre es, Imitation ohne weiteres mit sklavischer Kopie gleichzusetzen, wie es die ältere Sekundärliteratur infolge ihres von der Romantik ererbten Originalitätspostulats gern tut. So entrüstet sich beispielsweise Homer Smith über diesen Zug der Gattung:

> Perhaps the most objectionable characteristic of the pastoral writers is their slavish imitations. Not only were incidents and suggestions borrowed extensively, but direct plagiarism was not held a vice. The same names appear again and again. Sometimes a character is stolen, name and all...[1]

Eine solche Einstellung wirkt auch heute noch unterschwellig weiter, wenngleich die Notwendigkeit der Differenzierung immer mehr ausgesprochen wird und die Kritik im allgemeinen zu einer Position findet, wie etwa Truesdale sie andeutet mit der Feststellung:

> It is only in minor poets that tradition tyrannizes the poetic sensibility and prohibits that imaginative leap into poetic significance. In the best poets ... tradition is actually a stimulant rather than a narcotic, a beginning by means of which the poet can express at once the universality of his experience and his individuality in relation to or against that tradition.[2]

---

[1] "Pastoral Influence", S. 364. – Eine ähnliche Wertung findet sich bei O. Reissert, „Bemerkungen über Spenser's Shepheards Calendar und die frühe Bukolik", *Anglia*, 9 (1886), S. 205.

[2] *English Pastoral Verse*, S. 240. – Eine gute Würdigung der Rolle, welche die Imitation in der Renaissancedichtung spielt, wird von Kermode, *English Pastoral Poetry*, S. 23, gegeben.

Das Imitationsprinzip bildet keinen Ersatz für die eigenständige Leistung des Dichters, sondern fordert sie im Gegenteil heraus, da es, richtig verstanden, stets implizit von dem polaren Gegenprinzip der Originalität begleitet wird. Die Geschichte der Ekloge, die wir verfolgt haben, beweist dies. Seit Theokrit hat die Gattung trotz der durch die Imitation bewahrten gleichförmigen Elemente verschiedentlich weitgehend ihr Gesicht geändert, so daß eine normative Literaturbetrachtung beständig versucht ist, von Entartung und Niedergang zu sprechen.[3] Das Prinzip der Imitation kann nur funktionieren, wenn ihm ein vergleichbar starkes Prinzip der Originalität und selbständigen Abweichung die Waage hält. Sobald einer der beiden Grundsätze einseitig dominiert, muß es auf die Dauer entweder zum Erliegen der Gattung durch Stagnation oder zum Verschwinden der Tradition durch Auflösung kommen.

Hier deuten sich aufschlußreiche Aspekte für unsere Untersuchung an. Im Laufe des 18. Jahrhunderts verlagert sich der Schwerpunkt der poetischen Theorie und Praxis extrem von dem einen auf das andere Prinzip. Während die klassizistische Epoche zu Anfang des Jahrhunderts oft als das Zeitalter der Imitation bezeichnet wird, tritt in der zweiten Jahrhunderthälfte – z. B. durch die einflußreiche Schrift *Conjectures on Original Composition* (1759) von Edward Young – der Grundsatz der Originalität in den Vordergrund. Im Zusammenhang mit gewandelten Vorstellungen von der Aufgabe und Funktion des Dichters legt man bei der Dichtung weniger Wert auf die kunstfertige Auseinandersetzung mit der literarischen Tradition als auf die schöpferische Inspiration des poetischen Genies. Es wird zu fragen sein, wie sich diese Schwerpunktverschiebung auf die Eklogentradition auswirkt.

Das Problem der Imitation, und damit der Tradition, das für die Dichtung im ganzen stets eine Rolle spielt, tritt in der Eklogendichtung nicht nur infolge der historischen Entwicklung der Gattung so sehr

---

[3] Z. B. konstatiert Thomas Perrin Harrison Jr. im Vorwort der zusammen mit Harry Joshua Leon herausgegebenen Anthologie *The Pastoral Elegy* dreimal den Niedergang der Pastoraldichtung: nach Theokrit (S. 5; auch Vergils Würdigung ist deutlich eingeschränkt); nach Vergil (ebd.; außer der Elegie, die neue Züge angenommen habe, erreiche die Gattung nicht wieder die Höhe Vergils); im 18. Jahrhundert (S. 19). – Eine durch ihre Neuheit sehr interessante, freilich durch ungenaue Verallgemeinerungen etwas entwertete Form der pastoralen Deszendenztheorie begegnet bei S. K. Heninger, Jr., "The Renaissance Perversion of Pastoral", *Journal Hist. Ideas*, 22 (1961), S. 254–261.

hervor. Seine Bedeutung ist auch durch die relative Begrenztheit des zugrunde gelegten pastoralen Bereichs im eigentlichen Sinne bedingt, wie Johnson sie in der eingangs zitierten Abhandlung deutlich ausspricht:

> The range of pastoral is ... narrow, for though nature itself, philosophically considered, be inexhaustible, yet its general effects on the eye and on the ear are uniform and incapable of much variety of description.[4]

Dadurch daß der pastorale Dichter von vornherein durch seinen Gegenstand auf ein verhältnismäßig enges Feld verwiesen ist, das bereits andere bearbeitet haben, wird er fast von selbst dazu geführt, sich mit dem Werk seiner Vorgänger auseinanderzusetzen. Vermittels der Imitation kann er diese Auseinandersetzung für seine Dichtung fruchtbar machen.

Die variierende Imitation bietet dem Dichter ein Mittel, mit der gerade auf dem Gebiet der Pastorale drückenden Last der literarischen Vergangenheit, mit der Frage „Was bleibt zu tun übrig?"[5] fertigzuwerden. Natürlich hat die Wirksamkeit dieses Mittels ihre Grenzen. Sie liegen einmal in der Bequemlichkeit einer einfallslosen Kopie, zu der sich vor allem Dichter geringeren Kalibers – wie in dem oben wiedergegebenen Zitat von Truesdale anklingt – leicht verführen lassen bzw. die sie überhaupt erst zu der Gattung hinzieht. Eine solche Gefahr ist im 18. Jahrhundert besonders gegeben, da dem Dichter neben der legitimen Möglichkeit der Abhängigkeit auch eine fertig ausgebildete Poesiesprache, die "poetic diction" des Klassizismus, zu Gebote steht. Es kann nicht verwunderlich sein, daß wir es aus diesem zweifachen Grund bei der Eklogendichtung des 18. Jahrhunderts sehr stark mit *poetae minores* zu tun haben.[6] Freilich brauchen wir deswegen nicht zu erwarten, eine so monotone Uniformität anzutreffen, wie Johnson sie ausmalt, wenn er voll Ironie meint:

---

[4] *Rambler*, 36, S. 80.

[5] Vgl. dazu den erhellenden Aufsatz von W. J. Bate "The English Poet and the Burden of the Past, 1660–1820", *Aspects of the Eighteenth Century*, hrsg. von Earl R. Wasserman (Baltimore, 1965), S. 245–264, hier S. 245. – Der „Kampf", als den Jurij Tynjanov jede literarische Nachfolge primär ansieht, erhält durch das Imitationsprinzip gewisse Spielregeln (vgl. „Dostoevskij und Gogol", *Russischer Formalismus*, hrsg. von Striedter, S. 303).

[6] Schon Sommer erkennt: „Die meisten Hirtendichter waren sogenannte 'minor poets' ..." (*Erster Versuch*, S. 25), und T. S. Eliot bemerkt verallgemeinernd: "In the eighteenth century there are a good many second-rate poets ..." ("Poetry in 18th Cent.", S. 272).

... 'numbers without number' [have come] to try their skill in pastoral performances, in which they have generally succeeded after the manner of other imitators, transmitting the same images in the same combination from one to another, till he that reads the title of a poem may guess at the whole series of the composition.[7]

Aber in dieser Feststellung über die Tendenz des Prinzips zum Epigonentum ist zugleich das ernstzunehmende Bedenken enthalten, daß die Möglichkeiten der Imitation sich auch für den fähigen Dichter erschöpfen können, besonders wenn, wie zu Anfang des 18. Jahrhunderts, der Imitationsgrundsatz hervorgekehrt und strenger ausgelegt wird.

Die Imitation ist ein in erster Linie auf die Form bezogenes Prinzip; selbst inhaltliche Motive tendieren dazu, als formale Elemente behandelt zu werden, da sich ihre Wertigkeit und Bedeutung bei der Imitation u. U. sehr verändert. So ist es begründet, daß sich in der Eklogentradition die Elemente der Form, wie wir bereits anhand des geschichtlichen Überblicks gesehen haben, am beständigsten erweisen und im wesentlichen sogar die Gattung konstituieren. Die inhaltliche Bindung an die Darstellung des Hirtenlebens ist in der Renaissance teilweise bereits sehr schwach geworden, die formalen Elemente dagegen sind bei aller Variation weit mehr konstant geblieben. Im 18. Jahrhundert mit seiner großen Wertschätzung des Formalen wird sich die Form noch weiter von dem bukolischen Inhalt lösen.

Das beherrschende Gewicht der Form bedeutet auf der andern Seite nicht, daß sich, wie etwa im Falle des Sonetts, mit Hilfe formaler Kriterien eine einfache, brauchbare Definition der Ekloge geben ließe. Martha Shackford, die sich in ihrem Aufsatz mit dem Problem der Begriffsbestimmung in der Pastoraldichtung befaßt, vereinfacht, wenn sie besonders im Hinblick auf das 18. Jahrhundert erklärt: "Eclogue has always the significance of dialogue, but not necessarily that of pastoral."[8] Sie erkennt zwar richtig die Priorität der Form, übersieht aber bei ihrer Verallgemeinerung den wichtigen Unterschied zwischen Einzelekloge und Teilgedicht einer Sammlung.[9]

Unsere Überschau über die Gattungsgeschichte hat deutlich gemacht, daß in einem Eklogenbuch das einzelne Stück dialogisch oder monologisch (meist mit dialogischer Tendenz) sein kann, aber auch unter Um-

---

[7] *Rambler*, 36, S. 79.
[8] "Definition of Pastoral Idyll", S. 589.
[9] Schon die angegebenen Beispiele sind nicht ganz zutreffend: die ersten beiden Stücke von Gays *Town Eclogues* sind z. B. keine Dialoge.

ständen, wie in dem klassischen Beispiel von Vergil IV, gestützt durch die benachbarten Eklogen der Sammlung ausnahmsweise einen anderen Charakter annimmt. Wir hatten von einem Referenzschema mit drei Realitätsebenen (kommunikative, dramatische und referierte) gesprochen, die unterschiedlich ausgebildet sein können, vor denen aber im Ganzen der Sammlung die dramatische Schicht dominiert. Im Zusammenhang mit der dramatischen Ausrichtung stehen die meist zu findenden Grundhaltungen der Charaktere, Klage (Liebes- und Totenklage) und sprachlicher Wettstreit, sowie die szenischen Eröffnungs- und Schlußtopoi (z. B. Frage nach dem Grund des Kummers; Anbrechen der Nacht). Eine gute formale Beschreibung der traditionellen Ekloge liefert Jones in seinem wichtigen Aufsatz, wo er feststellt:

> In the Virgilian eclogue there is practically no action, but there is a clearly suggested scene in which soliloquy or dialogue is carried on – a kind of static dramatic scene.[10]

Dies gilt, da von Vergil abgeleitet, in erster Linie für die Eklogen in der Sammlung. Bei der Einzelekloge, wo kein Ausgleich variierter Abweichung durch den Sequenzkontext geschaffen werden kann, ist der Dialog fast zwangsläufig die Regel (es sei denn, die betreffende Ekloge stünde unübersehbar in der Nachfolge von Vergil IV oder einem entsprechenden Werk, wie z. B. Popes "Messiah"), da andernfalls die Gattungszugehörigkeit verlorenginge oder nicht mehr genügend sichtbar wäre.

Neben dem vorwiegend auf die Form bezogenen Begriff "eclogue" kommt in der englischen Dichtung des 18. Jahrhunderts auch häufig das Synonym "pastoral" vor. Das Substantiv "pastoral" ist jedoch durch die Wortbedeutung auf Gedichte pastoralen Inhalts festgelegt, während die formale Komponente gegenüber "eclogue" zurücktritt, so daß die Bezeichnung auch auf Dichtungen angewandt werden kann, die mehr am Rande der Tradition stehen. Als Adjektiv bezieht sich "pastoral" ausschließlich auf den Inhalt, ohne Rücksicht darauf, ob das betreffende Werk eine nähere Beziehung zur bukolischen Tradition aufweist; es kann also auch, beispielsweise in der nicht seltenen Zusammenstellung "a pastoral song", bei kürzeren, mehr lyrischen Gedichten Anwendung finden. Nur die Zusammensetzung mit "dialogue" kennzeichnet die Eklogentradition. Der Begriff "idyll", den Martha Shackford in ihrer Definition, ausgehend von einem romantisierenden Theo-

---

[10] "Eclogue Types", S. 35.

krit-Verständnis und auf reichlich schwärmerisch-unpräzise Kriterien gestützt,[11] hervorheben möchte, spielt im 18. Jahrhundert kaum eine Rolle.

Wir werden in unserer Untersuchung alle Gedichte und Gedichtsammlungen des angegebenen Zeitraums zugrundelegen, die im Titel oder Untertitel die Bezeichnung "eclogue", "pastoral dialogue" oder "pastoral" (als Substantiv) tragen bzw. aufgrund ihrer Form erkennbar der Tradition der Ekloge angehören.[12] Eine solche Konzentration auf die Form entspricht, wie wir gesehen haben, der Eigenart der Ekloge; sie erscheint besonders sinnvoll für eine Zeit wie das 18. Jahrhundert, deren Formbewußtsein hoch entwickelt ist, und läßt sich hier leichter verwirklichen als etwa in der elisabethanischen Ära, wo die Gattungsgrenzen vergleichsweise fließend sind. Allerdings wird sich zeigen, daß auch in dem von uns behandelten Zeitraum die Entwicklung der Ekloge nicht in hermetisch von benachbarten Arten abgesonderten Bahnen verläuft. Berührungsflächen ergeben sich vor allem zu den Gattungen Ode, Ballade, Elegie, Lied, Lehrgedicht und topographische Dichtung. Wir werden im allgemeinen die Impulse, die von der Ekloge auf diese Gattungen ausgehen, nicht verfolgen können. Umgekehrt werden wir jedoch an verschiedenen Stellen auf die Einflüsse einzugehen haben, welche die Ekloge von diesen Seiten aufnimmt. Es wird deutlich werden, wie einerseits die Eklogenform sich verselbständigt und zur Behandlung nicht-pastoraler Themen dient, wie auf der andern Seite aber auch vor allem geänderte Vorstellungen über die pastoralen Inhalte zu einer Umbildung der Form und einer Verschiebung in die Richtung anderer literarischer Gattungen führt.

Die wenigen Studien, die sich bisher, in kritisch meist schwach fundierter Weise, besonders mit der englischen Eklogendichtung des 18. Jahrhunderts befaßt haben, begreifen nur unzureichend das Wesen des formalen Imitationsprinzips und gehen überdies mit unrichtigen, durch die Romantik geprägten Vorstellungen hinsichtlich der inhaltlichen Aufgabenstellung des pastoralen Dichters an die bukolische Dichtung heran. Mehr oder weniger ausdrücklich sind sie der Ansicht,

---

[11] Sie sagt z. B.: "It [the idyll] is the only sort of writing whose end is to make us enamored of life. In it we have always a charmed atmosphere, some suggestion of satisfying happiness." (S. 587)
[12] Die zahlreichen Übersetzungen, Adaptationen und Paraphrasen klassischer Eklogen werden im Regelfall nicht besonders berücksichtigt.

36

der Wert pastoraler Gedichte sei an dem Ausmaß der in ihnen erkennbaren Naturbeobachtung und Liebe zum ländlichen Leben seitens des Dichters zu messen.

Sommers Schrift, die über die Pastoraldichtung vom frühen 16. bis späten 18. Jahrhundert handelt, trägt nicht ohne Grund ihren einschränkenden Titel *Erster Versuch über die englische Hirtendichtung* (1888) und begnügt sich meist damit, Inhaltsangaben zu machen und Hilfsmaterial zu liefern, ohne grundsätzliche Wertungen zu wagen. Elmer Harold Mantz bringt in seinem Artikel "Non-dramatic Pastoral in Europe in the Eighteenth Century" (1916) sein kritisches Credo und die damit erreichten Ergebnisse folgendermaßen zum Ausdruck:

> The appreciation of nature, as well as an understanding of the most simple people, are prerequisite to any success in this field ... With the exception of Ramsay, one can hardly recollect a single writer of eclogue of the eighteenth century ... who really represented country folk as they are; or rather, since the countryman is passing, as they were in that time.[13]

Jones, dessen zur Orientierung auf diesem Gebiet wertvoller Aufsatz schon erwähnt wurde, läßt sich, obwohl er die Wichtigkeit der Form erkennt und in einer klaren, zum Teil allerdings reichlich vereinfachten Form-Inhalt-Dichotomie herausarbeitet, doch von ähnlichen Voraussetzungen hinsichtlich des Ziels und Werts der Pastoraldichtung leiten; so findet er in Popes Eklogen "no feeling for nature or country life" und bezeichnet Popes Nachfolger schlichtweg als "the criminals in this field."[14]

Auch Marion K. Braggs Monographie *The Formal Eclogue in Eighteenth-Century England* (1926)[15] vermag mit ihren Ergebnissen wenig zu überzeugen. Die Verfasserin ist dem umfangreichen Material – auf weniger als hundert Seiten im Hauptteil behandelt sie sowohl die Ekloge als auch die Poetik der Pastoraldichtung im 18. Jahrhundert – nicht ganz gewachsen und kommt kaum über eine annalistische, fakten-

---

[13] *PMLA*, 31 (1916), S. 431.

[14] "Eclogue Types", S. 38 und 39. – Im übrigen läßt der Aufsatz nicht selten die nötige Sorgfalt und Genauigkeit vermissen; dafür zwei Beispiele: S. 48 wird die Grundsituation von Philips V unrichtig wiedergegeben; S. 50 müssen die angeführten Entstehungsdaten von Evans' "Pastorals" nicht 1707–1719, sondern 1707–1726 (siehe XIII) lauten, die bei Evans auftretenden Bescheidenheitsformeln "humble muse" und "modest strain" werden nicht als Gattungskonvention erkannt, und der Herausgeber müßte "Nichols" (statt "Nichol") heißen.

[15] University of Maine Studies, 2. Serie, 6 (Orono, Maine, 1926).

aufreihende Darstellung hinaus.[16] Ihre kritischen Prinzipien wirken
trotz fruchtbarer Ansätze nicht genügend reflektiert und daher unein-
heitlich. Auf der einen Seite hat sie offenbar eine Aversion gegen die
traditionelle Gattung und nennt "the traditional pastoral" oder "the
orthodox pastoral" nur mit Mißbilligung,[17] andererseits registriert sie
mit tadelndem Unterton die Abweichung von dem, was sie als "properly pastoral" oder "strictly pastoral" auffaßt.[18] Marion Bragg verrät
ihren romantischen Standpunkt, wenn sie zum Schluß feststellt, das
Wort "pastoral" habe durch Wordsworth seine „moderne" (ergänze:
und wahre) Bedeutung gewonnen, von der die Dichtungen Vergils und
sogar Theokrits weithin abgewichen seien.[19] Immer wieder in ihren
Ausführungen macht sie die Beobachtung der Natur und die detail-
getreue Wiedergabe englischer Landschaftsphänomene zum Haupt-
maßstab für die Bewertung der behandelten Eklogen.[20] Ähnlich wie
Jones kritisiert sie beispielsweise "Pope's lack of personal nature observation" und tadelt an Popes Eklogen: "... the poems are lacking in
realistic and accurate detail."[20a]

Marion Bragg sieht die Entwicklung der Eklogendichtung während
des Jahrhunderts in drei Abschnitten:

> The pastoral poetry of the century falls into three periods ..., 1700 to
> 1725, 1725 to 1750, and 1750 to 1800: during the first of these, the Neo-
> classical tradition was still developing; during the second, altho a number
> of pastorals were written, this evolution had stopped; during the third,
> the Romantic movement gradually overwhelmed the pastoral form.[21]

---

[16] Sie hält sich damit auch an ihre Ankündigung: "The present study will take up
in each period the creative work of individual authors in chronological order,
and under each separate poem will discuss its pastoral-type, its sources, as derived
from the pastoral tradition ... and its fresh characteristics borrowed from the
new literary environment." (S. 40)

[17] Noch deutlicher spricht sie z. B. S. 63 von "the absurdities of the orthodox form".

[18] Etwa S. 94 (Chatterton) und S. 105 (Irwin und Scott).

[19] S. 123.

[20] Z. B. legt sie bei Spenser (S. 25) Wert auf die Feststellung: "... the native [ele-
ments came] in part, doubtless, from his own observation"; Philips (S. 45) kann
durch eine lange Liste englischer Blumen in ihrer Wertschätzung avancieren, und
es heißt: "... Philips had a sincere interest in nature"; bei Shenstone (S. 79)
bemerkt sie: "... a great advance is obvious in the accurate recording of detail";
Cunninghams Werk (S. 90) zeige gleichfalls "... many accurate details of nature
taken from direct observation"; bei Scott (S. 95) bringt sie entsprechend ihre
Befriedigung zum Ausdruck: "It gives one a sense of pleasure to find a poet who
notices the varying colors of trees and flowers".

[20a] S. 40.

[21] S. 40.

Die Einteilung in drei Perioden liegt nahe und ist durchaus begründet,[22] wenngleich wir aufgrund des vorliegenden Textmaterials zu einer etwas anderen zeitlichen Festlegung gelangen werden. Auch der Niedergang der klassischen Tradition und das Aufkommen der romantischen Bewegung als die Hauptfaktoren, die diese Einteilung und damit den Verlauf der Gattungsgeschichte bestimmen,[23] entsprechen den zu beobachtenden Tatsachen. Trotzdem kann Marion Bragg infolge ihres unangemessenen kritischen Standpunktes im einzelnen nicht zu annehmbaren Erkenntnissen und Urteilen vordringen. Vor allem geht sie von einer falschen Realismusvorstellung aus. Es ist sicher richtig, daß die Eklogendichtung im Laufe des Jahrhunderts immer mehr dazu kommt, die zeitgenössische Wirklichkeit des Landes und des ländlichen Lebens abzubilden; aber diese Entwicklung ist nicht unbedingt positiv zu bewerten, da sie zu einer Verarmung der Gattung und letztlich zu ihrem Untergang führt.

Wie wir gesehen haben, hat die bukolische Dichtung seit ihren Anfängen bis zum 18. Jahrhundert nie das Ziel, wirkliche Hirten und Landbewohner in ihren täglichen Beschäftigungen, Sitten und Gebräuchen lebensgetreu darzustellen. Gewiß wäre es zu einseitig, wollte man die dargestellte Welt der Hirten prinzipiell nur als belanglosen Vorwand für dichterisches Schaffen betrachten. Pastoraldichtung ist seit jeher Dichtung für Städter, und die Sehnsucht des Stadtbewohners nach dem anderen, einfachen Leben auf dem Lande bildet eine tragende Motivation. Aber es läßt sich doch nicht übersehen, daß die Darstellung der Hirtenwelt seit Theokrit, und mehr noch seit Vergil, der die Tradition eigentlich etabliert, ausgesprochen stilisierte Züge trägt. Die Ekloge versucht ihren Charakter als Dichtung nicht zu verbergen und den Leser nicht darüber hinwegzutäuschen, daß die dargestellte Welt trotz mancher der Wirklichkeit entlehnten Elemente künstlich und fiktiv ist.

Wenn aber die auftretenden Hirten und ihr Lebensbereich in der Darstellung als künstlich gekennzeichnet sind, braucht der Dichter in seinem Werk zur Wirklichkeit des ländlichen Lebens nicht eindeutig Stellung zu nehmen. Die oft diskutierte Frage, ob die Hirtenwelt jeweils idealisiert, verschönert und erstrebenswert gezeichnet oder reali-

---

[22] Bezeichnenderweise kommt Congleton für die Theorie der Pastoraldichtung zu einer ähnlichen Periodisierung: 1684–1717; 1717–1750; 1750–1798.
[23] Ähnlich Renato Poggioli, "The Oaten Flute", *Harvard Library Bulletin*, 11 (1957), S. 176.

stisch, in ihrer bisweilen sogar abstoßenden Härte und Gewöhnlichkeit wiedergegeben wird, ist bloß von relativer Bedeutung, da die durch die Darstellung implizierte Wertung lediglich für das Kunstwerk, für die fiktive Welt der Pastorale gilt, und nicht, oder allenfalls mit großen Vorbehalten, auf die entsprechenden Bereiche des tatsächlichen Lebens übertragen werden darf. Aus diesem Grunde ist es auch möglich – wie beispielsweise bei Theokrit –, daß der Dichter sich in verschiedenen Teilen seines Werkes trotz der Gegensätzlichkeit sowohl für eine idealisierte als auch für eine realistische Darstellung entscheidet. Wenn jedoch nach unseren Beobachtungen in der Ekloge allgemein eine Tendenz zur Idealisierung vorherrscht, so ist dies weniger als Aufwertung des wirklichen Schäferlebens denn als Betonung der Künstlichkeit der dargestellten Welt aufzufassen.

Die Sphäre der Hirten ist zwar für den Stadtbewohner als komplementärer Lebensbereich zur eigenen Umwelt interessant und in gewisser Beziehung sogar theoretisch erstrebenswert, vor allem aber bietet sie aufgrund ihrer realen Gegebenheiten dem Dichter gute Möglichkeiten, Themen, die für ihn von Belang sind, literarisch durchzuspielen. Wichtig ist hier besonders die Tatsache, daß die in der Ekloge auftretenden Charaktere Hirten sind, und keine Bauern oder gar „gelernte Landarbeiter", wie Dorothy Schuchmann McCoy es an einer Stelle meint.[24] Gilbert Highet, der die Ansicht äußert, Feldarbeiter würden deshalb nicht eingeführt, weil ihr Leben zu mühsam und schmutzig, und damit unattraktiv sei,[25] und Homer Smith, der davon ausgeht, daß Hirten als die kultiviertesten Landbewohner angesehen wurden,[26] erfassen die maßgeblichen Gründe nur zum Teil. Tiefer zum Kern der Sache dringt Maren-Sofie Røstvig vor, wenn sie mit leicht abfälliger Ironie bemerkt:

> ... the pastoral in most cases was concerned, not with farmers or husbandmen, but with allegorical or fictitious characters. What else can one expect from a shepherd-poet or a shepherd-lover than a wish for solitude à deux with the beloved, or for a simple, carefree existence congenial to the composition of rhymes?[27]

---

[24] *Tradition and Convention. A Study of Periphrasis in English Pastoral Poetry from 1557–1715* (Den Haag, 1965), S. 252: "Spenser's shepherds ... represent a believable kind of skilled laborer or independent worker, just as Vergil's do."

[25] *The Classical Tradition. Greek and Roman Influences on Western Literature* (Oxford, ²1951), S. 162.

[26] "Pastoral Influence", S. 356.

[27] *The Happy Man. Studies in the Metamorphoses of a Classical Ideal*, 2 Bde. (Oslo, 1954 und 1958), Bd. 1, S. 102f.

40

Im Unterschied zu Bauern, die ihren literarischen Platz in der ländlichen Arbeitswelt der *Georgica* und ihrer Tradition haben, stehen Hirten nicht unter dem unablässigen Zwang mühevoller Arbeit und können daher in ihrem täglichen Leben das klassische Ideal des *otium* verkörpern:[28] sie sind frei für die wesentlichen Dinge des Daseins – oder, als fiktive Charaktere in der Dichtung, für solche Dinge, die der Dichter für wesentlich hält. Sie können beim Hüten der Herde über ihre Gefühle und Probleme meditieren, stundenlang über das, was sie beschäftigt, miteinander sprechen und haben fast unbegrenzt Gelegenheit, musischen Betätigungen nachzugehen und die ländlichen Künste zu pflegen. Nur ganz am Rande tritt die Sorge für das ihnen anvertraute Vieh in Erscheinung. Untrennbar verbunden mit dieser Freiheit des Hirtenlebens ist seine Einfachheit und Unkompliziertheit. Die Hirten sind nicht nur unabhängig von fremden, andauernden Sachzwängen, sondern sie werden auch nicht durch Äußerlichkeiten und Nebensachen von Wesentlichem abgelenkt. Hier liegt ein latenter Kontrast zur hektischen und komplizierten Zivilisation der Stadt und des Hofes begründet, der aber – wie wir sahen – nicht immer entwickelt zu werden braucht.

Die relative Freiheit und Einfachheit des realen Schäferlebens[29] bilden die tragenden Voraussetzungen für die pastorale Welt der Ekloge. Sie ermöglichen dem Dichter ein Darstellungsmodell, in dem er sich auf zentrale Aspekte konzentrieren und kontingente Randerscheinungen vernachlässigen kann. William Empson spricht dies in seiner häufig zitierten Definition (die allerdings unangemessen auf andere Gebiete übertragen wird) aus, indem er die Pastorale kennzeichnet als "process of putting the complex into the simple".[30] Die pastorale Welt hat grundsätzlich Modellcharakter, sie bietet sich als Metapher für die unübersichtliche und komplexe Wirklichkeit an: der Hirt der Ekloge steht für den liebenden und leidenden Menschen oder für den Dichter.

Die drei Themen, welche die Pastoraldichtung beherrschen, Liebe, Vergänglichkeit/Tod, Kunst/Dichtung, sind von archetypischer Bedeutung für die Dichtung überhaupt, soweit sie sich nicht mit den besonderen Verhältnissen einer bestimmten Gesellschaft oder mit gesell-

---

[28] Darauf wird insbesondere von Hallett Smith, "Pastoral Poetry", S. 2, hingewiesen.

[29] Daß diese Gegebenheiten freilich zum einen an bestimmte historische Situationen und Formen der Viehhaltung geknüpft sind und zum andern einseitig von der Tradition hervorgehoben werden, zeigt u. a. das Beispiel der amerikanischen Cowboy-Literatur, wo ganz andere Aspekte im Vordergrund stehen.

[30] *Some Versions of Pastoral* (London, 1950), S. 23.

schaftlichen Fragen in größerem Rahmen, wie etwa im Epos, befaßt. Schon die Art der Themen, mehr aber noch die ihnen in der Ekloge zugeordneten Ausdrucksformen der Liebes- und Totenklage sowie des Dichterwettstreits machen die Fragwürdigkeit der verbreiteten Vorstellung über die ‚echte Pastorale' deutlich, wie sie sich beispielsweise in dem folgenden Zitat äußert:

> ... from its inception, pure pastoral has described some half-remembered place in archaic terms, a nostalgic reminiscence of an idealized child-scape, an Eden-like state of innocence and harmonious perfection. ... The purpose of pastoral, as it developed from Theocritus, is to create an ideal existence in contradistinction to the real world.[31]

In unserem Überblick über die Tradition der Gattung bis zum 18. Jahrhundert ist klar hervorgetreten, daß der Dichter in der Ekloge nicht einen Zustand der absoluten Vollkommenheit, ein ungetrübtes, paradiesisches Glück, darstellt, sondern vor allem die Begrenztheit und Unvollkommenheit des Ideals untersucht. Die Funktion der pastoralen Welt als Metapher, als poetisches Darstellungs- und Denkmodell, ist ungleich wichtiger als ihre Bedeutung als Wunschbild.

Soweit die Hirtenwelt der Ekloge jedoch ideale Züge trägt, stehen sie mit ihrer Modellhaftigkeit in Verbindung. Gerade die Tatsache, daß im Bereich der fiktiven Hirten die wesentlichen Dinge des Lebens, wie Liebe und Dichtung, eine Stellung haben, die ihrer wahren Bedeutung (vom Dichter aus gesehen) entspricht, läßt diese Welt gegenüber der Wirklichkeit, wo oft Äußerliches, Ephemeres und Minderwertiges tonangebend ist, idealer erscheinen. Aber das so angelegte Ideal bleibt potentieller oder vergänglicher Art; selbst im Arkadien der Eklogen ist die durch Liebe und Dichtung erreichbare Harmonie entweder noch nicht vollkommen oder bedroht. Dies kommt insbesondere durch die in der Ekloge immer wiederkehrenden Sinnfiguren des Adynaton und Paradoxon zum Ausdruck. Die pastorale Synusie, die Einheit des Menschen mit seiner Umgebung, ist häufiger eine Verbundenheit des Leids, und nur selten und meist vorübergehend eine Gemeinsamkeit des Glücks.

Wir haben gesehen, daß die Ekloge über die Primärmetaphorik hinaus weitere allegorische Bezüge aufnehmen kann. In der Renaissance entwickeln sich vor allem, vorbereitet durch Vergils Beispiel und durch seine Kommentatoren angeleitet, die persönliche, die monarchisch-panegyrische und die religiöse Allegorie. Im Gewand der Hirten und unter

---

[31] Heninger, "Renaissance Perversion", S. 255.

der Erscheinungsform der pastoralen Welt stellt der Dichter seine eigene Person und sein individuelles Schicksal dar, läßt den Herrscher oder andere hochgestellte Persönlichkeiten rühmlich in Erscheinung treten und setzt sich mit theologischen und kirchenpolitischen Fragen auseinander. Es ist deutlich geworden, daß hier eine Gefahr für die Gattung liegt und besonders der gute Dichter immer bemüht sein muß, die Allegorie mit der zugrunde liegenden Sphäre des ländlichen Lebens in Einklang zu bringen. Sein Bestreben muß dahin gehen, die verschiedenen Sinnschichten in ausgewogener Schwebe zu halten, wenn er sich nicht mit einer nur oberflächlich verkleideten Eindeutigkeit zufrieden geben und dem Leser nicht lediglich eine (bei aller möglichen Obskurität der vorhandenen Bezüge) simple Entschlüsselungsaufgabe stellen will.

Diese Gefahr ist im Laufe des 17. Jahrhunderts zurückgegangen. Wir konnten beobachten, daß die Allegorie gegen Ende des Jahrhunderts in der Eklogendichtung immer mehr an Bedeutung verliert und dafür die Grundschicht des ländlichen Lebens in der Darstellung die Oberhand gewinnt. Damit ergibt sich für die Ekloge die entgegengesetzte Bedrohung ihrer Existenz wie in der Renaissance, d. h. der mögliche Verlust ihrer metaphorischen Komponente.

Das 18. Jahrhundert, dessen literarisches Stilideal sich mit Begriffen wie Klarheit, Einfachheit und Verständlichkeit umschreiben läßt, besitzt eine fundamentale Abneigung gegen Mehrdeutigkeit und Metaphorik und steht so einem bis dahin wesentlichen Merkmal der Ekloge ablehnend gegenüber. Indem der Dichter nun immer weniger imstande ist, die pastorale Welt als ein literarisches Modell mit hauptsächlich metaphorischen Aussagemöglichkeiten zu behandeln, stellt sich ihm, auf die Dauer unabweisbar, die Frage nach deren Realität. Zum ersten Male in der Geschichte der Gattung kommt es dazu, daß der Dichter – implizit oder in der Theorie – ernsthaft Stellung nehmen muß zur Wirklichkeit des Hirtenlebens oder des ländlichen Lebens schlechthin und daß er sich (und seinen Lesern) Rechenschaft darüber abzulegen hat, wie sich seine Darstellung zum tatsächlichen Landleben verhält. Anders als etwa Theokrit, bei dem eine idealisierte Wiedergabe des Schäferlebens und derb-realistische Darstellung nebeneinander stehen konnten, muß der Dichter jetzt eindeutig Antwort geben, welchen Wert er dem ländlichen Leben als konkreter Existenzform beimißt.

Das Prinzip, das darauf hinwirkt, das poetische Kunstwerk immer unmittelbarer zur Abbildung der erfahrbaren Wirklichkeit gegenständlicher und sozialer Art werden zu lassen, soll ebenso wie seine besonderen Manifestationen in einzelnen Werken im Rahmen dieser Untersuchung mit dem Ausdruck Realismus bezeichnet werden. Es erscheint wenig sinnvoll – wie verschiedentlich angestrebt wird –, diesen Terminus für die Literaturepoche des späten 19. Jahrhunderts zu reservieren.[32] In etwas anderem Zusammenhang hebt René Wellek zu Recht hervor, daß die gesellschaftlichen Veränderungen, die für die Epoche des Realismus im 19. Jahrhundert den Ausschlag geben, die industrielle Revolution und der Aufstieg des Bürgertums, in England schon im 18. Jahrhundert vorweggenommen sind, so daß sich hier auch früher deutliche realistische Strömungen bemerkbar machen müssen als auf dem Kontinent.[33]

Kermode meint in einer anschaulich verdeutlichten und daher gern zustimmend zitierten These, offenbar mit Blick auf das 18. Jahrhundert, die pastorale Phase in der Entwicklung einer städtischen Kultur sei dann vorüber, wenn die Beziehung zwischen Metropole und Land nicht mehr evident sei und es Kinder gebe, die noch nie eine Kuh gesehen hätten.[34] In der vorliegenden Arbeit soll im Gegenteil gezeigt werden, wie gerade die Auseinandersetzung mit der ländlichen Realität, d. h. die fortschreitende Sicht der bukolischen Herden mit Kriterien, die anhand englischer Kühe gewonnen sind, das Bild der Gattung im Laufe des Jahrhunderts bestimmt und schließlich zu ihrem Ende führt.

Auch in der pastoralen Theorie der Zeit kann man die Realitätsfrage als das ausschlaggebende Kriterium betrachten. Die drei von Congleton angenommen Phasen in der Entwicklung der pastoralen Poetik unterscheiden sich hauptsächlich durch das Ausmaß und die Unmittelbarkeit, womit sie die realen Verhältnisse des Landes in der bukolischen Dichtung berücksichtigt wissen wollen. Die neoklassische Schule, die stark auf Rapin fußt und bis etwa 1717 tonangebend ist,[35]

---

[32] Zur Realismus-Diskussion vgl. besonders Harry Levin, "What Is Realism?", *Comparative Literature*, 3 (1951), S. 193–199, und Richard Brinkmann (Hrsg.), *Begriffsbestimmungen des literarischen Realismus*, Wege der Forschung 212 (Darmstadt, 1969).

[33] „Der Realismusbegriff in der Literatur", *Begriffsbestimmungen*, hrsg. von Brinkmann, S. 432. – Wellek rechtfertigt damit die Anwendung des Terminus für den englischen Roman des frühen 18. Jahrhunderts.

[34] "Pastoral flourishes at a particular moment in the urban development, the phase in which the relationship of metropolis and country is still evident, and there are no children (as there are now) who have never seen a cow." (*English Pastoral Poetry*, S. 15.) – Zit. etwa bei Marinelli, *Pastoral*, S. 9. – Daß Kermode das 18. Jahrhundert im Sinn hat, wird vollkommen deutlich auf S. 42, wo er über diese Zeit sagt: "London had lost the country . . ."

[35] Vgl. *Theories*, S. 75–95; 302–305.

lehnt noch ausdrücklich die Darstellung von Schäfern, wie man sie tatsächlich zur damaligen Zeit im eigenen Lande findet, ab und postuliert stattdessen unter Berufung auf die Antike die Abbildung von Hirten, wie es sie im Goldenen Zeitalter, in früher Vergangenheit gegeben habe. Die rationalistischen Kritiker, deren Hauptwirkungszeit Congleton bis zur Jahrhundertmitte annimmt und die von Fontenelle beeinflußt sind,[36] verwerfen das Konzept des Goldenen Zeitalters und fordern dafür vornehmlich eine größere Plausibilität und Wirklichkeitsnähe der dargestellten Charaktere. Die von Congleton als romantische Schule bezeichneten Kritiker[37] setzen dann in der zweiten Jahrhunderthälfte diese Linie weiter fort; sie legen einen noch stärkeren Wert auf die Empirie und sind davon überzeugt, daß die von der pastoralen Dichtung wiedergegebenen Szenen, Charaktere und Gegenstände der individuell erfahrenen Wirklichkeit des Landlebens entsprechen müssen.

In der Praxis der Eklogendichtung lassen sich zu Beginn des 18. Jahrhunderts prinzipiell drei verschiedene Reaktionen auf die Realitätsfrage beobachten: man idealisiert die pastorale Welt, oder man stellt unverfälscht und offen die Realität dar, oder man überträgt die Eklogenform auf ein anderes, weniger kontroverses Gebiet, das jedoch eine traditionelle oder natürliche Beziehung zum Bereich der Hirten haben muß. Nach diesen drei Grundhaltungen, die jeweils unterschiedliche Ausprägungen der Gattung zur Folge haben und verschiedenartige Entwicklungen auslösen, werden wir unsere Untersuchung in den anschließenden drei Hauptkapiteln richten.

Der Kernstrang der Eklogentradition, der in Kapitel II verfolgt werden soll, ist zunächst durch eine deutliche Idealisierung gekennzeichnet, die nur scheinbar im Widerspruch zum Realismusprinzip steht. Da der zeitgenössische Leser in der bukolischen Dichtung eine nach Realitätsaspekten meßbare und stimmige Welt erwartet, andererseits aber infolge des aristokratischen Gesellschaftsideals der Zeit die positive Darstellung tatsächlicher Schäfer, die eine niedere Existenzform verkörpern, nicht annehmbar erscheint, weicht der Dichter meist in eine edlere Vergangenheit aus. In Übereinstimmung mit der neoklassischen Theorie wird das Goldene Zeitalter betont, oder aber es wird zumindest das Beispiel der klassischen Autoren als Bürgschaft für die Möglichkeit einer kultivierteren Form des Hirtenlebens, als sie in der Aktualität zu finden ist, gewertet; bei Autoren minderer Fähigkeit

---

[36] S. 97–114; 305–311.   [37] S. 115–154; 311–313.

45

verflacht die Idealisierung häufig zur unreflektierten Schablone, und hier finden sich auch Reste von flacher, stereotyper Allegorie. (Es wird zu klären sein, wie weit sich in dieser Hinsicht das Einzelgedicht und die Eklogensammlung unterscheiden.) In dem Maße, wie nun die idealisierte pastorale Welt des Goldenen Zeitalters an Glaubwürdigkeit verliert und dem Realitätspostulat nicht mehr gerecht werden kann, gewinnt das reale Land sehr schnell in der Dichtung an Prestige und Ansehen. (Die sozialen und ökonomischen Veränderungen der Zeit, der Aufstieg der Mittelschicht und die damit verbundene Ablösung aristokratischer Wertvorstellungen sowie die praktische Aufwertung des Landes durch die agrarische Revolution, sind die entscheidenden Kräfte, die hinter dieser Entwicklung stehen.) Am Ende hat die Realität des Landlebens in der Romantik den Platz des Ideals eingenommen. Wir werden sehen, wie die verschiedenen Dichter auf diesen Prozeß einwirken und welche Folgen die Umwertung für die Gattung im einzelnen hat. Weil die pastorale Elegie eine gewisse Sonderstellung einnimmt, werden wir sie in einem gesonderten Unterkapitel behandeln.

Die unbeschönigte Darstellung der rustikalen Realität, wie sie Anfang des Jahrhunderts in der burlesken Ekloge versucht wird, kann auf dem Boden der zeitgenössischen gesellschaftlichen und ästhetischen Idealvorstellungen von vornherein nur satirischer Art sein. Unser Kapitel III wird insbesondere zu klären haben, gegen welches Ziel sich eine solche Satire richtet und darüber hinaus welche Auswirkung die Aufwertung des Landes und seiner Bewohner auf diesen neuen Traditionszweig im Laufe des Jahrhunderts hat. An der Stelle wird als eine andere neue Variante auch die *town eclogue*, die ebenfalls unverblümte Realität darstellen will, zu diskutieren sein. Da sie zu einer idealen ländlichen Welt in doppelter Distanz steht, besitzt sie differenziertere satirische Aussagemöglichkeiten. Eine der *town eclogue* verwandte Untergattung ist die politische Ekloge, die jedoch verhältnismäßig selten und unbedeutend bleibt. Ähnliches gilt für die Gruppe der Provinz-Eklogen.

Während für diese Erscheinungsformen der Ekloge der Gegensatz zwischen poetischem Ideal und unidealer Wirklichkeit ausschlaggebend ist, gehen einige Mutationsformen, die in Kapitel IV untersucht werden sollen, nach Möglichkeit der Realitätsfrage aus dem Wege und weichen auf benachbarte Lebensgebiete aus, wo eine gehobene Darstellung, wie sie der Würde der klassischen Tradition entspricht, nach zeitgenössischen Vorstellungen glaubwürdiger zu verwirklichen ist als im Zusammenhang mit Viehzucht oder gar Ackerbau. Dies ist einmal die *sacred eclogue*, die religiöse Ekloge, die jetzt nicht mehr unter allegorischer Verkleidung beliebige theologische Fragen behandelt, sondern Vorgänge und Phasen aus der Heilsgeschichte, welche eine tatsächliche Verbindung zum Hirtenleben (oder wenigstens zur Gattungstradition) haben, zum Gegenstand nimmt. Die *oriental eclogue*, die zu Ende der ersten Jahrhunderthälfte entsteht, versucht potentiell erstrebenswerte und vollkommene Lebensformen zugrundezulegen, indem sie einfache Menschen aus fernen Ländern, insbesondere denen des mit mythischen Konnotationen ausgestatteten Orients, als Charaktere wählt. Anstatt, wie die Pastorale zu Beginn des Jahrhunderts, in die imaginäre Zeitferne der *aetas aurea* zurückzugehen, entscheidet sich die *oriental eclogue* für die reale örtliche Ferne, deren exotischer Charakter jedoch Aussagemöglichkeiten bietet, welche das heimische Landleben nicht oder noch nicht besitzt. Die dritte bedeutendere Variante der Gattung, die in diesem Zusammenhang zu diskutieren sein wird, die Fischer-Ekloge, wo Fischer die Stelle der traditionellen Hirten einnehmen, ist bereits lange vorher in Erscheinung getreten, erlebt jedoch während des 18. Jahrhunderts tiefgreifende Veränderungen. Es wird zu prüfen sein, in welchem Verhältnis die Entwicklungen, die diese sekundären Variationsformen der Ekloge durchlaufen, zu den zentralen Wandlungen der Gattung stehen und inwieweit hier die gleichen Kräfte wie bei der eigentlichen Pastorale am Werke sind. Zum Schluß dieses letzten Hauptkapitels werden wir dann einige besondere Spielarten der Ekloge, aus denen hingegen keine eigenen Traditionszweige erwachsen, zu untersuchen und in Beziehung zum Gesamtbild der Gattung zu bringen haben.

Hinsichtlich der anzuwendenden Untersuchungsmethode muß nun noch grundsätzlich entschieden werden, wie intensiv und ausführlich außerliterarische Gegebenheiten und Abläufe zum Gegenstand der Diskussion gemacht werden sollen. Vorher ist bereits zur Sprache gekommen, daß die Entwicklung der Eklogendichtung bis zum Ende des 18. Jahrhunderts auch maßgeblich von gewandelten Faktoren auf sozialem, wirtschaftlichem und kulturellem Gebiet abhängig und ohne Berücksichtigung dieser Bedingungen nur unzureichend zu erklären ist. Es genügt, wenn wir uns hier auf die hervorstechendsten Aspekte beschränken.

Der Aufstieg des Bürgertums bringt einen Wandel der geltenden Wertvorstellungen mit sich, der für die Pastorale in mehrfacher Beziehung fundamentale Wichtigkeit besitzt: die soziale Distanz zwischen der dominierenden Bevölkerungsschicht und den Bewohnern des Landes und ihrem Leben schwindet – das Landleben als solches ist damit eher darstellbar; Konformität mit standesspezifischen (aristokratischen) Verhaltensnormen wird als oberster Grundsatz gesellschaftlichen Verhaltens abgelöst durch individuelle, moralische Tugenden – die didaktische Komponente der Dichtung tritt zwangsläufig stärker hervor; die allgemeine Lebenseinstellung wird vermehrt durch materielle und so auch ökonomische Gesichtspunkte bestimmt – diese spielen auf die Dauer auch in der Dichtung eine größere Rolle. Nach dem Emporkommen der Mittelschicht muß der Dichter sich auf andere Bildungsvoraussetzungen seitens seines Lesepublikums einstellen. Auch durch die agrarische Revolution nimmt das Sujet des ländlichen Lebens andere Züge an: das Land gewinnt an wirtschaftlicher Bedeutung und damit an Ansehen; die reich gewordenen Landwirte werden, obgleich die Masse der Landarbeiter arm bleibt, mächtiger und selbstbewußter, was unter anderem zu starken sozialen Spannungen auf dem Lande führt. Die industrielle Revolution schließlich und die zunehmende Verstädterung des Lebens in der Hauptstadt mit ihren negativen Begleiterscheinungen lassen den Lebensbereich des Landes für den Stadtbewohner erstrebenswerter erscheinen. Für spezielle Stränge der Eklogentradition sind darüber hinaus so divergente gesellschaftliche Gebiete wie Parteipolitik, Kolonisationsgeschichte und Religion grundlegend von Belang.

Die Frage, inwieweit diese außerliterarischen Wirkzusammenhänge ihrerseits zu untersuchen sind, findet eine überzeugende Beantwortung durch Lucien Goldmann in einem neueren Aufsatz über den genetischen Strukturalismus in der Literatursoziologie; er stellt dort fest,

> ... daß jede ernsthafte, Verstehen und Erklären umfassende Untersuchung einer literarischen oder gesellschaftlichen Struktur sich notwendig auf zwei Ebenen bewegen muß: der möglichst genauen verstehenden Beschreibung der Struktur des gewählten Gegenstandes und der sehr viel knapperen und allgemeineren Beschreibung der unmittelbar übergreifenden Struktur, die man ihrerseits natürlich nicht erklären kann, ohne dadurch den Gegenstand der Untersuchung zu wechseln.[38]

Der gewählte Gegenstand ist hier die literarische Entwicklung der Ekloge, auf deren Beschreibung daher das Hauptgewicht liegen soll. Die übergreifenden, außerliterarischen Strukturen sollen sehr viel knapper und allgemeiner behandelt werden, und zwar jeweils an der Stelle, wo sich ihre Auswirkung in den untersuchten Texten besonders bemerkbar macht.

---

[38] „Der genetische Strukturalismus in der Literatursoziologie", *Marxistische Literaturkritik*, hrsg. von Viktor Žmegač (Frankfurt a. M., 1972), S. 71.

II.
IDEAL VS. REALITY

1. Die Pastorale

a) Pope bis Evans

Alexander Popes *Pastorals*, die er nach eigener Darstellung bereits mit sechzehn Jahren, d. h. 1704, geschrieben hat,[1] demonstrieren die Bedeutung der Gattung für den Klassizismus des beginnenden 18. Jahrhunderts. Noch bevor die Eklogen 1709 in der 6. Folge von Tonsons Anthologie *Poetical Miscellanies* veröffentlicht sind, haben sie Pope in literarischen Kreisen, wo sie als Manuskripte zirkulieren, einen Namen gemacht. Popes literarischen Freunden und Gönnern drängt sich der Vergleich des vielversprechenden jungen Dichters mit Vergil auf, und einer von ihnen, Granville, äußert in einem Brief die hoch gespannte Erwartung: "If he goes on as he has begun, in the Pastoral way, as *Virgil* first try'd his Strength, we may hope to see *English* Poetry vie with the *Roman* ..."[2] Wenn Pope auch nicht die einzigartige Bedeutung des römischen Dichters erreicht, so formt er doch entscheidend das Gesicht einer literarischen Epoche, und der Einfluß seiner *Pastorals*, die in keiner Weise mit den Unvollkommenheiten von Juvenilia behaftet sind,[3] ist bis zum Verschwinden der Gattung gegen Ende des Jahrhunderts zu spüren.

Auf den Rat seines älteren Dichterfreundes Walsh, der selbst Eklogen verfaßt hat, setzt der junge Pope sich bei seinem dichterischen

---

[1] Obwohl man dem ehrgeizigen Pope spätere, etwas dubiose Manipulationen und Korrekturen seiner Biographie nachweisen kann (vgl. z. B. Edith Sitwell, *Alexander Pope* [London, 1930], S. 249ff.), erscheint diese Angabe durchaus glaubwürdig. Vgl. E. Audra und Aubrey Williams (Hrsgg.), Alexander Pope, *Pastoral Poetry and An Essay on Criticism*, Twickenham Ed., Bd. 1 (London/New Hawen, 1961), "Introduction", S. 37ff.

[2] Siehe Audra/Williams, S. 37.

[3] Wie Donald B. Clarc (*Alexander Pope* [New York, 1967], S. 15) bemerkt, hat Pope die Klugheit, seine wirklichen Jugendwerke zu vernichten.

Schaffen als obersten Grundsatz den der "correctness".[4] Was aber korrekt ist und den Regeln der Pastoraldichtung entspricht, versucht er durch eine eingehende, an der zeitgenössischen Theorie orientierte Auseinandersetzung mit den klassischen Vorbildern der Gattung in Erfahrung zu bringen, die ihren theoretischen Niederschlag in dem Vorwort "A Discourse on Pastoral Poetry" findet. Popes Kritik äußert sich einmal, wie zu erwarten, in einem ausgeprägten Gattungspurismus: er tadelt an Theokrit, daß er Charaktere, und an Vergil, daß er Themen behandelt, die nicht rein pastoral sind.[5] Für seine eigenen Gedichte nimmt Pope daher in Anspruch, daß sie ein reines Konzentrat dessen darstellen, was die klassischen *exempla* an wirklich gattungsgemäßen Elementen enthielten: "Of the following Eclogues I shall only say, that these four comprehend all the subjects which the Critics upon *Theocritus* and *Virgil* will allow to be fit for pastoral..."[6]

Ein anderer Aspekt von Popes kritischer Haltung wird hingegen leicht übersehen. Er zeigt sich insbesondere in der Kritik an Spenser. Pope kontrastiert Spensers Sprache abwertend mit der Theokrits und meint:

> ...the *Doric* had its beauty and propriety in the time of *Theocritus*; it was used in part of *Greece*, and frequent in the mouths of many of the greatest persons; whereas the old *English* and country phrases of *Spenser* were either entirely obsolete, or spoken only by people of the lowest condition.[7]

Abgesehen davon, daß er Spensers Sprache als zu wenig kultiviert ansieht, hat Pope an ihr offensichtlich auszusetzen, daß sie, wenigstens zur Entstehungszeit der Gedichte, keine wirklich gesprochene Sprache gewesen sei ("entirely obsolete"). Diese Forderung nach Realismus, d. h. Übereinstimmung des Dargestellten mit der erfahrbaren Wirklichkeit, tritt noch deutlicher in dem zweiten Vorwurf zutage, den Pope gegen Spenser erhebt, die Eklogen, deren Kalenderschema er im Prinzip

---

[4] "...Mr. Walsh...used to tell me that there was one way left of excelling, for though we had had several great poets, we never had any one great poet that was correct – and he desired me to make that my study and aim." – Joseph Spence, *Observations, Anecdotes, and Characters of Books and Men. Collected from Conversation,* hrsg. von James M. Osborn, 2 Bde. (Oxford, 1966), Bd. 1, S. 32 (Nr. 73). Vgl. auch Johnson, "Pope", S. 228f.

[5] Hier und im folgenden wird bei Popes Werken, falls nicht anders angegeben, die einbändige Twickenham-Ausgabe *The Poems of Alexander Pope,* hrsg. von John Butt (London, 1963), zugrundegelegt; siehe S. 121.

[6] S. 122.

[7] Ebd.

sehr billigt, folgten mit ihren Darstellungen nicht genügend genau dem Ablauf des Jahres. Dementsprechend setzt Pope die programmatische Ankündigung seiner eigenen Eklogen mit dem Hinweis auf größeren Realismus fort und verspricht:

> ... That they [i. e. the following Eclogues] have as much variety of description, in respect of the several seasons, as *Spenser's*: That in order to add to this variety, the several times of the day are observ'd, the rural employments in each season or time of day, and the rural scenes or places proper to such employments ...[8]

Eine realistische Darstellung des Schäferlebens kommt freilich für Pope – auch wenn er vom pastoralen Dichter "some knowledge in rural affairs"[9] verlangt – nicht in Frage, da sie gegen den guten Geschmack verstoßen und die nach dem Stilempfinden der Zeit für das Kunstwerk wesentliche Eleganz verhindern würde. Der Ausweg ist das Konzept des Goldenen Zeitalters, das eine wirklichkeitsnahe Wiedergabe der ansprechenden Seiten des Hirtenlebens ermöglicht, jedoch das Grobe, Niedrige und Unkultivierte, ja sogar das Unangenehme und Leidvolle,[10] ausschließt. Auf dieses Konzept legt Pope großen Nachdruck:

> ... pastoral is an image of what they call the Golden age. So that we are not to describe our shepherds as shepherds at this day really are, but as they may be conceiv'd then to have been; when the best of men follow'd the employment.[11]

Es ist zu prüfen, wieweit die *Pastorals* der Theorie entsprechen.

Buchstäblich der erste Blick zeigt die systematische Anknüpfung an die bukolische Tradition. Die Anfangszeilen der vier Eklogen imitieren deutlich die großen klassischen Vorbilder. Durch die Imitation des Anfangs von Vergil VI erhebt Pope in "Spring" den schon traditionellen Anspruch des *protos heuretes*, d. h. den Anspruch, die Gattung als erster im eigenen Land heimisch gemacht zu haben; "Summer", "Autumn" und "Winter" beginnen mit Variationen des Anfangs von Spenser, Vergil und Theokrit. Der ausführliche Kommentar gibt sich viel Mühe, auf die zahlreichen weiteren imitierten Zeilen, fast aus-

---

[8] S. 122f.
[9] S. 120.
[10] "We must ... use some illusion to render a Pastoral delightful; and this consists in exposing the best side only of a shepherd's life, and in concealing its miseries." (Ebd.)
[11] Ebd.

nahmslos von Vergil, hinzuweisen.[12] Das Motiv der (von Colin) über-
kommenen Hirtenflöte in "Summer" (39ff.) betont die Nachfolge
Spensers.

Die traditionellen Grundformen und -themen der Ekloge sind – wie
es Pope in der Theorie beansprucht – konzentriert, ohne wiederholende
Redundanz verwirklicht. "Spring" stellt einen amöbäischen Dichter-
wettstreit zwischen Daphnis und Strephon dar, den der Schiedsrichter
Damon als unentschieden beurteilt. "Summer" ist eine monologische
Liebesklage und -werbung des Alexis. In "Autumn" stehen sich in den
beiden Teilen die monodischen Klagelieder der unglücklichen Liebenden
Hylas und Aegon gegenüber. Und "Winter" schließlich bildet eine
pastorale Elegie, in der Thyrsis auf die Aufforderung des Lycidas hin
den Tod der Daphne besingt. Im Äußeren wird die Straffung und Konzentration durch die nach Vergils Muster geringe, annähernd gleiche
Zeilenzahl der Eklogen von etwa hundert Versen deutlich.[13] Auch das
von Spenser entlehnte Schema des Jahresablaufs erscheint durch die Beschränkung auf die vier Jahreszeiten in komprimierter Form und wird
zugleich durch die den Jahreszeiten jeweils entsprechenden Zeiten des
Tages – Morgen, Mittag, Abend, Nacht – hervorgehoben. Das unge-
trübte Glück des Goldenen Zeitalters hingegen, dessen ausschließliche
Darstellung Pope im "Discourse" fordert, findet sich in den *Pastorals*
höchstens zum Teil verwirklicht; denn Klagen und Trauer hätten darin
keine Berechtigung, und ein Sturz von der Klippe, um dem unglücklichen Leben ein Ende zu machen, wie in "Autumn" käme gar nicht in
Betracht.[14] Am Beispiel von "Autumn" wollen wir die Bedeutung von
Idealisierung und realistischer Darstellung in den *Pastorals* sowie ihr
Verhältnis zur Tradition genauer zu bestimmen versuchen.

"Autumn" folgt enger als die anderen drei Eklogen, die jeweils
mehrere Vorbilder haben, einem einzigen Modell,[15] und es bedarf kaum
des Hinweises im Kommentar, daß hier eine Abhängigkeit zu Vergil
VIII gegeben ist. Wie dort stehen zu Beginn eine kurze Ankündigung
des Themas durch den Dichter, die gleichzeitig als Einführung dient,

---

[12] Nach Warton stammt die mit „P" bezeichnete Aufstellung imitierter Stellen von
dem Drucker Boyer. (Vgl. Audra/Williams, S. 60.)
[13] Die geringen Unterschiede richten sich offenbar nach dem Prinzip der Variation:
102 ("Spring"), 92 ("Summer"), 100 ("Autumn"), 92 ("Winter").
[14] Dies bemerken auch Audra/Williams (S. 49f.), die dasselbe Beispiel anführen.
[15] Vgl. auch Elizabeth Nitchie, *Vergil and the English Poets* (New York, 1919),
S. 169.

sowie eine eingeschobene Widmung an einen berühmten Gönner (Wycherley), dessen Name im Text nicht genannt ist, der aber angeblich eine besondere Beziehung zu dem Gedicht hat. Es schließen sich dann gleichfalls in diptychaler Entsprechung die beiden durch (zum Schluß variierten) Refrain in unterschiedlich lange Strophen gegliederten Lieder an; das eine, in dem es um die Abwesenheit des geliebten Menschen geht, endet glücklich mit dessen Heimkehr, das andere, in dem der Sprecher die Untreue der Geliebten beklagt, findet durch den Sprung vom Felsen einen tragischen Ausgang.

Gegenüber Vergil hat Pope die Reihenfolge der beiden Lieder vertauscht und, was wichtiger ist, den Inhalt des einen stark verändert. An die Stelle des magischen Rituals der Zauberin, die mit ihren Hexensprüchen zum Schluß den geliebten Daphnis zu sich zurückholt, tritt die beschwörende Liebesklage des Hylas an die Natur, auf die hin am Ende, als alles von Delias Namen widerhallt, die Geliebte überraschend zurückkehrt. Der Dichter des aufgeklärten Zeitalters, das stolz ist, endlich Aberglauben und Hexenfurcht überwunden zu haben,[16] kann nicht einmal in der poetischen Fiktion die gebotene rationale Skepsis aufgeben,[17] wie Pope es später in der Ekloge (Z. 84) durch die rhetorische Frage ausdrückt: "And is there Magick but what dwells in Love?"

Das als zweites folgende Lied des Aegon hält sich enger an sein Vorbild, den Gesang des Damon, und zeigt daher in der Gegenüberstellung um so deutlicher die Unterschiede. Sie lassen sich besonders in den Anfängen erkennen:

> Nascere praeque diem veniens age, Lucifer, almum,
> coniugis indigno Nysae deceptus amore
> dum queror et divos, quamquam nil testibus illis
> profeci, extrema moriens tamen adloquor hora.
> incipe Maenalios mecum, mea tibia, versus.
> Maenalus argutumque nemus pinusque loquentis
> semper habet, semper pastorum ille audit amores
> Panaque, qui primus calamos non passus inertis.
>
> (Vergil, ecl. VIII, Z. 17–24)

---

[16] Vgl. zu dieser Frage James Sutherland, *A Preface to Eighteenth Century Poetry* (London, 1966; [1]1948). S. 4ff.

[17] Welch strikte moralische Prinzipien für den Dichter gelten, wird auch daran deutlich, daß Pope in der Ausgabe von 1736 den – wahrscheinlich von Vergil gebliebenen – männlichen abwesenden Liebespartner der Erstfassung, Thyrsis, durch eine Geliebte, Delia, ersetzt. (Vgl. Audra/Williams, S. 46.)

> Resound ye Hills, resound my mournful Strain!
> Of perjur'd *Doris*, dying I complain:
> Here where the *Mountains* less'ning as they rise,
> Lose the low Vales, and steal into the Skies.
> While lab'ring Oxen, spent with Toil and Heat,
> In their loose Traces from the Field retreat;
> While curling Smokes from Village-Tops are seen,
> And the fleet Shades glide o'er the dusky Green.
>
> (Pope, "Autumn", Z. 57–64)

Bei Vergil offenbart der Sprecher durch die Anrede an den lichtbringenden Morgenstern den Gegensatz zwischen der Welt um ihn herum und seiner eigenen tragischen Situation: in der Stunde des neuen Lebens ist er allein dem Tode nah und ruft ohne Hoffnung die Götter an. Nur durch seine Flöte, seine bukolische Kunst, kann er zu einer vorübergehenden Harmonie mit der mythischen pastoralen Welt Arkadiens finden; das Maenalusgebirge, das selbst musische Fähigkeiten besitzt, hört ihn, wie es auch die Liebeslieder der anderen Hirten und Pan, den Gott der Hirtenmusik persönlich, hört. Arkadien erscheint als Land der Dichtung, als eine Welt, in der für die Dichtung besondere Gesetze gelten.

Auch bei Pope versucht der Sprecher, durch sein Lied eine Verbindung zwischen sich und seiner Umgebung herzustellen, indem er gleich im einleitenden Refrain die Berge auffordert, seine traurige Weise widerhallen zu lassen. Aber dieser Aspekt tritt hier, ebenso wie die Betonung des Tragischen in der folgenden Zeile, zurück. Die pastorale Welt ist eine andere geworden – und damit auch die Beziehung, die der Mensch zu ihr hat. Statt einer mythischen Sphäre, die durch die Dichtung Götter und Menschen vereinigt, zeichnet Pope eine Landschaftsszene, die trotz ihrer generellen Termini und konventionellen Bestandteile als Abbild einer (potentiell) wirklichen Szenerie verstanden werden will.[18] Anstelle der analytisch-umwertenden Epitheta bei Vergil ("argutum", "loquentis") begegnen visuell beschreibende Adjektive und Partizipien ("low", "loose", "curling", "fleet", "dusky").[19] Die Landschaft hat – was schon quantitativ aus der Zeilenverteilung des

---

[18] In diesem Sinne ist es ohne Bedeutung, daß die Beschreibung des Abends bei Pope Anklänge an den Schluß von Vergil I und II aufweist.

[19] Es ist also nur bedingt richtig, wenn Austin Warren ("The Mask of Pope", *Sewanee Review*, 54 [1946], S. 23) meint: "Pope's stylized pastorals consistently exclude realism."

Abschnittes hervorgeht – eine größere Eigenbedeutung gewonnen, sie „dominiert", wie Audra und Williams zu den *Pastorals* im ganzen feststellen.[20]

Dafür ist die Statur des Menschen reduziert.[21] Neben der Größe der Landschaft wirken die menschlichen Nöte und Schwierigkeiten vergleichsweise bedeutungslos. Obwohl hier die gleiche Situation wie bei Vergil vorliegt und am Ende des Liedes der Freitod des Hirten steht, ist viel weniger als dort von einem tragischen Ernst zu spüren, und Popes anfängliche Ankündigung, wenn er Z. 12 bei den Hirten etwas verharmlosend von "Their artless Passions, and their tender Pains" spricht, bewahrheitet sich in der Ekloge. Diese Hirten stehen nicht mehr so sehr für den Dichter als vielmehr für den Menschen allgemein, und ihre Probleme werden nicht in einer poetischen, übernatürlichen Welt widergespiegelt und transformiert, sondern vor dem Hintergrund der abgebildeten großen Natur relativiert und durch die Teilnahme an deren Harmonie gemildert.[22] Hier liegt zugleich die Idealisierung wie auch der vermehrte Realismus der *Pastorals*.

Die Veränderung der pastoralen Welt wirkt sich im einzelnen auch auf die traditionellen Motive der Gattung aus, die in den Eklogen zwar mit großer Genauigkeit übernommen und nachgezeichnet werden, aber doch eine wesensmäßige Umwertung erfahren. Dies gilt insbesondere für die pastorale Synusie. Da sie einerseits zur Tradition gehört, andererseits aber streng genommen in einer Landschaft mit realistischen Zügen fehl am Platze ist, bemüht sich Pope um einen Kompromiß und schafft Formen der pastoralen Synusie, die real möglich oder doch vorstellbar sind. Eine auffallende Bedeutung in diesem Zusammenhang hat als tatsächliches Naturphänomen das Echo, das zwar seit den Anfängen zur pastoralen Tradition gehört, aber von Pope in erheblich gesteigertem Umfang verwandt wird: In "Autumn" kommt es, außer im Refrain des Aegon-Liedes noch dreimal mehr oder weniger deutlich vor, und auch in den anderen Eklogen fehlt es nie.[23] Im übrigen werden als Repräsentanten der mitempfindenden Natur bevorzugt niedere

[20] S. 53: "It is the landscape itself which dominates in Pope's pastorals, for it is a background into which human activity and experience are to be absorbed and harmonized."

[21] Auch dies bemerken Audra/Williams in ihrer vorzüglichen Einführung, S. 54.

[22] Die Entmythologisierung der pastoralen Welt kommt auch in der Rolle zum Ausdruck, welche die Götter spielen. Von Vergils Anrufung der Götter bleibt bei Pope nur die kaum mehr als phraseologische Exklamation "Just Gods!" (Z. 76).

[23] "Spring", Z. 6, Z. 44; "Summer", Z. 16; "Autumn", Z. 15f., Z. 20, Z. 49f. (und Z. 20, Refrain); "Winter", Z. 41ff., Z. 59.

Animationsformen gewählt, deren Verhalten beliebig interpretierbar ist, wie etwa in den folgenden *couplets* aus "Autumn" (Z. 23–26):

> Go gentle Gales, and bear my Sighs along!
> For her, the feather'd Quires neglect their Song;
> For her, the Lymes their pleasing Shades deny;
> For her, the Lillies hang their heads and dye.

Daß Pope die pastorale Synusie bewußt auf Luft, Vögel, Pflanzen (und anderswo auch Wasserläufe) beschränkt[24] und Realitätsbrüche wie beispielsweise Vergils „vom Lied faszinierte Luchse" (VIII, 3) zu vermeiden sucht, ist an der Veränderung eines *couplets* aus "Summer" klar zu sehen. Laut Popes Kommentar hieß die ursprüngliche Fassung (79f.):

> Your praise the tuneful birds to heav'n shall bear,
> And list'ning wolves grow milder as they hear.

Daraus wird:

> Your Praise the Birds shall chant in ev'ry Grove,
> And Winds shall waft it to the Pow'rs above.

Der Kommentar begründet die Korrektur in bezeichnender Weise mit dem Bezug auf die englische Wirklichkeit: "... the author, young as he was, soon found the absurdity which *Spenser* himself overlooked, of introducing Wolves into England." Brower übertreibt kaum, wenn er bemerkt: "...command over Nature has now [in Pope's *Pastorals*] been reduced to a verbal game."[25] Einmal deutet sich sogar eine Umkehrung der pastoralen Synusie an:

> Hear how the Birds, on ev'ry bloomy Spray,
> With joyous Musick wake the dawning Day!
> Why sit we mute, when early Linnets sing,
> When warbling *Philomel* salutes the Spring?
> Why sit we sad, when *Phosphor* shines so clear,
> And lavish Nature paints the Purple Year?
> ("Spring", 23ff.)

Die pastorale Welt spiegelt nicht mehr, wie bei Spenser, den Zustand des Hirten oder steht zu diesem in Kontrast, sondern die mächtige Natur – in Spensers *Calender* kommt "Nature" nur in "November" als allegorisches Synonym für den Schöpfer vor – fordert den Menschen gleichsam auf, sich ihr anzupassen.

---

[24] Bei den Schafen in "Summer", Z. 6, heißt es daher einschränkend: "The Flocks around a *dumb* Compassion show" (Hervorhebung von mir).
[25] *Pope*, S. 26.

Ähnlich wie die pastorale Synusie wird auch das traditionelle Adynaton gemildert und umfunktioniert; das realitätsfernste Beispiel ("Autumn", 37f.) lautet:

> Let opening Roses knotted Oaks adorn,
> And liquid Amber drop from ev'ry Thorn.

Interessant hieran ist, daß das ‚Unmögliche' nicht mehr ironisch oder hypothetisch angeführt und als widersinnige, durch den Menschen bedingte Verkehrung der Natur betrachtet wird, sondern in einem vom Sprecher ernst gemeinten Wunsch als krönende Vervollkommnung der Natur zum Ausdruck kommt.

Durch die beherrschende Rolle der idealisierten und doch realen Landschaft verlieren bei Pope im ganzen die traditionellen pastoralen Themen, die alle in erster Linie mit dem Menschen zu tun haben, an Format. Tod und Vergänglichkeit sind nur in "Winter", in der pastoralen Elegie, von Bedeutung; der Selbstmord des Hirten in "Autumn" hat, wie wir sahen, wenig Gewicht. Die Liebe ist – was vor allem in "Spring" deutlich wird – kaum mehr als ein galantes Spiel zwischen den "Swains" und ihren "Nymphs".

Auch die Dichtung besitzt in den Eklogen nur geringe Reichweite: sowohl auf der kommunikativen als auch auf der dramatischen Ebene, die klarer als bei Vergil voneinander getrennt sind, tritt Dichtung als kleinformatige Kunst auf, die sich mit dem reizvollen Spiel mit Traditionselementen, dem ansprechend und korrekt formulierten Vers zufrieden gibt.

In diesen Kategorien beurteilt Pope auch selbst seine *Pastorals* später als "the most correct in the versification and musical in the numbers [of his works]",[26] und die Kritik hat – wie Audra/Williams resümieren können[27] – von Anfang an die technische Virtuosität von Popes Eklogen zu Lasten der Substanz hervorgehoben. Es ist jedoch hier wohl deutlich geworden, daß die *Pastorals* nicht lediglich als elegante, aber sterile Reduktion der tradierten Gattung zu verstehen sind und daß Feststellungen wie "[Pope] out-Vergils Vergil"[28] und "their [the Pastorals'] originality ... consists mainly in Pope's cunning selection of themes from the old eclogues"[29] nur einen Teil des Sachverhalts wiedergeben. Durch die neue Bedeutung, die Pope der Landschaft und Natur in den

---

[26] Zit. bei Warren, "Mask of Pope", S. 23.
[27] Pope, *Pastoral Poetry*, S. 50.
[28] Nitchie, *Vergil and the English Poets*, S. 168.
[29] Marinelli, *Pastoral*, S. 52.

Pastorals verleiht, weist er der Eklogendichtung einen Weg, der sich von der traditionellen Richtung der Gattung entfernt und sich mehr der Tradition der *Georgica* nähert.[30] Er führt auf die Dauer zu ihrem Untergang, eröffnet aber noch vielfache Möglichkeiten für die weitere Entwicklung.

In der gleichen Sammlung wie Popes Eklogen erscheinen auch die sechs *Pastorals* von Ambrose Philips.[31] Während Popes Gedichte jedoch am Schluß des Bandes stehen, nehmen die Philips-Eklogen den Ehrenplatz am Anfang ein und erregen in der öffentlichen Kritik eine Begeisterung, die den positiven Respons von Popes Erstlingswerken vorerst noch in den Schatten stellt. Der Verfasser der berühmten Artikelreihe über Pastoraldichtung im *Guardian* 1713 (Nr. 22, 23, 28, 30, 32), wahrscheinlich Thomas Tickell, geht beispielsweise auf Pope gar nicht ein und sieht in Philips, von dem er lobend ausführliche Beispiele diskutiert, den legitimen Erben und Fortsetzer der antiken Tradition in der englischen Moderne: "... Theocritus ... left his dominions to Virgil; Virgil left his to his son Spenser; and Spenser was succeeded by his eldest-born Philips."[32] Als Pope sich in einem anonymen *Guardian*-Artikel (Nr. 40) revanchiert und mit spitzer Ironie seine eigene Leistung von der seines Rivalen abhebt, setzt ein literarischer Kleinkrieg ein, in dem die Kombattanten vor keinem Mittel zurückscheuen und der schließlich mit Philips' Niederlage endet.[33]

Die Pope-Philips-Kontroverse hat zur Folge, daß noch bis in unsere Zeit meist die grundsätzliche Verschiedenheit der beiden Eklogenbücher betont wird. So bemerkt z. B. Sommer:

Die Eclogen der beiden Dichter sind ganz verschieden voneinander, *Philips* hat sich *Spenser* zum Vorbild genommen, wie schon der Gebrauch vieler

---

[30] Diese Annäherung, die zwar keinesfalls in einer Darstellung der ländlichen Arbeitswelt, wohl aber in der Wirklichkeit der dargestellten Welt beruht, wird besonders an drei Stellen offenbar: 1. in dem vorangestellten Motto (*Georg.* II, 485f.); 2. in dem Lob Englands, "Spring", 61ff., das dem Lob Italiens (*Georg.* II, 136ff.) nachgebildet ist; und 3. in dem Zurückgezogenheits-Topos "Let other..." ("Summer", 35ff.), wo die Haltung des Mottos verwirklicht ist (Wakefields Hinweis auf Theokrit VIII, 53ff. [s. Audra/Williams, S. 74] scheint wenig überzeugend).

[31] Vier der Eklogen sind bereits Anfang 1708 in den *Oxford and Cambridge Miscellany Poems* der Öffentlichkeit vorgestellt worden. – Vgl. Bonamy Dobrée, *English Literature in the Early Eighteenth Century. 1700–1740*, The Oxford History of English Literature, VII (Oxford, 1959), S. 135.

[32] *Guardian*, 32, S. 169.

[33] Vgl. z. B. Johnson, *Lives*, "A. Philips", Bd. 2, S. 372.

veralteter und ländlicher Ausdrücke beweist, *Pope* hat *Vergil* nachgeahmt; ersterem kam es darauf an, möglichst einfach und natürlich zu schildern, der letztere hat sich bemüht, künstliche, tadellose Verse zu machen.[34]

Dagegen weist William D. Ellis in seinem Aufsatz mit einigem Grund auf die Tatsache hin, daß die Rivalität nicht von Anfang an bestanden hat und Pope zunächst die Ekloge seines literarischen Konkurrenten durchaus positiv beurteilt.[35] Dorothy McCoy kommt sogar, vornehmlich aufgrund stilistischer Analysen, zu den Ergebnissen:

... Pope and Philips were far more alike than either, after the controversy between them had been raised, would have been able to admit.

...

As Philips near-sightedly draws his realism from the age of Spenser, so Pope, with what is after all not a great difference of critical viewpoint, draws his from the age of Vergil.[36]

Als Gemeinsamkeiten mit Popes *Pastorals* fallen bei Philips zunächst vor allem die durch das vorausgehende Motto[37] und durch die Widmung (an Dorset) bekundete Abhängigkeit von Vergil auf. Auch Philips hat durchgehend das *heroic couplet*[38] und gruppiert seine Eklogen nach dem Gesichtspunkt der formalen *variatio*, stärker monologische wechseln mit dialogischen, dramatische mit mehr narrativen Eklogen ab. I ist eine monologische Liebesklage und vergebliche Werbung des Lobbin, mit einem vom Dichter gesprochenen Rahmen; II bildet einen reinen Dialog zwischen Thenot und Colinet über dessen Unglück in der Fremde, ohne Einleitung und Schluß; als III folgt mit einer Einleitung des Dichters, welche an den Vorgängern Vergil und Spenser für die Pastoraldichtung die traditionelle Aufgabe der Verherrlichung des großen Herrschers belegt (Augustus, Elisabeth, Anna), in zwei monodi-

---

[34] *Erster Versuch*, S. 72. – Eine neue Äußerung dieses Standpunktes findet sich z. B. bei Clark, *Alexander Pope*, S. 19: "In opposition to this ['the neo-classic'] view, Philips followed the 'rationalistic', or modern, theory ...: the pastoral simply represents rural life, making no attempt to symbolize the Golden Age. Philip's shepherds are native English rustics, who live in a realistic natural setting ..."

[35] "Thomas D'Urfey, the Pope-Philips Quarrel and *The Shepherd's Week*", *PMLA*, 74 (1959), S. 208.

[36] *Tradition and Convention*, S. 250 und 251.

[37] Wie bei Popes Anfangszeile ist die 6. Ekloge gewählt (Z. 2). – Als Text ist die von Chalmers bearbeitete Anthologie von Johnson, *The Works of the English Poets*, 21 Bde. (London, 1810), Bd. 13, S. 109–116 zugrunde gelegt.

[38] Bragg nimmt fälschlicherweise zwei weitere Stücke als zur Sammlung gehörig an (VII und VIII) und kommt daher zu dem Ergebnis, Philips weiche vom *couplet* ab (*Formal Eclogue*, S. 46).

schen Teilen eine pastorale Elegie über den toten Albino;[39] in IV rezi-
tiert Myco nach einem kurzen Dialog mit Argol ein längeres Lied des
Colinet, die Totenklage um die schöne Stella, worauf sich eine Würdigung anschließt; V hat wieder einen Rahmen, wo Philips in der einleitenden Widmung an Sackville – wie Vergil in VIII – seinen Blick
auf mögliche spätere Werke mit höherer Ambition richtet, und enthält
Cuddys Geschichte vom siegreichen Wettgesang des jungen elisabethanischen Dichters Colin Clout mit der Nachtigall; VI schließlich stellt
einen amöbäischen Wettgesang zwischen Hobbinol und Lanquet dar,
den der Schiedsrichter Geron mit dem inzwischen fast obligaten ‚unentschieden' beendet. Die Folge der Jahreszeiten tritt zwar nicht als
Gliederungsprinzip auf, bildet aber das Thema für die ersten drei
Strophenpaare des Wettgesangs in VI.

Eine Nähe zu Pope zeigt sich selbst dort, wo man sie nicht erwarten
sollte. Da Philips stets von der Kritik der rationalistischen Schule der
Pastoraldichtung zugeordnet wird,[40] die sich insbesondere vom Konzept
des Goldenen Zeitalters distanziert, überrascht es, wenn VI von "Albion's golden days" und "the golden age" die Rede ist. I führt ausdrücklich in eine bessere Frühzeit zurück: "In unluxurious times of
yore, / When flocks and herds were no inglorious store..." Und Cuddys Erzählung spielt in der pastoralen Blütezeit unter der Königin
Elisabeth: "When shepherds flourish'd in Eliza's reign..."

Auch bei Philips besitzt die mit realen Zügen ausgestattete Landschaft, hier noch deutlicher die englische, – wie von der Kritik stets
gesehen – große Bedeutung. Dies zeigt sich besonders an dem Anfang
der 4. Ekloge, wo in ausgedehnter Form ein pastoraler *locus amoenus*
dargestellt ist:

> This place may seem for shepherd's leisure made,
> So close the elms inweave their lofty shade;
> The twining woodbine, how it climbs to breathe
> Refreshing sweets around on all beneath:
> 5 The ground with grass of cheerful green bespread,
> Through which the springing flower up-rears the head:
> Lo, here the kingcup of a golden hue,
> Medley'd with daisies white and endive blue,
> And honeysuckles of a purple dye,

---

[39] Der Name "Albino" ist, wie die Einleitung andeutet, von "Albion" (= England)
abgeleitet und bezieht sich auf einen Sohn der Königin Anna.
[40] Vgl. z. B. Congleton, *Theories*, S. 86ff.

10　Confusion gay! bright waving to the eye.
　　　Hark, how they warble in that brambly bush,
　　　The gaudy goldfinch, and the speckly thrush,
　　　The linnet green, with others fram'd for skill,
　　　And blackbird fluting through his yellow bill:
15　In sprightly concert how they all combine,
　　　Us prompting in the various songs to join:
　　　Up, Argol, then, and to thy lip apply
　　　Thy mellow pipe, or voice more sounding, try:
　　　And since our ewes have graz'd, what harms if they
20　Lie round and listen while the lambkins play?

Wie bei Pope wird die Bezogenheit der Natur auf den Menschen, die pastorale Synusie, nur vorsichtig als scheinbar, subjektiv oder hypothetisch zum Ausdruck gebracht ("... may seem ...", Z. 1; "what harms if ...", Z. 19), wogegen der Einfluß der Natur auf den Menschen sich unmißverständlich bemerkbar macht ("Refreshing", Z. 4; "Confusion gay!", Z. 10; "Us prompting", Z. 16). Der Unterschied zu Pope besteht hauptsächlich darin, daß dort die großlinige Komposition der Landschaft hervortritt, während hier Wert auf die Fülle der Details gelegt wird. Man muß Dorothy McCoys Erklärung zustimmen: hinter der einen Form des ‚Realismus' steht als ursprüngliches Modell das Arkadien Vergils, hinter dem anderen die konkrete Pastoralwelt Spensers. Die Modelle führen zu unterschiedlichen Annäherungen an die Darstellung der Landschaftswirklichkeit.

Spensers Vorbild und seine rationalistische Überarbeitung zeigt sich auch deutlich an einer Stelle im zweiten Teil der 3. Ekloge. Im Anschluß an einen längeren Blumenkatalog nach dem Muster von "April" (und vielleicht auch Miltons "Lycidas") ergeht die Aufforderung:

　　　Bring in heap'd canisters of every kind,
　　　As if the summer had with spring combin'd,
　　　And Nature, forward to assist your care,
　　　Did not profusion for Albino spare.

Während bei Spenser, wie wir gesehen haben, Narzissen ohne weiteres als Zierde des Sommers eingeführt werden, versucht Philips hier die unterschiedliche reale Blütezeit der Blumen nachträglich ("as if ...") zu berücksichtigen.[41] Es ist wenig erstaunlich, daß Pope in seinem *Guardian*-Artikel an dieser Stelle die Kritik ansetzt, indem er ironisch bemerkt: "... his [Mr. Philips'] roses, lilies and daffodils, blow in the

---

41　Im übrigen findet sich wieder die scheinbare pastorale Synusie ("As if ...").

same season.["42] Popes und Philips' realistische Vorstellungen und Tendenzen gehen in etwas verschiedene Richtungen. Dies beweisen auch die weiteren Zielpunkte von Popes Kritik, das wirklichkeitsfremde Vorkommen von Wölfen in I und umgekehrt die angeblich zu wirklichkeitsnahe rustikale Sprache, deren wenige Dialektspuren, ebenso wie die Namen der Hirten, jedoch offensichtlich von Spenser herrühren. Philips kann ebensowenig wie Pope primär eine naturgetreue Abbildung des englischen Landlebens intendieren.

Die tatsächlichen Schwächen von Philips' *Pastorals* liegen weit mehr in ihrer poetischen Unkonzentriertheit und Uneinheitlichkeit. Anders als die Äußerungen seitens der modernen Kritik, die Philips als fortschrittlichen Neuerer hinstellen,[43] vermuten lassen, enthalten die Eklogen zudem für ihre Zeit antiquierte Elemente. Wenn in II der Hirt Colinet (dessen hohe Dichtkunst dann in IV gepriesen wird) darüber klagt, daß er mit seiner Herde den schönen Sabrinafluß verlassen hat und nun am Cam darben muß, wo er sogar noch dem Hagelsturm der Verleumdung ausgesetzt ist, so liegt hier eine flache persönliche Allegorie vor: Philips, der in Shrewsbury am Severn aufgewachsen ist und anschließend in Cambridge studiert, artikuliert private Unzufriedenheit, die nur durch reichlich platte proverbielle Moralisierung (z. B. "A rolling-stone is ever bare of moss") ein wenig allgemeines Interesse gewinnt.[44] Auch V, der Wettgesang zwischen Colin Clout und der Nachtigall nach einem Vorbild von Strada, ist offensichtlich eine Allegorie, deren Bedeutung allerdings nicht ganz klar wird.[45] Wahrscheinlich soll, ähnlich wie in Vergil VII, eine Art bukolischer *ars poetica* gegeben werden. In dem Wettstreit zwischen Kunst und Natur ("How Art, exerting, might with Nature vie") kann der Dichter nur siegen, wenn er die Mittel der Kunst voll ausnutzt: der einstimmigen Flöte ist die Nachtigall überlegen, aber vor der polyphonen Harfe muß sie sich geschlagen geben. Während Philips sich sonst in der dargestellten Weise

---

[42] *Guardian*, 40, S. 207.
[43] Siehe z. B. Bragg, *Formal Eclogue*, S. 46 ("... the first eighteenth-century writer who attempted to combine with the pastoral tradition elements of realism."); C. V. Deane, *Aspects of Eighteenth Century Nature Poetry* (London, 1967; [1]1935), S. 121 ("... the first poet of the eighteenth century who thought of using the uniformly correct couplet for depicting unusual aspects of nature with precise observation.").
[44] Die literarische Ahnenreihe der Klage in der Fremde geht (wahrscheinlich über Fletcher II) auf Spensers "September" und von da auf Mantuanus IX zurück.
[45] Die Erklärung von Jones ("Eclogue Types", S. 48), der einen Gegensatz zwischen klassischer und einheimischer Ekloge sieht, kann nicht überzeugen, da sie nicht in Übereinstimmung mit dem Text steht. Vgl. oben, Kap. I, 2, Anm. 14.

um eine realistische Milderung in der pastoralen Synusie bemüht, wird hier nicht nur die Nachtigall als Person eingeführt, sondern auch die Wirkung des Gesangs durch eine extreme Anteilnahme der Tiere zum Ausdruck gebracht.[46] Angesichts solcher Mängel wird man, wie Dobrée es äußert,[47] einen guten Teil des Philips von den Zeitgenossen entgegengebrachten Lobes wohl als Loyalität einer literarischen Clique verstehen dürfen. Gerade neben den für die weitere Geschichte der Gattung bedeutenden Gedichten Popes zeigen Philips' *Pastorals* jedoch den Entwicklungsstand, den die Ekloge zu Anfang des 18. Jahrhunderts erreicht hat.

Philips hat sich seinen bekannten literarischen Spottnamen "Namby Pamby" nicht durch die *Pastorals* verdient;[48] dort hält sich die Darstellung von affektiert zarten Gefühlsregungen meist in Grenzen. Bei Thomas Purney dagegen, der 1717 seine beiden pastoralen Gedichthefte *Pastorals. After the Simple Manner of Theocritus* und *Pastorals. Viz. The Bashful Swain: And Beauty and Simplicity* veröffentlicht, ist Sentimentalität ein hervorstechendes Merkmal. Ihr Ausmaß wird höchstens noch von der Naivität des Autors übertroffen. So nimmt Purney beispielsweise Popes ironisches Lob eines rustikalen Dialekts, wie ihn Philips verwenden soll, im *Guardian* 40[49] (für dessen Verfasser er freilich Addison hält) als ernst gemeint und zitiert mit echtem Beifall die Persiflage:

Rager go vetch tha Kee, or else tha Zun
Will quite be go, be vore c' have half a don.[50]

Nach diesem Vorbild gestaltet Purney, indem er sich zusätzlich auf Beispiele in der Antike beruft,[51] seine eigenen Pastoralen, die er als Muster für einen zukünftigen Autor zum Zwecke einer möglichst schnellen Vervollkommnung der Gattung verstanden wissen will.[52]

---

[46] Drawn by the magic of th' enticing sound
What troops of mute admirers flock'd around!
The steerlings left their food; and creatures, wild
By Nature form'd, insensibly grew mild.

[47] *English Literature*, S. 135.

[48] In dieser Beziehung irrt Harrison, *Pastoral Elegy*, S. 21, ganz offenbar.

[49] Wie Ellis in seinem Aufsatz ("Thomas D'Urfey...") darlegt, versuchen Pope und seine Freunde erfolgreich, Philips literarisch abzuqualifizieren, indem sie ihn in Verbindung zu rustikaler Dichtung, wie etwa D'Urfey, bringen.

[50] "Advertisement Concerning the Language" (Vorwort zum ersten Heft), *The Works of Thomas Purney*, hrsg. von H. O. White (Oxford, 1933), S. 3.

[51] Ebd.

[52] "Advertisement" (Vorwort zum zweiten Heft), S. 37.

Entsprechend der klassischen Gattungstheorie hält er für die Pastorale eine eigene Sprache für angebracht, die der Autor mit Hilfe seiner Kenntnis ländlicher Dialekte und älterer Autoren wie Shakespeare und Spenser vorwiegend selbst zu erfinden habe.[53] Das sieht dann in der Praxis so aus:

> Foreby him sate these Maids in loose Array,
> As fair and fresh as Summer Eve might see.
> Sweet gay-green Flowers, so pretty put anear,
> The Pink and Pancet pretty put anear.
> *Soflin* and *Paplet* they; (ah dainty THEY!)
> That ripe as Rose, this a soft-aged MEY.
> Both lith as *Youngling Roe*, all-tender too
> As *Ladybird* that lives on twinkling Dew.[54]

(MEY wird in einer Anmerkung als 13- oder 14jähriges Mädchen, jünger als MAID, definiert und sein Gebrauch mit dem süßen und schlichten Klang des Wortes begründet – in Anbetracht des simplen identischen Reims im zweiten Zeilenpaar muß man zweifelsohne auch die bequeme Verwendbarkeit als Reimwort, welche anderswo ebenfalls die Kombination mit "be", "he" oder "see" ermöglicht, hoch ansetzen.[55])

Es ist in diesem Zusammenhang wenig sinnvoll, Purneys puerile Machwerke eingehender zu untersuchen. Wie White als Herausgeber feststellt, sind die vier Pastoralen weder besonders kennzeichnend für ihre Zeit noch haben sie irgendwelchen Einfluß.[56] Man tut Purney wohl zu viel Ehre an, wenn man bei ihm "a definite anticipation of Wordsworth's *Michael*" finden möchte.[57]

Von der traditionellen Ekloge entfernen sich die vier Stücke hauptsächlich durch ihre lange, bei aller Simplizität verwickelte Handlung, die jeweils, außer in "Paplet", drei verschiedene, liebevoll bezeichnete Szenen erfordert[58] und etwas wie pastorale Versdramen entstehen

---

[53] S. 37f.

[54] "Paplet: or, Love and Innocence", S. 9.

[55] Zu Purneys von jeder Selbstkritik ungehemmter verstechnischer Unfähigkeit äußert sich mit der gebührenden vornehmen Zurückhaltung (z. B.: "Frequently his [Purney's] astonishing licences in rime give one an unpleasant shock.") White in seinem Vorwort S. XXVIII.

[56] Siehe S. XI und XVI sowie S. XXXIV. – In seinen theoretischen Schriften wird Purney dagegen von Congleton (*Theories*, S. 89 u. 93) als repräsentativ für die Diskussion der Zeit angesehen.

[57] So Congleton, S. 91.

[58] Z. B. "Beauty and Simplicity", Scene II (S. 76): "The Corner of a Meadow; made by the Eden's runing [*sic*] into the Medway." – In den genauen Szenenangaben ist wahrscheinlich trotz allem ein Einfluß Popes zu sehen.

läßt.[59] Auf der anderen Seite finden sich die traditionellen Motive der Gattung, wie pastoraler *locus amoenus*, pastorale Geschenke, Wechselgesang, Gegensatz Stadt : Land wieder.[60] Neben ihrem Kuriositätswert sind Purneys Pastoralen allenfalls interessant als extreme Beispiele für das Bestreben, in der Tradition eine Befreiung von der Tradition zu erreichen.

Bemerkenswerter als Purneys Stücke sind die Eklogen von Abel Evans, wenngleich sie ebenso ohne weiteren Einfluß bleiben und die einzelnen veröffentlichten Gedichte, wie Purney es auch von seinen *Pastorals* behauptet,[61] nur einen Teil der vom Autor geschaffenen Sammlung darstellen. Die erst im Jahre 1780, lange nach dem Tode des Verfassers, in einer Anthologie veröffentlichten "Six Pastorals by Dr. Evans. From Original MSS.",[62] welche die Nummern I, III, VIII, IX, XII und XIII tragen, sind nach den angegebenen Jahreszahlen bereits in dem Zeitraum zwischen 1707 (I) und 1726 (XIII) entstanden. Sie sind bemerkenswert nicht so sehr wegen ihrer eigentümlichen Gattungsterminologie, in der "eclogue", analog zur Szene im Drama, eine Untereinteilung von "pastoral" bildet,[63] sondern vor allem weil sie einen mutigen Versuch darstellen, die bukolische Tradition mit einer vernunftorientierten Darstellung ländlicher Realität zu verbinden, und sich in dieser Zielsetzung mit dem maßgeblichen und tonangebenden Werk Popes auseinandersetzen müssen. Anders als bei Pope erfahren die traditionellen Themen und Motive der Gattung nicht nur eine Umwertung, die sich vornehmlich unter der Oberfläche vollzieht, sondern sie werden meist radikal verändert und die prosaische Darstellung sowie die stärker entwickelte Handlung gehen zum Teil bis ins Burleske.

Daß eine solche burleske Umkehrung primär gar nicht beabsichtigt ist, wird an verschiedenen Stellen deutlich, vor allen Dingen wohl an der Widmung der ersten Pastorale, wo in ausgefeilten *couplets* mit

---

[59] Dies entspricht auch Purneys theoretischer Position; denn er fragt sich (S. 52): "...Whether the Pastorals of *Theocritus* and *Virgil* are not rather to be stiled Sketches or Draughts, of the Nature of Epigrams and Madrigals, than regular and perfect Poems?"

[60] Beispiele in dieser Reihenfolge: S. 73, S. 60, S. 31ff., S. 13.

[61] Vgl. originale Anmerkung am Schluß des ersten Heftes, *Works*, S. 34.

[62] *Select Collection of Poems*, hrsg. von J. Nichols (London, 1780), Bd. V, S. 87–143.

[63] Das extremste Beispiel trägt den Titel: "Fanny, or the Rural Rivals. Pastoral XII. In Four Eclogues" (*Select Collection*, S. 119). – Die Stücke I, III und II haben keine Unterteilung. – An dieser einzigartigen Terminologie ist Jones vorzugsweise interessiert.

kunstvoll alliterierter Diktion der Wunsch des Dichters nach einer erfolgreichen Imitation des großen Vorbildes zum Ausdruck kommt:

> O could I imitate those sprightly strains,
> With which great Pembroke whilom charm'd the plains,
> To thee my grateful reed should sweetly sound,
> And Herbert's name through every grove resound.   (S. 88)

Extrem gegensätzlich zu derart hohen Tönen ist das unpoetische Leben auf dem Land, wie es am derbsten in III dargestellt wird. In dieser Pastorale, die entfernte Gemeinsamkeiten mit Vergil I besitzt (Rückkehr des Sprechers von einer Reise, neu erlangtes Vermögen eines Landbewohners, am Schluß Fürsorge für die hereinbrechende Nacht), fragt der heimkehrende Kirmeshändler William den Schäfer Colin mit ungezügelter, ausführlicher Neugier nach allem, was sich in seiner Abwesenheit Wichtiges im Dorf ereignet hat – statt wie bei Vergil ("miror", I, Z. 11) mit feiner Zurückhaltung sein Informationsbegehren bloß anzudeuten:

> Now, say the news, e'er since I saw thee last,
> And how the Whitsun holidays were past;
> Who won the wrestling prizes at the wake;
> Whose head was broke, and for what lass's sake;
> Hath lovesome Lobin wedded buxom Kate?
> And how doth Roger bear his high estate?
> Roger turn'd farmer! Plow-boys, prick your ears!
> What lubber now to make his fortune fears?   (S. 94)

Der hierauf von Colin gegebene Bericht erschöpft sich im wesentlichen darin, wie der zum Bauer arrivierte Roger, von dem die Pastorale ihren Titel "Roger, or the Wag" hat, durch eine obszöne Rätselzeichnung (eine realistische Version des pastoralen Rätsels) die schüchterne Kitty in Verlegenheit bringt und deswegen von ihrem Liebhaber Dicky eine Tracht Prügel bezieht. Da Dicky sonst zaghaft ist, wird seine Tat als rustikale Manifestation der Macht der Liebe gedeutet ("Fair Kitty's presence made the stripling bold", S. 95).

In ähnlich lebenspraktischer Weise ist die Liebe auch sonst gesehen. Der plötzlich in eine schlafend angetroffene Schäferin verliebte Hirt Alen, dessen Geschichte Robin in I seiner Freundin Nancy auf dem Nachhauseweg von einem ländlichen Tanzfest erzählt, tröstet sich bei dem Gedanken an eine mögliche Abweisung seiner Liebeswerbung mit der vernünftigen Überlegung:

Still hope: what though she should thy suit deny;
Lasses, at first, are naturally coy,
And will be woo'd. 'Tis cunning more than scorn
With-holds their smiles, we slight what's easy won. (S. 92)

Der unglücklichste Liebende bei Evans, der Pflüger Dicky in VIII, der
sich vor lauter Liebeskummer zunächst den Tod wünscht, vergißt seine
Leiden fast über dem schrecklichen Gedanken, daß dann ein anderer
sein Pferd vernachlässigen wird, und empfiehlt sich schließlich selbst am
Ende der 1. „Ekloge" als bestes Gegenmittel gegen unglückliche Liebe
die Arbeit. In dieser und der vorhergehenden Pastorale fallen im
übrigen deutlich petrarkistische Elemente, wie Schönheitskatalog und
Amor-Figur, auf, die zu dem vorherrschenden Rationalismus schlecht
passen wollen.[64] Nancy fordert ihre Freundin Lucy in IX, i wegen des
therapeutischen Werts zu einer (nun kaum noch traditionellen) Liebesklage auf: "At leisure count thy woes; 'twill ease thy breast." (S. 109)
Die beiden Mädchen, die gegenüber den männlichen Charakteren von
Evans weniger auf das Land zu passen scheinen, wissen sehr gut Bescheid über die materiellen Implikationen der Liebe. Nancy (IX, ii)
billigt die auf Maitau basierende rustikale Kosmetik der jüngeren Lucy
durch die rhetorische Frage: "Who, but a witless lass, / Before she's
wed, unheeds her garb or face?" Und sie selbst hat für ihre Person
bereits ein durchaus erfolgversprechendes Heiratskomplott geschmie-
det (IX, i):

Robin and I have bargain'd long ago.
Mother is to our wish already won.
Dad yields apace; he gain'd, the matter's done. (S. 108)

Verwicklungen und Mißverständnisse, die in der früheren pastoralen
Dichtung tragisches Ausmaß gehabt hätten,[65] werden hier zum Schluß
vom Dichter mit der vernünftigen Bemerkung kommentiert: "Such
little jealousies enliven love."

---

[64] Schönheitskatalog S. 90. Das Wesen des Gottes Amor, der auf einer Gemme
dargestellt ist, interpretiert der Pflüger Dicky (S. 102) wie ein geschulter
Petrarkist:
And now, methinks, I ken it plain:
Love gives at once both joy and pain.
These leering looks; that piercing dart;
Those wings spread ready to depart;
This childish form, and naked hue:
The lore of lovers speaks too true.

[65] Da hier die Handlung stärker entwickelt ist, stellt ein pastorales Drama wie etwa
Fletchers *Faithful Shepherdess* vielleicht ein passendes Vergleichsobjekt dar.

Kennzeichnend ist in XII, i die Imitation der bekannten Vergil-Zeile VIII, 41 über das erste unwiderstehliche Ergriffenwerden des Sprechers von der Liebe; statt

> ut vidi, ut perii, ut me malus abstulit error!

findet sich

> I gaz'd
> And gazing lik'd; and liking meetly prais'd.
> I blush'd, I sigh'd, and said I knew not what,
> For all the while my heart went pit-a-pat. (S. 121)

Selbst in dieser Pastorale, die zu Anfang das *paulo-maiora*-Motiv anschlägt und wo der Bergbewohner Courtin in dem wiederholt gesteigerten Streit um das Recht, die schöne Fanny zu lieben, gegenüber dem landbesitzenden Talbewohner Yeoman das ideelle Lebensprinzip vertritt, dominiert der *common sense*. Als in einer realistischen Variation des topischen Eklogenschlusses am Ende von XII, ii ein Scheunenbrand bemerkt wird,[66] muß die Liebe gegenüber der praktischen Not des Nächsten zurückstehen, und Courtin bekundet: "... fond Love yields to my neighbour's need." Ganz zum Schluß schlichtet der Dorfgeistliche in der Rolle des traditionellen Schiedsrichters den Streit der Liebhaber mit der weisen Entscheidung:

> Both well deserve, both may expect her grace;
> But she's a woman – fancy will take place;
> Let her decide.... (S. 137)

Es kann nicht erstaunen, daß bei einer derart rationalistischen Ausrichtung das Thema ,Tod, Vergänglichkeit' ganz zurücktritt. Obwohl die traditionellen Frustrationsformeln "in vain" und "no more" gelegentlich zu finden sind,[67] ist nicht eines der Gedichte eine pastorale Elegie. Und als Dicky in VIII seine Liebesklage mit dem kaum mehr als rhetorischen Abschied von Liebe und Leben beendet, bemüht sich der Dichter im folgenden Epilog schnell, etwaige Spuren von nachdenklichem Ernst beim Leser zu verwischen.

Das Thema ,Dichtung' präsentiert sich mit zwei eigentümlich verschiedenen Seiten. Im Vorwort jeder Pastorale tritt Evans, wie wir schon an dem ersten Beispiel gesehen haben, in der traditionellen Rolle des pastoralen Dichters auf, der sich trotz einer gewissen gattungsbe-

---

[66] Eine ähnliche Variation findet sich in IX, ii mit dem Ausbrechen eines Bullen.
[67] Z. B. S. 87, 93, 100, 128; S. 98.

68

dingten Bescheidenheit an großen Vorbildern orientiert und bei der Erfüllung seiner nur scheinbar geringen Aufgabe die Musen – hier sind es zweimal ausdrücklich britische Musen[68] – um Hilfe anruft. Im Dialog der ländlichen Charaktere ist dagegen die Dichtung stark degradiert. Der pastorale *locus amoenus* im Schlußcouplet von IX, i (bezeichnenderweise ist eine Hecke an die Stelle des pastoralen Baumes getreten) lädt nicht mehr zum wechselseitigen Singen ein, sondern ermöglicht durch den Schutz vor neugierigen Klatschbasen für Nancy und Lucy das offene Gespräch; statt eines Wettgesangs schwärmen sich die beiden Mädchen dann im dritten Teil abwechselnd die Vorzüge ihres Geliebten vor; der Wert eines Liedes kann für sie höchstens darin bestehen, nach einem Streit unter Liebenden als Versöhnungsgabe zu dienen.[69] In XIII wird der gemeinsam zurückzulegende Weg, anders als in Theokrit VIII oder Vergil IX, nicht als Gelegenheit zum Vortragen von Dichtung, sondern zum munteren Schwätzchen gesehen, und Harry äußert den unverzüglich in Erfüllung gehenden Wunsch:

> O! for some merry mate, with cheary talk,
> To rid the tedious common as we walk! (S. 138)

Eine so prosaische Kunst kann selbstredend auch keine Gewalt über die Natur beanspruchen, und die pastorale Synusie ist, wo sie auftaucht, nicht nur gemildert wie bei Pope, sondern völlig ‚realisiert‘. Selbst in der Eklogen-Einleitung (IX) darf eine Aufforderung an die Winde zu verstummen bloß rhetorisch verstanden werden. Sonst beschränkt sich ein mehr oder weniger scheinbares Mitfühlen auf Haustiere wie Pferd und Hund, oder die Wirkung des Liedes äußert sich höchstens real in einem domestizierenden Einfluß auf die Singvögel der Nachbarschaft.[70]

---

[68] Bei IX (S. 105), dem Thema "Lucy, or the Maids" entsprechend, haben die britischen Mädchen die Funktion der Musen:
> Deign, lovely Albion virgins, with a smile,
> To pay the tender shepherd's tuneful toil.
> Ye are his Muses! Ye his breast inspire!
> Your eyes best kindle the poetic fire.

In XII (S. 119) heißt es einfach:
> Belov'd of Phoebus! British Muse, descend!
> Again the labours of the swain attend.

[69] Nancy vermutet, nachdem Albin, Lucys Geliebter, seinen Irrtum eingesehen hat:
> I guess, his peace will cost him a new song.
> Say Lucy, were not this a sweet amends?
> Some gentle chidings first, then buss, and friends.

[70] Beispiele: S. 98, 118f.; S. 112.

Die landschaftliche Umgebung ist meist, im Unterschied zu Pope, nach ihrem praktischen Nutzen beurteilt. So folgert Nancy zu Anfang von IX, ii aus der schönen Blüte der Büsche eine bevorstehende reiche Ernte:

> How gay the blooming bushes! We may hope
> Of berries, hips, and haws, a plenteous crop.   (S. 110)

Nur bei der ausführlichen Schilderung der Hochgebirgslandschaft in XII, iii werden stärker ästhetische Aspekte einbezogen.

In der letzten Pastorale (XIII) zieht Evans selbst die Bilanz für seinen Versuch, die Eklogentradition zu einer vernunftorientierten Darstellung des englischen Landlebens und ländlicher Charaktere zu führen. Courtin, der schon in dem vorhergehenden Gedicht eindeutig die Sympathie des Dichters hatte und der hier wohl für den Dichter selbst steht, wird von Harry in der traditionellen Weise gefragt, warum er, obwohl anscheinend gar kein Grund bestehe, traurig sei und seine Flöte schweigen lasse. Als Ursache für sein Schweigen gibt Courtin schließlich das Wirken eines größeren Dichters an, den er für den würdigen Fortsetzer der klassischen Ekloge hält. Dies geht daraus hervor, daß er ihm den Namen "Tyt're" gibt und sein Instrument als zehn- (Zahl der Eklogen Vergils) saitige Harfe bezeichnet. Diesen preist er:

> Glory of Shepherds! by thy deathless rhyme,
> We learn what heights the Rural Muse may climb:
> Thee had I sooner known, much fruitless pains
> I might have spar'd, or form'd by thine, my strains.   (S. 140)

Daß der Herausgeber recht hat, wenn er diese Zeilen in einer Fußnote als Kompliment an Pope deutet, tritt zutage, als Courtin im folgenden als eine Probe der großen Kunst dieses Pastoraldichters den Anfang von Popes "Messiah" imitiert. Auch die in der Anmerkung geäußerte Vermutung, die Größe von Popes *Pastorals* habe Evans davon abgehalten, seine eigenen Gedichte zu veröffentlichen, wirkt überzeugend. Evans muß sich darüber klar sein, daß sein Experiment gescheitert ist. Es bleibt ihm nur übrig, die Berechtigung seines Standpunktes zu betonen: Harry, der vernünftige Sprecher des Landes, ist von der Pope-Imitation nicht beeindruckt und meint: "Hey-day! why sure such songsters waking dream!" (S. 141) Und als Courtin dann Pan und andere mythische Gestalten (die in Popes pastoraler Welt noch, wenn auch etwas körperlos, auftreten) als *exempla* anführt, winkt Harry ab: "Pan me no Pans! sweet carrols chear my heart." (S. 142) Die Pastorale, und damit die ganze Sammlung, endet mit dem Beispiel von Har-

70

rys Hänfling, der den städtisch „gelehrten" Papagei der Dame aus London vergeblich nachzuahmen versuchte und dabei seinen eigenen Gesang verlernt hat. Ähnlich läuft der rustikale Dichter nach Meinung des Sprechers Gefahr, durch die Pflege der urbanen Eklogentradition seine eigene Kunst zu verlieren und zu verfälschen. Der Konflikt zwischen der Ausrichtung der traditionellen Ekloge und dem neu aufgekommenen Realismusaxiom sowie der aufgeklärten Einstellung der Epoche ist um diese Zeit, d.h. in den ersten drei Jahrzehnten des 18. Jahrhunderts, wohl noch zu umgehen, wie Pope es gezeigt hat, nicht aber zu lösen. Besonders durch Evans' *Pastorals* erweist sich eine Übertragung der Eklogentradition auf die englische Realität unter gleichzeitiger, möglichst weitgehender Beibehaltung der traditionellen Elemente als unmöglich.

Die Einzeleklogen dieses Zeitraums erscheinen im allgemeinen weniger beachtlich. Da dem Dichter, wie wir gesehen hatten, bei der einzelnen Pastorale geringere Möglichkeiten zu Gebote stehen als in einer Eklogensammlung, wo die verschiedenen Stücke einander stützen, bleiben die Gedichte meist traditioneller und bescheidener in ihren Ansprüchen. Trotzdem treten manche Tendenzen stellenweise vielleicht noch deutlicher als in den Sammlungen zutage. Neben der pastoralen Elegie, auf die wir gesondert eingehen wollen, wird die Ekloge auch sonst gern als Gelegenheitsgedicht verwandt. Von der Allegorie der Renaissance ist ein Vorrat pastoraler Requisiten übrig geblieben, der sich leicht für unterschiedliche Zwecke nutzbar machen läßt. Die Ekloge übernimmt zum Teil die Funktion des Liebesgedichts, für das infolge des öffentlichen, gesellschaftlichen Charakters der Lyrik sonst kein Raum bleibt. Gerade den Angehörigen der Aristokratie bietet sich das Dasein des Hirten als gefällige literarische Pose an.[71] Daneben ist auch bei den Einzelgedichten zu beobachten, wie die Verfasser bemüht sind, die Gattung nach dem Imitationsprinzip durch kleine eigene Veränderungen weiter zu entwickeln. Eine wichtige Neuerung ist die bedeutendere Rolle, welche die Frau in einigen Pastoralen spielt, offensichtlich bedingt durch die gesteigerte Bedeutung der Frau im literarischen und gesellschaftlichen Leben der Zeit. Im ganzen machen sich in den Einzeleklogen ebenfalls Realismus und Rationalismus als starke zentrifugale Kräfte für die Gattung bemerkbar.

---

[71] Vgl. Gerd Stratmann, *Englische Aristokratie und klassizistische Dichtung. Eine literatursoziologische Studie* (Nürnberg, 1965), S. 226ff.

Matthew Prior, der schon als junger Dichter gegen Ende des 17. Jahrhunderts gern die Ekloge als Gelegenheitsgedicht benutzt,[72] schreibt 1703, also noch ein Jahr vor der ersten Version von Popes *Pastorals*, sein Gedicht "The Despairing Shepherd".[73] Es bildet eine kurze Imitation des Thyrsis-Liedes von Theokrit I. Das Schicksal des liebeskranken Schäfers, den alle nach der Ursache seines Leids fragen, ist hier jedoch viel irdischer; höhere Mächte sind nicht im Spiel, auch wenn in einer Parenthese (Z. 3) von Cupidos Bogen gesprochen wird. Anstelle der Liebesgöttin fragt als letztes Clorinda, das geliebte Mädchen selbst, und sie erhält als Antwort keine haßvolle Beschimpfung, sondern eine galante Liebeserklärung:

> You are the Cause of all my Care:
> Your Eyes ten thousand Dangers dart:
> Ten thousand Torments vex My Heart:
> I love, and I despair. (Z. 26f.)

Auch der schließliche Tod des Armen ist nichts anderes als ein galanter Akt. Nachdem sie ihm das Versprechen abgenommen hat, nie mehr von Liebe zu reden, heißt es nur noch: "He bow'd, obey'd, and dy'd." (Z. 35)

Priors "Amaryllis. A Pastoral",[74] eine Liebesklage, hat als Hauptmodell Vergils 2. Ekloge. Während der Name der erfolglos Geliebten und Umworbenen von dem thematisch ähnlichen 3. Eidyllion Theokrits stammt, haben die Mädchen, bei denen sich der unglückliche Hirt bessere Chancen ausrechnet, englische Namen: Jenny und Kate (Z. 33f.). Auch in seinen schmollenden Gedanken über die der Spröden möglicherweise drohende Strafe kommen die gesellschaftlichen Vorstellungen der Zeit zum Durchbruch: "And you, tho' handsom, yet may dye a maid."[75] Im Vergleich zu dem Vorbild fällt vor allem auf, daß die Tröstung, die der Hirt am Ende für sich parat hat, viel überzeugender und endgültiger ausfällt.

"The Birth-Night, A Pastoral" (1705) von E. Arwaker[76] ist ein längeres Preisgedicht auf die Königin Anna aus Anlaß der nächtlichen

---

[72] Siehe *Literary Works of M. P.*, hrsg. von Wright/Spears, 2 Bde. (Oxford, 1959), Bd. 1:
"To the E of D. upon His Marriage" (S. 3–6);
"To the right Reverend Father in God …" (S. 14f.);
"To Madam K. P.: A Pastoral Dialogue" (S. 16–18).
[73] *Lit. Works*, Bd. 1, S. 197f.
[74] *Lit. Works*, Bd. 1, S. 689–691 (Entstehungsdatum unbekannt).
[75] Z. 38. – Vgl.: "And she who scorns a Man, must die a Maid;" Pope, *Rape of the Lock*, V, Z. 28.
[76] London, 1705.

Feier ihres Geburtstages. Unter dem pastoralen Pseudonym "Galatea" preist der Hirt Menalcas im Dialog mit seiner geliebten Amarillis die Herrscherin, wie es vor allem in dem mehrfach variierten vierzeiligen Refrain zum Ausdruck kommt:

> This solemn Night is spent in dutyous Mirth,
> Blest Night, that gave great *Galatea* Birth!
> No heavy Tax her free-born People grieves:
> We pay her Tribute of the Joy she gives.   (S. 7)

Durch die pastorale Synusie wird die Huldigung ausgeweitet: die gesamte Natur freut sich und hat zu Ehren der Monarchin ihr schönstes Frühlingskleid angezogen (S. 5f.). Die herrlichste Stimme in dem allgemeinen Freudenchor gehört freilich Menalcas, dem pastoralen Dichter; ihm spricht Amarillis die traditionelle magische Kraft zu, die hier sogar den Gott Pan in ihren Bann ziehen kann (S. 8). Das wenig homogene Gedicht findet seinen Höhepunkt in Menalcas' Schilderung der siegreichen Schlacht bei Blenheim, welche die Geister der Gefallenen zur Feier dieser Nacht in etwas makabrer Weise erneut vollziehen (S. 9ff.).

Thomas Parnells "Health. An Ecologue" (? 1706),[77] welches Pope als mit das Schönste, was er je gelesen habe, anspricht,[78] trägt die Bezeichnung ‚Ekloge' nur teilweise zu Recht, zeigt aber andererseits sehr deutlich, in welcher Richtung die Gattung in Bewegung ist. Das Gedicht steht vor allem in der *beatus-ille*-Tradition, deren konkretes Ideal der ländlichen Zurückgezogenheit sich – wie Maren-Sofie Røstvig in ihrem umfangreichen Werk darlegt – seit Anfang des 17. Jahrhunderts im Anschluß an Horaz und das zweite Buch von Vergils *Georgica* entwickelt und von der pastoralen Tradition zunächst deutlich geschieden ist.[79] Nur der Anfang von Parnells Gedicht kennzeichnet es als Ekloge; ähnlich wie bei Vergil VIII wird die Situation des frühen Morgens, wo der Tau noch auf den Gräsern liegt, entworfen:

> Now early shepherds o'er the meadow pass,
> And print long footsteps in the glittering grass;
> The cows neglectful of their pasture stand,
> By turns obsequious to the milker's hand.

---

[77] Chalmers, *English Poets*, Bd. 9, S. 361.
[78] Vgl. Maren-Sofie Røstvig, *Happy Man*, Bd. 2, S. 213.
[79] Siehe etwa *Happy Man*, Bd. 1, S. 7.

Bezeichnenderweise freilich unterbrechen die Kühe ihr gewohntes Fressen nicht, weil sie vielleicht fasziniert dem Wettgesang arkadischer Hirten lauschten, wie bei Vergil,[80] sondern weil sie anscheinend, ohne daß dies ausgesprochen wird, auch dem Eindruck der schönen Morgenstunde unterworfen sind und vor allen Dingen weil sie darauf warten, gemolken zu werden, was elegant mit poetischer Diktion umschrieben ist. Die in dieser Szene auftretende pastorale Figur Damon wird sogleich als Gentleman im *retreat* ausgewiesen ("a youth from city cares withdrawn") und die unmittelbare Umgebung in den vertrauten Termini des zeitgenössischen Landschaftsgartens beschrieben ("pleasing walk", "cover'd arbour", "distant view"). Dementsprechend ist das Lied, das Damon anschließend vor dem musikalischen Hintergrund des ‚wilden' Vogelgesanges singt, nicht etwa eine Klage über unglückliche Liebe, sondern eine freudige Hymne an die ländliche Gottheit "Health" und ihre Tochter "Content", denen der Sprecher in seinem Landsitz, einer modernen Neuerstehung von "Tully's Tusculum", huldigen will. Von den Büchern, die hier studiert werden sollen, nennt Damon zum Schluß, in einer Rückwendung zur pastoralen Tradition, Theokrit und Vergil. Daß Vergil dabei als Landschaftsdarsteller apostrophiert ist, kennzeichnet die veränderte Auffassung der Gattung.[81]

"The fond Shepherdess. A Pastoral" (1706) von S. F. (Sarah Fyge Egerton)[82] ist eine Liebesklage mit umgekehrter Rollenverteilung der Geschlechter wie in der klassischen Ekloge: der Mann stellt den wankelmütigen, ungetreuen Teil dar, die Frau klagt ihre unglückliche Liebe und Verzweiflung. Larinda, die sich von den andern Hirten entfernt und im Schatten einer Weide niedergelassen hat – der pastorale Baum erscheint in einer signifikanten Spezies –, wird von ihrer Freundin Daphne nach dem Grund ihrer Trübsal gefragt. Nach einigen Ausflüchten bekennt sie ihre Liebe zu Exalis und berichtet ausführlich, indem sie auch Beispiele aus der antiken Mythologie bemüht, über deren Entstehen. Die pastoralen Geschenke, die auch zu der traditionellen Ekphrasis Anlaß geben, sind hier den entgegengesetzten Weg gegangen wie sonst in der Tradition:

---

[80] Z. 2f.: "immemor herbarum quos [i. e. Damonem et Alphesiboeum] est mirata iuvenca/certantis, . . ."

[81] . . . Maro's Muse, that in the fairest light
Paints rural prospects and the charms of sight;
. . .

[82] *Poems on Several Occasions* (London, 1706), S. 1–15.

> To him a Grook and Beachen bowl I gave,
> (Did with my careful Hand the last Ingrave,)
> One side, with various Silvan Nymphs, I grac'd,
> And on the other *Pan* and *Flora* plac'd. (S. 6)

Nachdem der Geliebte sie jedoch verlassen hat, ist Larinda völlig verzweifelt und des Lebens überdrüssig. Sie erklärt ihren Entschluß, zu
Exalis zu gehen, damit er sie wenigstens sterben sehen soll. Der sentimentale Grundton des langen Gedichts wird besonders deutlich, als
Larinda in ihrem letzten Gebet an die pastoralen Götter (S. 12–14)
keine Verfluchung, sondern uneingeschränkte Segenswünsche für den
Treulosen äußert; Trost bereitet ihr auch der Gedanke, daß ihr frühes
Grab mit Blumen geschmückt werden wird, welche vorher die Füße
des Geliebten berührt haben (S. 14). Am Ende wird die Unglückliche
nicht durch den Tod als vielmehr – wie es einer jungen Dame der feinen
Gesellschaft ansteht – durch eine Ohnmacht von ihrem Kummer befreit:

> Here the Nymph fainted with excess of Grief,
> And careful *Daphne*, strove to give Relief. (S. 15)

Die treue Daphne, die nun mit kundiger Hand das Riechfläschchen
appliziert, hat bereits vorher realistisch die soziale Perspektive ins
Spiel gebracht, indem sie Exalis als die schlechteste mögliche Partie für
ihre Freundin ansprach.

Das kurze "Love and Friendship: A Pastoral" von Elizabeth Singer, der späteren Mrs. Rowe, welches zusammen mit Popes und Philips'
Eklogen erscheint,[83] verdient eine gewisse Beachtung, weil hier ebenfalls
– im Gegensatz zum antiken Vorbild – bei Vergil wird z. B. die Beschwö-
rung der Zauberin in VIII durch einen *männlichen* Sprecher berichtet –
Frauen als Dialogpartner auftreten. Amaryllis und Sylvia besingen
nicht nur in konventioneller Weise alternierend (ohne formale Wett-
bewerbssituation) jeweils die geliebte Person (Alexis, Aminta), sondern
vertreten dabei zugleich entsprechend der Vorliebe der Zeit für das
Konzeptionelle die beiden Seiten der im Titel ausgedrückten Antithese.
Wenn Amaryllis zu Beginn den pastoralen *locus amoenus* als "close
retirement" bezeichnet, wodurch die Liebesgeheimnisse vor Lauschern
geschützt würden, erhellt damit, daß die in der Praxis des gesellschaftlichen Lebens erfahrenen Damen wohl kaum in der ländlichen Umgebung beheimatet sind, und die an die Verfasserin gerichtete Antwort

---

[83] Text bei Chalmers, *English Poets*, Bd. 10, S. 139f. (unter Prior).

von Priors Entschlüsselungsversuch "By Sylvia, if thy charming self be meant..."[84] liegt nahe. Auch hier wird als realistische Reduktionsstufe der pastoralen Synusie zweimal das Echo erwähnt.

Eine realistische Auslegung der pastoralen Synusie als Fiktion oder subjektive Täuschung bildet den Kern von John Byroms "A Pastoral. Written by the Author, When a Student..." (entstanden um 1712).[85] In seiner halb-komischen, mit lebhaften Anapästen geführten Klage über die Trennung von der geliebten Phoebe schimpft der Hirt Colin der Reihe nach mit der Quelle, seinen Lämmern und seinem Hund, die immer noch so munter sind wie zu der Zeit, als Phoebe da war, und die seinen Schmerz nicht teilen wollen. Andererseits muß er feststellen, daß die Schönheiten der Aussicht, des ‚Naturkonzerts' und der Blumen, obwohl sie eigentlich geblieben sind, für ihn völlig ihren Reiz verloren haben. Die Aufforderung an die Zeit, schneller zu eilen und die Trennung zu verkürzen, mutet (ebenso wie die vorhergehende Anrede "little Cupid" und das Verständnis der Blumen als Rivalen) petrarkistisch an. Ganz rationalistisch, wenn auch nicht übermäßig ernst, ist jedoch dann die Überlegung:

> To be cur'd, thou must, Colin, thy passion remove;
> But what swain is so silly to live without love?

Auch die traditionelle Ankündigung des Verzweiflungstodes und die daraus abgeleitete Mahnung an die Hirten sind offensichtlich nicht ganz ernst gemeint.

Weiter in die von Sarah Fyge Egerton und Elizabeth Singer eingeschlagene Richtung geht "A Pastoral Dialogue. Between Two Shepherdesses" (1713) von Lady Anne Winchilsea.[86] Die beiden Sprecherinnen und ihre Umgebung sind zwar mit einigen allgemeinen pastoralen Requisiten ausgestattet, aber es wird schnell erkennbar, wie Stratmann sagt, „...daß der gesamte Bereich des Gedichts von einer durchaus höfischen Gesellschaft bestimmt wird."[87] Die schon etwas ältere, gesprächige und gesellschaftlich vorzüglich informierte Silvia versucht die junge kokette und vergnügungssüchtige Dorinda, die auf dem Wege zu einem Tanzvergnügen ist, zu einem Gespräch zu bewegen, das die andere aber nach einigem Hin und Her mit dem Hinweis

---

[84] Bei Chalmers im Anschluß an den Text wiedergegeben.
[85] Chalmers, *English Poets*, Bd. 15, S. 185f.
[86] Anne Countess of Winchilsea, *The Poems* (Chicago, 1903), S. 144–147.
[87] *Englische Aristokratie*, S. 142.

76

auf ihr Ziel abbricht. In dem Dialog, der an die Konversation in der Restaurationskomödie erinnert, richten die Sprecherinnen ihre zivilisiert-böswilligen Spitzen treffsicher auf die Schwächen des Gegenübers. Die Schlußsentenz faßt noch einmal ironisch zusammen:

> ... Woman-kind's peculiar Joys
> From past, or present Beauties rise.

Die Ekloge soll zweifellos eine Satire auf die Schwächen des weiblichen Geschlechts darstellen. In welchem Ausmaß allerdings, wie Stratmann meint, „der Leser hier zu einem Vergleich zwischen dem pastoralen Hintergrund der damit bezeichneten Wertwelt auf der einen Seite und dem unpastoralen Verhalten der beiden ‚Ladies' auf der andern Seite aufgefordert wird",[88] läßt sich angesichts der zeitgenössischen Praxis der Pastoraldichtung nicht mit Sicherheit festlegen. Formal interessant ist, ebenso wie bei Byrom, die leichte Abweichung vom *heroic couplet*, die hier in der um zwei oder drei Silben kürzeren Verszeile besteht.

"Menalcas and Enosia, a Pastoral Dialogue. By the Duke of Wharton, Occasioned by an Amour He Had, When a Youth, with a Married Lady" (ca. 1714 entstanden)[89] wird schon durch den umfänglichen Titel als Gelegenheitsgedicht eingeführt. Menalcas und Enosia beklagen in dem amateurhaften Stück die Notwendigkeit der Trennung und rufen die himmlischen Kräfte als Zeugen und Beschützer ihrer unschuldigen (!) Liebe an.

Das anonyme "Palaemon. A Pastoral" (1717)[90] ist vor allem bemerkenswert wegen der ausgeprägten petrarkistischen Elemente, die es enthält. Nach dem Grund seiner Traurigkeit gefragt, klagt Palaemon über die herzlose Grausamkeit der Amynta. Sein Freund Menalcas, der ein Lied vortragen soll, preist die Schöne in den *conceits* der elisabethanischen Sonettdichtung:

> Around your face a thousand *Cupids* play,
> As thick as bees about the blooms in *May*,
> Yet from those eyes, like noon-tide beams, we run,
> And seek a shelter from the scorching sun. (S. 121)

---

[88] S. 143.
[89] Das Gedicht ist erst fast ein halbes Jahrhundert nach dem Tode des Verfassers veröffentlicht in *Select Collection of Poems*, hrsg. von J. Nichols (London, 1780), Bd. 5, S. 24–31.
[90] The Duke of Buckingham u. a., *Poems on Several Occasions* (London, 1717) [1935 von N. Ault herausgegeben als *Pope's Own Miscellany*], S. 119–122.

Palaemon bestätigt dies durch sein eigenes Schicksal:

> Ah 'tis too true! for *Cupid's* deadly dart
> Sent from those eyes, has pierc'd *Palaemon's* heart.

Die Inschrift auf seinem Grab, die er sich zum Schluß gefühlsselig ausmalt, soll in erster Linie eine Warnung an die anderen Schäfer enthalten, den gefährlichen Augen der Dame auszuweichen.[91]

Unprätentiöse Gelegenheitsgedichte stellen die Pastoralen von Allan Ramsay dar, die zu Beginn der 20er Jahre entstehen. "An Ode, with a Pastoral Recitative, on the Marriage of James Earl of Wemiss to Miss Janet Charteris" ist eine Art pastorales Epithalamium.[92] Nach einer kurzen Einleitung des Dichters ("Recitative") erzählt Rosalind dem Schäfer Armyas von der Hochzeit des illustren Paares, worauf er in einem unterschiedlichen Metrum, wie bei Spenser, ein Preislied singt. Formelle, mehr an der Eklogentradition orientierte Partien stehen in merkwürdigem Gegensatz zu rustikalen Stellen. So preist Rosalind den Bräutigam und die landespolitisch kluge Ehe:

> He, the delight of baith the sma' and great,
> Wha's bright beginning spae his sonsy fate,
> Has gain'd her heart; and now their mutual flame
> Retains the fair, and a' her wealth, at hame.   (S. 183)

Und gleich darauf beantwortet sie die Bitte des Armyas um einen Kuß mit den derben Worten:

> Ye're ay sae daft! come, take it and ha'e done.

Der Gegensatz wird überbrückt vermittels des durchgehenden schottischen Dialekts, welcher dem Gedicht den realistischen Anstrich echter ländlicher Sprache verleiht. Konsequenter in der rustikalen Sphäre Schottlands bleibt "Betty and Kate: A Pastoral Farewell to Mr. Aikman, when He Went for London". Dies wird besonders durch das Balladenmetrum gefördert, welches hier das *heroic couplet* ersetzt. Die Sprecherinnen haben keine klassischen Namen mehr und äußern ihre

---

[91] Das imaginäre Epitaph hat den Wortlaut:
Slain by a cruel maid's relentless hate,
Here turn'd to dust, the swain *Palaemon* lyes;
Shepherds, if you wou'd shun so hard a fate,
Look not, ah look not on *Amynta's* eyes!   (S. 122)

[92] Texte in Allan Ramsay, *The Works*, 3 Bde. (London/Edinburgh, 1851), Bd. 2, S. 182–184 und S. 197–200.

Klage über den Fortgang Willys nach London sowie das Lob Schottlands und ihre guten Wünsche für glückliche Heimkehr, wenn man von einem gewissen Rationalismus und unauffälliger Rhetorik absieht, in der Sprache von Landbewohnern:

> Our rigs are rich, and green our heights,
> And well our cares reward;
> But yield, nae doubt, far less delights,
> In absence of our laird: (S. 199)

Anders als bei Vergil I, wo das Land den abwesenden Herrn ruft, ist es hier lediglich durch den Fortgang des *laird* weniger angenehm geworden.

Am bekanntesten ist Ramsay durch seine pastorale Komödie *The Gentle Shepherd* (1725), die aus den Eklogen "Patie and Roger" und "Jenny and Meggy", welche dann zu den beiden Szenen des ersten Aktes werden, hervorgegangen ist.[93] In diesem Rahmen soll nur auf einige wichtige Züge hingewiesen werden, die das Stück im Zusammenhang mit der Tradition der Ekloge interessant machen. Wenn Ramsay hier einen ähnlichen Versuch wie Evans in seinen *Pastorals* mit größerem Erfolg durchführen kann, so liegt das einmal an dem unterschiedlichen Medium des Dramas, das andere Anforderungen stellt und beispielsweise die problematische Figur des pastoralen Dichters ausklammert, zum anderen aber besonders an der schottischen Szene und dem schottischen Dialekt. Die Landschaft um Edinburgh ist so realistisch einbezogen, daß sich etwa die Herausgeber des frühen 19. Jahrhunderts lange und ausgiebig über die genaue Lokalisierung des Geschehens streiten können.[94] Der schottische Dialekt nimmt den traditionellen Motiven, wie z. B. Adynaton oder Geschenkaustausch,[95] weithin den Eindruck literarischer Künstlichkeit. Hinzu kommt, daß die pastoralen Motive an die Realität des schottischen Landlebens angepaßt sind. Der Hirt Patie hat beispielsweise die Flöte, die er dann später nach der pastoralen Konvention zerbrechen will, nicht selbst verfertigt oder zum Geschenk erhalten, sondern in Edinburgh gekauft.[96] Auffallend ist neben einer betonten rationalistischen Zurückweisung von ländlichem Aberglauben[97] die große Bedeutung, die auch hier das zeitgenössische Ideal

---

93 Vgl. Anm. im Text, Bd. 2, S. 45.
94 Vgl. Vorwort des Textes "Observations on the Plot and Scenery", Bd. 2, S. 11ff.
95 Beispiele S. 51 und 82; S. 57.
96 S. 83.
97 Die Komödie legt Wert auf die Aufklärung gegen Hexen (S. 79f., S. 116), Wahrsagerei (S. 92) und Geistererscheinungen (S. 116, S. 130f.).

des *retreat* spielt. So lernt Patie, von Schäfern als eigenes Kind auf-
gezogener Adligensohn, auf dem Lande Latein und Griechisch und liest
beim Hüten der Herde Shakespeare und Ben Jonson; seine Bücher
bringen ihm, wie er sagt, in der Zurückgezogenheit die Gesellschaft
von Königen.[98] Der Einfluß Ramsays auf die Entwicklung der Ekloge,
von dem Bragg spricht,[99] läßt sich mehr vermuten als direkt verfolgen;
denn für die englische Ekloge sind zu sehr andersgeartete Voraussetzungen gegeben.

Ein charakteristisches Beispiel für die von entschiedenem Rationalismus getragene Fortsetzung der klassischen Eklogentradition ist "The
Force of Love. A Pastoral Essay" (1722)[100] von Samuel Boyse, über
das Marion Bragg ihrer Einstellung gemäß urteilt: "This love-lament...
utterly lacks all life and feeling."[101] Das Gedicht hat hauptsächlich die
erste Hälfte von Vergil VIII zum Vorbild, wie es vor allem in dem
Motiv der wilden Herkunft des Liebesgottes augenfällig wird ("O
Love! thou tyrant god! in deserts bred / In savage wastes ..."). Die
Liebesklage wird nicht bloß zum Zwecke der Variation dialogisiert,
sondern um eine rationale Antithese zu ermöglichen: während Menalcas unter den Qualen aussichtsloser Liebe zu der schönen, aber abweisenden Flora leiden muß, hat sein Freund Alexis, der ihm durch seinen
Rat zu helfen sucht, bei Emilia Gegenliebe gefunden, und ihrer Vereinigung stehen nur noch äußere Hindernisse im Weg. Es ist bezeichnend,
daß – dem leitmotivisch wiederholten Eklogentitel zum Trotz – die
unglückliche Liebe des Menalcas nicht wie bei Vergil dem Wirken einer
höheren Macht entspringt, stattdessen vielmehr durch die kokette
Schöne selbst herbeigeführt wird:

> For lovely Flora, on that luckless day,
> Soon made my heart a weak unguarded prey.   (S. 570)

Ähnlich der Dame in der petrarkistischen Sonettdichtung distanziert
sie sich dann kühl von den Folgen:

> More deaf than rocks, or the tempestuous main,
> Unmov'd she heard my passion and my pain;
> All I could urge, her cruel heart to move,
> She said she pity'd – but deny'd me Love.

---

[98] S. 106.
[99] *Formal Eclogue*, S. 70.
[100] Chalmers, *English Poets*, Bd. 14, S. 569–571.
[101] *Formal Eclogue*, S. 61.

Daß eine solche Liebessituation kein Ausnahmefall ist, sagt der vergleichsweise glückliche Menalcas, wenn er seine Emilie als "stranger to her sex's art" (S. 570) bezeichnet. Die Liebe ist hier von einem persönlichen zu einem gesellschaftlichen Problem geworden. Und dagegen hilft nur Vernunft, Dichtung ist – in auffallendem Gegensatz zu Vergil – völlig machtlos, da sie, objektiv betrachtet, lediglich darstellen kann und das Übel damit sogar noch verschlimmert:

> But useless here my slender skill would prove,
> Since verse itself is but the slave of love;
> In vain would tuneful numbers bar its course,
> Since tuneful numbers but augment its force;
> 'T is reason only can restore thy peace,
> ...   (Ebd.)

Die pastorale Frustrationsformel "In vain", die hier und mehrfach anderswo in der Ekloge vorkommt, besitzt bei der im Grunde vorherrschenden Vernünftigkeit keine tragische Kraft mehr. Hier geht es nicht länger um Leben und Tod, und so ist es nur konsequent, wenn der unglückliche Liebende als rationale und wirklichkeitsnahe Version des im Vorbild folgenden Freitodes schließlich die Emigration wählt. Eine Gemeinschaft mit der hier mehr sekundären Landschaft wird nur einmal in subjektiver Form und unauffällig beschworen, wobei wieder das Echo auf den Plan tritt.

Größeres Gewicht kommt der pastoralen Synusie und der Landschaft in den Eklogen von William Broome zu. Hier gilt das gleiche wie für Pope. Denn ähnlich wie bei der Übersetzung der *Odyssee* die von Broome übersetzten Bücher zum Mißvergnügen Popes von seinen eigenen im Stil fast nicht zu unterscheiden waren, erreichen auch "Daphnis and Lycidas: A Pastoral" und "A Pastoral, to a Young Lady, upon Her Leaving, and Return to, the Country" (1727) eine erstaunliche Nähe zu Popes "Spring".[102] Der Dichter, der freilich entsprechend dem einfacheren Status der Einzelekloge nicht selbst auftritt, unterstreicht diese Verwandtschaft noch, wenn er in der ersten Ekloge unübersehbar das Pope-*couplet* über den paradoxen Kommunikationsreichtum des in den *retreat* gehenden Adressaten imitiert:

> And carrying with you all the World can boast,
> To all the World Illustriously are lost!
>   ("Spring", Z. 9f.)

---

[102] Texte bei Chalmers, *English Poets*, Bd. 12, S. 16–18; S. 28; S. 39f.

> Who, carrying with him all the world admires,
> From all the world illustriously retires;
>
> ("Daphnis and Lycidas")

Die Hirten und Hirtinnen tragen (außer Florus und Rosalind in der 2. Ekloge) Namen, die aus Popes *Pastorals* vertraut sind, und eines der Mädchen heißt überdies wie die Heldin des *Lockenraubs* Belinda. Wenn aber Dobrée meint, die Gedichte seien "unoriginal in form and usually in phrase,"[103] so ist das nur zum Teil richtig. Dem geschulten Auge des Zeitgenossen dürfte es nicht entgangen sein, daß Broome eine Abweichung vom orthodoxen Schema des amöbäischen Wettgesangs einführt, indem er die Themenangabe, die gewöhnlich bei einem Sprecher verbleibt, in der zweiten Hälfte der einen Ekloge unauffällig von Daphnis auf Menalcas überwechseln läßt; in der andern Ekloge erfolgt dieser Wechsel sogar zweimal.

Wesentlich origineller ist Broomes "The Complaint. Celia to Damon", welches man als pastoralen Heroidenbrief bezeichnen könnte. Neben dem generischen Vorbild von Ovid wird in erster Linie Vergil X (die Leiden des Gallus, der von seiner untreuen, in der Ferne weilenden Geliebten getrennt ist) imitiert. Außerdem klingt die Theokritsche Anapher an ("Sweet...", "Sweet...", "Not sweet..."). Sprache und Stil erinnern auch hier sehr an Pope. Aufschlußreich ist besonders die realistische Interpretation des Adynaton als männliche Verführungstechnik und seine emphatisch-ironische Wiederholung durch die verzweifelte Sprecherin:

> How oft my Damon swore, th' all-seeing Sun
> Should change his course, and rivers backward run,
> Ere his fond heart should range, or faithless prove
> To the bright object of his stedfast love!
> O! instant change thy course, all-seeing Sun!
> Damon is false! ye Rivers backward run!

Broomes Beispiel zeigt außer der inzwischen dominierenden Stellung Popes vor allem, daß bei der einzelnen Ekloge zwar noch kleinere Veränderungen möglich sind, größere Neuansätze jedoch sofort mit einer beträchtlichen Entfernung von der Gattung verbunden sind. Im ganzen bringt die bevorzugte Verwendung der Einzelekloge als Gelegenheits-

---

[103] *English Literature*, S. 144.

gedicht eine Verflachung mit sich, die durch den zu beobachtenden Rationalismus noch gefördert und durch den Realismus nicht gemindert wird.[104]

b) Lyttelton bis Cunningham

Während bei den Eklogensammlungen des frühen 18. Jahrhunderts konkurrierende Konzepte das Bild bestimmen, ist die anschließende Phase, die etwa die folgenden drei Jahrzehnte umfaßt, durch eine mehr kontinuierliche Entwicklung gekennzeichnet. Bei Lyttelton, Shenstone und Cunningham läßt sich ein fortlaufender Traditionszweig verfolgen, der, von Pope ausgehend, schnell in immer größere Entfernung zu der klassischen Form der Gattung gerät, so daß zum Schluß bloß noch eine sehr dünne und weitläufige Verbindung zur ursprünglichen Tradition vorhanden ist und die Eklogendichter der folgenden Phase nur durch einen grundlegenden Neuansatz noch einmal die Tradition fortsetzen können.

---

[104] Nicht näher eingegangen werden soll hier auf die drei Eklogen, die Eward Howard, Earl of Suffolk, in seinem Sammelband *Musarum Deliciae* (London, 1728), S. 43–70, veröffentlicht. Weniger wegen ihres „teilweise unfreiwillig komischen" Charakters – wie Stratmann (*Englische Aristokratie*, S. 230) mit einigem Wohlwollen die mangelnde literarische Qualität kennzeichnet – als vielmehr wegen ihres frühen Entstehungsdatums spielen die Gedichte in diesem Rahmen keine Rolle. Sie sind mit großer Wahrscheinlichkeit alle vor Beginn des 18. Jahrhunderts zustande gekommen. Die beiden längeren Eklogen, I und III, stellen Gelegenheitsgedichte dar, die in pastoraler Verkleidung Ereignisse des Jahres 1694 bzw. der unmittelbar darauf folgenden Zeit behandeln, den Tod der Königin Mary (I) sowie einen mißlungenen Anschlag auf den Prinzen (III); II ist ein sehr kurzes Elaborat aus orthodoxen Elementen über zwei arkadische Hirten. – Interessanter als die Gedichte erscheinen auf jeden Fall die in dem Band vorausgeschickten "Essays Upon Pastoral", welche ebenso wie die erste Ekloge aus einem früher publizierten Werk Howards hervorgegangen sind (*An Essay upon Pastoral:* As also an Elegy Dedicated to the Ever Blessed Memory Of Her most Serene Majesty Mary the Second, Queen of England, London 1695). Auffällig ist die Bedeutung, die das Konzept des Goldenen Zeitalters in der späteren Fassung bekommt. Im früheren Werk wird beispielsweise die pastorale Welt im Präsens geschildert: "How sweet, how pleasant, is a *Pastoral* Life! how free from Care and Trouble does the peaceful Shepherd live! whose Life is a continued course of *Virgin* Innocence and true Feeling. When Phoebus..." (*Essay*, S. 1) In der späteren Fassung wird diese Welt dagegen – in Übereinstimmung mit Popes Theorie – als vergangene Realität, eben als Goldenes Zeitalter (im Präteritum) apostrophiert: "How pleasant was the Life of an *Arcadian* Swain! How undisturb'd from Care and Trouble did the peaceful Shepherd live, whose short Pilgrimage thro' this sublunary Globe was one intire Course of blest Security, perfect Ease and virgin Innocence? When Phoebus..." (*Musarum*, S. 3).

The Progress of Love, in Four Eclogues, das 1732 von dem jungen George Lyttelton veröffentlicht wird,[1] knüpft in sehr deutlicher Weise, und nicht lediglich durch "a faint flavour of the Popean form", wie Dobrée es formuliert,[2] an Popes *Pastorals* an. Die Gliederung des Werks in vier Eklogen, die jeweils zu Beginn eine längere Widmung tragen, die programmatische Zueignung des ersten Gedichts an Pope mit dem Rückblick auf seine vergilisch aszendierenden Dichtungen und besonders die kunstvolle und trotz der Anaphern, Antithesen, Parallelismen und Chiasmen zugleich schlichte Sprache weisen auf Popes Einfluß als Vorbild und aktiven Ratgeber hin.[3] Darüber hinaus werden verschiedene Wesensmerkmale der *Pastorals* bei Lyttelton weiterentwickelt.

Lytteltons Eklogen bilden, noch eindeutiger als die seines berühmten Vorgängers, nicht nur eine Sammlung, sondern ein einheitliches, zusammenhängendes Werk. Indem der Dichter die zeitgenössische Form des *progress poem* mit der Pastorale verbindet,[4] legt er den vier Eklogen eine fortschreitende Handlung zugrunde, deren wichtigste Stadien jeweils von einer Ekloge wiedergegeben werden, wie es in den Titeln zum Ausdruck kommt: "Uncertainty" (I) hat die quälende Ungewißheit des jungen Hirten Damon zum Gegenstand, ob seine Liebe zu der anfangs durchaus geneigten, dann aber plötzlich dem Anschein nach abweisenden Delia von Erfolg ist; in "Hope" (II) äußert Damon seine Freude über die Aufforderung zu hoffen, welche ihm die Geliebte gegeben hat; dann wird er in "Jealousy" (III) von Eifersucht über einen Rivalen geplagt und will sich von Delia lossagen, bis er sie zum Schluß allein antrifft und schnell versöhnt ist; "Possession" (IV) schließlich zeigt Damon, wie er am Tag nach der glücklichen Vereinigung mit der Geliebten den Schutzgottheiten der Liebe und Ehe ein Dankopfer bringt und, von dem neu erfahrenen Glück durchdrungen, heiter und gelassen der gemeinsamen Zukunft entgegenblickt, deren sorgloser Frieden durch nichts mehr gestört werden kann.

Zwar hat in Lytteltons Eklogen der Mensch – und, wie aus dem Titel hervorgeht, auch das, was ihn bewegt – gegenüber Pope wieder

---

[1] Text siehe Chalmers, *English Poets*, Bd. 14, S. 167–170.
[2] *English Literature*, S. 144.
[3] Pope verändert auf Lytteltons Bitte einige Stellen in dem ihm vorgelegten Entwurf. Beispielsweise stammt von ihm das Schluß-*couplet* der ersten Ekloge. – Vgl. dazu Rose Mary Davis, *The Good Lord Lyttelton. A Study in Eighteenth Century Politics and Culture* (Bethlehem, Pa., 1939), S. 96.
[4] Die Kreuzung dieser Formen stellt Jones, "Eclogue Types", S. 39, fest.

an Bedeutung gewonnen, aber er trägt einen anderen Charakter als in der klassischen Bukolik. Während dort hauptsächlich das Verhältnis des Dichters zu seiner Umwelt widergespiegelt und untersucht wird, sind bei Pope unspezifische Gestalten in einer idealen Nähe und Harmonie zur Landschaft dargestellt; hier begegnet in Damon die Figur des zeitgenössischen *retired gentleman*, der sich aus den Wirren der Stadt auf das friedliche Land zurückgezogen hat.[5] So sagt Damon in I bei seiner Anrede an die Nymphen und Dryaden des Landes von sich:

> . . . retir'd, I shun the gay resorts
> Of sportful cities, and of pompous courts;
> In vain I bid the restless world adieu,
> To seek tranquillity and peace with you.
> Though wild Ambition and destructive Rage
> No factions here can form, no wars can wage:
> Though Envy frowns not on your humble shades,
> Nor Calumny your innocence invades:
> Yet cruel Love, that troubler of the breast,
> Too often violates your boasted rest;
> With inbred storms disturbs your calm retreat,
> And taints with bitterness each rural sweet.

Das einzige, was dem philosophischen Frieden des Landes zunächst noch im Wege steht, ist die (unerfüllte) Liebe. Erst als diese Problematik schließlich gelöst ist, kann Damon in IV einen ungetrübten, vollkommenen *retreat à deux* antreten.

Formal findet die individualistische Konzentration des Zurückgezogenheits-Ideals auf die eigene Person in der ausschließlichen Beschränkung aller vier Eklogen auf den Monolog ihre Entsprechung. Dem Dialog, der Auseinandersetzung und dem Wettstreit mit den Menschen, will der Einzelne in der ländlichen Zurückgezogenheit ja gerade entgehen. Ein Zwiegespräch mit der Natur ist wohl vorstellbar, doch real nicht möglich, so daß es stets einseitig bleiben muß.

Daß eine enge Beziehung zwischen dem Menschen und der Landschaft besteht und das Land nicht bloß als Ort der sozialen Isolation verstanden wird, zeigt die wechselnde Szene der vier Eklogen, die dem jeweils erreichten Stand im „Fortschreiten der Liebe" entspricht. "Un-

---

[5] Wie Maren-Sofie Røstvig (*Happy Man*, Bd. 2, S. 13) hervorhebt, ist das Ideal der ländlichen Zurückgezogenheit und seine praktische Verwirklichung seit dem frühen 18. Jahrhundert nicht mehr auf aristokratische Kreise beschränkt, sondern findet sich auch häufig bei den wohlhabenderen Angehörigen der Mittelschicht.

certainty" spielt am Rande eines einsamen Waldes, "Hope" augenscheinlich in der offenen Ebene, "Jealousy" sieht Damon auf dem
Gipfel eines „romantischen Berges" und "Possession" in einem Myrten-
hain. Die Einheit, die Mensch und Landschaft so eingehen, hat jedoch
trotz der angesprochenen Dryaden (I) oder Najaden (II) kaum noch
etwas Mythisches an sich. Die pastorale Synusie wird von Damon nur
im nachhinein erwähnt und als eine vom vorausgegangenen Liebesschmerz bedingte Selbsttäuschung gewertet, wenn er sich in II fragt:

> Why were the desert rocks invok'd to hear
> The plaintive accent of thy sad despair?

Die Übereinstimmung mit der Natur findet in der Wirklichkeit statt
und kommt zustande, indem der Mensch im *retreat* sich einen Land-
schaftsort sucht, der seinem Wesen und seiner Stimmung gemäß ist (zu
Anfang von "Hope" heißt es bezeichnenderweise: "Damon no longer
sought the silent shade . . .") oder indem er die Natur auf sich wirken
läßt: die schöne Aussicht vom Berggipfel in III z. B. – hier taucht u. a.
der bei der Landschaftsgärtnerei beliebte Terminus "pleasing prospect"
auf – macht Damon vorübergehend den Schmerz seiner Eifersucht vergessen.

Lyttelton fährt also auf dem von Pope für die Ekloge gewiesenen
Wege fort und gestaltet mit der Idee des *retreat* eine Form des ländlichen Lebens, die sowohl als tatsächliche, zeitgenössische Existenz-
möglichkeit glaubhaft als auch vom Stilempfinden der Zeit her akzeptabel ist. Die Tätigkeit des Hirten und auch die des Bauern,[6] die streng
genommen im Widerspruch zum Dasein des *retired gentleman* stehen,
werden nur mit Zurückhaltung in ihren traditionellen Manifestationen
eingeführt und dienen vorwiegend als konkrete Ausweise der Länd-
lichkeit. Im Unterschied zu Parnell, der in seinem Gedicht "Health"
ähnliche Ziele verfolgte, vermeidet Lyttelton offene Brüche der pastoralen Schicht und gibt die überkommene Form der Ekloge nie völlig
auf. Dafür trifft er, wohl nach Popes Vorbild, unter den zur Verfügung
stehenden Darstellungsmitteln methodisch seine Auswahl (z. B. ausschließlich Monolog statt Dialog), vor allem wertet er die übernommenen Elemente und Themen konsequent in seinem Sinne um.

---

[6] Vor allem in IV:

> Together will we share the harvest toils,
> Together press the vine's autumnal spoils.

Diese Tätigkeiten sind Bestandteil der georgischen Tradition.

86

Die Grundstimmung der Eklogen ist nicht mehr negativ, sondern positiv; es wird nicht mehr die Unerreichbarkeit, Unvollkommenheit oder Vergänglichkeit des Schönen und Idealen beklagt, sondern in erster Linie ein praktisch erreichbares Lebensideal verherrlicht. Selbst die beiden klagenden Eklogen I und II kommen an keiner Stelle dem Tragischen nahe, da Damon bei aller Liebesverwirrung ein genügendes Maß an gesundem Menschenverstand bewahrt,[7] und jedesmal ergibt sich zum Schluß eine definitive Wendung zum Guten.

Besonders signifikant für die einseitige und umwertende Fortsetzung der Eklogentradition durch Lyttelton ist "Hope". Nicht nur stellt der euphorische Monolog des Damon die genaue Umkehrung der traditionellen Liebesklage dar (bezeichnenderweise ist die Stunde der ersten Liebe hier in der gleichen Weise als Ursprung des Glücks gesehen, wie sie in Vergils Damon-Lied als Beginn des Verderbens erscheint), zugleich sind auch die verschiedenen pastoralen Motive, teilweise von Grund auf, verwandelt. Schon die konventionelle Übersicht über die pastorale Tradition in der Widmung an Doddington ist in dieser Beziehung interessant:

Nor Pan, nor Phoebus, tunes our artless reeds:
From Love alone their melody proceeds.
From Love, Theocritus, on Enna's plains,
Learnt the wild sweetness of his Doric strains.

Young Maro, touch'd by his inspiring dart
Could charm each ear, and soften every heart:
Me too his power has reach'd, and bids with thine
My rustic pipe in pleasing concert join.[8]

Die Liebe wird in diesem Abschnitt als einziges Thema der Pastoraldichtung verstanden, und die großen antiken Vorbilder der Gattung werden dementsprechend als Verfasser von Liebesgedichten gedeutet. Trotz dieser eigenwilligen Auslegung geht Lyttelton nicht so weit, sich in vertrauter Weise als *den* modernen Fortsetzer der Tradition auszu-

---

[7] Besonders ist er sich immer seines eigenen Wertes und der Verdienste seines Liebesdienstes bewußt, so sagt er z. B.:
　　Ah, how have I deserv'd, inhuman maid,
　　To have my faithful service thus repaid?　(I)
　Oder:
　　Say, thou inconstant, what has Damon done,
　　To lose the heart his tedious pains had won?　(III)

[8] Hier wird Doddington angeredet, der sich, wie Lyttelton angibt, auch selbst an kleineren Liebesgedichten versucht haben soll.

geben, sondern stellt sich und sein Werk bescheidener und wahrheitsgemäß als *eine* mögliche Weiterführung der Tradition hin ("Me too...").

Gegenüber der Liebe kann die Dichtung bestenfalls eine Hilfsfunktion beanspruchen. Dies kommt hier in II unter anderem durch die besondere Imitation der Vergil-Zeile „incipe Maenalios mecum, mea tibia, versus" (VIII, 21) zum Ausdruck; statt als emphatisch wiederholten Refrain spricht Damon die Aufforderung an die Flöte nur einmal, und dann in einer viel nüchterneren Abänderung aus: "Begin my pipe, begin the gladsome lay".[9] Der *Let-others*-Topos, der bei Pope begegnete und eine Bekundung der pastoralen Entsagung an äußeren Reichtum darstellte,[10] wird nun in vernünftiger Nüchternheit gegen die Dichtung zugunsten der Liebe angewandt:

> No laureat wreaths I ask, to bind my brows,
> Such as the Muse on lofty bards bestows:
> Let other swains to praise or fame aspire;
> I from her lips my recompense require.

Die untergeordnete Stellung der Dichtung gegenüber der Liebe erhellt besonders in dem traditionellen Motiv der Trennung von der Flöte: hier kommt es gar nicht in Betracht, daß der Hirt seine Flöte zerbricht oder an einen anderen weitergibt, weil auch sie letztlich nicht in der Lage ist, ihn vor dem Scheitern zu bewahren – dafür trennt sich Damon freudig von seiner Hirtenkunst, um mit der Geliebten selbst zusammen zu sein: "Adieu, my pipe; I go my love to meet".

Als Geschenk für die Geliebte aber hat er statt der rustikalen Holztauben von Theokrit und Vergil[11] – entsprechend der Realität des kultivierten *retreat* – einen Kanarienvogel vorgesehen, dessen exotische Eigenschaften in kunstvollen *couplets* umschrieben werden.[12] Und für

---

[9] Ähnlich wird zu Anfang von IV Dichtung nicht mehr als wesensbezogene Aussage, sondern als kultivierte Unterhaltung hingestellt, wenn es heißt: "This theme may help to cheat the summer's day." – Ein anderes Beispiel des sehr rationalistischen Dichtungsverständnisses findet sich in der Einleitung der Ekloge I: von Damon wird nicht, wie traditionell, gesagt, daß er ein Lied vorträgt, sondern daß seine Gedanken sich Luft verschaffen.

[10] Vgl. oben Kap. II, 1, a, Anm. 30.

[11] Theokrit V, Z. 96f. und 133; Vergil III, Z. 68f.

[12]   A bird for thee in silken bands I hold,
    Whose yellow plumage shines like polish'd gold;
    From distant isles the lovely stranger came,
    And bears the fortunate Canaries name;
    In all our woods none boasts so sweet a note,
    Not ev'n the nightingale's melodious throat.

den Fall, daß die Geliebte an Geschenken nicht interessiert ist, bittet Damon dann die mythischen Bewohner der traditionellen Pastoralwelt um ihren Beistand; Apollo, die Musen, Najaden und Nymphen als Teilnehmer der pastoralen Prozession, die sich nach Spensers Vorbild formieren soll, passen jedoch kaum in die rationale Atmosphäre des *retreat*, und so werden sie bloß kurz genannt, während der eigentliche Appell mit der Bitte um amouröse Diplomatie sich an die Gefährtinnen der Geliebten richtet.

Obwohl die seit Spenser und aufs neue nach Drydens Vergil-Übersetzung (1697) üblichen pastoralen Frustrations-Formeln "in vain" und "no more"[13] verschiedentlich vorkommen,[14] hat das Thema ‚Vergänglichkeit‘ bei Lyttelton noch mehr an Bedeutung eingebüßt als der Komplex der Dichtung. Das Ende aus Liebeskummer wird nur als literarische Möglichkeit in Erwägung gezogen, als Lösung für das wirkliche Leben aber verworfen.[15] Für die Lebensphilosophie des *retreat* hat der Tod seinen Stachel verloren. Im letzten Abschnitt des *Progress of Love* sieht Damon den Tod in weiter Ferne als willkommenen Abschluß eines erfüllten Lebens zu zweit:

> When late old age our heads shall silver o'er,
> And our slow pulses dance with joy no more;
> …
> Then may the gentle hand of welcome Death,
> At one soft stroke, deprive us both of breath!

Es ist durchaus folgerichtig, wenn Lytteltons unmittelbare Nachfolger den Tod ganz aus dem Gesichtskreis ausschließen[16] und sich noch entschiedener der Realität des Landes zuwenden.

---

[13] Spenser:
in vain – Jan. 59 ("vayne"), Febr. 33, Oct. 36.
no more – Febr. 234, Nov. 56 und 77, Dec. 119.
Dryden (Chalmers, *English Poets*, Bd. 119):
in vain – II (S. 290 und 291; dreimal), III (S. 291), VIII (S. 297; zweimal).
no more – Febr. 234, Nov. 56 und 77, Dec. 119.
Dryden (*Chalmers, English Poets*, Bd. 19):

[14] In II und III finden sich beide Formeln, in I (*in vain*) und IV (*no more*) je eine.

[15] In "Jealousy" überlegt Damon sich, warum wohl die schlimmen Folgen der Liebe, wie sie am Tode des Menalcas (in Gays Drama *Dione*) demonstriert wurden, seinen Nebenbuhler nicht abschrecken könnten, und er stellt sich selbst die Frage: "Would I could die like him, and be at peace?" Doch er gibt darauf die vernünftige Antwort: "No, let me live…"

[16] Shenstone hat bei seinem ersten Entwurf (siehe unten Anm. 18) in dem Vergil-Motto (X, 42f.) zunächst auch den Gedanken des gemeinsamen Todes im Alter:

William Shenstone, Besitzer und landschaftsgärtnerischer Gestalter des bei den Zeitgenossen berühmten Zier-Bauernhofs "The Leasowes"[17] und in dieser Eigenschaft Nachbar seines Vorgängers Lyttelton, knüpft mit seinem relativ bekannten Gedicht *A Pastoral Ballad, in Four Parts* (1743 geschrieben und 1755 nach gründlicher Überarbeitung veröffentlicht)[18] an dessen *Progress of Love* an. Das Werk besteht ebenso aus vier Teilen, welche jeweils Monologe des pastoralen Sprechers Corydon sind, und die gleich oder ähnlich wie bei Lyttelton lautenden Überschriften "Absence", "Hope", "Solicitude", "Disappointment" verraten bereits, daß wiederum die Geschichte der Liebe des Hauptcharakters als eine Art Handlung zugrunde gelegt ist. Dennoch braucht man nach den Unterschieden nicht erst zu suchen.

Der Titel weist auf die formale Divergenz zu Lyttelton hin. Während in den vorausgegangenen Eklogenbüchern des 18. Jahrhunderts ausnahmslos das *heroic couplet*, gewissermaßen als modernes Äquivalent des antiken Hexameters, anzutreffen war und nur Einzeleklogen eine Ausnahme machten, löst Shenstone sich von dieser Bindung der Tradition und wählt ein balladenartiges Metrum. Die Strophe aus acht dreihebigen anapästischen Verszeilen mit alternierendem Reim (a b a b c d c d) wird jedoch – anders als Jones meint[19] – nicht von Shenstone eingeführt, sondern ist, wie schon Dr. Johnson in seiner Biographie feststellt,[20] Rowes "Despairing Shepherd" nachgebildet. Es hieße wohl etwas zu weit gehen, wollte man mit Deane in dem anapästischen Rhythmus das fröhliche Plätschern der Bächlein von Shenstones Anwesen hören;[21] aber der Untertitel "A Song to the Tune of ..." bei Rowes Gedicht,[22] das selbst der Ekloge nahesteht, deutet das Wesentliche von Shenstones formaler Wahl an: die Pastorale wird nun nicht länger als eine dem Epos nahestehende Gattung, sondern als vornehmlich lyrische Ausdrucksform aufgefaßt. Demgemäß vermeidet Shen-

---

Hic gellidi Fontes, hic mollia prata, Lycori,
Hic nemus, hic ipso tecum consumerer aevo.
Er entscheidet sich dann aber für ein anderes Motto. – Es ist kennzeichnend, daß dieser Gedanke bei Vergil als unerfüllbarer Wunsch im Irrealis ausgedrückt wird.

[17] Vgl. dazu Andrew Young, *The Poet and the Landscape*, "The Leasowes" (London, 1962), S. 88–95.
[18] Vgl. D. Nichol Smith, "The Early Version of Shenstone's *Pastoral Ballad*", *RES*, 17 (1941), S. 47–54. Dort ist der Text von 1743 abgedruckt. Die hier zugrundegelegte spätere Fassung siehe Chalmers, *English Poets*, Bd. 13, S. 298–300.
[19] "Eclogue Types", S. 40.
[20] *Lives*, Bd. 2, S. 392.
[21] *Aspects*, S. 139.
[22] Siehe Chalmers, *English Poets*, Bd. 9, S. 474.

stone auch – wie aus der Parallelität zu Lytteltons Titelformulierung hervorgeht – bewußt und zu Recht den Terminus "Eclogue". In dem fragmentarischen Vergil-Motto „Arbusta humilesque myricae" wird das Eklektische der Beziehung zum klassischen Vorbild sichtbar.

Die weitgehende Entfernung von der klassischen Ekloge zeigt sich auch klar an dem völligen Fehlen von Einleitung, Widmung und Schluß.[23] Das traditionelle Referenzschema ist entscheidend vereinfacht, indem die kommunikative Schicht entfällt. Der Dichter als Schöpfer eines Artefakts tritt nicht mehr in Erscheinung. Dafür geht ein Teil seiner Funktionen auf den dramatischen Hauptcharakter über, so daß Corydon eine größere Distanz zu dem ihm widerfahrenden Geschehen gewinnt und zugleich zum Beobachter, Berichterstatter und Kommentator seiner Erfahrungen wird.

Im Unterschied zu Lyttelton scheint sich freilich der Verlauf der Handlung wieder der klassischen Ekloge zu nähern, wenn am Schluß kein Happy-End steht und die letzte Überschrift statt "Possession" hier "Disappointment" heißt. So bemerkt denn etwa Sommer:

> ... während ... der Held in "the Progress of Love" nach allen Leiden und Freuden der Liebe in den glücklichen Besitz seiner Geliebten gelangt, wird *Shenstone's* Coridon nach allen Qualen enttäuscht und unglücklich.[24]

Aber dies trifft wohl nur vordergründig zu. Die Liebesleiden, die Corydon zu erdulden hat, reichen kaum in die Tiefe. Vom Tod ist beispielsweise an keiner Stelle die Rede. Ganz im Gegenteil scheint sich Corydon in seinem Kummer recht wohl zu fühlen, und es ist wenig von Verzweiflung zu spüren, als er zu Anfang von IV den imaginären Mitschäfern die Enttäuschung seiner Liebe (in lebendigen Anapästen) kundtut:

> Ye shepherds, give ear to my lay,
> And take no more heed of my sheep;
> They have nothing to do but to stray;
> I have nothing to do but to weep.

Wenn Damons Liebe bei Lyttelton durch einen milden Rationalismus gekennzeichnet war, so ist bei Shenstones Corydon dazu ein gewisses Maß an Sentimentalität bestimmend. Corydon weiß sehr wohl mit seinem Schmerz zu leben. Statt am Ende seine Flöte zu zerbrechen,

---

[23] Bei Lyttelton haben I und III noch einen kurzen, vom Dichter gesprochenen Schluß.
[24] *Erster Versuch*, S. 90.

nimmt er seinen Mißerfolg geradezu zum Anlaß, sein angenehm melancholisches Lied fortzusetzen.[25] Er kennt gut den Trost für seinen Kummer, wenn er sich sagt:

> Yet time may diminish the pain:
> The flower, and the shrub, and the tree,
> Which I rear'd for her pleasure in vain,
> In time may have comfort for me.
>
> The sweets of a dew-sprinkled rose,
> The sound of a murmuring stream,
> The peace which from solitude flows,
> Henceforth shall be Corydon's theme.
> High transports are shown to the sight,
> But we're not to find them our own;
> Fate never bestow'd such delight,
> As I with my Phillis had known.

Die Schönheiten der kunstvoll gepflegten Landschaft, die Corydon als Landschaftsgärtner für die Geliebte vorbereitet hat, sollen nun einer anderen Bestimmung dienen: seiner eigenen beschaulichen Freude. Und indem er das in seinem Übermaß irreale Liebesglück mit dem realen Frieden der ländlichen Zurückgezogenheit konfrontiert, läßt er erkennen, daß dies seiner Ansicht nach die richtige Entscheidung ist. Während bei Lyttelton das Zusammenleben mit der Geliebten und die ländliche Zurückgezogenheit als miteinander vereinbare, einander ergänzende Güter hingestellt werden, fällt hier die Wahl eindeutig zugunsten des zurückgezogenen Lebens auf dem Lande.

Der Erfüllung der Liebe steht die gesellschaftliche Hierarchie und die Wankelmütigkeit, die den Schönen, insbesondere denen von Stand, eigen ist, entgegen, und vernünftigerweise geht man solchen Schwierigkeiten (durch das Leben im *retreat*) aus dem Wege, wie Corydon die Zeugen seiner Leiden mahnt:

> Let reason instruct you to shun
> What it cannot instruct you to cure.
> Beware how you loiter in vain
> Amid nymphs of a higher degree:
> It is not for me to explain
> How fair, and how fickle, they be.   (IV)

---

[25] Yet my reed shall resound through the grove
With the same sad complaint it begun;
. . .   (IV)

Daß die Entscheidung für das Land letzten Endes keinesfalls einen Notkompromiß darstellt, sondern von Anfang an vorgegeben ist, läßt sich schon früh erkennen. Als Corydon in I von der Geliebten getrennt traurig in der Ferne weilt, deutet er an, daß ihm die heimische, an gefühlvollen Erinnerungen reiche Landschaft durchaus zu seinem Glück genügen würde:

> Alas! where with her I have stray'd,
>   I could wander with pleasure, alone.

Das eindrucksvollste Beispiel ist der Anfang von II:

> My banks they are furnish'd with bees,
>   Whose murmur invites one to sleep;
> My grottos are shaded with trees,
>   And my hills are white over with sheep.
> I seldom have met with a loss,
>   Such health do my fountains bestow;
> My fountains all border'd with moss,
>   Where the hare-bells and violets grow.
>
> Not a pine in my grove is there seen,
>   But with tendrils of woodbine is bound:
> Not a beech's more beautiful green,
>   But a sweet-brier entwines it around.
> Not my fields, in the prime of the year,
>   More charms than my cattle unfold;
> Not a brook that is limpid and clear,
>   But it glitters with fishes of gold.
>
> One would think she might like to retire
>   To the bower I have labour'd to rear;
> Not a shrub that I heard her admire,
>   But I hasted and planted it there.

Hier zählt der Sprecher mit liebevollem Besitzerstolz die Bestandteile seines ländlichen Anwesens der Reihe nach auf und macht jeweils nachdrücklich auf ihre besondere Schönheit und Vortrefflichkeit aufmerksam, wogegen die erhoffte Verbindung zur Geliebten erst in zweiter Linie und mit einer Zurückhaltung ausgedrückt wird, aus welcher nicht nur Höflichkeit, sondern auch eine Art Gleichgültigkeit spricht ("One would think she might like to retire"). Im Grunde ist die gestaltete Landschaft vorrangig, und für die Geliebte werden nur einige Einzelheiten, an denen sie Geschmack finden könnte, verändert.

Man braucht kaum hervorzuheben, wie sehr die Darstellung dieses Landschaftsgartens auf Wirklichkeitsnähe und Anschaulichkeit ausgerichtet ist, selbst wenn die Details vielleicht nicht naturalistisch genau abgebildet sind.[26] Hinter dem dargestellten Anwesen, dessen Nutzen neben seinen ästhetischen, hauptsächlich visuellen, Qualitäten fast gar nicht in Erwägung gezogen wird, steht unübersehbar die landschaftsgestalterische Praxis der Zeit und Shenstones eigene "Ferme Ornée".[27]

Wenn der Leser angesichts dessen mit einigem Erstaunen noch auf deutliche Motive der klassischen Ekloge trifft, so findet er sie freilich grundlegend zum Gefühlvollen verändert. Der Vergilische Topos über die Erkenntnis der wahren Natur der Liebe („nunc scio quid sit Amor...", VIII, 43) wird in I subjektiviert und sentimentalisiert:

> Now I know what it is, to have strove
> With the torture of doubt and desire;
> What it is to admire and to love,
> And to leave her we love and admire.

Bezeichnend gewandelt ist ebenfalls das Motiv des pastoralen Geschenks. Lytteltons Kanarienvogel kommt bei der allgemeinen Bewegung ‚zurück zur Natur' nicht in Frage. Die klassischen jungen Holztauben jedoch für die Geliebte aus dem Nest zu holen, würde das gebotene Mitgefühl gegenüber der armen Kreatur verletzen – es bleibt also nur eine verbale – wenn auch sehr wirkungsvolle – Geste übrig:

> I have found out a gift for my fair;
> I have found where the wood-pigeons breed:
> But let me that plunder forbear,
> She will say 't was a barbarous deed.
> For he ne'er could be true, she averr'd,
> Who would rob a poor bird of its young:
> And I lov'd her the more when I heard
> Such tenderness fall from her tongue. (II)

In sehr interessanter Weise wird das Thema ‚Dichtung' behandelt. Der Rivale, der in III Corydons Seelenfrieden stört, ist ein Dichter.

---

[26] Young, *Poet and Landscape*, S. 91, bemängelt z. B. die Doppelzeile über die ausnahmslos von Geißblatt umrankten Kiefern und meint, das müsse ein seltsamer Ort sein, von dem man derlei sagen könne.

[27] So liegt es auch sehr nahe, Corydon mit Shenstone gleichzusetzen, wie Johnson es tut, indem er auch im Leben des Dichters eine Priorität der Landschaft vor der Liebe feststellt: "He was never married, though he might have obtained the lady, whoever she was, to whom his *Pastoral Ballad* was addressed." (*Lives*, Bd. 2, S. 391)

Sein verführerisches, unechtes Lied enthält einen Katalog von *conceits* aus der petrarkistischen Liebesdichtung, die – wie wir gesehen hatten – in der Eklogendichtung fortgelebt haben, und er läßt, was noch wichtiger ist, die Natur nach Art der pastoralen Synusie künstlich mitagieren:

> 'Tis his with mock passion to glow,
>   'Tis his in smooth tales to unfold,
> How her face is as bright as the snow,
>   And her bosom, be sure, is as cold.
> How the nightingales labour the strain,
>   With the notes of his charmer to vie;
> How they vary their accents in vain,
>   Repine at her triumphs, and die.[28]

Statt sich mit kontemplativer Anschauung der Natur und zurückhaltend nachhelfenden Eingriffen zufriedenzugeben, plündert dieser Paridel für die Umworbene metaphorisch ebenso wie buchstäblich die Schönheiten von Garten und Hain.[29] Doch mag er auch in der traditionellen Pastoraldichtung Hervorragendes leisten, wie der blumengeschmückte Hirtenstab und der Lorbeerkranz um die Schläfen kundtun, so geht ihm doch das nach Corydons Ansicht für den Dichter Entscheidende ab:

> The language that flows from the heart,
>   Is a stranger to Paridel's tongue...

Nachdem schon in Lytteltons Widmung an Pope das Herz als kritischer Schiedsrichter für die Dichtung angesprochen war ("Ask thy own heart if what I tell be true", I), wird hier das Gefühl auch als die ausschlaggebende Kraft im dichterischen Schaffensprozeß hingestellt.[30] Shenstone hat sich mit einem solchen Dichtungsverständnis weit von der formbetonten Kunst der ursprünglichen Eklogentradition entfernt.

Noch weniger von der traditionellen Ekloge ist in Shenstones "A Pastoral Ode, to the Honourable Sir Richard Lyttelton"[31] bewahrt, wo die Stimme des Dichters selbst deutlich durchdringt. In der Rolle des melancholischen Schäfers beklagt Damon zuerst am malerischen

---

[28] Der Blumenkatalog wird in den folgenden beiden Strophen noch fortgesetzt.
[29]   To the grove or the garden he strays,
             And pillages every sweet...
[30] Im Unterschied zu Sir Philip Sidneys bekanntem "looke in thy heart and write" ist bei Shenstone an dieser Stelle das bewußte Zutun des Dichters völlig vernachlässigt.
[31] Text bei Chalmers, *English Poets*, Bd. 13, S. 294f.

Seeufer kurz sein einsames Leben ohne Liebe, um sich dann durch eine beeindruckende Folge von illustren Zeitgenossen trösten zu lassen, die ihn auf seinem bescheidenen Anwesen besuchen oder als frühere und zukünftige Gäste vor seinem geistigen Auge Revue passieren.

Lediglich als anachronistische Randerscheinung braucht das anonyme, vom Verfasser im Selbstverlag herausgebrachte *Four Pastorals: Morning; Noon; Evening; and Night* (1751)[32] hier angeführt zu werden. Der Autor, der im Vorwort bereitwillig einräumt, einige Stellen des Werkes seien entlehnt, und zwar insbesondere von Pope, schreibt – wobei man ihm zuweilen ein gewisses Geschick nicht absprechen kann – völlig im Stil des angegebenen Vorbilds, ohne den Versuch einer eigenständigen Abwandlung zu machen. Neben dem Schema der Tageszeiten ist auch die entsprechende Ordnung der Jahreszeiten implizit übernommen. Die Liebe bleibt, vor der jahreszeitlich veränderten Natur, das Hauptthema. Die ersten beiden Eklogen sind amöbäische Wechselgesänge zum Lob der Geliebten (in I preisen beide Teilnehmer die gleiche Dame, die schöne Cynthia, hinter der die Adressatin des Gesamtwerks, M——, zu sehen ist); in III folgen einander – wie in dem Muster, Popes "Autumn" – zwei monodische Beiträge über eine abwesende und eine untreue Geliebte; IV ist die Liebesklage des Alexis. Wenn der Autor in dem knappen, frisch geschriebenen Vorwort mit entwaffnender Offenheit zugibt, "... it will be a pleasure to me, should my endeavours in the least attract the Public Regard", so hat er dieses Ziel mit Sicherheit nicht erreicht. Dafür geht ihm zu sehr das Gefühl für den inzwischen von der Pastorale erreichten Entwicklungsstand ab.

Von zentraler Bedeutung ist dagegen John Cunningham. Mit seinem bekanntesten Gedicht, "Day: A Pastoral" (entstanden ca. 1760),[33] läßt Cunningham, der ebenso wie die vorhergehenden Fortsetzer der Tradition eine persönliche Beziehung zu seinem Vorgänger hat und von Shenstone selbst zu seinem pastoralen Schaffen ermutigt wird, diesen besonderen Strang der Eklogentradition auslaufen. Das Gedicht ist fast nur noch in seinem spezifischen literarhistorischen Kontext als Weiterentwicklung der Ekloge zu erkennen. In dem Titel und in den dem Ablauf des Tages folgenden Überschriften der drei Teile, "Morning", "Noon", "Evening", deutet sich *en miniature* noch die Auswirkung von Popes Gliederungsschema an.[34] Warum statt der bisherigen

---

[32] *Addressed to a Lady* (London, 1751).
[33] Text siehe Chalmers, *English Poets*, Bd. 14, S. 431f.
[34] Auch bei Pope waren die Eklogen den vier Tageszeiten zugeordnet.

96

vier nun bloß drei Teile zu finden sind, läßt sich nur vermuten,[35] die vorhandene Traditionsverbindung wird dadurch nicht berührt.

Bei Cunningham wird die pastorale Welt der traditionellen Ekloge mit ihrem fiktiven, modellhaften Charakter endgültig zum realen englischen Land, dessen Tagesablauf der Dichter anhand konkreter Details und einer Folge idyllischer Kleinszenen (Hahnenkrähen, erste Sonnenstrahlen, Nachtigall und Lerche zu Tagesanbruch usw.) beschreibend wiedergibt. Hier ist die Ekloge zu einer Art Miniaturentsprechung des ländlichen Lehrgedichts geworden, das mit Thomsons *Seasons* (1730) in England große Beliebtheit und Bedeutung gewonnen hat. Die Kritiker loben nahezu in wörtlicher Übereinstimmung Cunninghams „Naturbeobachtung".[36] Nicht mehr ein zwar wirklich vorhandener, aber doch künstlich gestalteter Landschaftsgarten wie bei Shenstone, sondern die echte Landschaft ist Gegenstand des Gedichts. Statt in dem von Lyttelton behandelten kultivierten *retreat* wird der Mensch in den Tätigkeiten der rustikalen Arbeitswelt als Schäfer, Bauer, Jäger, Pflüger oder Melkerin dargestellt.

Doch der Mensch hat hier nur noch eine dekorative Statistenrolle. Er bildet lediglich ein Detail des umfassenden Landschaftsbildes, ist höchstens ein recht unbedeutender Bestandteil der großen Natur. Dies gilt selbst für die Stelle, welche noch am meisten an die klassische Ekloge erinnert, die zweitletzte Strophe in "Morning":

---

[35] Es scheint einiges für die Annahme zu sprechen, daß das bei Chalmers folgende "The Contemplatist: A Night Piece", das ein sehr verwandtes Metrum hat, ursprünglich als das abschließende Stück von "Day" konzipiert war, sich dann aber, möglicherweise unter dem Eindruck von Youngs *Night Thoughts*, verselbständigt und in etwas unterschiedlicher Weise entwickelt. Die Verbindung zeigt sich beispielsweise in den folgenden beiden Strophen:

> From the balmy sweets, uncloy'd,
> (Restless till her task be done)
> Now the busy bee's employ'd
> Sipping dew before the Sun.
> ("Day", "Morning")
> A kind, a philosophic calm,
> The cool creation wears!
> And what day drank of dewy balm,
> The gentle night repairs.
> ("The Contemplatist: A Night Piece")

[36] Bragg, *Formal Eclogue*, S. 90 ("many accurate details"); Edith J. Morley, "John Cunningham, 1729–1773", *Essays by Divers Hands*, 19 (1942), S. 39 ("powers of observation") und S. 42 ("eye on the object"); John Heath-Stubbs, *The Pastoral* (Oxford, 1969), S. 60 ("freshness of observation").

Colin, for the promis'd corn
  (Ere the harvest hopes are ripe)
Anxious, hears the huntsman's horn,
  Boldly sounding, drown his pipe.

Die Sorgen des Landmanns (der noch den traditionellen Namen "Colin" trägt) um das heranreifende Korn werden nur ganz am Rande beachtet. Das Jagdhorn, das die Flöte – oder vielleicht muß man sich in dieser Umgebung eher den Dudelsack als gemeint vorstellen – mit seinem kraftvollen Schall übertönt, repräsentiert nicht so sehr symbolisch das für die Arbeit des Bauern zerstörerische Wirken der Treibjagd; es wird vielmehr vernommen als eine Stimme in dem Konzert des ländlichen Morgens. Vorher ist von der Lerche, dem vom Morgenwind bewegten Wipfel der Fichte, der Biene und dem rinnenden Bächlein die Rede gewesen, und die anschließende Schlußstrophe faßt zusammen:

Sweet, – O sweet, the warbling throng,
  On the white emblossom'd spray!
Nature's universal song
  Echoes to the rising day.

Anstelle des Gesangs der Hirten, den die frühere Ekloge zum Inhalt hatte, steht hier bei Cunningham das große Lied der Natur im Mittelpunkt. Die Natur ist letzten Endes die Komponistin und Dichterin. Sie läßt ihre Schöpfungen vortragen von ihren Repräsentanten, zu denen weniger die menschlichen Landbewohner als besonders die Vögel gehören. Daß die Vögel die Rolle der Menschen als musikalische Künstler übernommen haben, wird vor allem dadurch deutlich, daß für sie in auffälliger Weise musiktechnische Ausdrücke verwendet werden:

Now the warblers' throats in tune!

                                        ("Noon")

. . . the lark, with vary'd tune,
  Carols to the evening loud;

                                        ("Evening")

Linnets, with unnumber'd notes,
  And the cuckoo bird with two,
Tuning sweet their mellow throats,
      . . .   ("Evening")

Dem Dichter bleibt nur eine rezeptive Existenz am Rande. Er ist bloß noch ein Zuschauer des Geschehens in der Natur. Seine Aufgabe erschöpft sich darin, das Wahrgenommene möglichst wirklichkeitsgetreu

98

abzubilden. Da seine Tätigkeit nichts im eigentlichen Sinne Schöpferi-
sches mehr an sich haben soll, sieht er sie nicht in den traditionellen
Bildbegriffen des Gesangs, sondern in der ebenfalls alten, für die
Eklogendichtung aber bisher kaum in Betracht kommenden Vorstellung
der Malerei (*ut pictura poesis*), indem er beispielsweise anläßlich des
farbenprächtigen Sonnenuntergangs die Frage stellt:

> Can the pencil's mimic skill
> Copy the refulgent dye?
>
> ("Evening")

Dies ist die einzige Stelle im Gedicht, wo auf das Wirken des Dichters
angespielt wird. Sonst steht der Dichter als ungenannter Vermittler
zwischen dem Leser und den geschilderten Detailszenen des Tagesablaufs. Von einem Referenzschema darf man schwerlich mehr sprechen. Die dramatische Schicht, die allein übrigbleibt, kann nur eine
schwache, innere Dramatik enthalten, da sie keine Charaktere besitzt.
Andererseits tritt auch kein lyrisches Ich auf. Die Ekloge ist mit "Day"
in die Form des *descriptive poem* übergegangen.

Von den traditionellen Eklogenmotiven sind, da fast alle Voraussetzungen für sie fehlen, höchstens wenige Spuren auszumachen. Außer
dem schon genannten Pastoralnamen "Colin" findet sich das personifizierte Echo ("Noon"). Der pastorale *locus amoenus* dient dem Schäfer
zum Mittagessen.[37] Die beiden häufigsten Typen des Eklogenschlusses
treten verändert wieder auf: am Ende von "Noon" fällt belebender
Regen, "Evening" wird durch den Sonnenuntergang beendet. Das
Motto, das durch den Inhalt des Gedichts verfremdete "Carpe diem",
stammt kennzeichnenderweise nicht mehr von Vergil.

Die fortgeschrittene Reduktion der Gattung spiegelt sich auch formal wieder. Während Lytteltons vier Eklogen mit einer Länge von
zusammen 374 Verszeilen dem von Vergil wie auch von Pope gesetzten
klassischen Maß entsprachen, waren es bei Shenstone noch 216 Zeilen,
und Cunningham kommt nur auf 108; es erfolgte also jeweils eine
Verkürzung auf gut die halbe Länge. Gleichzeitig ist die einzelne Verszeile zunehmend kürzer geworden. Hier haben wir alternierend gereimt die kurze jambische Zeile mit vier Hebungen, welche schon bei
Lady Winchilsea begegnete.

---

[37]   By the brook the shepherd dines;
          From the fierce meridian heat
          Shelter'd, by the branching pines,
          Pendent o'er his grassy seat.

Die formale Kontraktion ist ein Grund, warum die zeitgenössische *poetic diction* bei Cunningham besonders hervorsticht. Zudem wirkt sich hier die fast ausschließliche Darstellung der idealisierten Natur aus; denn, wie Myra Reynolds feststellt, gibt es in der etablierten Poesiesprache viele vorgeprägte Wendungen, die sich auf die Natur beziehen, jedoch relativ wenige für den menschlichen Bereich.[38] Während die *poetic diction* bei Cunninghams Vorgängern vergleichsweise unauffällig blieb, treten in "Day" neben dem "limpid stream" und "warbling throng" (beide "Morning") die typischen Adjektiv-Substantiv-Kombinationen und die Adjektiva auf *-(e)y* kumuliert in Erscheinung.[39] Die Dichter, die es nach Cunningham unternehmen, die Tradition der Ekloge fortzusetzen, werden von vornherein auf den richtigen Weg gewiesen, diese sprachlichen Schwächen zu überwinden: ein Neuansatz der Ekloge nach "Day" wird nur wieder durch eine stärkere Einbeziehung des Menschen möglich sein.

Neben "Day" tragen noch einige andere Gedichte von Cunningham die Bezeichnung "Pastoral".[40] Sie sind alle kurz (etwas über 30 Zeilen) und von leichtem, spielerischen Charakter. Im Vergleich zu "Day" wirken sie konventioneller und ranken sich meist um einen bestimmten Aspekt der traditionellen Ekloge. "Palemon: A Pastoral", als einziges in *heroic couplets*, stellt die Andeutung eines Wettgesangs zwischen Palemon und Alexis dar. Es gibt sich gleich als Spielerei zu erkennen, denn der untröstliche Kummer des Alexis wird auf die halbtägige Abwesenheit der geliebten Daphne zurückgeführt, die natürlich zum Schluß prompt zurückkommt. "Phillis: A Pastoral Ballad" beginnt nach dem klassischen Vorbild des ohrenzupfenden Apoll bei Vergil (VI, 3ff.) mit der Mahnung des Pan (= Shenstone) an den Dichter, beim bescheidenen pastoralen Genre zu bleiben, was dieser dann auch in Gestalt eines herkömmlichen Schönheitskatalogs der Geliebten befolgt, so daß Cupido ihn schließlich mit Phillis' Liebe belohnen kann. "Pomona: A Pastoral" ist ein Klagemonolog der Fruchtgöttin über ein neu eingeführtes Gesetz zur Beschränkung der *Cider*-Herstellung. "Damon and Phillis. A Pastoral Dialogue" bildet eine ländliche Variation des Horazischen *Donec gratus eram tibi* (III, 9) mit bürgerlich-moralischem Schluß: "To the church then let's hasten . . ." In "Content.

---

[38] *Treatment of Nature*, S. 56.
[39] Z. B.: "balmy", "busy" ("Morning"); "grassy", "airy", "marshy", "thirsty" ("Noon"); "lordly", "airy" ("Evening") – hinzu kommen die zahlreichen Adverben auf *-ly*.
[40] Texte siehe Chalmers, *English Poets*, Bd. 14, S. 434, S. 435, S. 440, S. 441, S. 443.

A Pastoral" findet der unglückliche Dichter auf seiner einsamen Wanderung eine schöne junge Schäferin, die ihn gastlich aufnimmt und ihm neue Themen für seine Dichtung zeigt; die mit ihr betriebene Freizeitschäferei ("Now jocund together we tend a few sheep...") steht ganz im Zeichen des *retreat*, und die Schäferin entpuppt sich am Ende als die allegorische "Content", Tochter des alten Kötters "Peace". "Corydon and Phillis. A Pastoral" handelt vom Hirten Corydon, der auf die sich schlafend stellende Hirtin Phillis trifft, zunächst um ihre Ruhe besorgt ist und sich dann galant und mit Erfolg um ihre Liebe bemüht. Der stärker konventionelle Charakter dieser Gedichte Cunninghams entspricht dem, was sich auch bei den übrigen Einzeleklogen des behandelten Zeitraums beobachten läßt.

Die Mehrzahl der in den Jahren 1732 bis 1760 veröffentlichten Einzeleklogen ist in den 1731 einsetzenden Monatsheften des *Gentleman's Magazine* zu finden,[41] und ihr Traditionalismus im Vergleich zu den Eklogenzyklen erklärt sich zum Teil aus dem traditionsbewußten Editionsstil dieser tonangebenden Zeitschrift. Popes Einfluß dominiert, das *heroic couplet* beherrscht unangefochten die pastorale Szene. Doch wie wir bereits vorher gesehen hatten, macht sich vor allem die geringe Tragfähigkeit einer kürzeren Gedichtform geltend: in der einzelnen Ekloge vermag der Dichter nur relativ wenig von der durch die klassischen Vorbilder vorgezeichneten Linie abzuweichen, wenn nicht die Gattungszugehörigkeit verlorengehen soll.

Neben der Darstellung der Natur übernimmt die Einzelekloge wie in den vorhergehenden Jahrzehnten teilweise die Funktion der Liebesdichtung. In den topischen Motiven und Ausdrucksmitteln einer etablierten Form, deren durch klassisches Beispiel legitimierte Eigenart darin besteht, komplexe Zusammenhänge auf ein einfaches Modell zu projizieren und den persönlichen Bereich abstrahiert von übergreifenden sozialen Verflechtungen zu behandeln, bietet sich dem Dichter die Möglichkeit, eigenen Empfindungen Ausdruck zu verleihen, ohne privat, und damit nach Ansicht der Zeit für die Öffentlichkeit uninteressant zu werden. Es versteht sich freilich, daß durch eine solche persönliche Implikation die poetische Qualität des Gedichts nicht unbedingt

---

[41] Die Zahl der hier erfaßten Gedichte ließe sich u. U. durch die systematische Einbeziehung anderer, weniger prominenter Magazine erweitern, die Ergebnisse würden sich dadurch jedoch kaum ändern.

gesteigert wird, wie es die Romantik und die von ihr beeinflußte Kritik glauben. Im Gegenteil wird die Eklogentradition unter derartigen Voraussetzungen noch eher wie ein abgegriffenes poetisches Instrumentarium gehandhabt. Ein fundamentaler Unterschied zur klassischen Pastorale liegt in der bei den meisten Gedichten anzutreffenden optimistischen Grundstimmung: auch die Liebe ist ein Problem, dem sich mit Vernunft und gesundem Menschenverstand beikommen läßt, und in der Regel erfolgt dann zum Schluß das gewünschte Happy-End. Von der Funktion der Liebesdichtung zeugen in den Einzeleklogen u. a. Reste von petrarkistischen Elementen, die sich häufig feststellen lassen.

Es wäre jedoch nicht ganz zutreffend, wenn man die Einzelekloge in dieser Phase als vollkommen einfallslose, in ihrer Traditionsabhängigkeit statische Gelegenheitsdichtung ansprechen wollte. Die meisten Dichter versuchen ganz offenbar das tradierte Muster in Details zu variieren. Zudem ist eine positive Kehrseite der Einzelstellung zu bemerken. Die für sich stehende Ekloge schafft weniger eine zusammenhängende Welt und kann daher mehr andeutungsweise Veränderungen realisieren, die sich in der stärker ausgeführten Darstellung der Sequenz schlechter verwirklichen lassen. So werden um die Mitte des Jahrhunderts in Einzeleklogen mit größerem Erfolg als vorher bei Evans Landbewohner und rustikales Leben zustimmend einbezogen.

Robert Dodsleys "Kitty. A Pastoral" (1732)[42] ist ein pastorales Kataloggedicht. Statt wie seine Vorgänger in der klassischen Ekloge eine unglückliche Liebe zu beklagen, vergegenwärtigt sich der verliebte Schäfer in seinem Monolog frohgemut die verschiedenen Vorzüge der geliebten Kitty. Indem er Strophe für Strophe das Schöne und Gute in der Natur (Blumen, Rose, Lilie, Zephirwinde etc.) mit den entsprechenden Vorzügen bei ihr vergleicht, kann er stets ihre Überlegenheit konstatieren. Zu ihren mehr äußerlichen Qualitäten kommen die geistigen: "Her virtues will bloom as her beauties decay." Selbst den Nachteil ihrer Abwesenheit kann der Verliebte durch seine Phantasie fast ausgleichen.

Das anonyme "Thirsis and Selima. A Pastoral Dialogue" (1735)[43] besitzt nur an der Oberfläche eine dünne pastorale Schicht, hinter der sich klar das Leben der zeitgenössischen Salons abzeichnet. Die bei Elizabeth Singer, Lady Winchilsea und Broomes "Complaint" zu beob-

---

[42] Chalmers, *English Poets*, Bd. 15, S. 340.
[43] *Gentleman's Magazine* (im folgenden zit. als *GM*), 5 (1735), S. 43.

achtende Entwicklung, die der Frau eine bedeutendere Rolle in der Ekloge gibt, setzt sich hier weiter fort. Doch nehmen nicht weibliche Charaktere die Stelle der männlichen Sprecher ein, sondern es spielt sich eine galante Konfrontation der Geschlechter ab. Thirsis und Selina führen ein kokettes Streitgespräch. Selina, die von ihrem früheren Verehrer Damon enttäuscht worden ist, weist die Liebesbezeugung des Thirsis von sich; sie begründet ihre ablehnende Haltung zunächst mit den schlechten Erfahrungen, die sie selbst gemacht hat, und dann – wohlbelesen – mit abschreckenden Beispielen verführter und verlassener Frauen in der antiken Mythologie, die sie von Ovid kennt. Thirsis versucht ihre Argumente zu relativieren und entkräften, wobei er zugleich geschickt Komplimente einfließen läßt (eine potentielle Rivalin wird als "one less witty, and . . . one less fair" bezeichnet), und kontert schließlich mit den *exempla* von untreuen, grausamen Frauen. Nun bricht Selina die Argumentation als "A task unpleasant to my softer muse" ab, und Thirsis kann mit einer pastoralen Beteuerung, einer Variante des Adynaton ("While lambs shall love to play . . ."), ihre letzten Bedenken aus dem Wege räumen. Das traditionelle "Adieu" am Ende ist kein tragischer Abschied für immer, sondern die vorübergehende Trennung nach erfolgtem Happy-End. Ähnlich profan wird zu Anfang von der Schönen die *no-more*-Formel gebraucht, um auszudrücken, daß ihr der frühere Galan jetzt keine Blumenangebinde mehr sendet.[44] Der pastorale *locus amoenus* ist das geschützte Plätzchen für das zärtliche Rendezvous, und der antiphonische Hirtengesang wird – einschließlich der pastoralen Synusie – zur Chiffre für das amouröse Zwiegespräch.[45]

Obwohl "Damon's Despair, on the Loss of Nisa. Imitated from Vergil" (1736)[46] eine sehr enge Imitation des Damon-Liedes der 8. Ekloge bildet, fallen doch signifikante Abweichungen vom Original auf; vor allem durch den zweizeiligen Refrain verändert der unter dem Pseudonym "Fidelio" auftretende Autor den Charakter des Gedichts:

> Lament, *my pipe*, while each sad thought returns,
> As on *Arcadia's* vocal hills the dying shepherd mourns.

---

[44] I then no more his curious garlands had,
For none were sent, or none for me were made:

[45] We often sat beneath some poplar shade, –
Selina sung, and *Damon* answ'ring play'd.
But now *Cosmelia* warbles from the reed,
While listning ewes and lambs exulting feed.

[46] *GM*, 6 (1736), S. 284.

Die insistierend wiederholte Nennung des "dying shepherd" und seiner Trauer ("Lament", "sad", "mourns") veräußerlicht die Tragik des Vorbildes zu einer Pose der Melancholie, wenngleich auch hier, wenigstens verbal, am Schluß der Freitod des Sprechers steht. Bei der topischen Stelle *nunc scio quid sit Amor* wird die Liebe zum Teil entpersönlicht und abstrahierend als "destructive pow'r" gekennzeichnet; als eine Mutterlandschaft ist statt der Garamanten die Küste Grönlands genannt. Eine solche Aktualisierung und vor allem Entmythologisierung begegnet auch in dem Adynaton am Ende, wo Cibber Tityrus ersetzt und Dryden und Pope an die Stelle von Orpheus und Arion treten.[47]

Das unter dem Pseudonym "Sylvius" veröffentlichte Gedicht "A Pastoral, writ in the Spring"[48] gibt sowohl durch seinen Titel als auch die Widmung "Inscrib'd to Mr. Pope" Popes erste Ekloge als sein Vorbild zu erkennen.[49] Mico und Rurin veranstalten vor Colinet als Schiedsrichter ein amöbäisches Wettsingen, das unentschieden mit einem Pfänderaustausch ausgeht. Einziges Thema ist die Liebe. Die Hirten, die beide auf Gegenliebe gestoßen sind, empfinden sie als großes Glück, und Mico preist in einer hymnischen Anrede die Liebe und ihre Macht mit den Worten:

> Where'er thou strik'st, thy darts resistless prove;
> Love conquers all, then blush not we to love.

Die zweite Zeile imitiert ohne Zweifel den Vergilvers:

> Omnia vincit Amor: et nos cedamus Amori.   (X, 69)

Doch hinter der ähnlichen Formulierung steht eine völlig andere Haltung. Die lateinische Zeile gibt die letzten Worte des gescheiterten, an Liebesleid zugrundegehenden Gallus wieder. In dem englischen Gedicht wird die unwiderstehliche Gewalt der Liebe lediglich als Rechtfertigung des eigenen Gefühls angeführt. Neben einer rationalisierenden Verflachung des menschlichen Bereichs zeigt sich hier wie vorher bei Pope eine Akzentverschiebung zugunsten der Landschaft. Der pastorale *locus amoenus*, der nicht mehr Ort der Dichtung, sondern der Liebe ist, hat einen starken Eigenwert, wenn Rurin für ihn die guten Wünsche ausspricht:

---

[47] Be *Cibber Dryden*, with th' enchanting lyre.
  Dryden in musick's force, and *Pope* in *Homer's* fire!
[48] *GM*, 7 (1737), S. 627.
[49] Allerdings stammen die Namen Mico und Colinet von Philips.

> Ye wavy trees that bend with every gale,
> And thou fair stream slow wand'ring thro' the vale;
> May no rude northern blast, nor wintry storm,
> Deface your beauty, or your shades deform;
> For here 'twas first in this propitious grove,
> My blushing *Marian* own'd an equal love.

Auch in dem themenverwandten "Spring, A Pastoral from the Greek of Bion (III)" (1739)[50] ist Wert auf die Landschaft gelegt. Während der Autor W. C——e sonst die kurze Vorlage fast nur paraphrasiert, wird er hier ausführlicher:

> The smiling fields attract our wond'ring eyes,
> And painted *scenes* in gay disorder rise;
> ...

Die Beschreibung des frühlingshaften Landes erfolgt kennzeichnenderweise in der Sprache der Landschaftsmalerei, die zudem an Popes "Spring" erinnert.[51]

Noch deutlicher ist der Einfluß von Pope in Thematik, Anlage und Sprache des anonymen "A Pastoral" (1740).[52] Eine Neuerung liegt nur darin, daß Strephon und Daphnis (die Namen sind genau die gleichen wie in Popes 1. Ekloge) mit ihren alternierenden Beiträgen immer wieder andere Frauen preisen. Die Formelhaftigkeit dieses Lobpreises wird u. a. dadurch offenbar, daß zweimal, ohne besondere inhaltliche Rechtfertigung, das *paulo-maiora*-Motiv auftritt.[53] Petrarkistische Elemente sind zu bemerken, wenn etwa ein *couplet* lautet:

> What breast-plate can secure the lover's heart,
> Whilst with united force they aim the dart?

Auch hier ist der pastorale *locus amoenus* nicht mehr als Stätte der musischen Aktivität, sondern des ungestörten vertraulichen Zusammenseins angesprochen, als "soft recess for friendship and for love". Am Schluß die *Adieu*-Formel hat mit Trauer oder gar Tragik nichts mehr zu tun.

---

[50] *GM*, 9 (1739), S. 155.
[51] Z. 28 wird dort die Natur im Frühling als Landschaftsmalerin gesehen:
And lavish Nature paints the Purple Year...
[52] *GM*, 10 (1740), S. 313.
[53] In Strephons erster Strophe ist von "sublimer strains" die Rede; Daphnis spricht in seinem letzten Beitrag von "higher flights".

Die Reihe der Popes "Spring" einseitig imitierten Eklogen wird fortgesetzt durch "A Pastoral on the Spring" (1742).[54] Gleich die beiden Anfangs-*couplets* des ohne Einleitung einsetzenden Wechselgesanges enthalten wörtliche Anklänge an den ersten Gesangsbeitrag bei Pope:

> Must we alone sit mute O *Hobby* here!
> Whilst all around axpressive joys appear:
> On ev'ry bloomy hawthorn linnets sing,
> Their warbling welcomes to the chearful spring:

In der Vorlage hatte es mit den gleichen Reimen (in umgekehrter Folge) geheißen:

> Why sit we mute, when early Linnets sing,
> When warbling *Philomel* salutes the Spring?
> Why sit we sad, when *Phosphor* shines so clear,
> And lavish Nature paints the Purple Year?
>
> ("Spring", Z. 25ff.)

Neben der Entsprechung, die dem Leser auch anderswo ins Auge fällt,[55] tritt bei der Gegenüberstellung besonders die formelhafte Entleerung des epigonalen Gedichts hervor, das für die Wiedergabe des Inhalts von Popes erstem *couplet* fast den doppelten Raum benötigt. Die *poetic diction*, die in Popes *Pastorals* unaffällig bleibt, macht sich in der Einzelekloge stark bemerkbar: die Schafe begegnen in der schon etablierten Umschreibung als "fleecy care" und die Vögel als "winged choristers", "aerial audience" und "feather'd choirs". Die Sicht der Landschaft als Gemälde, wie Pope sie in der zitierten Passage vorbildet, ist für zwei andere Stellen reserviert.[56] Daß ebenfalls zweimal das Echo auf den Plan gerufen wird, nimmt nicht wunder. Der pastorale Ort in der ausführlich und als vorrangig gezeichneten Landschaft wird mit dem Wort "retreat" belegt,[57] und die Tatsache, daß diese Bezeich-

---

[54] *GM*, 12 (1742), S. 271.
[55] Z. B. bei der Darstellung der Virtuosität der singenden Nachtigall:
> Th' aerial audience on the song attend;
> And all is silence till the charmer end.
>
> ("A Pastoral...")
Ähnlich wird bei Pope von der Nachtigall und der Drossel gesagt:
> But, charm'd to Silence, listens while She sings,
> An all th' Aerial Audience clap their Wings.
>
> ("Spring", Z. 15f.)
[56] Dort heißt es "Fine painted scenes on ev'ry side arise:" sowie "Not all the flow'rs that paint the youthful year..."
[57]
> Oh dear delight! how charming this retreat,
> Whose twining branches brake the sunny heat!

nung auch in dem speziellen Sinne Lytteltons oder Shenstones verstanden werden kann, ist, auch wenn sie nicht beabsichtigt sein mag, doch signifikant.

‚Liebe' bildet das beherrschende Thema in den sechs verschiedenen Pastoralen von Sarah Dixon (1740).[58] Extrem rationalistisch ist "Colin and Silvio. A Pastoral". Nachdem der ziellos umherstreifende Silvio dem Collin seine unerwiderte Liebe zu der koketten Lalia geklagt und sein Unglück auf das Wirken eines bösen, von schlimmen Vorzeichen[59] begleiteten Sterns zurückgeführt hat, warnt ihn der lebenserfahrene Freund vor weiblichen Verführungskünsten ("Female Arts") und klärt ihn auf über die wichtigen Dinge im Leben:

> Or *Lalia* still will like thee worse and worse.
> Go, prithee get more Money in thy Purse.
> Let croaking Ravens, evil Stars, alone;
> They'l vex thee more too, when thy Money's gone.
>
> ...
>
> An honest Industry, young Swain, pursue;
> Love and a Muse, my Friend, will never do.
> By purling Streams with Verse and Oaten Reed,
> Perhaps in Sing-Song thou may'st all exceed:
> But those Companions when old Age comes on,
> Won't bear thy Charges at next Market Town. (S. 8)

Die Pastoraldichtung deklassiert sich so selbst als belanglos, zweitrangig, und auch die Liebe wird von handfesten materiellen Gesichtspunkten abhängig gemacht.

In der kurzen Liebesklage "Adrasto. A Pastoral", gleichfalls in *couplets* geschrieben, bleibt die idealistische Einstellung des Sprechers ("Superior both in Love and Truth", S. 19) unwidersprochen, während in dem Wettstreit des "Pastoral" Damon zum Schluß zwar wenig Wert auf poetische Lorbeeren, dafür aber um so mehr auf Erfolg in der Liebe legt: "I yield my Verse, but will for *Love* contend" (S. 64) – der unentschiedene Spruch des Schiedsrichters macht das Nachgeben überflüssig. Die letzte Pastorale, "The Complaint of the Shepherd Adrasto",

---

[58] Nur hierin liegt eine Ähnlichkeit mit Lyttelton, wie sie von Marion Bragg überbetont wird ("Of the same type as the *Progress of Love...*", S. 74). – Texte: Sarah Dixon, *Poems on Several Occasions* (London, 1740): "Collin and Silvio. A Pastoral", S. 6–8; "Adrasto. A Pastoral", S. 19f.; "A Pastoral. Claius and Old Philemon", S. 22–25; "Pastoral", S. 62–64; "Pastoral. Coridon and Menalcas", S. 114–118; "The Complaint of the Shepherd Adrasto", S. 171–173. – Eine weitere Pastorale wird in Kap. III, 1 behandelt.

[59] Vgl. Vergil I, Z. 16f.

mit der ersten am ehesten bemerkenswert, will aufs neue die Liebe relativieren. In seinem anfänglichen Lied (ausnahmsweise nicht in *couplets*) ordnet der Hirt die Geliebte ob ihres unauslöschlichen Eindrucks in seinem Herzen dem Reich der Ideen zu.[60] Doch als sie dann den leeren Verlockungen der Stadtgesellschaft zum Opfer fällt, muß selbst der auf seiner Seite kämpfende Liebesgott ärgerlich aufgeben:

> Love rais'd the Siege, and gave the Shepherd Aid.
> His Empire scorn'd, the little Deity,
> Swore by his Dart, she was more blind than he;
> Disdain'd a Heart, no Merit cou'd ingage,
> Unbent his Bow, and left her in a Rage. (S. 173)

Adrasto bekommt eine neue Geliebte, die seiner würdig ist.

"Amyntas and Delia. A Pastoral Poem; on the Occasion of a Person of Distinction being call'd to the War" (1743)[61] hat den Frühling nicht zum Thema, nennt aber die als eigentümlich pastoral etablierte Jahreszeit im Eröffnungs-*couplet*. Es ist wieder ein Gelegenheitsgedicht, eine Abschiedsklage, deren Besonderheit, wie bei "Thirsis and Selina", darin besteht, daß die Sprecher verschiedenen Geschlechts sind und daß die Frau den Fortgang des eminent rationalen Dialogs maßgeblich bestimmt. Auf Amyntas' mitfühlende Bemerkung über ihre sichtbare Trauer hin (statt der direkten Frage *Why so sad?*) macht Delia ihm Vorhaltungen, daß er in den Krieg gehen und sie verlassen will; doch mit verständnisvoll und beherrscht vorgebrachten Argumenten und Appellen sowie einer Erklärung seiner unwandelbaren Liebe gelingt es ihm, sie, die er als "beauteous ... in form and mind" bezeichnet, zur Einsicht zu bringen. "Forgive the weakness of a love-sick mind," entschuldigt sie sich schließlich ebenso rational wie kultiviert und gibt ihm als Erinnerungspfand mit den besten Segenswünschen ihr Armband, worauf er sich in der hoffnungsvollen Zuversicht, daß der Himmel eine so unbefleckte Liebe schützen wird, von ihr trennt.

Die Situation der Einberufung ins Feld bringt die für die traditionelle Ekloge kennzeichnende tragische Note, oder zumindest einen tiefen Ernst, real mit sich. Aber der anonyme Autor, der sich zwar als

---

geschickter Stilist beweist,[62] macht von den Möglichkeiten, die sich da-

[60]   Her dear Idea still will reign;
         She's every where the same. (S. 171)
[61] *GM*, 13 (1743), S. 661f.
[62] Dies zeigt sich z. B. in einem Oxymoron wie: "... passion here seem'd eloquently dumb!"

durch bieten, keinen Gebrauch. Obwohl er am Ende von "sad embrace"
spricht, hat der Leser doch sehr stark den Eindruck eines Happy-Ends;
denn die Vernunft hat sich durchgesetzt, und an dem optimistischen
Blick in die Zukunft haftet keinerlei Zweifel. Das Bemühen des Dich-
ters geht augenscheinlich dahin, die Überwindung der unvernünftigen
Emotion zu zeigen. Die benutzten Frustrationsformeln ("what avails
it...?", "no more") haben nur begrenzte und vorläufige Gültigkeit.
Interessanterweise kommen sie hier aus dem Munde der Frau, da der
Dichter die traditionellen Positionen in gewisser Weise umkehrt. Die
Frau gebraucht den Topos der zu späten Einsicht in die Natur der
Liebe nach Vergils *Nunc scio*,[63] und sie macht dem Geliebten den aus
der alten Sonettdichtung bekannten Vorwurf, er habe kein Gefühl:
"Yes, deaf as rocks! and wild as waves that roar..." Für sie würde,
so sagt sie, eine dauernde Trennung von ihm den Tod bedeuten.[64]
Natur und Landschaft spielen in diesem Gedicht, abgesehen von der
Kulisse des Flußufers am Anfang und von dem stereotypen Abschluß
des Sonnenuntergangs, keine Rolle, und der Autor enthält sich zudem
jeglicher Anwendung pastoraler Utensilien.

Anders in "A Pastoral Dialogue. Address'd to a young Lady" (1744)
von R. G.,[65] wo die üblichen Zutaten der Pastoraldichtung in den abwechselnden Beiträgen von Damon und Colinet einfallslos reproduziert werden. Colinet irrt traurig umher, am murmelnden Bächlein
vorbei, durch den einsamen Hain, seine Herde ist vernachlässigt, schutz-
los den Wölfen als Beute preisgegeben; er bringt seine Liebe zu Caelia
durch eine Reihe von pastoralen Adynata zum Ausdruck und verewigt
sie im übrigen in der vertrauten Form von Liebesepigrammen, die er
in die Rinde der Bäume ritzt; auch seine Flöte hat er zerbrochen, doch
nicht, wie zu erwarten war, aus Liebeskummer, sondern bereits vorher
als grundsätzliche Absage an die Liebe. Hier tritt zuerst die rationalistische Konzeption der Liebe in Erscheinung, die dem Gedicht zugrunde
liegt und die es gegen Ende zu einer pastoralen *ars amatoria* werden
läßt: Damon klärt den nur durch seine übermäßige Schüchternheit unglücklichen Freund über die Notwendigkeit kunstvoller, unermüd-

---

[63] "Alas, *Amyntas!* – now I find too late..."
[64] Sie fordert ihn auf:
> Yet, oh remember me! – and soon return,
> Nor leave me long in wretchedness to mourn;
> Lest, kill'd with grief, I sink despairing quite,
> And death for ever rob me of thy sight!
[65] *GM*, 14 (1744), S. 328.

licher Werbung in der Liebe auf, indem er ihn auf das Beispiel der Vögel verweist.[66]

Bemerkenswert an dem Gedicht ist in erster Linie die Rolle, die der Dichter spielt. Er tritt nicht mehr als Schöpfer eines Kunstwerks in Erscheinung, sondern gibt sich in der kurzen Einleitung als authentischen Zeugen aus, wenn er sagt:

> Curious to hear the chat, behind an oak
> Conceal'd I lay, when thus their silence broke.

Durch den Realismus, der die erfundene Handlung zur wirklichen Begebenheit und den Dichter zum Berichterstatter macht, wird zugleich der Gesang der Hirten zum Schwätzchen ("chat") und der pastorale Baum zum Versteck.

Wie charakteristisch für die allgemeine Entwicklung eine solche realistische Poesiekonzeption ist, zeigt sich an Thomas Blacklocks "A Pastoral. Inscribed to Euanthe" (1745),[67] wo der Dichter sich in genau der gleichen Rolle als versteckter Beobachter und Zuhörer – hier der Liebesklage des Damon – präsentiert:

> Close in th' adjacent shade, conceal'd from view,
> I staid, and heard him thus his griefs pursue.

Die Ekloge des blinden schottischen Dichters stellt im übrigen eine recht enge Imitation des Damon-Liedes von Vergil VIII dar. Die Motive der Erkenntnis des Liebesgottes (*Nunc scio*) und der plötzlichen ersten Liebe sind breit ausgeführt, und der zum Schluß veränderte Refrain "Awake, my Muse, the soft Sicilian strain" gliedert das Gedicht in strophenartige Abschnitte. Wie in dem "soft" des Refrain anklingt, ist Blacklock bemüht, die tragische Note des Vorbildes in eine gefühlvolle Melancholie umzustimmen; "Essential Sweetness" ruft er als eine Art Muse um Beistand an.

Dies hindert freilich nicht, daß sich zusätzlich ein starker Rationalismus geltend macht. Das Hindernis, das einer Erwiderung der Liebe und damit einer Vereinigung der Liebenden im Wege steht, ist hier nicht irrationaler Natur, sondern besteht – ähnlich wie bei Shenstone –

---

[66]   O swain, untutor'd in the wiles of love!
Will silent looks a virgin's bosom move?
Go, learn instruction from yon feather'd pair!
See with what art he wins his little fair!
. . .

[67] Chalmers, *English Poets*, Bd. 18, S. 197f.

in der unüberbrückbaren sozialen Kluft zwischen beiden.[68] Als besonders instruktiv in dieser Hinsicht muß die Veränderung angesehen werden, die das Vergil-Motiv des schließlichen Freitodes durch den Sprung vom Felsen erfährt. Der Felsen, bei Vergil nur in einer kürzeren Wendung erwähnt,[69] und der Blick aus der schwindelnden Höhe werden hier (so gut das für einen seit Kindheit blinden Autor möglich ist) zunächst um ihrer selbst willen geschildert, wobei wieder das Stichwort "prospect" auftaucht:

> But see yon rock projected o'er the main,
> Whose giddy prospect turns the gazer's brain:
> Object is lost beneath its vast profound,
> And deep and hoarse below the surges sound:

Damon sieht in der steilen Klippe eine Versuchung, sich von seinem Unglück, das offenbar auch Ursachen materieller Art hat,[70] zu befreien. Doch er widersteht der Versuchung mannhaft und ringt sich zum Standpunkt der Vernunft durch, indem er sich die Frage nach Wert und Richtigkeit einer solchen Handlung erst stellt und dann beantwortet:

> What! fall the victim of a mean despair,
> And crown the triumph of the cruel fair?
> No, let me once some conscious merit show,
> And tell the world, I can survive my woe.

Die Überwindung der unglücklichen Liebe, deren Macht noch auffallend in der Sprache der alten Sonettdichtung dargestellt wird (z. B. "...Love from ev'ry glance an arrow wings"), erfolgt definitiv. Während bei Vergil II, das dem Ende des Gedichts als Vorbild gedient hat, und auch bei Theokrit XI der Gedanke an ein anderes Liebesobjekt nur tentativ angedeutet ist, wird er hier durch die vorhergehende Überlegung abgesichert und erhält Gewicht durch Damons Besinnung auf anderswo zu findende wahre weibliche Vorzüge:

> There are who know to prize more genuine charms,
> Which genius brightens, and which virtue warms:

Blacklocks weitere Ekloge "A Pastoral Elegy. The Plaintive Shepherd" ist ebenfalls eine Liebesklage und von ähnlichem Charakter. Wie das Motto (Vergil II, 58f.) nahelegt, ist das Muster mehr die 2.

---

[68] So stellt sich der unglückliche Damon die rhetorischen Fragen:
  Wretch! to the charmer's sphere canst thou ascend,
  Or dar'st thou fancy she to thee will bend?
[69] VIII, 59f. heißt es: "praeceps aërii specula de montis in undas / deferar..."
[70] Er spricht von "A barren fortune, and a hopeless love".

und weniger die 8. Vergil-Ekloge. Auch hier wird die Zugehörigkeit des Sprechers, Colin, zu einer niederen sozialen Schicht als auszugleichender Negativposten ins Spiel gebracht:

> What tho' no sounding names my race adorn,
> Sustain'd by labour, and obscurely born; . . .

Colin nimmt seinen Beschluß, den er ob der bevorstehenden Hochzeit der Geliebten mit einem andern gefaßt hat, nun aus dem Leben zu scheiden ("Die, Colin, die . . ."), gar nicht richtig ernst, und bricht seine gefühlvolle Klage zum Schluß sehr schnell ab, um nicht durch eine Verspätung die Schelte des alten Damoetas auf sich zu ziehen.[71] Die rationalistische Grundhaltung, die auch hier in Erscheinung tritt, läßt sich in einer dritten Ekloge Blacklocks weniger beobachten; das ausgeprägter konventionelle "Desiderium Lutetiae; from Buchanan, an Allegorical Pastoral, in Which He Regrets His Absence from Paris, Imitated" ist jedoch, wie aus dem umfangreichen Titel hervorgeht, die freie Übersetzung einer lateinisch geschriebenen, unbedeutenden Vorlage und daher in diesem Zusammenhang wenig von Interesse.

"A Pastoral from the Song of Solomon" (1747) von Charlotte Ramsay, der späteren Mrs. Lennox,[72] wird von Marion Bragg als "in every respect orthodox" bezeichnet,[73] was jedoch nur teilweise zutrifft. Die Klage der Sprecherin über die vergebliche Suche nach dem Geliebten, die Anrede an die Winde und die rasende, verzweifelte Eifersucht, von der sie dann spricht, bis der Geliebte sich einstellt und beide einander ihre Liebe bezeugen können, alles das mutet recht vertraut an; ebenso die äußerst verhaltene, an Popes "Spring" erinnernde pastorale Synusie[74] und der vom Geliebten gesprochene Schönheits-Katalog. Dennoch ist hier wenigstens der Versuch unternommen, ein neues Modell für die traditionelle Ekloge fruchtbar zu machen. Der Einfluß des Hohen Lieds, das der pastoralen Tradition nahesteht,[75] zeigt sich vor-

---

[71] Die u. U. zu erwartende Schelte des Vaters kommt bei Vergil (III, 32f.) und Theokrit (VIII, 15f.) in dem anderen Zusammenhang des Wettbewerbs zur Sprache, bei der möglichen Aussetzung eines Tieres aus der Herde als Pfand.

[72] *Poems on Several Occasions. Written by a Young Lady* (London, 1747), S. 1–6.

[73] *Formal Eclogue*, S. 82.

[74] S. 3: "Like thee, all Nature smiles . . ."

[75] Allerdings beschränkt sich diese Nähe hauptsächlich auf die Bildersprache, und die gelegentlich unternommenen Bemühungen, hier eine Beziehung zu konstruieren, sind zweifellos verfehlt. Vgl. dazu Walter W. Greg. *Pastoral Poetry and Pastoral Drama. A Literary Inquiry, with Special Reference to the Pre-Restoration Stage in England* (London, 1906), S. 5, Anm.

112

nehmlich in der Sprache, etwa in den prononcierten Aufforderungen "Hark", "Arise", "See", "Behold", vielleicht auch in dem Motiv der Suche; vor allem aber legitimiert es und stützt die Vertauschung der Rollen der Geschlechter. Genau umgekehrt wie sonst in der Ekloge trifft hier im zweiten Teil – in Anlehnung an Salomon VIII – die Frau auf den schlafenden Geliebten, ist bemüht, ihn nicht zu wecken und spricht ihm schließlich ihre Liebe aus. So trägt das neue Vorbild dazu bei, die Linie, die wir bereits bei Mrs. Singer und Lady Winchilsea verfolgt haben, weiter fortzusetzen.

Ähnlich wie dort treten in Mrs. Lennox' anderer Ekloge, "Aminta and Delia. A Pastoral",[76] zwei Mädchen an die Stelle der männlichen Sprecher. Der im ganzen dürftige und vielfach unbezogene Dialog verherrlicht den betreffenden Geliebten und die eigene Liebe der jeweiligen Sprecherin. Wie uneingeschränkt positiv (und harmlos) die Liebe gesehen wird, erhellt an folgendem *couplet* Amintas:

> Me gentle *Damon* loves, nor loves in vain,
> With Joy I hear the charming Youth complain;
> ...

Selbst die Frustrationsformel "in vain" ist positiv eingesetzt, und "complain" stellt lediglich ein poetisches Synonym für 'declare his love' dar.[77] Wenn Delia, die in der schwach angedeuteten psychologischen Profilierung als die offenherzigere der Sprecherinnen erscheint, zweimal zum Schluß ihre Kunstlosigkeit ("No Arts I use..."; "my artless Lays") betont, so steht dahinter eine gewisse Tendenz zum Realismus, ungewollt wird zur gleichen Zeit ein nicht unzutreffendes Werturteil über das Gedicht abgegeben.

Interessanter ist das im gleichen Jahr erscheinende anonyme Gedicht "The Accident; a Pastoral Essay".[78] Es stellt den Versuch dar, eine ihrem Wesen nach realistische Handlung auszubilden, die von den traditionellen Ausdrucksformen der Gattung Gebrauch machen und die überlieferten Motive und Formeln in sich aufnehmen kann. In der

---

[76] *Poems*, S. 15 19.
[77] Daß dies kein Zufall ist, beweist der Schluß der ersten Ekloge, wo die Sprecherin die wenig mehr als verbale Erklärung abgibt:
> Shou'dst Thou (but sure the wounding Thought is vain)
> For any other lovely Maid complain;
> Take from me, Heav'n, the fleeting Breath you gave,
> For Love's as strong as Death, and pow'rful as the Grave.
[78] *GM*, 17 (1747), S. 489f.

Einleitung zeichnet der Dichter zunächst vor allem die romantische Landschaftskulisse,[79] die durch das Echo, das Seufzen des Windes und das traurige Murmeln des Baches real den Anschein einer pastoralen Synusie bietet. Anschließend gibt Damon in seiner Liebesklage, deren Funktion rationalistisch als seelische Erleichterung verstanden wird ("from song the shepherd sought relief"), die erste Handlungsphase wieder: Obwohl er bei einem ländlichen Wettbewerb in allen rustikalen Disziplinen (Laufen, Ringen, Keulenfechten) und später beim Liedersingen Sieger geworden ist, hat sich seine Geliebte Phillis von ihm abgekehrt und pflegt den verwundeten Verlierer Colin gesund. Damon wünscht sich statt seines unglücklichen Sieges die ruhmlose, aber glückliche Zurückgezogenheit mit der Geliebten ("Blest, tho' forgotten, in the secret shade") und beschließt seine Klage mit einer haßvollen Verwünschung des Nebenbuhlers. Als jedoch dieser, der gerade an einer anderen Stelle des Berges die Herde weidet, seinen Namen hört, wird er aufmerksam, begibt sich zu nah an den Abhang und stürzt prompt hinab in den Bergbach. Auf seine Hilfeschreie eilt Damon herbei und rettet ihn, alle Feindschaft hintansetzend, vor dem Ertrinken. Dankbar und gerührt will Colin nun Phillis aufgeben, doch Damon kann ein solches Angebot nicht mit seiner Ehre vereinbaren; so schließen beide Freundschaft. Das Happy-End wird vollkommen, als Phillis erscheint und verkündet, sie habe Damon nur auf die Probe stellen wollen, er möge vergeben, wenn sie das etwas zu weit getrieben habe.

Die operettenhaft konstruierte Handlung, bei der die Ausgangssituation und der Name des Hauptcharakters wohl nicht zufällig an Vergil VIII erinnern, soll den praktischen Wert von *virtue* demonstrieren.[80] Darin eingebettet erhalten die Eklogenmotive eine positivere oder realere Wertigkeit. Colins "no more" repräsentiert die sittliche Entscheidung ("I swear, no more to see thy fav'rite maid"), und Da-

---

[79] Die kurze Beschreibung ist nicht ungeschickt formuliert und aufschlußreich für das inzwischen maßgebliche Landschaftsideal:
> Near, in rude majesty, a mountain stood,
> Projecting far, and brow'd with pendant wood;
> The foliage, trembling as the breezes blow,
> Inverted, tremble in a brook below.

[80] An zwei Stellen tritt *virtue* als Schlüsselwort hervor:
> Prevailing virtue triumph'd in his breast,
> And pity, love and enmity supprest;
> …
>
> "Take, *Damon*, thus the blushing maid begins,
> The hand, the heart, thy gen'rous virtue wins;
> …

mons "in vain" ist nur die Vorstufe zum glücklichen Ende ("What *Damon's faithful love* essay'd in vain..."). Der Pfänderaustausch erfolgt als Zeichen der neu geschlossenen Freundschaft, nicht im Rahmen eines Gesangsrituals, wie früher in der amöbäischen Ekloge, und an die Stelle des zeremoniellen Spruchs des Schiedsrichters ist die in ihren Auswirkungen wesentlich konkretere Entscheidung der Phillis getreten: das Kriterium dafür ist nicht die Kunst, sondern die praktische Lebenshaltung, *virtue* statt *art*.

"A Pastoral Essay, by a young Collegian. The plan suggested by the late Eclipse" (1748)[81] besitzt gewisse Ähnlichkeit mit dem gerade diskutierten Gedicht. Auch hier dominiert die Handlung, freilich ist der vorherrschende Ton durch eine zentrale dramatische Ironie heiter, und man fühlt sich mehr an Horaz als an Vergil erinnert. Angesichts der ihnen unerklärlichen Anzeichen einer Sonnenfinsternis, geraten Colin und seine Geliebte Phaebe in Weltuntergangsstimmung und entschließen sich zu Reue und Umkehr. Sie nehmen sich vor, zu der alten Liebe, der jeder von ihnen untreu geworden ist, zurückzukehren und wollen füreinander nur noch gute Freunde bleiben. Als die Sonnenfinsternis dagegen vorüber ist, sind auch die guten Vorsätze dahin, und die beiden lieben sich weiter.

Die Frustrationsformeln werden in diesem Zusammenhang vom Leser sofort als unbegründet durchschaut, wenn Colin seine Angst vor dem Jenseits, in das die bevorstehende Weltkatastrophe sie beide verschlagen wird, so ausdrückt:

> Some unknown realms, where *Phaebe*, sought in vain,
> No more with am'rous wiles shall charm her swain;

auf der andern Seite ist die Darstellung so realistisch, daß ein pastorales Paradies nur in Phaebes Phantasie bestehen kann:

> ... there are blissful plains, sweet scenes below,
> Where faithful lovers never taste of woe;
> Where streams for ever purl, and zephyrs sigh,
> And rising flow'rs spontaneous sweets supply:
> There close embow'r'd within the myrtle grove,
> The blest shall triumph in immortal love;
> ...

Die in der Handlung zum Ausdruck kommende innere Wirklichkeit sieht anders aus, wenngleich zu Beginn des Gedichts die stereotype

---

[81] *GM*, 18 (1748), S. 328.

Schilderung des pastoralen Hintergrundes mit "bleating flocks", "fragrant breezes" und "warbling throng" nicht allzu weit davon entfernt ist.

Eine solche Divergenz zwischen menschlichem Bereich und außermenschlicher Natur, wie sie hier unbeabsichtigt auftritt, wird in dem Gedicht "Winter. A Pastoral Dialogue" (1751),[82] das unter dem Pseudonym "Ophelia" erscheint, funktional eingesetzt. Während die Natur in der winterlichen Jahreszeit sich abweisend und kalt zeigt, sind ihre positiven Kräfte gleichsam in der Geliebten erhalten, so daß Daphnis tröstend sagen kann:

> Grieve not that nature has no joy to give,
> Her pow'rs to bless in blooming *Silvia* live.

Dies gibt Daphnis die Gelegenheit, in seinem längeren, von Strephon ein- und ausgeleiteten Gesang, die alten *conceits* der Liebesdichtung mit einer gewissen aktuellen Berechtigung wieder anzubringen: die Augen der Geliebten strahlen wie die Sonne, die man jetzt nicht mehr sieht; im Gegensatz zu der winterlich deformierten Landschaft sind die Vorzüge der Schönen ein neuer Garten Eden; anders als die Natur ist Sylvias Herz nicht frosterstarrt; ihre Stimme ersetzt das Singen der Vögel; und statt der fehlenden Blumen erfreut der lange Katalog ihrer Schönheiten. Gerade die Beziehung zur elisabethanischen Sonettdichtung macht auf den interessanten Gegensatz zu Spensers oben in der Einleitung diskutierter, themenverwandter Januar-Ekloge aufmerksam. Das Verhältnis Mensch : winterliche Natur ist hier nicht analog, sondern kontrastiv, da der menschliche Bereich rationalistisch-positiv gesehen wird. Die vom Winter beherrschte Natur dagegen bildet eine reale Verwirklichung der traditionellen *in-vain-* und *no-more*-Formeln; sofort im Anfangs-*couplet* heißt es daher:

> Now drooping nature stripp'd of all her charms,
> No more the breast with kindling transport warms.[83]

---

[82] *GM*, 21 (1751), S. 84f.
[83] Andere Beispiele sind:
> When keener blasts on gliding streams descend,
> Which now no more the leafless groves defend,
> The shiv'ring Sylvans stoop to drink in vain,

> . . .
> Tho' birds no more in harmony combine,

> . . .

Auch der pastorale Ort hat eine sehr reale Funktion als "A friendly shelter from this piercing air."

Es ist jedoch kennzeichnend, wenn Strephon, dem der Trost der Liebe versagt ist, zum Schluß auch diese Frustration als vorläufig anspricht:

> . . .
> When you my flocks on flow'ry lawns shall feed,
> And I once more shall tune my vocal reed.
> The prise of *Spring* my jocund strains shall tell,
> And, *Daphnis*, vie with thine – till then farewel.

No more wird zu "once more"; auch das "farewel" ist nur vorübergehend. Popes Einfluß, der nicht nur im Titel ins Auge fällt,[84] ist hier – trotz der sonstigen Konventionalität – folgerichtig weiterenwickelt.

Das von der gleichen Autorin drei Jahre später veröffentlichte "Snaith Marsh. A Yorkshire Pastoral", das die vernichtenden Folgen der *enclosure* zum Gegenstand hat, wird uns an anderer Stelle beschäftigen. "A Pastoral" (1756),[85] das ebenfalls unter einem Hamlet-Pseudonym, "Horatio", erscheint, ist als eine verkürzte, sehr konventionelle Imitation von Vergil II wenig von Interesse.

Auch "A Pastoral" (1757) von T. F.[86] steht in der Nachfolge von Vergil II. Die einleitende Widmung des kürzeren, im ganzen unerheblichen Gedichts verknüpft ihre Rechtfertigung in bemerkenswerter Weise mit der modischen Sitte des *retreat*:

> While we retire from noise of city blades,
> O *Fl-mm-g*, to gay fields & cooling shades,
> Where nature deck'd in all her richest dye,
> With pleasing landscapes holds the ling'ring eye,
> Permit the muse to chaunt a rural song,
> For rural strains to rural scenes belong.

Beachtung verdient wohl vor allem die überraschende Wendung, die Colin am Schluß seiner Liebesklage vollzieht. Als eine weitere rationalistische Variante des Freitodes aus Liebesschmerz lesen wir, wie der unglückliche Hirt sich selbst auffordert:

> Rouze *Colin* then, thy country's now at arms,
> And court fair freedom's never fading charms.

---

[84] Es finden sich viele Anklänge an Popes *Pastorals*. Die Imitation der Pope-Zeile "But blest with her, 'tis Spring throughout the Year" ("Spring", 84) durch "...when she sings 'tis spring thro'out the year" ist vielleicht das deutlichste Beispiel.

[85] *GM*, 26 (1756), S. 488.

[86] *GM*, 27 (1757), S. 326.

Der patriotische Einsatz im Siebenjährigen Krieg gegen Frankreich bewahrt vor fruchtlosem Klagen über verschmähte Liebe.

Richard Jagos "Ardenna. A Pastoral Eclogue",[87] wahrscheinlich ebenfalls gegen Ende des behandelten Zeitraums entstanden,[88] gibt schon in den beiden Eingangs-*couplets* eine ähnliche zugleich patriotische und rationalistisch aufgeklärte Einstellung zu erkennen:

> When o' er the western world fair Science spread
> Her genial ray, and Gothic darkness fled,
> To Britain's isle the Muses took their way,
> And taught her list'ning groves the tuneful lay.

Nach der Einleitung des Dichters besingen Damon und Lycidas abwechselnd die Vorzüge der edlen Ardenna, die sich aus der Geschäftigkeit der Welt aufs Land zurückgezogen hat, um dort die Natur zu studieren und sich zu vervollkommnen.[89] Sie hat die Funktion einer ländlichen Schutzgöttin ("guardian of the scene") inne und lenkt und fördert alle agronomischen Tätigkeiten, wie Moordrainage, Bachbegradigung, Anpflanzung von Bäumen und Sträuchern – wobei die dekorativen Aspekte der Landschaftsgestaltung zunächst sichtlich im Vordergrund stehen. Die Hilfe der antiken Gottheiten des Landes, Pomona, Flora und Ceres, für eine gute Ernte wird, wie Lycidas schließlich feststellt, überflüssig durch Ardennas kluge Beratung, und kein Schäfer kommt umhin, seiner Dankbarkeit im Liede Ausdruck zu verleihen.[90] Hier erweist der Dichter ohne Zweifel in kaum chiffrierter Form seine persönliche Reverenz; zur gleichen Zeit bringt Jago, der zum engeren Bekanntenkreis Shenstones gehört, die Vorstellungen, die die Eklogen dieser Periode prägen, deutlich zur Geltung.

"The Month of August" (1757) von Mrs. Leapor[91] läßt demgegenüber einen weiter fortgeschrittenen Stand der Entwicklung erkennen und deutet vielleicht schon auf kommende Tendenzen hin. Der kulti-

---

[87] Chalmers, *English Poets*, Bd. 17, S. 310.
[88] Veröffentlicht werden die meisten Gedichte Jagos erst postum im Jahre 1784.
[89] So sagt Damon:

> Escap'd from all the busy world admires,
> Hither the philosophic dame retires;
>
> . . .
>
> To study Nature in this calm retreat,
> And with confed'rate art her charms complete.

[90]
> Ardenna's precepts ev'ry want supply,
> The grateful lay what shepherd can deny?

[91] *Poems by Eminent Ladies* (London, 1757), S. 24–26.

vierte *retreat* erfährt eine Ablehnung zugunsten des rustikalen Landlebens. In solchermaßen abgewandelter Form wird das alte pastorale
Thema des Gegensatzes von Stadt und Land wieder aufgegriffen. Der
Höfling Sylvanus, der im Stil der Pastourelle um das Landmädchen
Phillis wirbt, führt nicht die Zivilisation der Stadt für sich ins Feld,
sondern die Schönheiten und Annehmlichkeiten seines Landsitzes; doch
jedesmal weist das Mädchen ihn ab, indem es dem schlichten Bauern-
leben den Vorzug gibt. Den gepflegten Gärten mit ihren exotisch-edlen
Früchten, Nektarinen, Pfirsichen und Feigen, stellt sie ihres Vaters
Felder und den Obstgarten, der Äpfel, Birnen und Zwetschgen trägt,
entgegen; der kunstvollen Pracht des Herrenhauses ("yon majestick
hall", S. 25) zieht sie die anheimelnde Einfachheit des Bauernhauses
vor;[92] auf die ihr angebotenen kultivierten Festlichkeiten verzichtet sie
für das ländliche Erntefest. Besonders in der Antithese von künstlichem
Park und natürlichem Obstgarten wird die zugrunde liegende Wertung
deutlich. Während Sylvanus die vornehmen Früchte seines Parks mit
der Metaphorik höfischen Verhaltens schildert,[93] hebt Phillis Freiheit
und Natürlichkeit als Grundprinzip des väterlichen Obstgartens hervor:

> No pruning-knives our fertile branches teaze,
> While your's must grow but as their master please.   (S. 25)

Die unkomplizierte Schlichtheit des Lebens auf dem Lande tritt vor
allen Dingen in dem deftig-rustikalen Essen hervor, auf das sich Phillis
anläßlich des bevorstehenden Erntefestes freut.[94] Es scheint jedoch
kennzeichnend für die Zeit, wenn die positive Wertung der bäuerlichen
Lebensart im Schluß-*couplet* zurückgenommen und relativiert wird,
indem Phillis den Höfling auffordert:

> Go, seek some nymph equals your degree,
> And leave content and *Corydon* for me.   (S. 26)

Das Dasein des Bauern kann nur für die betreffende soziale Schicht den
Rang eines praktischen Lebensideals erhalten.

---

[92]   'Tis true our parlour has an earthen floor,
     The sides of plaster and of elm the door:
     Yet the rubb'd chest and table sweetly shines,
     And the spread mint along the window climbs: (S. 25)
[93] Er spricht von "emulate", "compose a gallant show", "humble dwarfs in pleasing
order stand", "to court thy hand".
[94]   Then beef and coleworts, beans and bacon too,
     And the plumb-pudding of delicious hue,
     Sweet-spiced cake, and apple-pies good store,
     Deck the brown board; who can desire more?   (S. 26)

c) Chatterton bis Southey und Wordsworth

In Cunninghams "Day", wo das Interesse des Dichters sich in der Schilderung der ländlichen Szenerie erschöpft, hat die Tradition der Ekloge – das war deutlich geworden – einen Punkt erreicht, von dem aus eine Fortführung auf direktem Weg nicht mehr möglich ist. Der Neuansatz für die folgenden Eklogensequenzen kann nur darin bestehen, den Menschen aus seiner Statistenrolle wieder mehr in den Vordergrund zu holen. Der Mensch muß in seiner Verbindung zum Land, in den Situationen und Problemen des Landlebens dargestellt werden, und die poetische Zielsetzung wird stärker moralisch im weiteren Sinne des Wortes ausgerichtet sein. Es ist kein Zufall, daß eine bedeutende Sammlung dieses Zeitraums den Titel *Moral Eclogues* trägt.

Die Behandlung des ländlichen Lebensbereichs vollzieht sich zunächst, bei Chatterton, noch einmal durch eine Rückwendung in die Vergangenheit, allerdings nicht in die idealisiert-unpräzise Vorzeit des Goldenen Zeitalters, sondern die greifbarere Vergangenheit der englischen Geschichte. Doch dann wenden die Eklogendichter, die sich im Gegensatz zu Lyttelton und seinen Nachfolgern nicht in eine zusammenhängende Traditionslinie einordnen lassen, sich immer stärker der Darstellung der ländlichen Gegenwart zu; inzwischen haben sowohl soziologische als auch wirtschaftliche Veränderungen und Prozesse, wie der Aufstieg der Mittelklassen und die fortschreitende Erschließung des Landes durch die einsetzende 'Agricultural Revolution', dazu beigetragen, das Landleben als literarisches Thema aufzuwerten. Diese Entwicklung führt schließlich zu dem unvermeidlichen Ergebnis, daß die Ausdrucksmittel der traditionellen Ekloge sich einer solchen Aufgabe, für die sie gar nicht geschaffen sind, als nicht gewachsen erweisen. Die Tradition steht der realistischen Darstellung des Landlebens mehr im Wege, als daß sie sie zu fördern in der Lage ist, und kommt deshalb an der Wende zum 19. Jahrhundert endgültig zum Erliegen.

Thomas Chattertons vier *Eclogues* (ca. 1768)[1] haben eine deutliche Sonderstellung in der Geschichte der Gattung; denn der Autor gibt sie, wie andere seiner Gedichte, als wiederentdeckte Werke eines imaginären mittelalterlichen Mönchs namens Thomas Rowley aus, indem er anknüpft an die literarische Begeisterung der Zeit für die frühe nationale Geschichte und vor allem das Mittelalter, wie sie beispielsweise durch Macphersons *Fragments* (1760) und Percys *Reliques* (1765) so-

---

[1] Text bei Chalmers, *English Poets*, Bd. 15, S. 381–385.

wie durch die *Gothic Novel* zum Ausdruck kommt. Obwohl die Eklogen in einem eigenartigen ‚Mittelenglisch‘ geschrieben sind, werden sie bald als Fälschungen erkannt, verlieren aber deswegen nicht ihr Interesse für die Zeitgenossen.

Gegenüber den vorhergehenden Eklogenzyklen ist bemerkenswert, daß hier nicht mehr rationalistischer Optimismus oder melancholische Ausgeglichenheit vorherrschen, sondern daß ernste Fragen von existentieller Bedeutung auf dem Spiele stehen. Die Liebe tritt nur als Nebenthema in Erscheinung, als Hauptthemen figurieren Krieg und Tod sowie das Landleben. Zwei der vier Eklogen sind Klagen: in I beklagen Roberte und Raufe, "Twayne lonelie shepsterres", abwechselnd das Unglück, das der *Barons' War* über sie gebracht hat, für den einen besonders den Tod des Vaters, für den andern den Verlust des Sohnes; ähnlich beweinen in IV die Mädchen Elinoure und Juga während der Schlacht von St. Albans voll schlimmer Ahnungen das Leid des Rosenkrieges und die Trennung von ihren Geliebten. Als sie am Ende der Schlacht erfahren, daß beide Ritter gefallen sind, nehmen sie sich verzweifelt das Leben, indem sie sich in die Fluten des vorbeifließenden Flusses stürzen. Die Versuchung zum Selbstmord wird nicht mehr – wie wir es vorher oft beobachtet haben – durch nüchterne Überlegung oder vernünftige Alternativen abgewendet.

Abgesehen von diesem Motiv besteht im ganzen nur eine recht weitläufige Verbindung zur Eklogentradition. Der Verfasser einer wenig später im *Gentleman's Magazine* veröffentlichten modernisierten Bearbeitung dieser Ekloge kann zu Recht darauf hinweisen, daß sich trotz der thematischen Verwandtschaft mit Vergil I, wo es auch um Bürgerkrieg geht, keine Imitation feststellen läßt, und benutzt diese Tatsache als Argument für die Unechtheit des Gedichts, da ein mittelalterlicher Gelehrter sich eine solche Gelegenheit gewiß nicht hätte entgehen lassen;[2] stattdessen vermutet der Bearbeiter an einer Stelle eine Imitation von Grays "Elegy". Vor allem die dialogische Anlage entspricht dem allgemeinen Eklogenschema, und es steht auch in Übereinstimmung mit den klassischen Beispielen, daß eine Ekloge monologisch ist: in II begleitet Nygelle in Gedanken fürbittend seinen Vater auf dem Kreuzzug mit Richard Löwenherz, um ihn dann zum Schluß heil zurückgekehrt am Gestade wieder in die Arme schließen zu können.

Das interessanteste Beispiel ist ohne Zweifel die 3. Ekloge, die deshalb wohl auch zuerst in neuenglischer Bearbeitung im *Gentleman's*

---

[2] *GM*, 48 (1778), S. 534.

Magazine erscheint, und zwar mit dem kennzeichnenden Untertitel
"A Moral Eclogue".[3] In seinem einleitenden Brief an den Herausgeber
hebt der Bearbeiter lobend hervor:

> ... the plan of it is truly original, the scene and all the images are *English*,
> and its subject gives a happy opportunity of blending some degree of
> reflection and refinement of sentiment with the rustic style of Theocritus.
> It has the merit of not wearying the reader with those yeaning she-goats,
> and breeding ewes, and cruel Delias, and gentle Naiads, with which he
> has been so long surfeited.

Die Tradition wird zugunsten einer uneingeschränkten Originalität
verworfen, und der Name Theokrit soll nur als Legitimation einer
realistischen Darstellung dienen. Entsprechend wird Pope im nächsten
Satz lediglich als Belegfall für ein junges pastorales Dichtertalent
akzeptiert ("Pope wrote pastorals at the same age with Chatterton"),
seine Eklogen selbst aber bezeichnet der Bearbeiter als "little more than
a cento of translations, and ... all the images in them ... borrowed
from books, not nature".

Die gleiche Einstellung, die die Kunst als negative Alternative zur
Natur sieht, begegnet zu Anfang der Ekloge, wo der Dichter den Leser
einlädt, die bescheidenen Kotten der Landbewohner zu besuchen:

> Wouldst thou kenn Nature in her better parte?
> Goe, serche the logges and bordels of the hynde;
> Giff theie have anie, it ys roughe-made arte,
> Inne hem you see the blakied forme of kynde.

Auf dem Lande findet sich nicht nur die außermenschliche, sondern
auch die menschliche Natur in unverfälschter Form.[4]

Wegen dieser fast archetypischen Bedeutung tragen die rustikalen
Charaktere der Ekloge auch statt der traditionellen Namen der Pasto-
rale bloß die Bezeichnung "Manne" und "Womanne". Unterwegs zur
Heuarbeit fragen die beiden sich im Gespräch, warum sie eine unter-
geordnete soziale Stellung haben müssen, und der Mann richtet diese
Frage an den Pfarrer Syr Rogerre, den sie draußen auf dem Feld tref-

---

[3] *GM*, 48 (1778), S. 327f. – Auch E. H. W. Meyerstein, "Chatterton: His Significance To-day", *Essays by Divers Hands*, 16 (1937), S. 82, zitiert die 3. Ekloge
ausführlich.

[4] Diese Stelle deutet Wordsworth voraus, der 1800 in seinem bedeutenden *Preface*
erklärt: "Humble and rustic life was generally chosen, because, in that condition,
the essential passions of the heart find a better soil in which they can attain their
maturity..." (*Poetical Works*, S. 734f.)

fen. Der Pfarrer deutet auf eine abgemähte Blume, die trotz ihrer früheren stolzen Schönheit nun ebenso wie das vorher verachtete Gras um sie herum verwelkt daliegt, und schließt aus diesem Gleichnis, es komme nur auf Zufriedenheit an und Arbeit schütze vor schädlichem Müßiggang. Direkt angesprochen, schildert der Mann zustimmend sein glückliches Landleben: die naturnahe Arbeit wird von einem fröhlichen Lied und einem guten Schluck begleitet, und mit den Mädchen versteht er sich aufs beste. Trotzdem ist er von der Argumentation des Priesters nicht überzeugt, sondern schließt jetzt ausdrücklich mit dem Wunsch:

> But oh! I wyshe to be moe greate,
> In rennome, tenure and estate.

Das Motiv des glücklichen Landmanns wird hier angesichts der sozialen Realität mit einem deutlichen Fragezeichen versehen. Auch die kurze Parabel, die der Priester anschließend (vielleicht zum Teil nach dem Vorbild von Spensers Fabel in der Februar-Ekloge) über den exponierten Baum auf dem Berg und die geschützte Blume im niederen Tal erzählt, kann als Argument nicht überzeugen und bleibt ohne Erwiderung. Man darf freilich nicht verkennen, daß die Behandlung einer solchen Problematik in der Pastorale noch eine bemerkenswerte Ausnahme darstellt, wie an der folgenden Sammlung deutlich wird.

Die *Six Pastorals* (1769) von einem George Smith, laut Titel "Landschapepainter in Chichester, Sussex",[5] sind derart offensichtlich das Werk eines Amateurs, daß man ihnen vielleicht kaum Beachtung schenken würde, wenn nicht ihre zeitgenössische Wertschätzung und Bedeutung klar bezeugt wäre. So stellt der nicht unbedeutende Kritiker John Aikin sie eindeutig über Popes Eklogen und meint: "...the have infinitely more merit than Pope's melodious ecchoes of eccho."[6] Es ist vor allem bezeichnend für die gewandelte Vorstellung von der Tätigkeit des pastoralen Dichters, wenn der Autor seinen Amateurstatus im Vorwort betonen und als Entschuldigung für mangelnde poetische Qualität anführen kann:

> ...as he [the author] never made the art of writing his particular study, he has not always been able to convey his ideas to the Reader with the

---

[5] *Six Pastorals* (London, 1769). – Die Berufsangabe auf dem Titelblatt mag u. a. durch die positive Resonanz bedingt sein, mit der die Gedichte des Schweizer Landschaftsmalers Salomon Gessner in England aufgenommen waren; *Der Tod Abels* wird schon 1761 ins Englische übersetzt.

[6] *Essay on Song-Writing* (London, 1772), S. 36 (zit. bei Congleton, *Theories*, S. 313).

same force as he received them from the Book of Nature. Whatever defects, therefore, may be found in the language, he hopes they will be forgiven ...

Der Dichter wird in der Hauptsache nicht mehr als schaffender Künstler, sondern als Vermittler zwischen Natur und Leser verstanden. Zum Studium der Natur aber fühlt sich Smith als Landschaftsmaler prädestiniert, und er erhebt den Anspruch, daraus viele neue, bei früheren Autoren noch nicht verwirklichte Ideen empfangen zu haben.

Tatsächlich nehmen in den einzelnen Eklogen, deren Länge im Gegensatz zu der vorher generellen Tendenz zur Kürze wieder das klassische Maß von gut hundert Versen erreicht, Beschreibungen ungewohnter Gegenstände aus dem ländlichen Leben und der Natur einen breiten Raum ein. Doch dem Autor gelingt es nicht, seine widerstreitenden Ansätze und das disparate Material unter eine einheitliche Konzeption zu bringen. Stark konventionelle und völlig unorthodoxe Elemente stehen sowohl innerhalb der Eklogen als auch besonders von einem Gedicht zum nächsten unversöhnt nebeneinander. Dies tritt bereits an den Namen der Charaktere zutage, die teils der klassischen oder heimischen Tradition entstammen, wie "Colin" und "Phebe" (III), "Daphnis" (V) sowie "Argol" und "Lucy" (VI), teils jedoch rustikal und ohne jeden Traditionsbezug sind, wie "Isaac" und "Marget" (I), "Charley" und "Dicky" (II) und "Tom" und "Will" (IV). Das durchgehende *heroic couplet* deutet auf die konventionellen Komponenten.

Am stärksten traditionell ist die 5. Ekloge, "The Complaint of Daphnis. A Soliloquy", die – wie der Titel andeutet – eine enge Beziehung zu Vergil VIII hat. In stiller Nacht, als einziger ruhelos, singt Damon sein Klagelied (mit variiertem Refrain). Die Natur nimmt in ausgeprägter pastoraler Synusie an seinem Schmerz Anteil, und er verkündet seine Enttäuschung in einer längeren *in-vain*-Passage, einer Reihe von Adynata und einer *no-more*-Klage, wobei der Unterschied zum Vorbild, wenn man vom völligen Fehlen des Themas ‚Dichtung‘ absieht, hauptsächlich in einer deutlichen rustikalen Note besteht.[7] Die

---

[7]
    Now may the linnet with the bat combine;
    The snowy doves with sooty ravens join:
    The dappl'd deer to sloughs with swine remove,
    And fearful lambs the cruel badger love!
    ...
    No more my garden or my home I heed;
    Now let the swine upon the fruitage feed.   (Z. 41–48)
Vor allem das zweimalige Vorkommen der Schweine macht sich als rustikales Element bemerkbar.

erste Liebe, an die Damon dann schmerzvoll zurückdenkt, hat nicht im Apfel-, sondern im Kirschgarten stattgefunden, so daß der Liebhaber Gelegenheit zu dem aus der Katalogdichtung vertrauten Vergleich erhält:

> Her soft alluring smiles my soul ensnar'd,
> While with her lips the cherries I compar'd. (Z. 75 f.)

Nachdem er durch die Hochzeitsglocken an die Freude seines Rivalen erinnert ist, kann Damon sein aussichtsloses Schicksal nicht länger ertragen; er beschließt – in der uns bekannten rationalistischen Abwandlung des Selbstmord-Motivs – auszuwandern und sagt seinem kleinen Anwesen Lebewohl.

Die vorhergehende Ekloge, "Two Boys", bildet ein Beispiel entgegengesetzter Art: obwohl sich zahlreiche Berührungspunkte zur pastoralen Tradition ergeben, ist doch kaum Gemeinsames vorhanden. Tom und Will, die während der Sommerhitze ihre Kühe hüten, sprechen zwar abwechselnd, teils anläßlich der konkreten Situation, über eine ganze Anzahl von rustikalen Gegenständen und Tätigkeiten – wie Geisterspuk, Bändigung einer aufsässigen Kuh, Flötenblasen, Flötenherstellung, ländliche Geschenke und Preise, Vernachlässigung der Herde, Bogenschießen, Schmetterlingsfang, Buchfinkenfang, Baden, Hänflingfang, Singvogelschutz, Spiel mit dem Hund – doch die drei Hauptthemen der Pastoraldichtung werden konsequent vermieden. Zugunsten des rustikalen Realismus hat die Kunst zu weichen. Dies zeigt sich am deutlichsten im Motiv der Flöte; Tom fordert Will auf:

> Lay by your nettle pipe; I've laid down mine:
> See how that heifer starts – you fright the kine! (Z. 7 f.)

Flöten macht die Kühe nervös. Das Blasen der Flöte wird nicht als musische Tätigkeit, sondern als selbstbestätigende Lärmerzeugung empfunden. Was bei der Flöte zählt, ist die Lautstärke. So sagt Will (Z. 45 f.):

> There ash-trees grow; and now the season suits
> From their smooth limbs to make us louder flutes.

Angesichts dieses Beispiels wird deutlich, daß wir Smiths Gedichte auch später im Zusammenhang der burlesken Eklogen zu diskutieren haben.

Der schottische Dichter Robert Fergusson steht mit seinen *Pastorals*

(1773)[8] an einer ganz anderen Stelle in der Eklogentradition. Ausgeprägt konventionelle Aspekte überwiegen, und eine enge Beziehung zu Shenstone und Cunningham ist unverkennbar. Die Dreiteilung des Werks sowie besonders die Untertitel der Eklogen ("Morning", "Noon", "Night") zeigen die Orientierung an Cunninghams "Day". Anstelle von Shenstones unspezifischem *retreat* oder Cunninghams rustikaler Szenerie findet sich hier jedoch in Andeutungen die schottische Szene: Damon macht in I, 27ff. auf die prächtige Silhouette Edinburghs aufmerksam und nennt die Pentland-Berge; Timanthes spricht in II, 18 von "our Caledonian swains", während sein Gesprächspartner Corydon Delias Fortgang ins unfriedliche und undankbare England beklagt.[9] Damit schließt Fergusson auch an seinen berühmten schottischen Vorgänger Ramsay an.

Gegenüber Shenstone und Cunningham sind Fergussons *Pastorals* in vielfacher Weise traditioneller. Dies wird bereits an der äußeren Form augenfällig: die Gedichte sind durchgehend im *heroic couplet* geschrieben und als reine amöbäische Dialoge gestaltet. Die Sprecher in den ersten beiden Eklogen treten in den Rollen von Schäfern mit den üblichen pastoralen Requisiten auf. In I, der konventionellsten Ekloge, wo Damon und Alexis das Landleben und seine Zufriedenheit sowie, damit zusammenhängend, die ländliche Dichtung preisen, begegnen die klassischen pastoralen Motive. Das Adynaton aus dem Munde Damons soll nicht die Treue zur Geliebten – das Liebesthema wird hier nicht behandelt –, sondern die unwandelbare Treue zum Land ausdrücken:

> The Hemlock dire shall please the heifers taste;
> Our lands like wild *Arabia* be waste;
> The bee forget to range for winter's food,
> 'Ere I forsake the forest and the flood.   (Z. 35ff.)

Die antiken Gottheiten des Landes werden im folgenden angerufen, eine gute Ernte zu gewähren bzw. die Kunst des Hirten zu unterstützen:

> Alexis.
> If Ceres crown with joy the bounteous year,
> A sacred altar to her shrine I'll rear;

---

[8] Robert Fergusson, *The Poems*, hrsg. von M. P. McDiarmid (Edinburgh/London, 1954), Bd. 2, S. 4–16.

[9]   For Delia wanders o'er the *Anglian* plain,
       Where civil discord and sedition reign.
       There Scotia's sons in odious light appear,
       Tho' we for them have wav'd the hostile spear: (II, Z. 23ff.)

A vig'rous ram shall bleed, whose curling horns,
His wooly neck and hardy front adorns.

Damon.
Teach me, O *Pan*, to tune the slender reed,
No fav'rite ram shall at thine altars bleed;
Each breathing morn thy woodland verse I'll sing,
And hollow dens shall with the numbers ring. (Z. 46ff.)

In der Zurückweisung des blutigen Schlachtopfers durch den zweiten Sprecher und dem dafür angebotenen persönlichen Dienst zeigt sich eine Imitation von Popes "Spring".[10] Noch stärker manifestiert ist die Konventionalität der Ekloge im letzten Beitrag des Alexis, mit dem er eine Theokritsche Steigerung des Damon[11] beantwortet:

To hear your strains the cattle spurn their food,
The feather'd songsters leave their tender brood;
Around your seat the silent lambs advance,
While scrambling he-goats on the mountains dance. (Z. 63ff.)

Die pastorale Synusie in einer Form, die so im Widerspruch zu den realen Verhältnissen steht, würde man selbst zu Anfang des 18. Jahrhunderts kaum erwarten.

Mehr der Erwartung des Lesers entspricht die Behandlung des Themas ‚Liebe' in der 2. Ekloge. Corydon, der gegenüber Timanthes die Abwesenheit der geliebten Delia beklagt, muß seine Liebe trotz der ihm entgegengebrachten Zuneigung zunächst für aussichtslos halten, da Delias Vater reich ist und er selbst mittellos. Die tausend Schafe, die dem unglücklichen Hirten in Vergil II (Z. 21) bei seiner Werbung nichts nützen, sind hier bezeichnenderweise der andern Seite zugeordnet.[12] Liebe wird nüchtern als kalkulierbare Sache der Finanzen ge-

---

[10] Die entsprechende Stelle dort (Z. 45ff.) heißt:
Strephon
Inspire me *Phoebus*, in my *Delia's* Praise,
With *Waller's* Strains, or *Granville's* moving Lays!
A Milk-white Bull shall at your Altars stand,
That threats a Fight, and spurns the rising Sand.
Daphnis
O Love! for *Sylvia* let me gain the Prize,
And make my Tongue victorious as her Eyes;
No Lambs or Sheep for Victims I'll impart,
Thy Victim, Love, shall be the Shepherd's Heart.
[11] "Sweet are the breezes ... Not half so sweetly ... As does the murmur of your pleasing song." (Z. 59ff.)
[12] "Her sire a thousand fleeces numbers o'er, ..." (Z. 43)

sehen. So ist Corydons "in vain" (Z. 41) sofort hinfällig, als Timanthes dem armen Dichter seine Unterstützung zusagt; daraus wird ein positives "No more":

> No more shall Delia's ever fretful sire
> Against your hopes and ardent love conspire.   (Z. 67f.)

Am Schluß steht die Aufforderung zum frohen Picknick im Grünen: "...we'll ...'midst the flowers and opening blossoms dine." Lediglich die flache persönliche Allegorie läßt auch hier den Eindruck des für die Zeit Überholten entstehen.

Eine Ausweitung des traditionellen Bereichs der Pastorale versucht Fergusson dann in III: Amyntas und Florellus, nicht mehr als Schäfer ausgegeben, sondern nur noch als Bewohner eines ländlichen "cottage" (Z. 69), philosophieren abwechselnd in anthropozentrischer, deistischer Manier über die Macht, die die Natur geschaffen hat und alles so wunderbar zum Wohle des Menschen erhält. Es ist gut möglich, daß hier das Vorbild von Thomsons *Seasons* mit der abschließenden Hymne an den Schöpfergott im kleinen nachgeahmt wird.

Fergussons englische Einzeleklogen halten sich im gleichen Stil. "The Complaint. A Pastoral"[13] gibt durch die Shenstone-Strophe den vorherrschenden Einfluß zu erkennen. Damons Klage, wie sie in der Schlußzeile

> He hath sigh'd all his sorrows away.

zusammengefaßt ist, atmet ganz die gefällige Melancholie des Vorgängers. "The Decay of Friendship. A Pastoral Elegy"[14] ist ein klagender Monolog des Schäfers Damon über falsche und undankbare Freunde, die ihn nach dem Verlust seines Geldes im Stich gelassen haben. Er beschließt auszuwandern und sich der Einsamkeit zu ergeben, welche er in einem Theokritschen Vergleich über alles stellt.[15] Die in schottischem Dialekt geschriebenen Gedichte, mit denen sich Fergusson in andere Traditionszweige der Ekloge einreiht, sind demgegenüber wesentlich bemerkenswerter.

---

[13] *Poems*, Bd. 2, S. 17f.
[14] *Poems*, Bd. 2, S. 25–28.
[15]
> Sweet are the waters to the parched tongue;
> Sweet are the blossoms to the wanton bee;
> Sweet to the shepherd sounds the lark's shrill song;
> But sweeter far is SOLITUDE to me.   (Z. 61ff.)

John Scott erläutert die Zielsetzung seiner *Moral Eclogues* (1778)[16] in einer kurzen Vorbemerkung. Sie sollen als Beispiele für die, nach seinen Worten, „vernünftigste" Definition der Pastoraldichtung dienen, wie sie Dr. Johnson im *Rambler* 37 gegeben habe:

> Pastoral, ... being the representation of an action or passion, by its effects on a country life, has nothing peculiar, but its confinement to rural imagery, without which it ceases to be pastoral.

Sowohl menschliches Handeln als auch ländliche Szenerie (in diesem Sinne muß man "imagery" im Gegensatz zum heutigen Wortgebrauch hier wohl verstehen) sollen also dargestellt werden. Die postromantische Kritik ist nahezu ausschließlich an der Naturbeschreibung der Eklogen interessiert und wertet die moralische Komponente entweder als unbedeutend und daher nicht störend oder als wesentlich und damit entstellend. So meint Mantz positiv: "... the *Moral Eclogues* ... are more than ordinarily attractive pictures of nature, and more free than one would expect of excessive moralizing."[17] Dagegen fällt Marion Bragg ein ablehnendes Gesamturteil, wenn sie im Hinblick auf die *Moral Eclogues* bemerkt:

> ... Scott's poetry ... shows in the traditional pastoral a true and serious interest in rural affairs; but it insists upon connecting these concrete touches with moral generalities in a way that our own generation tolerates only in the poetry of Wordsworth.[18]

Der hier für Wordsworth reservierte Sonderstatus macht deutlich, wie unangemessen eine solche Stellungnahme ist. Es wird übersehen, daß Scott, über Johnsons Definition hinausgehend, wie vorher an einer Stelle Chatterton und später in fundamentalerer Weise Wordsworth, den Versuch unternimmt, die Verbindung der Darstellung ländlicher Szenerie und ,moralischen' Handelns zu begründen.

Dies geschieht zunächst in den als Mottogedicht vorausgeschickten lateinischen Versen aus dem 2. Buch von Vergils *Georgica* (Z. 467–474),[19] und eingehender dann in der 1. Ekloge, wo der Sprecher in seinem Lobpreis des Landlebens sagt:

---

[17] "Non-dramatic Pastoral", S. 441.
[18] *Formal Eclogue*, S. 103.
[19] Diese Verse sind von Dr. Beattie vorgeschlagen. – Vgl. Hoole, "An Account of the Life and Writings of John Scott, Esq.", in: John Scott, *Critical Essays* (London, 1785), S. LXI.
[16] Chalmers, *English Poets*, Bd. 17, S. 456–458.

How bless'd my lot, in these sweet fields assign'd,
Where Peace and Leisure soothe the tuneful mind;
Where yet some pleasing vestiges remain
Of unperverted Nature's golden reign,
When Love and Virtue rang'd Arcadian shades,
With undesigning youths and artless maids!
For us, though destin'd to a later time,
A less luxuriant soil, less genial clime,
For us the country boasts enough to charm,
In the wild woodland or the cultur'd farm.

Zwar ist das Goldene Zeitalter ferne Vergangenheit – und damit wird implizit auch seine Darstellung in der Pastoraldichtung zurückgewiesen –, aber es hat doch seine Spuren in der realen Gegenwart des ländlichen Lebens hinterlassen. Das tatsächliche Landleben in England wird als eine Lebensform mit idealen Zügen verstanden, und diese positiven Seiten sind nicht nur ästhetischer, sondern auch moralischer Art. Die Menschen auf dem Land leben im Vergleich zur Stadt natürlicher und tugendhafter, so daß der Dichter an ihnen beispielhaft moralisches Handeln veranschaulichen kann.

Diese Gedanken sind nicht neu, aber sie sind ursprünglich nicht in der Pastorale, sondern, wie das Vergil-Motto zum Ausdruck bringt, in der Tradition des ländlichen Lehrgedichts zu finden. Ausgehend von Pope haben wir jedoch beobachtet, wie sich die Pastorale in ihrer Konzeption immer mehr der Tradition der *Georgica* annähert und die positive Darstellung des Lebens auf dem Land als ihre Aufgabe ansieht.

Daß der Akzent bei Scott gegenüber Pope entschieden mehr auf dem Positiven der ländlichen Wirklichkeit liegt, zeigt bereits das Anordnungsschema der *Moral Eclogues*, gerade weil es sich offensichtlich an Pope orientiert. Wie dort werden die vier Eklogen jeweils einer bestimmten Jahreszeit und der entsprechenden Zeit des Tages zugeordnet:

I. "Theron; or, the Praise of Rural Life" ... Season – Spring; Time – Morning.
II. "Palemon; or, Benevolence" ... Season – Summer; Time – Forenoon.
III. "Armyn; or, the Discontented" ... Season – Summer; Time – Afternoon.
IV. "Lycoron; or, the Unhappy" ... Season – Autumn; Time – Evening.

In auffälliger Weise wird jeweils die negative Jahres- und Tageszeit, Winter und Nacht, ausgespart. Ebenso ist die Thematik der beiden letzten Eklogen ("the Discontented", "the Unhappy") zum großen

Teil nur scheinbar negativ. In jeder Ekloge will Scott durch Material aus dem Landleben eine positive moralische Lehre vermitteln, die stets am Ende einer längeren Rede des Hauptcharakters sentenzenhaft zusammengefaßt wird.

In der Einleitungsekloge schließt der Schäfer Theron die an den Freund gerichtete *invitatio*, in der er vor allem das ländliche Schafschurfest ausmalt,[20] mit den Versen:

> Come, Cynthio, come! If towns and crowds invite,
> And noise and folly promise high delight;
> Soon the tir'd soul disgusted turns from these –
> The rural prospect, only, long can please!

Allein das Landleben bietet dauerhafte Freuden, wogegen die lauten Vergnügungen der Stadt schnell abstoßend werden.

Palemon singt in II ein Lied des Alcon, und es ist kennzeichnend, wenn er nicht nur (wie in der früheren Pastoraldichtung) erwähnt, daß er es von diesem gelernt hat, sondern vor allem betont, daß er lange mit diesem zusammen ein Landleben geführt habe.[21] Das Lied fordert zur allgemeinen Wohltätigkeit auf, die es aus der im sommerlichen Land sichtbaren Fülle der bevorstehenden Ernte abzuleiten versucht. So erfolgt zum Schluß die rhetorische Frage:

> Why this unlike allotment, save to show,
> That who possess, possess but to bestow?

In der anderen Sommer-Ekloge (III) beklagt Armyn trotz der schönen Landschaft, die ihn umgibt, und der erfreulichen Ernte, die gerade von seinen Leuten eingebracht wird, seinen Lebensüberdruß; doch Albino, der gerade in seinem kleinen Boot den Fluß herabgefahren kommt, belehrt ihn, worum es im Leben eigentlich geht:

> Let us, or good or evil as we share,
> That thankful prize, and this with patience bear.

---

[20] Bei Thomson in den *Seasons* ist die Schafschur erst im Teil "Summer" (Z. 371ff.) zu finden.

[21]
> There long with him the rural life I led,
> His fields I cultured, and his flocks I fed.

Ebenso hat der pastorale *locus amoenus* eine Beziehung zum praktischen Landleben gewonnen, wenn es zwei Zeilen weiter heißt:
> Beside his door, as waving o'er his head
> A lofty elm its rustling foliage spread,
> Frequent he sat...

Er selbst habe ein schweres Schicksal geduldig und ohne zu klagen getragen, und Armyn habe wohl Grund, dankbar zu sein, auch wenn nicht alle seine Erwartungen erfüllt worden seien.[22]

Die Schlußekloge beginnt – wahrscheinlich mit intendierter Analogie zu Pope – als pastorale Elegie. Doch die kurze Totenklage des Damon um seine Delia dient hauptsächlich zum Anlaß für moralische Belehrung. Sie erinnert den alten Lycoron, der sie zusammen mit dem jungen Milo auf der Wanderung im stillen Tal hört, an seine eigene unglückliche Liebe, die er erzählt, damit sie dem jüngeren zur Mahnung diene:

> Mark well, that reason love's pursuit approve,
> Ere thy soft arts her tender passions move:

Er selbst habe sich bei der Werbung um die schöne Zelinda zuerst über alle Bedenken der Umwelt hinweggesetzt und sie so für sich gewonnen, habe sie dann aber, durch Verleumdung geblendet, stolz von sich gewiesen, um schließlich zu spät einsehen zu müssen, daß sie unschuldig und treu gewesen sei.

Das im Bericht der Werbung ausführlich zitierte Adynaton ('O no!' said I, 'let oxen quit the mead, ...') wird durch die anschließende Widerlegung als Ausdruck einer übersteigerten, unvernünftigen Leidenschaft *ad absurdum* geführt. Hier kommt die rationalistische Sicht der Liebe in den *Moral Eclogues* am deutlichsten zum Tragen. In der ‚heilen‘ Welt des Landes ist die Liebe normalerweise problemlos, wie in der ersten Ekloge von den bei der Schafschur zuschauenden Mädchen gesagt wird: "Each, kind and faithful to her faithful swain." Freilich darf der Mensch in jedem Fall nicht zu viel von der Liebe erwarten, wenn er nicht die gleiche Enttäuschung wie Armyn (in III) erleben will, der rückblickend resigniert: "What thoughts were mine, of friendship, love, and fame!" Auch bei der Liebe muß, wie die letzte Ekloge darlegt, die Vernunft bestimmend sein, und überdies muß der Komplex ‚Liebe‘ im größeren gesellschaftlichen Zusammenhang gesehen werden. Obschon also die *Moral Eclogues* wieder das Feld der menschlichen Beziehungen bevorzugt aufgreifen, wird die Liebe doch auch, wie aus anderem Grund bei Shenstone, zu einem sekundären Thema. Es ist vielleicht signifikant, wenn in II das (imaginäre) Auftreten der per-

---

[22] Auch die Frustrationsformeln werden in diesem Sinne mit auffälliger Konzentration in positiver Umkehrung eingesetzt, als Albino beginnt:
"Cease, gentle swain", he said; "no more, in vain,
Thus make past pleasure cause of present pain!["]

sonifizierten "Benevolence", und nicht der pastoralen Geliebten, die Szene verändert.[23]

Im ganzen muß man feststellen, daß Scotts Versuch, die Beschreibung des Landes und ländlichen Lebens mit der Darstellung moralischen Handelns zu verbinden, wenig gelungen ist. Die beiden Bereiche stehen in den *Moral Eclogues* noch zu isoliert nebeneinander. Am meisten tritt dies wohl in der 2. Ekloge in Erscheinung; die beiden verhältnismäßig langen Einleitungen auf der dramatischen und referierten Ebene, in denen eine detailliert komponierte Landschaft und eine ländliche Szene geschildert werden, haben nur eine allgemeine Beziehung zu dem folgenden Preislied auf die Wohltätigkeit. Entscheidend für diesen Mangel erscheint nicht zuletzt die Unwirklichkeit der ländlichen Charaktere. Der Gutsbesitzer Armyn in III ist kaum mehr am praktischen Landleben beteiligt als der Gentleman im *retreat*, wie er bei Lyttelton und Shenstone auftrat.

Scotts *Amoebaean Eclogues* (1782)[24] sind bescheidener, aber konsequenter in ihrer Zielsetzung. Dem vorausgeschickten "Advertisement" nach hat ihre Aufgabe darin zu bestehen, „auffallende und erfreuliche Erscheinungen" des Landes, die bisher der Aufmerksamkeit der Dichter entgangen seien, „zu beschreiben". Die Begründung für die Wahl der Eklogenform ist sehr aufschlußreich und mag deshalb ausführlicher zitiert werden:

> The plan of the Carmen Amoebaeum, or responsive verse of the ancients, inconsistent as it may be deemed with modern manners, was preferred on this occasion, as admitting an arbitrary and desultory disposition of ideas, where it was found difficult to preserve a regular connection.

Das amöbäische Schema, das eigentlich für die Gegenwart als unrealistisch empfunden wird, soll lediglich zur Verdeckung und Legitimation von kompositorischen Schwächen dienen. Die Sprecher in den beiden Gedichten tragen demzufolge auch nicht mehr die traditionellen (oder andere) Namen, sondern werden lediglich durch die Zahlenangaben "First" und "Second" – bei II auch "Third" – unterschieden. In I, "Rural Scenery; or the Describers", beschreiben sie hauptsächlich die Pflanzen, die in den verschiedenen Jahreszeiten, ausgehend von der Gegenwart des Winters, grünen und blühen. Mehr noch als in den

---

[23] She comes! her heav'nly smiles, with powerful charm,
      Smoothe Care's rough brow, and rest Toil's weary arm.
[24] Chalmers, *English Poets*, Bd. 17, S. 467–472.

Moral Eclogues bemerkt man hier Scotts botanische Kenntnisse.[25] Zusätzlich, als obligate Zutat, werden die Themen ‚Liebe' und ‚Tod' in je einem Strophenpaar abgehandelt.[26] Die 2. Ekloge, "Rural Business; or, the Agriculturists" beschreibt, teils offenbar in Anlehnung an Vergils erstes Buch der *Georgica*, teils originell, Maßnahmen des Ackerbaus. Nachdem der Hauptteil sehr technisch bleibt und in der dreistrophigen Behandlung der Düngerkunde eine würdige Antiklimax erfährt, geht der Schluß in einer Strophentrias etwas überraschend zu den angeblichen Vorgängern in der Antike über (Hesiod, Theokrit, Vergil), um in der letzten Trias nach einer Glücklichpreisung des rustikalen Dichters plötzlich die *Schäfer*dichtung, als die die *Amoebaean Eclogues* offensichtlich verstanden werden wollen, zu loben. "Second" sagt mit dem Motiv des pastoralen Vergleichs:

> As dewy cherries to the taste in June,
> As shady lanes to travellers at noon,
> To me so welcome is the shepherd's strain;
> To kindred spirits never sung in vain!

Marion Bragg bezeichnet die *Amoebaean Eclogues* als wichtig, da in ihnen ein wirkliches Interesse am Landleben in Erscheinung trete.[27] Wenn man die Bedeutung der Gedichte weniger dichterbiographisch begreifen will, so zeigen sie vor allem, wie äußerlich das Verständnis der pastoralen Tradition inzwischen geworden ist und wie sehr sich das Prinzip des Realismus, der unverfälschten Abbildung ländlicher Wirklichkeit durchgesetzt hat.

Eher an Scotts *Moral Eclogues* schließt die Serie von zwölf Gedichten eines anonymen Verfassers an, welche von 1785 bis 1787 mit unregelmäßigen Abständen im *Gentleman's Magazine* erscheinen.[28] Man könnte der Folge in Anlehnung an Spenser den Titel 'Rural Calendar'

---

[25] Dwight L. Durling, *Georgic Tradition in English Poetry* (Port Washington, N.Y., 1964, [1]1935), S. 150, hebt diese Kenntnisse bei den *Moral Eclogues* hervor.

[26] Hoole, der die *Amoebaean Eclogues* als "the least happy of Mr. Scott's productions" ansieht, da er ihre Gegenstände für unpoetisch hält, führt begreiflicherweise eine Passage aus diesem Teil als Ausnahme ("easy and affecting") an (vgl. "Life", S. LXVIIIf.).

[27] *Formal Eclogue*, S. 95.

[28] "July. A Pastoral Poem", *GM*, 55 (1785), S. 641f. "August: A Pastoral", *GM*, 55 (1785), S. 818f.; "September: A Pastoral", S. 906f.; "October: A Pastoral", *GM*, 56 (1786), S. 155f. – "November. A Pastoral", S. 888f.; "December. A Pastoral Poem", S. 982f.; "January. A Pastoral Poem", S. 1074f. – "February. A Pastoral Poem", *GM*, 57 (1787), S. 171f.; "March. A Pastoral Poem", *GM*, 57 (1787), S. 259f.; "April. A Pastoral Poem", S. 349f.; "May. A Pastoral Poem", S. 525f.; "June. A Pastoral Poem", S. 716. – Der Verfasser signiert die Gedichte

geben; die einzelnen Gedichte haben jeweils, von Juli ausgehend in der kalendarischen Reihenfolge, einen Monat des Jahres zum Gegenstand, dessen Erscheinungsbild im Landleben und in der Natur dargestellt wird.

Neben der durch die moralische Inklination zum Ausdruck kommenden Nähe zu Scott[29] treten besonders Verbindungen zu Shenstone und Thomson hervor. An Shenstone erinnern neben der durchgehend verwandten achtzeiligen, anapästischen Strophe an verschiedenen Stellen äußerst gefühlvolle Töne.[30] Von Thomson stammen nicht nur die meisten Motti; der Autor orientiert sich unzweifelhaft auch bei der Auswahl seiner Gegenstände sowie ihrer Wertung – z. B. bei der negativen Darstellung der Jagd in mehreren Gedichten oder beim Lob der Philosophie – an den *Seasons* und bestätigt damit, wie es angesichts der verwandten Thematik hier auf jeden Fall zu erwarten war, die von uns beobachtete Annäherung der Pastorale an das ländliche Lehrgedicht.

Eine Imitation der antiken Ekloge oder nur eine Anknüpfung an Popes *Pastorals* ist nicht zu bemerken; die vorhandenen Eklogenmotive kommen offensichtlich erst aus der späteren Tradition.[31] Wahrscheinlich

---

in der Regel mit der Ortsangabe "Malling" sowie dem Datum. – Ein weiteres, nicht zu dieser Reihe gehöriges, im gleichen Metrum geschriebenes Gedicht des Verfassers ist "The Smile. A Pastoral Poem", *GM*, 61 (1791), S. 567, eine moralische Form der Pastourelle: Florida weist die Werbung des höfischen Ancaster zugunsten des Hirten Corydon ab.

[29] Die in Scotts "Eclogue II. Palemon; or, Benevolence" als rhetorische Frage ausgesprochene Aufforderung zur Mildtätigkeit kehrt z. B. in ähnlicher Form ausgeweitet wieder:

> What need that the Muse should essay,
> Or, hint to the generous breast,
> That he who is happy to day,
> With pity should eye the distress'd:
> Want planters this precept to learn,
> Lo! Providence, pleas'd to bestow,
> Solicits the grateful return,
> To feel for the anguish of woe.
> ("September", *GM*, 55 [1785], S. 907.)

In "August" tritt Benevolence sogar ebenfalls personifiziert auf und demonstriert "That first of all joys – to bestow!"

[30] So wird beispielsweise in "March" die Geliebte dargestellt, wie sie ein neugeborenes Lamm an der Hand führt, das nur durch ihre zarte Fürsorge dem Kaltetod entrissen ist.

[31] Die Zurückweisung der pastoralen Geschenke wegen der Empfindsamkeit der Geliebten in "October" und "May" etwa zeigt sich unübersehbar von Shenstone inspiriert. – Ob die Huldigung der Königin Charlotte ("January") und des Königs George ("June") anläßlich des Geburtstags sich lediglich aus dem Kalenderschema ergibt oder ob die Gepflogenheit der früheren Pastoraldichtung nachgeahmt wird, läßt sich nicht entscheiden.

wird dem Autor selbst schnell bewußt, wie wenig die Gedichte noch mit der klassischen Pastorale gemeinsam haben, so daß er nach "November" die Bezeichnung "Pastoral" zugunsten des weniger festgelegten "Pastoral Poem" aufgibt. Weder Dialog noch Monolog begegnen in reiner Form; anstelle einer Handlung bieten die Gedichte hauptsächlich eine Art lyrischen Kommentar über den betreffenden Monat. Als der Dichter in "August" ausnahmsweise ein pastorales Geschehen berichten will, das traurige Schicksal der nach einem Erntefest von Leander verführten und dann verlassenen Amanda, entschuldigt er einen solchen „Exkurs" vor den Kritikern mit der traditionellen Niedrigkeit der Gattung.[32] Auch die wesentlichen pastoralen Charaktere – sich selbst nennt der Dichter in "January" einmal Corydon, dann besonders Delia, die Geliebte des Dichters, sowie Celadon, sein Freund – treten bloß am Rande in Erscheinung.

Im Mittelpunkt steht die Natur in ihrer jahreszeitlich wechselnden Gestalt, meist veranschaulicht durch die allegorische Figur des jeweiligen Monats.[33] Diesen neomythologischen Naturgottheiten, deren Aussehen beschrieben wird, sind die klassischen rustikalen Götter, wie Flora, Ceres, Pomona, Vertumnus, untergeordnet. Ausführliche Kataloge schildern die Blumen und Pflanzen und vor allem die Vögel, die das Bild der Natur monatlich prägen; in "April" werden beispielsweise Schwalbe, Nachtigall, Kuckuck, Hohltaube, Amsel, Drossel, Lerche, Krähe, Buchfink und Zaunkönig in je einer achtzeiligen Strophe dargestellt.[34] Der Schönheitskatalog der Geliebten ist nur in einer dürftigen *praeteritio* erhalten.[35]

Die beherrschende Stellung der Natur wird am meisten in dem grundlegenden Wandel deutlich, den die pastorale Synusie erfahren hat. Das Verhältnis Mensch:Natur ist im Vergleich zur klassischen Pastorale umgekehrt. Nicht die Natur leidet mit dem Menschen, sondern der Mensch nimmt an der Trauer der Natur zu Beginn der kalten Jahreszeit teil und erlebt mit ihr das jahreszeitliche *no more* ("October", "November"). In "November" wird gesagt:

[32]   Digressive shall critics excuse
                The Bard for a moment to stray?
            Shall critics? At peace be the Muse,
                Too mean for their mark is thy lay.

[33] August (Vertumnus), September, Oktober, März, April (Spring), Mai (Mai*göttin*), Juni.

[34] Lediglich Hohltaube, Amsel und Drossel werden in *einer* Strophe behandelt.

[35] In "August" heißt es:
            Yet still that she rivals the rose,
                With sorrow we cease to declare.

> Of verdure the loss do we moan,
>   Lament that the sun's soothing rays
> To climates more Southern are gone,
>   And shorten our desolate days.

Dem Rotkehlchen, das traurig die Verheerungen des Winters ankündigt, versichert der Dichter in "October" sein Mitgefühl:

> My sympathies share in thy pains,
>   Thy sorrows, poor bird, be my own!

Ein Prozeß, den wir schon seit Pope verfolgt haben, hat hier einen Extrempunkt erreicht.

Die Natur ist zur Gottheit geworden, die sogar ihre Priester einsetzt. So wird die Eibe in "November" zunächst deskriptiv mit einem alten Prälaten verglichen, dann ihrer Funktion nach als Priester der Natur interpretiert:

> Who knows but this priest of the shade
>   By Nature herself is ordain'd,
> In vesture too sacred to fade,
>   And thro' all the seasons sustain'd:
>   . . .

Dem Menschen ziemt demnach gegenüber der Natur die Haltung andächtiger Verehrung, wie der Dichter es in "April" mit seiner Frage an die Nachtigall zum Ausdruck bringt:

> Shall Delia, the pride of our plains,
>   Attend to thy strains, and revere.[36]

Die Rolle des Dichters läßt sich als die eines mitleidenden, mitempfindenden, aber an allem Geschehen unbeteiligten Beobachters charakterisieren. Seine Distanz ist vornehmlich philosophisch begründet, verrät sich aber auch immer noch als soziologisch bedingt, wenn er an einer Stelle mit folgenden Worten zur Beobachtung der Ernte ("September") einlädt:

> Then let us in early career
>   The *industrious vulgar* survey,
>   . . .

---

[36] Die Apotheose der Natur will nicht im Gegensatz zum Christentum stehen: "December" macht z. B. nachdrücklich auf Weihnachten aufmerksam, und "May" schließt mit einer Aufforderung zum Lobe des Schöpfers.

Des Dichters Aufgabe besteht darin, den „Roman der Natur" zu lesen.[37] Zwar führt der Autor gelegentlich, z. B. in "June", ein traditionelles Zwiegespräch mit seiner Muse, aber meist vermeidet er es, den künstlerischen Schaffensvorgang oder den artifiziellen Charakter der Gedichte zu betonen. Seine poetische Konzeption tritt eher in der Zeile zutage: "My heart is the Muse that must feel." ("September")

Wenn auch in einigen Gedichten wehmütig eines toten Menschen gedacht wird[38] und stellenweise melancholische Töne vorherrschen,[39] wird das Landleben doch grundlegend positiv dargestellt. "April" nennt "Content", "Innocence" und "Simplicity" als Tugenden des naturnahen Lebens auf dem Lande, wobei zwischen dem Arbeitsleben des Bauern ("happy's the husbandman's fate") und der zurückgezogenen Muße des Philosophen der *beatus-ille*-Tradition ("scenes of repose") kein Unterschied gemacht wird.

Auch die Liebe bringt in der Regel keine Probleme. Während in Vergil VIII und daran orientierten späteren Eklogen eine Hochzeit als Quelle unerträglichen Schmerzes wirkt, werden hier zweimal ("September", "March") die Hochzeitsglocken als harmonischer Ausdruck glücklicher Zweisamkeit, die einem Freund des Dichters zuteil geworden ist, gefeiert und mit guten Wünschen begleitet. Der Preis des Dichters für seine "snow-bosom'd Delia" ("March") wirkt jedoch blaß und konventionell-rhetorisch im Gegensatz zu den Worten, die er für den Freund Celadon findet und mit denen er ihn – ähnlich wie der Sprecher in Scotts erster *Moral Eclogue* – in "November" zum Landleben einlädt. Die Freundschaft scheint die Form menschlicher Verbundenheit zu sein, welche einem solchen praktischen Ideal des Landlebens gemäßer ist.

Trotz mancher Schwächen und Unstimmigkeiten stellen die Gedichte dieser Sequenz eine interessante Fortentwicklung der Eklogentradition dar. Man kann sie als einen Markstein auf dem Weg sehen, der von der traditionellen Pastorale hin zu Keats' "Ode to Autumn" führt.

---

[37] "The Novel of Nature we read..." ("May")
[38] "October" betrauert den Freund Leander, "January" stimmt in Delias Trauer um die tote Freundin ein, und "June" begeht das Gedenken an den Vater des Dichters.
[39] Z. B. beklagt der Dichter in "August" (und ähnlich in "September") das Unglück der von der Jagd bedrohten Tiere, demgegenüber er selbst hilflos ist; das Rebhuhn apostrophiert er mit "hapless bird" und bedauert:
> In vain for your safety I shed
> The plaints which my feelings commend.

The Shepherd's Day: in Four Pastoral Dialogues (1787)[40] von Bob Short verdient allenfalls aus äußerlichen Gründen beachtet zu werden. Es mutet kennzeichnend an, daß die vier Eklogen als eine Art Fortsetzung im Kleinformat an ein Gedicht der *Georgica*-Tradition angehängt werden. Das Hauptwerk, *The Four Seasons. A Descriptive Poem*, ist nach der Vorankündigung geschrieben für "young Gentlemen and Ladies, who are fond of rural Scenes, and the Pleasures of a Country Life" und will eine popularisierte Wiederholung von Thomsons *Seasons* darstellen, lediglich gereimt und kürzer: "... in common Verse, for the use of those who are not fond of *blank* Poetry, nor *long* Descriptions."

Short gibt die vier Eklogen als Imitation von Gay aus.[41] Doch die Tatsache, daß er in einer Fußnote auf der gleichen Seite die "seven Canto's" von Gays *Shepherd's Week* erwähnt, läßt darauf schließen, daß er dieses Vorbild nicht einmal oberflächlich kennt.[42] Das vierteilige Schema mit den fortschreitenden Tageszeiten[43] stammt offenbar, direkt oder indirekt, von Pope. Die Anlehnungen, die sonst zu bemerken sind, haben mit Imitation nichts mehr zu tun, sondern stellen ausgesprochene Plagiate dar. II und III sind zum größten Teil wörtlich, einschließlich der vorkommenden Namen, von Philips (V und VI) übernommen, von dem Short auch schon in den *Seasons* abschreibt.[44] Die Unfähigkeit oder Trägheit des Autors, die sich so manifestiert, muß für uns weniger von Belang sein. Bemerkenswert ist vor allem, daß so ungehemmte Anleihen bei einem führenden Vertreter der Gattung innerhalb des gleichen Jahrhunderts möglich sind. Die mangelnde Bekanntschaft, mit der der Verfasser bei seinen Lesern rechnen kann, deutet auf einen inzwischen erfolgten starken Popularitätsverlust der Pastoraldichtung hin, den

---

[40] Bob Short, *The Four Seasons of the Year, To Which Are Added Rural Poems, and Pastoral Dialogues* (London, 1787), S. 29–46.

[41] "Imitated from Mr. Gay" – besagt die Fortführung des Untertitels (S. 29).

[42] Hervorhebung im Zitat von mir. – Gays explizite Auslassung des Sonntags und die originelle Begründung, die dargestellten Schäfer seien eben Christenmenschen und hätten dann in die Kirche zu gehen (vgl. Chalmers, *English Poets*, Bd. 10, S. 444), dürften selbst nach einer kursorischen Lektüre nicht so leicht in Vergessenheit geraten.

[43] I und II tragen die Zeitangabe "Morning" bzw. "Noon". Bei III und IV fehlen Zeitangaben. Während auf die konsistente Textgestalt nicht viel Sorgfalt verwendet ist, wird den beigefügten Vignetten mit den niedlichen, aufgeputzten Schäferinnen und Schäfern sowie den anmutig gruppierten Schafen offenbar großer Wert beigemessen.

[44] Ohne weiteren Hinweis übernimmt er z. B. in "Winter" (S. 24f.) eine lange Passage über die durch den Frost veränderte Landschaft wörtlich aus Philips' "Epistle to the Earl of Dorset" (vgl. Chalmers, *English Poets*, Bd. 12, S. 118).

Scotts Biograph Hoole schon etwas früher – im Hinblick auf die *Moral Eclogues* – mit einer gewissen Resignation konstatiert:

> ...it was now [1778] no time for pastoral poetry to attract curiosity, when probably the merits of Theocritus and Virgil, infused into an English muse, would have been little attended to.[45]

Wenn Robert Southey sich trotz der Geringschätzung der Gattung in seinen neun *English Eclogues*,[46] die von 1797 bis 1803 datiert sind und von denen drei bereits 1799, also ein Jahr vor Wordsworths "Michael", erscheinen,[47] der Eklogenform bedient, so tut er das mit einer dezidiert anti-traditionellen Einstellung. Die Ablehnung der Tradition und die Betonung der eigenen Originalität, wie sie schon im Attribut des Titels angedeutet sind, werden in dem kurzen Vorwort kompromißlos und unmißverständlich formuliert. Gleich im ersten Satz erklärt Southey: "The following Eclogues, I believe, bear no resemblance to any poems in our language."[48] Eine Verwandtschaft bestehe allenfalls zu den in Deutschland populären Idyllen, von denen er durch seinen Freund Taylor Kenntnis habe; nur so weit könne man von "Imitation" sprechen, wenngleich er, Southey, zur Zeit des Deutschen noch nicht mächtig sei und auch keine Übersetzungen der betreffenden Werke kenne. Dazu kann E. C. Knowlton mit Recht anmerken, daß eine besondere Ähnlichkeit zu den deutschen Pastoralen (Gessner und seine Nachahmer sind wohl gemeint) tatsächlich nicht besteht.[49]

Über die Tradition der Ekloge von der Antike bis in seine Gegenwart äußert sich Southey extrem ablehnend:

> With bad Eclogues I am sufficiently acquainted, from Tityrus and Corydon down to our English Strephons and Thirsisses. No kind of poetry can boast of more illustrious names, or is more distinguished by the servile dulness of imitated nonsense. Pastoral writers, "more silly than their sheep," have, like their sheep, gone on in the same track one after another.

Lediglich Gay – den realistischen Dichter des Landlebens –, dessen Eklogen er in früher Jugend mit Interesse gelesen habe, als ihm deren burlesker Charakter nicht bekannt gewesen sei, nimmt Southey aus.

---

[45] "Life of John Scott", S. LXI.

[46] Southey, *Poetical Works* (London, 1837), Bd. 3, S. 2–53.

[47] Dies sind "The Old Mansion House" (I), "Hannah" (III) und "The Ruined Cottage" (VI). – Vgl. Jean Raimond, *Robert Southey. L'homme et son temps. L'œuvre. Le rôle* (Paris, 1968), S. 568. Raimond hebt auch die zeitliche Priorität bei thematischer Verwandtschaft gegenüber Wordsworth hervor.

[48] S. 2.

[49] "Southey's Eclogues", *Philological Quarterly*, 7 (1928), S. 234.

Southeys Position, wie auch seine spezifische Thematik, ähnelt damit der, die George Crabbe in *The Village* (1783) schon früher zum Ausdruck gebracht hat, besonders in den Versen:

> On Mincio's banks, in Caesar's bounteous reign,
> If Tityrus found the Golden Age again,
> Must sleepy bards the flattering dream prolong,
> Mechanic echoes of the Mantuan song?
> From Truth and Nature shall we widely stray,
> Where Vergil, not where Fancy, leads the way.[50]

Doch während Crabbe sich folgerichtig von der Gattung abwendet, versucht Southey, vielleicht auch nach dem Beispiel Chattertons,[51] noch einmal vermittels der Ekloge die mit "Truth and Nature" umschriebene Zielsetzung zu verwirklichen.

Die neun Eklogen behandeln in szenischem Dialog oder (in zwei Fällen) in monologischer Erzählung[52] die Lebensschicksale von zeitgenössischen englischen, meist einfachen Menschen, die in der Mehrzahl auf dem Land leben oder dort gelebt haben. Das Landleben wird realistisch dargestellt und erfährt unmittelbar keine Idealisierung. Ein Beispiel ist V, "The Witch", wo ein reicher Bauer und sein Sohn Nathaniel Gegenmaßnahmen gegen die vermeintliche Hexerei der Nachbarin Margery planen und dann vom hinzukommenden Vikar mit mäßigem Erfolg zu christlichem Mitleid mit der in Wirklichkeit todkranken, armen Frau aufgerufen werden; hier sind Unwissenheit und primitiver Aberglaube bei der Landbevölkerung – wenn man von einem für die *English Eclogues* ungewöhnlichen Humor der Darstellung absieht[53] – in keiner Weise gemildert oder beschönigt. Die unmenschliche Härte, die das Leben für arme Landbewohner besitzen

---

[50] *A Selection from George Crabbe*, hrsg. von John Lucas (London, 1967), S. 43, Z. 15ff.

[51] Für eine Beziehung Southeys zu Chatterton sprechen verschiedene Anhaltspunkte. Es fällt beispielsweise auf, daß in Southeys früheren *Botany-Bay Eclogues* (1794), die wir im Zusammenhang der *oriental eclogue* behandeln werden, der Name der Sprecherin in I, "Elinor", schon bei Chatterton (IV) vorkommt. Vor allem aber gibt Southey 1803 zusammen mit Joseph Cottle eine Werkausgabe Chattertons heraus (vgl. Jack Simmons, *Southey* [London, 1945], S. 226).

[52] Monologisch sind III und VI.

[53] Der Vater bemängelt z. B. an dem gerade fortgegangenen Vikar, dessen Barmherzigkeit gegenüber den Kranken er lobt, er glaube in höchst unchristlicher Weise nicht an Hexerei, und fordert zum Schluß mit pfiffiger Bauernschläue den Sohn auf, das apotropäische Hufeisen nur weiter anzunageln, die Alte könne ja vielleicht wieder gesund werden.

kann, wird besonders in der zweitletzten Ekloge, "The Wedding",
anschaulich gemacht. Die Frau belehrt den Fremden aufgrund ihrer
eigenen Erfahrungen, daß die Hochzeitsglocken, die gerade erklingen,
für das mittellose Paar, dem sie gelten, nicht Glück und Seligkeit, sondern Elend und Unglück bedeuten, da der Bedarf der wachsenden
Familie ständig steigen wird, wogegen die Einkünfte stagnieren.

Indirekt ist das Land freilich doch als positiver Lebensraum gekennzeichnet. Der Kontrastbereich Stadt wird in der letzten Ekloge, "The
Alderman's Funeral", die als einzige einen städtischen Handlungsort
hat, vernichtender Kritik unterworfen. Der reiche Ratsherr, der Re-
präsentant des Stadtlebens, der mit großem Pomp, aber ohne das ge-
ringste Anzeichen echter Trauer zu Grabe getragen wird, hat kein
Gefühl und keine Religion gekannt und sein Leben nur nach Profit
ausgerichtet:

> ... Arithmetic
> Was the sole science he was ever taught;
> The multiplication-table was his Creed,
> His Pater-noster, and his Decalogue.   (S. 52)

Ähnliche Mißbilligung erfährt eine andere Sparte der städtischen Kultur in VII, "The Last of the Family". Als die beiden alten Diener auf
die Überführung der Leiche des jungen Herrn zum Stammsitz der
Landadelsfamilie warten, stellt der eine von ihnen fest: "This comes
of your great schools / And college-breeding." (S. 35) Der andere pflich-
tet ihm bei und meint, die Dinge wären sicher anders, wenn der Vater
des jungen Herrn, der selbst wenig „Buchgelehrsamkeit" besessen habe,
noch gelebt hätte.

Zu Anfang von III kommt der Gegensatz zwischen Stadt und Land
ausdrücklicher zur Sprache, indem es heißt:

> Passing across a green and lonely lane
> A funeral met our view. It was not here
> A sight of every day, as in the streets
> Of some great city, and we stopt and ask'd
> Whom they were bearing to the grave. ...   (S. 14)

Das Leben auf dem Land ist nach Southeys Darstellung weniger äußerlich, intensiver und damit menschlicher. Der Dichter erfährt auf seine
Fragen das Schicksal der jungen Hannah, die von ihrem Geliebten
verlassen wurde, nachdem sie ihr Kind zur Welt gebracht hat, und in
Armut und Unglück dahingesiecht ist, bis sie schließlich im Tode ihre

142

Ruhe findet. Bald wird Gras ihr frisches Grab bedecken, und der Dichter schließt mit dem tröstenden Gedanken:

> Nature would do that office soon; and none
> Who trod upon the senseless turf would think
> Of what a world of woes lay buried there!   (S. 15)

Die Natur steht als höhere Macht hinter dem menschlichen Schicksal und relativiert es. Ihr Wirken wird in dem naturnahen Leben des Landes besonders offenkundig. Dementsprechend erklärt der Vater in VI seinem Sohn angesichts des zerfallenen Kottens, dessen alter Besitzerin das Unglück ihrer Enkelin das Herz gebrochen hat und der nun vom Unkraut überwuchert wird:

> So Nature steals on all the works of man,
> Sure conqueror she, reclaiming to herself
> His perishable piles. ...   (S. 30)

Das Leben auf dem Land besitzt insofern archetypische Züge, und daraus erklärt sich vielleicht auch, daß die auftretenden Charaktere meist keine Namen, sondern Artbezeichnungen, wie "Old Man" (I), "Grandmother" (II), "Woman" (III; VIII), "Father" (V), tragen.

Wie schon aus den angeführten Beispielen deutlich wird, geht es in allen Eklogen entscheidend um den Tod und die Vergänglichkeit des menschlichen Lebens. Die vorherrschende Stimmung ist ernst, ja melancholisch. Dennoch wird der Tod nicht als Unheil dargestellt, sondern meist als Erlösung von den Leiden des Daseins gesehen. So z. B. sagt die unglückliche Mutter des von französischen Stinktöpfen im Krieg verstümmelten Seemanns dem Reisenden am Ende von IV:

> In the common course of years
> I soon must be at rest; and 't is a comfort,
> When grief is hard upon me, to reflect
> It only leads me to that rest the sooner.   (S. 22)

Die Schwere des Todes kann, wie wir vorher bemerkt haben, gemildert werden durch die Wirkung der großen Natur.

Die Dichtung hat hier eine solche Macht nicht. Auch auf dem Gebiet der Liebe, das freilich nur sekundär und ausnahmslos negativ behandelt wird,[54] liegt nicht ihre Aufgabe. Als der Dichter in III das einzige Mal

---

[54] Von der Not, die das jungverheiratete Paar in VIII erwartet, war oben die Rede. Sowohl in II ("Hannah") als auch in VI ("The Ruined Cottage") hat außerdem die Verführung eines jungen Mädchens herzzerbrechendes Leid zur Folge. – Knowlton ("Southey's Eclogues", S. 233) kann für die Eklogen im ganzen mit Recht feststellen: "The theme of love has been dismissed."

direkt in der Ichform auftritt, begegnet er als Beobachter, der das Schicksal der Menschen, der unglücklichen Hannah in diesem Fall, von außen her kennenlernt. In anderen Eklogen steht der Dichter anscheinend hinter den Charakteren des "Traveller" (IV, VIII) oder des "Stranger" (IX) und läßt sich auf ähnliche Weise bei einem konkreten Anlaß von seinem Gesprächspartner ein Lebensschicksal erzählen, über existentielle Probleme aufklären. "You have taught me", sagt der Reisende zu der Dorffrau am Schluß ihres Gespräches in VIII, "To give sad meaning to the village bells!" (S. 46) Indem der Dialogteilnehmer belehrt wird, nimmt auch der Leser an dessen Erkenntnis teil. Belehrung wird in Southeys Eklogen zweifellos als vornehmliches Ziel der Dichtung verstanden.

Ausdrücklich von Dichtung die Rede ist nur an einer Stelle. Als in VI der Vater seinem Sohn vor dem verfallenen Kotten die traurige Geschichte vom Niedergang der einstigen Bewohner erzählt, erinnert er sich zurück an seine Jugend:

> And I remember, Charles, this ruin here,
> The neatest comfortable dwelling-place!
> That when I read in those dear books which first
> Woke in my heart the love of poesy,
> How with the villagers Erminia dwelt,
> And Calidore for a fair shepherdess
> Forsook his quest to learn the shepherd's lore,
> My fancy drew from this the little hut
> Where that poor princess wept her hopeless love,
> Or where the gentle Calidore at eve
> Led Pastorella home. . . .   (S. 30f.)

Eine Verbindung zwischen dem realen Land und den idealen Schöpfungen der Poesie kann nur in der Phantasie, vor allem der des jungen, noch nicht von den Nöten des Lebens desillusionierten Menschen, hergestellt werden. Die Lebenssituation der Landbewohner gibt dazu keinen Anlaß. Es ist bezeichnend, daß die pastorale Episode aus Spensers *Faerie Queene*, und nicht der *Shepheardes Calender* als Beispiel für Pastoraldichtung in Erscheinung tritt. Southey vermeidet jede Beziehung zu der früheren Eklogentradition. Von der traditionellen Ekloge ist neben der Bezeichnung nur die dialogische Anlage sowie der allgemeine Themenbereich des Landes geblieben.

Der Blankvers, ein fernes Relikt des klassischen Hexameters, ist meist so schwach ausgebildet, die Sprache so nahe der von Wordsworth postulierten "real language of men", wie Oliver Elton zu I bemerkt[55], daß sich die Frage nach der Berechtigung der poetischen Form erhebt. Man kann zwar mit Knowlton in dem dramatischen und psychologischen Interesse, das sich in den *English Eclogues* manifestiert, eine Vorbereitung des dramatischen Monologs des 19. Jahrhunderts erblicken;[56] doch es läßt sich die Erkenntnis nicht vermeiden, daß die Möglichkeiten der Stilisierung und Konzentration, wie sie die Versform bietet, in den Eklogen meist nur unzureichend genutzt sind und Southeys realistische Zielsetzung im Medium der kurzen Prosaerzählung (das, literarisch gesehen, freilich noch nicht entwickelt ist) eine bessere Verwirklichung gefunden hätte.

Die Einzeleklogen, die in dem behandelten Zeitraum (1761–1800) erscheinen, unterscheiden sich im allgemeinen wenig von den vorhergehenden. Besondere, neue Phänomene sind zunächst nicht zu beobachten. Im Gegenteil lassen sich noch weniger Ansätze zu einer originellen Neukonzeption der traditionellen Gattungsmittel feststellen; das Prinzip des Realismus, das auf eine wirklichkeitsnahe Darstellung des Landes abzielt, ist im ganzen schwächer wirksam. Gegenüber der vorher tonangebenden positiven Einstellung setzt sich in den Eklogen wieder mehr ein pessimistisches Weltbild durch. Das Thema des Todes wird öfter behandelt, und die meisten Eklogen haben einen unglücklichen Ausgang. Konventionelle Gedichte dominieren eindeutiger als vorher. Der Grund hierfür liegt sicher darin, daß die inzwischen weiter verbrauchte Gattung der Ekloge, vor allem in ihrer weniger tragfähigen Einzelform, dem auf Originalität bedachten Autor in der Regel als ungeeignetes Mittel für seine Aussage vorkommen muß.

Obwohl die Ekloge schon vor dem letzten Viertel des Jahrhunderts ihre Beliebtheit stark eingebüßt hat, geht die Menge der veröffentlichten Gedichte zunächst nicht merklich zurück. Calvin Daniel Yost, Jr., der die Dichtung des *Gentleman's Magazine* von 1731 bis 1780 untersucht, stellt zwar schon für das letzte von ihm behandelte Jahrzehnt der Zeitschrift einen Rückgang der Eklogenproduktion fest,[57] im gan-

---

[55] *A Survey of English Literature: 1780–1830* (London, 1912), Bd. 2, S. 3 (zit. Raimond, *Southey*, S. 568, Anm.).

[56] Knowlton ("Southey's Eclogues", S. 241) spricht von "a groping toward the dramatic monologue as the nineteenth century came to realize it."

[57] *The Poetry of the Gentleman's Magazine: A Study in Eighteenth Century Literary Taste* (Diss. Philadelphia, 1936), S. 79: "... there are fifty-nine pastoral poems written during the half-century, but very few of them in 1771–80." (Bei den 59 Gedichten zählt Yost einige von uns nicht als Eklogen berücksichtigte Texte mit.)

zen macht sich dieses quantitative Schwinden der Gattung jedoch erst in den beiden letzten Dekaden des Jahrhunderts deutlicher bemerkbar.

"The Shepherd and Truth. By a young Lady" (1763)[58] läßt sich schwerlich noch als Ekloge ansprechen, zeigt aber die Wandlung der Form unter dem Einfluß des Rationalismus. Vor allem die Ausgangssituation ist eklogenhaft. Ein einsamer, in der Liebe enttäuschter Schäfer bringt seine Gefühle in pastoraler Umgebung ("Within a verdant bow'r") mit einem Monolog zum Ausdruck. Er wird jedoch nicht als unglücklich, sondern als ärgerlich ("angry") bezeichnet und klagt deswegen auch nicht, sondern verwünscht einfach die Frauen insgesamt und die treulose Orinda im besonderen. Die Göttin "Truth", die hierauf erscheint, weist sämtliche Anschuldigungen gegen das schöne Geschlecht zurück und gibt den Männern die alleinige Schuld an etwaigen Wankelmütigkeiten der armen Mädchen. Statt einer tragischen Liebe findet sich der Kampf der Geschlechter.

Weniger rationalistisch als vielmehr sentimental mutet das ebenfalls von einer Frau verfaßte "Delia, a Pastoral" (1764) von Miss Whately an.[59] Ähnlich wie in Charlotte Ramsays früherem "Pastoral from the Song of Solomon" werden die Rollen der Geschlechter vertauscht. Nach einer einleitenden Skizzierung des pastoralen Ortes (mit pastoraler Synusie) und einer längeren, entsprechend Popes Vorbild eingeschobenen Widmung an die Patronin Monimia[60] beklagt die Sprecherin Delia die Abwesenheit ihres geliebten Cynthio, geht dann zu einer *invitatio* über und kann zum Schluß beglückt das Kommen des Geliebten feststellen. Die Konventionalität des Gedichts, die sich formal in dem *heroic couplet* spiegelt, äußert sich vor allem in der unmodifizierten Anteilnahme der Natur, die mitleidet, miterwartet und mit frohlockt, sowie in ausgedehnten *in-vain-* und *no-more-*Passagen.

"Alexis; A Pastoral" (1765)[61] von dem schottischen Dichter Michael Bruce ist in zurückhaltenderer Weise konventionell. Eine pastorale Synusie beispielsweise findet sich nicht. Andererseits würde man in den

---

[58] *GM*, 33 (1763), S. 139f.

[59] Miss W., *Original Poems on Several Occasions* (London, 1764), S. 64–67.

[60] Hier tritt die erwähnte Sentimentalität besonders zutage, wenn es z. B. heißt:
Thy Bosom heaves with sympathetic Sighs,
And Pity's Drops fall frequent from thy Eyes;   (S. 64)
. . .

[61] Robert Anderson (Hrsg.), *Works of the British Poets*, 13 Bde. (London, 1795), Bd. 11, S. 288f.

146

regelmäßigen *heroic couplets* aber auch vergeblich nach Anzeichen dafür suchen, daß Bruce als Junge selbst Vieh hüten mußte. Vergil II und VIII stehen als Modelle hinter der Liebesklage des Alexis, sichtbar besonders in dem variierten Refrain "Begin, my pipe, a softly mournful strain".[62] Wohl nennen die Anfangszeilen den realen schottischen Schauplatz des Loch Leven,[63] doch gewinnt die in *poetic diction* mit den gängigen Bestandteilen gezeichnete pastorale Szene wenig Konkretheit.[64] Auffallend gegenüber der poetischen Praxis des frühen 18. Jahrhunderts ist, daß das Erscheinen der Geliebten ("Lo, yonder comes Eumelia o'er the plain!") nicht für ein Happy-End genutzt wird. Der Hirt beendet sein aussichtsloses Lied ("...the nine inspire in vain") und beschließt zu schweigen, ohne freilich die vom sterbenden Amyntas überlieferte Flöte zu zerbrechen oder gar den Freitod in Erwägung zu ziehen.

Beachtlich als ein Experiment, die Ekloge durch die Verbindung mit einer anderen poetischen Tradition neu zu beleben, erscheint die meist Bruce zugeschriebene "Eclogue. In the Manner of Ossian".[65] Die rhythmisierte Prosa, die den Vers ersetzt, erinnert neben Ossian/Macpherson auch an das Hohe Lied; schon der Anfang macht dies deutlich:

> O come, my love! from thy echoing hill; thy rocks on the mountain wind!
> The hill-top flames with setting light; the vale is bright with the beam of eve. Blithe on the village green the maiden milks her cows. The boy shouts in the wood, and wonders who talks from the trees. But echo talks from the trees, repeating his notes of joy. Where art thou, O Morna! thou fairest among women?...

Die Gemeinsamkeiten beschränken sich nicht auf die Sprache: während die stilisierten Naturbeschreibungen den Ossianischen Gedichten ent-

---

[62] Die Anrede der Flöte widerlegt Marion Bragg, die (S. 93) durch den Refrain Theokrit I als Vorbild beweisen möchte.

[63]
> Upon a bank with cowslips cover'd o'er,
> Where Leven's waters break against the shore;
> ...

[64] Z. B.
> The balmy west-wind breathes along the ground:
> Their evening sweets the flow'rs dispense around;
> The flocks stray bleating, o'er the mountain's brow,
> And from the plain th' answ'ring cattle low;
> Sweet chant the feather'd tribes on every tree,
> And all things feel the joys of love, but me.

[65] Anderson, *British Poets*, Bd. 11, S. 1221f. – Gelegentlich wird die Ekloge auch als Werk Logans angesehen.

sprechen, evoziert das Thema der zuversichtlichen Suche des einen Liebenden nach dem andern das Lied Salomons. Der Sprecher Salgar ruft die geliebte Morna mit formelhaften, variierten Apostrophen, die von Naturschilderungen, Erinnerungen und Lobpreisungen der Geliebten unterbrochen werden, bis sie schließlich kommt und ihm antwortet und die beiden sich gegenseitig zum gemeinsamen Leben in der pastoralen Welt auffordern können. Von der Eklogentradition sind abgesehen von dem generellen Themenbereich und dem Dialogschema verschiedene Motive übernommen, wie Echo, erste Liebe, pastorale Geschenke (Nüsse, Holztauben). Statt der pastoralen Synusie wird die Kommunikation zwischen Natur und Mensch als einseitig und imaginär dargestellt, wenn z. B. Morna sagt: "Blessed be the voice of the winds that brings my Salgar to mind." Trotzdem scheint sich diese Ekloge im Widerspruch zur vorherrschenden Entwicklung der Gattung zu bewegen; denn anders als Chatterton, der von einer ähnlichen Grundlage ausgeht, führt sie weg von der realen Situation des Landlebens, zurück in eine spezifische *aetas aurea*, deren Problemlosigkeit allerdings nichts mit der klassischen Ekloge gemein hat.

Wie Chatterton behandelt um die gleiche Zeit auch der unter dem Pseudonym Patricius auftretende Autor von "The Dying Shepherd" (1766)[66] wieder das Thema ,Tod'. Doch entartet es bei ihm zu einem oberflächlich-pathetischen, sentimentalen Melodrama. Der unglückliche Schäfer hat sich zur Mitternacht, nur vom Brausen des Nordwinds begleitet, den tödlichen Stahl in die Brust gebohrt und beklagt, bevor er endgültig sein Leben aushaucht, die Treulosigkeit der Mädchen (nicht ohne zuerst den Severnfluß um Verzeihung gebeten zu haben, weil er ihn mit seinem Blut befleckt). Als sich ein grollendes Gewitter erhebt, zeigt er sich auch darüber unerschüttert und geht froh in den „ewigen Frieden". Ein Jüngling, der seine Worte gehört hat, findet ihn am Morgen und bereitet ihm ein einfaches Grab mit einem Epitaph, das den Betrachter vor den verderblichen Feuern der Venus warnt. Neben der veränderten Thematik erscheint an dem trivialen Produkt vor allem diese angedeutete moralische Zielsetzung signifikant.

Weniger repräsentativ für seine Zeit ist "Spring and Beauty; a Pastoral" (1770),[67] eine gefällige Ekloge in der Tradition von Popes "Spring" (wie der Titel bereits andeutet). Eine Neuerung besteht darin,

---

[66] *GM*, 36 (1766), S. 379.
[67] *GM*, 40 (1770), S. 135f.

daß die beiden Sprecher sich zu Beginn einigen, je eines der Hauptthemen zu übernehmen: Thyrsis besingt den Frühling, und Damon
preist die Schönheit der geliebten Clarinda. So kann keine unkultivierte Rivalität aufkommen – die in dem obligaten Schiedsrichterspruch
‚unentschieden' bei den früheren Wettgesangseklogen zu beobachtende
Tendenz ist hier auf die Spitze getrieben. Zudem bleibt auf solche
Weise die verherrlichte Schöne, die ähnlich wie Belinda in Popes *Rape
of the Lock* bei einer Bootsfahrt dargestellt wird, ohne Konkurrenz,
und Damon kann sie in seinem Resümee glaubwürdiger als Krone der
Natur bezeichnen: "The spring crowns nature, but she crowns the
spring."

Mit dem vertrauten ‚Unentschieden' endet wiederum "Damon, Menalcas, and Meliboeus: An Eclogue" (1770),[68] das dem schottischen
Dichter John Logan zugeschrieben wird. Obwohl in der Einleitung der
mythische Ossian, "Cona's bard", wie bei Bruce[69] als Vorbild genannt
wird, behandeln die Sprecher in ihren amöbäischen Strophen zu je
zwei *couplets* das Lob des Landlebens und der pastoralen Geliebten in
völlig orthodoxer Manier. Als Entsprechung zu den oben in den Eklogensammlungen des Zeitraums erörterten Charakteristika fällt auf,
daß der bescheidene Wohlstand des Landlebens mit dem Hinweis auf
die dadurch mögliche Wohltätigkeit verknüpft wird[70] und daß die
reale Gegenwart des (hier schottischen) Landlebens im Schluß-*couplet*
ausdrücklich als eine Reinkarnation des Goldenen Zeitalters angesprochen wird, indem Damon sagt:

> With us, renew'd, the golden times remain,
> And long-lost innocence is found again.

Keinen Anteil an der ländlichen Gemeinschaft hat der gleichnamige
Sprecher in der Ekloge "Damon; or the Complaint"[71] von dem Schotten Robert Anderson, welche Marion Bragg mit ca. 1771 datiert.[72] Die
Waldeinsamkeit, die der unglückliche Liebende aufgesucht hat, veranlaßt ihn zu seiner traurigen Klage; es heißt:

---

[68] Chalmers, *English Poets*, Bd. 18, S. 67f.
[69] Logan hat im übrigen die Gedichte von Bruce herausgegeben.
[70] Meliboeus berichtet von seiner Gewohnheit:
> What time I shear my flock, I send a fleece
> To aged Mopsa, and her orphan niece.
[71] Anderson, *British Poets*, Bd. 11 ("Works of Graeme"), S. 455.
[72] *Formal Eclogue*, S. 97.

Onward his step had negligently stray'd,
To where the stream with deeper murmur flow' d,
Incessant rushing o'er a pebbly bed.
There the pale gloom, the lonely rolling stream,
The awful horrors of the waving wood,
Inspir'd his soul with a congenial dread,
And rous'd the secret sorrows of his mind:

Die große Natur läßt – in Umkehrung der pastoralen Synusie – den Menschen mitempfinden. Damons Klage ist gekennzeichnet durch einen ungelösten Gegensatz zwischen Rationalismus und übertriebener Emotionalität. Nach einem Rückblick auf seine frühere Zufriedenheit hadert er mit der Vorsehung wegen seines Liebesunglücks, meint dann aber ein Plädoyer der himmlischen Vernunft zu hören, die ihn zu "art and science ... / And all the muses" hinführen möchte. Doch Wahnsinn erfaßt ihn, und sein Herz bricht. Vorher erteilt er der geliebten Sylvia noch eine eingehende moralische Ermahnung: sie soll ihn zwar vergessen, wenn er im Grabe vermodert, doch falls dann ein reicherer Jüngling das ihm verwehrte Glück des ländlichen Lebens an ihrer Seite genießt, darf sie sich nicht wieder einlassen auf Mode, Torheit, Eitelkeit und Laster;[73] er wünscht ihr des Himmels Segen und unwandelbare Tugend. Sein letztes Wort ist ein Lebewohl an die Natur, das Vergils *vivite silvae* in Erinnerung ruft. Von dem ursprünglichen Vorbild des Damon-Liedes ist dieses trotz der gesetzten Blankverse seinen Prämissen nach realistische Gedicht aber weit entfernt, ohne daß es überzeugend eine eigene Linie zu entwickeln vermöchte.

Die Sterilität, die für die einzelne Ekloge um diese Zeit kennzeichnend ist, wird anschaulich dokumentiert durch "A Pastoral, written by a little Boy, aged only Nine Years and a Half" (1778).[74] Der offensichtlich ein wenig naive und ungeübte Verfasser (der freilich nicht un-

---

[73]   I leave you, Sylvia! ne'er remember me;
        Forget you, when I lie mould'ring in the grave,
        How much I lov'd you, or how much I mourn'd.
        In rural ease and calm retirement bless'd,
        Haply some wealthier, happier youth may 'njoy,
        In after-time, what fate denies to me:
        But cease the sigh to heave, the wish to breathe,
        Again to wander through the guileful rounds
        Of fashion, folly, vanity, and vice!

[74] *GM*, 48 (1778), S. 183. – Der Herausgeber fügt dem Titel hinzu: "It is communicated as an Original, without the least alteration." Außerdem ist der Geburtstag des kleinen T. P. als Indiz der Authentizität angegeben.

bedingt ganz so jugendlich zu sein braucht, wie der Titel es will) kann ohne besondere eigene Einfälle, nur durch Kenntnis der Tradition und dabei besonders der "Spring"-Ekloge Popes, eine Pastorale schreiben, die nicht merklich aus dem Rahmen fällt. Damon und Menalcas loben in abwechselnden Beiträgen ihre Geliebten, Delia und Daphne. Sie zählen den Katalog ihrer Schönheiten auf, berichten von einem zufälligen Treffen ihrer Schönen in der Natur und erinnern sich, wie sie ihr Mädchen einmal vor einem Unfall beim Angeln/Nestausnehmen retten konnten. Dem Thyrsis als Schiedsrichter bleibt nur übrig, auf ihre glatten, vertraut anmutenden *couplets* mit einem unentschiedenen Urteil zu antworten.

In "Colin" (1786) von J. H. C.[75] finden wir einen weiteren sterbenden Schäfer. Ähnlich pathetisch und masochistisch wie Andersons Damon beklagt er – diesmal in Balladenstrophen – nicht nur sein Unglück in der Liebe, sondern malt sich auch aus, was nach seinem bitteren Tod sein wird. Der Gedanke, daß Delia dann vielleicht (zu spät) ihre Härte bereuen und um ihn trauern muß, beschäftigt ihn vor allem:

> Yes, Delia then may heave the sigh
> I now in vain implore;
> And, wak'd to keen remorse, lament
> Her Colin breathes no more.

(Die *in-vain-* und *no-more*-Formeln sind augenfällig.) Zum Schluß stößt er sich den Dolch in die Brust und stirbt. Der Abschied von der Natur, der sonst am Schluß steht, bildet hier bereits den Anfang: "Adieu, ye fields...".

Das als "Pastoral" (1787)[76] ausgegebene Gedicht von E. B. G. will nach den einleitenden Worten des Verfassers die durch den *Spectator* bekannt gewordene Ekloge von Dr. Byrom[77] in bescheidener Weise imitieren und beansprucht zudem eine moralische Zielsetzung: "... [it] may at least derive a portion of merit from the *attempt* to unite morality with ease, too familiarly separated by writers of the eclogue." Die Absichtserklärung ist nur von theoretischem Interesse. Die Gemeinsamkeit mit Byrom beschränkt sich auf das Metrum, und die moralische Intention, die wohl als Empfehlung dienen soll, äußert sich als spießbürgerliche Sorge um Respektierlichkeit. In der ersten Person erzählt

---

[75] *GM*, 56 (1786), S. 1075.
[76] *GM*, 57 (1787), S. 528.

der Autor mit geschraubter Diktion, wie er in Chelsea ein Mädchen kennengelernt hat, sie nach Hause begleitet und sich wieder mit ihr verabredet hat. Das pastorale Element soll anscheinend darin bestehen, daß es um die Liebe geht, so daß der Glückliche sich an einer Stelle "fortunate swain" nennen kann.

Ein deutliches Lebenszeichen der aussterbenden Gattung findet sich demgegenüber noch einmal in der Sammlung *Poems by Gentlemen of Devonshire and Cornwall* (1792),[78] wenngleich die durch den Titel implizierte Provinzialität von vornherein keinen Zweifel über die geringe Bedeutung des Werks aufkommen läßt. Die sechs "Pastoral Pieces" von drei Verfassern sind sehr verschieden. Gemeinsam ist ihnen höchstens eine an der ländlichen Realität orientierte kritische Beschäftigung mit tradierten Vorstellungen und der früheren Pastoraldichtung, deren Intensität jedoch stark divergiert. "Milon and Dametas. A Pastoral", eine Gessner-Bearbeitung in *couplets* von D.,[79] gibt am ehesten eine Idealisierung des Landlebens. Nachdem die Schafherde – wie die Menschen – dem Leithammel blindlings in den Sumpf gefolgt ist, philosophieren die beiden Schäfer über falsche und wahre menschliche Größe. Das zerfallene Denkmal eines großen Kriegers führt ihnen die Vergänglichkeit und Nichtigkeit eines Ruhmes vor Augen, der nur auf Zerstörung friedlicher Arbeit beruht, während Dametas dann dem Milon bei der Einladung zum ländlichen Mahl ein echtes Monument zeigt – das Anwesen, das sein Vater urbar und fruchtbar gemacht hat, zum bleibenden Nutzen für Kinder und Kindeskinder.

"The Caterpillar; or, the Fortunate Allusion. A Pastoral Poem" von D. E.,[80] das einige balladenhafte Züge trägt,[81] bestätigt und widerlegt in amüsanter Weise die Anfangszeile "The truest love is most reserv'd and shy". Als Colin von Sylvia um Schutz vor einem bedrohlich im Wege stehenden Bullen gebeten wird, damit sie ihre Verabredung mit Damon einhalten kann, gesteht er ihr endlich, viel zu spät, seine Liebe. Sie, die ihn auch geliebt hat, glaubt ihm nicht und appelliert an das Buch der Natur ("nature's volume", S. 97), daß eine solche Verborgenheit nicht möglich sei. Zuletzt fällt sein Blick auf eine äußerlich ge-

---

77 Siehe oben, Kap. II, 1, a.
78 Bd. 2 (Bath, 1792), "Pastoral Pieces", S. 85–112.
79 S. 85–90.
80 S. 91–98.
81 Im Gegensatz zur Eklogenpraxis sind z. B. die Redeformeln ("she cries", "reply'd ...", "exlaim'd ...") stets eingefügt; auch die 4-zeilige, alternierend gereimte Strophe wirkt balladenhaft.

sunde, im Innern von Fliegenlarven zerfressene Raupe, und mit diesem Beispiel kann er die Geliebte – zum beiderseitigen Glück – überzeugen. Während dieses Gedicht sich sehr der Burleske nähert, sind die folgenden drei Gedichte des gleichen Autors definitiv parodistisch, so daß wir sie in anderem Zusammenhang diskutieren werden.

Das abschließende pastorale Gedicht der Sammlung, "The Cottage Girl" von P.,[82] gibt sich durch sein Motto aus Polwheles Theokrit-Übersetzung (1786) als moderne Variation von Theokrit II zu erkennen. Doch obschon zu Anfang in der Theokritschen Anapher das Dorfleben als unverfälschtes Herz der Natur angesprochen wird,[83] fließt in die Darstellung des Aberglaubens, den das Dorfmädchen praktiziert, nicht nur Faszination, sondern auch aufgeklärte Überlegenheit ein, und die schließliche Vorausschau auf das weitere Leben der Dorfhexe endet mit dem kaum ernstzunehmenden Zeilenpaar:

> And, arm'd with her associate switch –
> She dwindles to a wither'd witch!

Die letzte hier erfaßte Einzelpastorale des 18. Jahrhunderts ist ein anonymes Gedicht mit dem Titel "Pastoral" (1794),[84] das, ähnlich wie Ramsays "Betty and Kate", den Abschied von Schottland zum Thema hat. Es muß als bezeichnend gewertet werden, daß wir nach Ramsay immer häufiger schottische Autoren und damit schottische Schauplätze in der Pastorale gefunden haben. Schottland wird als britisches Land der Hirten angesehen, wo besondere, pastorale Wertvorstellungen gelten und die Menschen in der Realität ein ähnliches Leben führen, wie es die alte Pastoraldichtung als Fiktion dargestellt hat. Dies tritt auch hier in Erscheinung, als Morven, die im Begriff steht, nach England zu gehen, und ihre Freundin Nest sich vergangener, gemeinsam verbrachter Zeiten in der schottischen Heimat erinnern:

> Oft in yon copse we sat (that waves its head
> O'er Denbigh's tow'rs and Clwyd's smooth poplar bed)
> Midst hazels thick, and soft melodious airs
> From shepherd-pipe, and flute-dispelling cares;
> . . .

---

[82] S. 107–112.

[83]
> (Sweet . . . / . . . / And sweet . . . / . . .)
> Yet, sweeter than the silent scene,
> The manners of yon cottag'd green;
> Where nature breathes the genuine heart,
> Unvarnish'd by the gloss of art! (S. 107)

[84] GM, 64 (1794), S. 843.

Die Frage, warum Morven ein solches pastorales Idealland verlassen will, wird nicht beantwortet,[85] eine wirkliche Auseinandersetzung mit der Realität unterbleibt.

William Wordsworth kennzeichnet eine Reihe von Gedichten, die alle im Jahre 1800 entstanden und veröffentlicht sind, mit ausdrücklichem Zusatz im Titel als Pastoralen. Zwei von ihnen sind durch ihre verhältnismäßig geringe Länge von weniger als hundert Versen, ihren leichten Ton und ihren Inhalt deutlich miteinander verwandt. "The Idle Shepherd-Boys; or Dungeon-Ghyll Force. A Pastoral"[86] berichtet von zwei übermütigen Schäferjungen, denen, ohne daß sie es zunächst bemerken, ein Lamm in den Bergbach gefallen ist, das ein zufällig vorbeikommender Poet dann rettet. In "The Pet-Lamb. A Pastoral"[87] erinnert sich der Dichter an das Gespräch eines kleinen Mädchens mit seinem Lämmchen, das er heimlich mitangehört hat. Auch ein drittes Gedicht, "The Oak and the Broom. A Pastoral",[88] eine heitere Variation der Fabel von der Eiche und dem Dornstrauch aus Spensers Februar-Ekloge, könnte man dieser Gruppe zurechnen.

Von ungleich größerer Bedeutung für Wordsworths Dichtung und damit auch für die Geschichte der Pastorale ist "Michael. A Pastoral Poem",[89] das z. B. von Bernard Groom als "The outstanding Pastoral in the whole of Wordsworth's poetry"[90] bezeichnet werden kann und das sich schon durch seine Länge von fast 500 Zeilen von den eben genannten Gedichten abhebt. Dieses Werk soll hier hauptsächlich Gegenstand der Diskussion sein. Berücksichtigt werden muß außerdem das Gedicht "The Brothers";[91] obwohl Wordsworth ihm kein pastorales Titelsignum gibt, hat es doch eine deutliche Beziehung zur Tradition der Ekloge und wird mit Recht oft als Pendant zu "Michael" gewertet.[92]

"Michael" stellt die tragische Geschichte eines alten Schäfers aus dem Lake District dar, der seinen einzigen Sohn durch die bösen Ver-

---

[85] Morven spricht kryptisch von "oppression's yoke", und Nest vermutet einen englischen Liebhaber.

[86] W. W., *Poetical Works*, hrsg. von Thomas Hutchinson, neu bearb. von Ernest de Selincourt (London, 1969; ¹1904), S. 66f.

[87] *Poetical Works*, S. 68f.

[88] *Poetical Works*, S. 123f.

[89] *Poetical Works*. S. 104–110.

[90] *The Unity of Wordsworth's Poetry* (London/New York, 1966), S. 38.

[91] *Poetical Works*, S. 75–80.

[92] Vgl. Groom, *Unity*, S. 38; John Speirs, *Poetry towards Novel* (London, 1971), S. 66f. (Speirs zitiert einen Brief Wordsworths vom 14. Januar 1801, in dem der Dichter selbst die beiden Gedichte zusammen nennt und bespricht; vgl. unten, Anm. 97.)

lockungen der Stadt verliert. Nachdem der Alte in jahrzehntelanger
harter Arbeit sein kleines Anwesen von Schulden frei gemacht hat,
wird es plötzlich durch eine für einen Verwandten übernommene Bürgschaft aufs neue schwer belastet. Der junge Luke, dem die ganze Liebe
und Hoffnung des Schäfers gilt, soll daher nach London gehen, um
Geld zu verdienen und so den bescheidenen Besitz zu retten. Doch nach
vielversprechenden Anfängen gerät er auf die schiefe Bahn und muß
schließlich im Ausland seine Zuflucht suchen. Michael zerbricht an
seinem schweren Schicksal nicht, sondern geht unerschüttert bis zu
seinem Tode weiter seiner ländlichen Arbeit nach, wenngleich sie nun
hoffnungslos geworden ist. Als auch seine Frau nach einigen Jahren
stirbt, wird das Anwesen verkauft und kommt in die Hand eines
Fremden.

Während es aufgrund der Handlung und des Titelcharakters keinem
Zweifel unterliegen kann, daß das Gedicht pastoral im buchstäblichen
Sinne des Wortes ist, findet man entgegengesetzte Meinungen über
seine Beziehung zur pastoralen Tradition. John F. Danby gibt die ver-
breitetste Ansicht wieder, wenn er äußert, "Michael" stelle seinem
Wesen nach eine völlige Umkehrung der konventionellen Pastorale
dar:

> Wordsworth called his poem a 'pastoral'. He inverted, however, the con-
> ventional view of what the 'pastoral' entails. Traditionally, the pastoral
> world was a never-never land where literally no one had ever had it so
> good. Wordsworth's shepherd lives where sheep too have to be worked
> for, where nothing comes from nothing . . .[93]

Demgegenüber vertritt Geoffrey Durrant die Überzeugung, "Michael"
bilde eine Fortsetzung der in der Antike einsetzenden pastoralen
Tradition:

> A pastoral poem is usually the product of a sophisticated mind, and this
> is no exception. Wordsworth's triumph in this great poem is to have used
> the pastoral mode of Theocritus, Virgil, Spenser and Milton, and yet to
> make the result appear to be simple and natural.[94]

Es ist in unserer Untersuchung deutlich geworden, daß die uneingeschränkte Idealisierung der pastoralen Welt, das Konzept des Goldenen Zeitalters, auf das Danby sich bezieht, nicht die ursprüngliche,

---

[93] *William Wordsworth: The Prelude and Other Poems*, Studies in English Literature, 10 (London, 1963), S. 24f.
[94] *William Wordsworth*, British Authors (Cambridge, 1969), S. 88.

klassische Pastorale kennzeichnet, sondern erst zu Anfang des 18. Jahrhunderts bestimmend wird, daß sich aber seitdem in zunehmendem Maße eine Tendenz zum Realismus geltend macht. Diese Bewegung führt auf dem Wege über die Idee des *retreat* um die Mitte des Jahrhunderts schließlich zur Darstellung der Realität des ländlichen Lebens. In Wordsworths "Michael" erfährt die Tradition ihre konsequente Fortsetzung, aber auch zugleich ihren Abschluß, da sich fast alle wesentlichen Faktoren grundlegend geändert haben.

Mehr als bei Southey wird in "Michael" das Leben auf dem Land idealisiert. Wordsworth nimmt das harte Schicksal des Schäfers nicht zum Anlaß für soziale Kritik, sondern stellt es, wie verschiedentlich hervorgehoben wird,[95] in seiner archetypischen Bedeutung dar als Beispiel für Grundbezogenheiten des menschlichen Lebens. Durrant geht so weit, Michael als einen „neuen Adam" zu bezeichnen,[96] und der Vergleich hinkt nur insofern, als Michaels Prüfung nicht zu einem Sündenfall führt.

Wordsworth selbst betont in einem Brief die Würde und spezifische Größe der hier von ihm dargestellten Schäfer:

> In the two poems, *The Brothers* and *Michael*, I have attempted to draw a picture of the domestic affections as I know they exist amongst a class of men who are now almost confined to the North of England. They are small independent *proprietors* of land here called statesmen, men of respectable education who daily labour on their own little properties. The domestic affections will always be strong amongst men who live in a country not crowded with population, if these men are placed above poverty. But if they are proprietors of small estates, which have descended to them from their ancestors, the power which these affections will acquire among such men is inconceivable by those who have only had an opportunity of observing hired labourers, farmers, and the manufacturing Poor.[97]

Die nachdrückliche Hervorhebung der Schäfer als Besitzer ihres Landes (welche zudem auch eine gute Erziehung genossen haben) ist nicht allzu weit entfernt von Popes Feststellung, in der Pastoraldichtung seien "the best of men" darzustellen.[98] Der entscheidende Unterschied liegt darin, daß Pope sich auf die imaginäre Vorzeit des Goldenen Zeitalters

---

[95] Vgl. Durrant, *Wordsworth*, S. 77ff.; Groom, *Unity*, S. 40f.; Geoffrey H. Hartman, *Wordsworth's Poetry. 1787–1814* (New Haven/London, 1964), S. 264f.
[96] *Wordsworth*, S. 78.
[97] Brief an Charles James Fox (14. Januar 1801), zit. bei Speirs, *Poetry*, S. 67.
[98] "Discourse", *Poems*, S. 120.

bezieht, wogegen Wordsworth von den wirklichen Landbewohnern des
Lake District zu seiner Zeit spricht. Die ländliche Realität kann nun –
nachdem sich in den gesellschaftlichen Vorstellungen in dieser Hinsicht
ein grundlegender Wandel vollzogen hat – unter bestimmten Gesichtspunkten als Ideal dargestellt werden.

Anzeichen für die Wirklichkeit der dargestellten Welt ist neben der
genauen geographischen Festlegung[99] vor allem – wie in dem oben wiedergegebenen Zitat von Danby zu Recht betont wird – die Berücksichtigung der Arbeit. Während in der traditionellen Ekloge die Muße des
Hirtenlebens im Vordergrund steht und die notwendigen Arbeitsver-
richtungen wie beispielsweise das Bewachen der Herde höchstens am
Rande erwähnt werden, nimmt die Arbeit bei Wordsworth die ihr
gebührende zentrale Stelle ein. Michaels Dasein ist "a life of eager
industry" (Z. 122), und der alte Mann kann über seinen Fleiß sagen:

> ... the sun himself
> Has scarcely been more diligent than I;
> ...   (Z. 233f.)

Was die Arbeit des Schäfers von anderen Tätigkeiten unterscheidet, ist
ihre Nähe zur Natur.

In der Verbundenheit mit der Natur liegt vor allen Dingen das
Ideale des Schäferlebens. Wordsworth geht im Anfangsteil ausführlich
auf diesen Wesenszug ein:

> And grossly that man errs, who should suppose
> That the green valleys, and the streams and rocks,
> Were things indifferent to the Shepherd's thoughts.
> Fields, where with cheerful spirits he had breathed
> The common air; hills, which with vigorous step
> He had so often climbed; which has impressed
> So many incidents upon his mind
> Of hardship, skill or courage, joy or fear;
> Which, like a book, preserved the memory
> Of the dumb animals, whom he had saved,

---

[99] Bereits in den Anfangszeilen wird "Michael" genau lokalisiert:
> If from the public way you turn your steps
> Up the tumultuous brook of Green-head Ghyll,
> ...

Die Berücksichtigung der tatsächlichen lokalen Gegebenheiten geht so weit, daß
Wordsworth in einer früheren Ausgabe bei "The Brothers" die durch einen Blitz-
schlag ausgelöste Zuschüttung des einen Arms einer Zwillingsquelle mit der Anmerkung kommentiert: "This actually took place upon Kidstow Pike at the
head of Haweswater." (*Poetical Works* [London, 1841], Bd. 1, S. 115)

> Had fed or sheltered, linking to such acts
> The certainty of honourable gain;
> Those fields, those hills — what could they less? had laid
> Strong hold on his affections, were to him
> A pleasurable feeling of blind love,
> The pleasure which there is in life itself.   (Z. 62–77)

Ähnlich wie in der klassischen pastoralen Welt existiert hier eine beinah mystische Beziehung zwischen Mensch und Natur. Doch anders als in der pastoralen Synusie geht der bestimmende Einfluß in dieser Einheit nicht vom Menschen aus, sondern von der Natur. Während sie dem Schicksal des Menschen gleichsam indifferent gegenübersteht und höchstens „wie ein Buch" (Z. 70)[100] seine Erlebnisse registriert, zwingt sie ihm ihrerseits Eindrücke auf ("had impressed ... upon his mind", Z. 67f.) und macht ihn emotional von sich abhängig ("had laid/Strong hold on his affections", Z. 74f.). Die romantische Naturbeziehung setzt sich damit nicht über die Realität der Dinge hinweg, sondern bleibt im psychischen Bereich; der normale Prozeß der Umweltperzeption und -rezeption wird nur mystisch überhöht.

Die Natur verleiht dem Menschen, der in ihrer Nähe lebt und arbeitet, eine ursprüngliche Lebensfreude ("The pleasure which there is in life itself"). Wie bei Southey besteht der Trost, den die Natur zu spenden vermag, darin, daß sie die Leiden des Menschen relativiert. Nachdem Michael seinen schweren Verlust erlitten hat, heißt es von ihm:

> Among the rocks
> He went, and still looked up to sun and cloud,
> And listened to the wind ...   (Z. 455 ff.)

Dazu ist dieses natürliche Leben moralisch gut; der Schäfer kann auf „ehrlichen Gewinn" (Z. 73) hoffen, wogegen die Stadt, deren Verlockungen Luke erliegt, als "the dissolute city" (Z. 444) bezeichnet wird. Der moralische Gegensatz Stadt : Land, der in der Renaissance-Ekloge so beherrschend war, findet sich demnach hier wieder. Das Land, die Nähe der Natur, ist auch weiterhin der Ort, wo Liebe und Dichtung in echter, unverfälschter Form gedeihen.

---

[100] Die öfter bei Wordsworth wiederkehrende Vorstellung von der Natur als Buch oder als bessere Alternative zu Büchern begegnet auch in "The Idle Shepherd-Boys" (Z. 84f.):
> A Poet, one who loves the brooks
> Far better than the sages' books,
> ...

Diese Hauptthemen der pastoralen Dichtung haben sich jedoch unter dem Einfluß des Realismus, wie angedeutet, in ihrer Substanz so gewandelt, daß der Eindruck eines völligen Bruchs mit der Tradition entsteht. Dies stellt z. B. Knowlton fest:

> When he [W.] composed *Michael*, he departed from two conspicuous conventions of the type. He did not treat a love affair and did not retain the contest of shepherds about love, about town and country, or about skill in music.[101]

Liebe, d. h. geschlechtliche Liebe, kommt wegen des Alters des Protagonisten als Thema von vornherein kaum in Betracht. Aber Wordsworth zeigt auch bei der Wiedergabe der Lebensgeschichte Michaels wenig Interesse an der Liebesbeziehung des Schäfers zu seiner Frau und kennzeichnet sie *en passant* als zwangsläufig und unvermeidlich. Dafür wird die Liebe Michaels zu seinem Sohn um so mehr betont:

> The Shepherd, if he loved himself, must needs
> Have loved his Helpmate; but to Michael's heart
> This son of his old age was yet more dear – (Z. 141ff.)

Die Vaterliebe wird im übrigen weniger durch instinktive Zuneigung als durch die Hoffnung für die Zukunft, mit welcher der Nachkomme den alten Schäfer erfüllt, motiviert. Wordsworth vermeidet auf diese Weise jeden Anschein einer Beziehung zur pastoralen Tradition: statt der konventionellen pastoralen Liebe ist eine nicht vorbelastete und damit lebensecht wirkende Form dargestellt.

Noch stärker verändert hat sich im Zuge der Entwicklung, die wir durch das 18. Jahrhundert hindurch verfolgt haben, die Auffassung vom Wesen der Dichtung und von der Funktion des Dichters. Dichtung wird nicht mehr als eine Kunst, als Herstellung von musischen Artefakten, und der Dichter nicht mehr als ein Künstler, als Produzent von Artefakten verstanden (der sich etwa im pastoralen Wettgesang mit anderen Dichtern messen könnte), sondern die Dichtung will Wesenserkenntnis vermitteln, und der Dichter fühlt sich als ein Mensch, der aufgrund seiner besonderen Sensibilität, und damit auch seiner ausnehmend großen Liebe zur Natur, begabt ist, diese Funktion zu erfüllen. Er steht als Vermittler zwischen dem Leser, der *idealiter* ebenfalls ein Dichter ist, und der Natur der Dinge, und was er mitteilt, ist nicht erdichtet, sondern eine (wahre) Geschichte, die er selbst erfahren hat.

---

[101] "The Novelty of Wordsworth's *Michael* as a Pastoral", *PMLA*, 35 (1920), S. 440.

Wordsworth bringt dies deutlich zum Ausdruck, indem er in der Einleitung von "Michael" Ursprung, Charakter und Intention des Gedichts erläutert:

> ... this Tale, while I was yet a Boy
> Careless of books, yet having felt the power
> Of Nature, by the gentle agency
> Of natural objects, led me on to feel
> For passions that were not my own, and think
> (At random and imperfectly indeed)
> On man, the heart of man, and human life.
> Therefore, although it be a history
> Homely and rude, I will relate the same
> For the delight of a few natural hearts;
> And, with yet fonder feeling, for the sake
> Of youthful Poets, who among these hills
> Will be my second self when I am gone. (Z. 27–39)

Es ist interessant zu sehen, daß sich auch Wordsworth, wenn er an die jungen Dichter denkt, die nach ihm die Berge seiner Heimat durchstreifen, eine Tradition vorstellt. Doch haben wir es hier, genau betrachtet, mit einer existentiellen, und nicht mit einer poetischen Tradition zu tun. Dichterische Konventionen, überlieferte Formen und Motive darf es bei einem solchen Dichtungsverständnis naturgemäß in auffälliger Weise nicht geben, da es ja in erster Linie auf die dargestellte Sache, kaum dagegen auf die Art der Darstellung ankommen soll. Wo doch die poetische Tradition zutage tritt, ist ihr Wirken entweder scheinbar oder sekundär.

Der Dialog, der den größten Teil von "The Brothers" ausmacht, wird nicht durch die Tradition legitimiert, sondern in der dramatischen Spannung der dargestellten Situation begründet: Leonard, als unbekannter Tourist in sein Heimattal zurückgekehrt, möchte, ohne sich zu erkennen zu geben, von dem mitteilungsbereiten Priester im Gespräch auf dem Friedhof das Schicksal seines jüngeren Bruders in Erfahrung bringen und erhält allmählich seine schlimmen Ahnungen bestätigt. In "Michael" gibt es kein Wechselgespräch; die wenigen Reden Michaels sind patriarchalisch endgültig; sie bleiben entweder unerwidert, oder die Antwort ist belanglos und wird nur kurz inhaltlich erwähnt.[102]

---

[102] Als z.B. der alte Mann die Abreise seines Sohnes dekretiert hat ("He shall depart to-morrow." Z. 317), macht die Hausfrau wegen der Plötzlichkeit praktische Einwendungen.

An die Stelle der konventionellen pastoralen Symbolik, wie Hirtenflöte, Pfänder, klassische Mythologie, sind private Symbole getreten.
Einzelne, begrenzte Übereinstimmungen haben ihre Ursache im Themenbereich, nicht in der Tradition: als z. B. der Sohn fünf Jahre alt ist,
macht ihm Michael einen eisenbeschlagenen Hirtenstab (Z. 180ff.). Die
Eiche, die neben dem Schäferkotten steht, besitzt durch ihre Realität
einen völlig anderen Stellenwert als der pastorale Baum der Tradition.[103]
Und das beherrschende Symbol des Gedichts, der Schafpferch, zu dem
Luke vor seiner Abreise den ersten Stein legt und den Michael nach
dem Verlust des Sohnes nicht vollendet, ist traditionell gar nicht vor-
geprägt.

Eine solche grundsätzliche Zurückweisung der Tradition bedeutet
zwangsläufig das Ende der Pastorale, die von der Imitation, dem
kunstvollen Spiel mit der Überlieferung, geprägt ist. Mit Wordsworth
verschwindet die Ekloge im eigentlichen Sinne, von einigen verspäteten
Randerscheinungen abgesehen,[104] aus der englischen Dichtung.

2. Die pastorale Elegie

Die pastorale Elegie, d. h. die Totenklage um einen Hirten oder um
einen Menschen, der in der Rolle eines Hirten gesehen wird, nimmt
eine Sonderstellung innerhalb der Pastorale ein. Für sie gelten in vieler
Beziehung eigene Voraussetzungen und Merkmale, und sie macht auch
historisch eine besondere Entwicklung durch. Nachdem sie sich stufen-
weise zu einem Bestandteil der bukolischen Tradition entwickelt hat
und einen zentralen Platz in dem klassischen Eklogenzyklus beanspruchen kann, zeigt sie in der englischen Dichtung schon bald eine starke
Tendenz zur Verselbständigung und löst sich schließlich ganz von der
Haupttradition.

---

[103]   ... the large old oak, that near his door
         Stood single, and, from matchless depth of shade,
         Chosen for the Shearer's covert from the sun,
         Thence in our rustic dialect was called
         The CLIPPING TREE, a name which yet it bears,   (Z. 165–169)
             ...
     Die Eiche bleibt, auch als der Kotten verschwunden ist (vgl. Z. 479f.); sie ist ein
     Symbol der dauerhaften Macht der Natur.

[104] Z. B.: Μόσχος, "An Eclogue. Scene, Worcestershire", *GM*, 72 (1802), S. 159f.;
     John Lowe, Jun., "A Serious Pastoral", *Poems* (Manchester, 1803), S. 12–31
     (mehr eine Art pastorales Lesedrama); Alexander Wilson (The American Or-
     nithologist), "Alexis' Complaint", *Poems and Literary Prose*, hrsg. von Grosart
     (Paisley, 1876), S. 262–265.

Wir hatten gesehen, daß die pastorale Elegie aus Theokrit I entsteht, wo Thyrsis ein Lied über die Leiden des sterbenden Daphnis singt. Bion führt mit der sehr von kultischen Elementen geprägten Klage um Adonis (I) die Ansätze von Theokrit fort. In dem früher Moschos (III) zugeschriebenen Ἐπιτάφιος Βίωνος, der Totenklage um Bion, ist die Form dann voll ausgebildet.[1] Zum ersten Mal wird der Tod einer konkreten Person behandelt, der die Gestalt des Hirten beigelegt ist.[2] Während der beklagte Bion als pastoraler Dichter eine natürliche Verbindung zur Hirtenwelt hat, vergrößert Vergil in der 5. Ekloge, wenn er nach dem Verständnis seiner antiken Kommentatoren mit Daphnis den toten Caesar besingt, die Reichweite der pastoralen Elegie: sie kann nun potentiell jeden hervorragenden Toten unter dem Gewand des Hirten für ihre Darstellung wählen. Auf der andern Seite verquickt Vergil in V das Thema ‚Tod‘, das in der pastoralen Elegie absolut hervortritt, mit den anderen Hauptthemen der Pastoraldichtung, indem er u. a. (ähnlich wie in der 10. Ekloge über den sterbenden Gallus) seine Behandlung fest in den Zyklus der Eklogen einfügt und indem er es im Dialog der beiden Hirten ausdrücklich als poetisches Thema anspricht.

Diese Verbindung tritt auch in Spensers "November", das, anlehnend an Marot, den Tod der schönen Dido beklagt, in Erscheinung: Colin erklärt dem Thenot, daß nur ein trauriger Gegenstand der düsteren Jahreszeit angemessen sei, und wird deshalb von diesem aufgefordert, die Totenklage um Dido zu singen. Doch schon bei Spenser macht sich die Verselbständigung der pastoralen Elegie bemerkbar. 1595 – also 16 Jahre nach dem Erscheinen des *Shepheardes Calender* – veröffentlicht Spenser im Anschluß an sein Gedicht "Colin Clouts Come Home Again" eine Reihe von pastoralen Elegien verschiedener Verfasser auf den jung verstorbenen Sidney, dem der *Shepheardes Cal-*

---

[1] J. B. Leishman (*Milton's Minor Poems* [London, 1969], S. 256) geht sogar so weit, dieses Gedicht als einzige pastorale Elegie der Antike zu bezeichnen: "It is, I believe I am correct in saying, the only classical poem, whether in Greek or Latin, that can be correctly described as a pastoral elegy." – Eine solche Feststellung hängt natürlich von der zugrundegelegten Definition ab; sie wird aber in diesem Fall kaum den literarhistorischen Fakten gerecht.

[2] Vgl. Hanford, "The Pastoral Elegy and Milton's *Lycidas*", bes. S. 413ff. – Zur Entwicklung der pastoralen Elegie vgl. im übrigen: John W. Draper, *The Funeral Elegy and the Rise of English Romanticism* (London, 1967; [1]1929); Scott Elledge (Hrsg.), *Milton's Lycidas. Edited to Serve as an Introduction to Criticism* (New York/London, 1966); Harrison/Leon (Hrsgg.) *Pastoral Elegy* (v. a. "Introduction"); Edgar Mertner, „Thomas Gray und die Gattung der Elegie", *Poetica*, 2 (1968), S. 326–347.

ender gewidmet war. Die pastorale Elegie wird hier deutlich als eine
selbständige Form von Gelegenheitsgedicht verstanden, als vorgebildetes poetisches Instrument zur trauernden Würdigung eines großen
Toten. In diesem Fall besitzt freilich der Betrauerte, genau wie vorher
Bion, durch seine eigenen Werke eine besondere Beziehung zum Gebiet
der Pastoraldichtung.

Bei Miltons "Lycidas" (1638), vielfach als vollkommenste pastorale
Elegie in englischer Sprache oder gar in der ganzen Tradition bezeichnet,[3] ist die Verselbständigung der Form weiter fortgeschritten. Das
Gedicht erscheint separat bzw. als Teil einer größeren Sammlung von
Grabgedichten, die verschiedene Mitglieder der Universität Cambridge
zu Ehren des in der Irischen See ertrunkenen Edward King verfaßt
haben.[4] Der in der Gestalt des Hirten Lycidas beklagte King ist nicht
als pastoraler Dichter bekannt, sondern war lediglich ein junger Fellow
von *Christ's College*. Milton richtet das Gedicht nach dem vorliegenden
Anlaß aus und konzentriert sich auf die Behandlung des Themas ‚Tod‘.
Die Totenklage wird nicht, wie bei Vergil und Spenser, durch einen
Dialog von Hirten eingeführt, der sie als eine von mehreren möglichen
Arten dichterischer Äußerung hinstellt, und sie wird auch nicht an unterschiedliche Sprecher aufgeteilt.[5] Nach der vorausgehenden Erklärung
"In this Monody the Author bewails a learned Friend…"[6] steht der
Leser unter dem Eindruck, die unvermittelt einsetzende Klagerede
werde vom Dichter in eigener Person gesprochen:

> Yet once more, O ye Laurels, and once more
> Ye Myrtles brown, with Ivy never-sear,
> I com to pluck your Berries… (Z. 1ff.)

Erst ganz zum Schluß rückt der Dichter die Rede in größere Distanz,
indem er das Gedicht ausdrücklich in die pastorale Tradition stellt und
die Totenklage nachträglich einem namenlosen Schäfer in den Mund
legt:

---

[3] Siehe z. B. Bragg, *Formal Eclogue*, S. 30; Nitchie, *Vergil*, S. 108; Leishman,
Milton's Minor Poems, S. 269.
[4] Der erste Teil, mit dem Titel *Justa Edovardo King*, enthält neunzehn lateinische
und drei griechische Gedichte, der zweite besteht aus dreizehn englischen Gedichten, unter denen "Lycidas" das letzte ist. (Vgl. Leishman, *Milton's Minor Poems*,
S. 247)
[5] Dies ist in Vergil V der Fall, wo Mopsus den ersten und Menalcas den zweiten
Teil spricht.
[6] John Milton, *Poetical Works*, hrsg. von Helen Darbishire (London, 1958),
S. 447. – Diese Ausgabe wird auch bei den folgenden Zitaten zugrunde gelegt.

> Thus sang the uncouth Swain to th' Okes and rills,
> ...   (Z. 186)

Wenn auch das poetische Genre der "Monody", das nach dem Beispiel
des "Lycidas" entsteht, nur eine kurze und begrenzte Wirkung erreicht,
so verleiht Milton mit seinem Gedicht doch der pastoralen Elegie neues
Leben,[7] das bis ins 18. Jahrhundert hinein zu spüren ist.

Es würde in diesem Zusammenhang zu weit führen, wenn wir Miltons vielfältiges Verhältnis zur Tradition der pastoralen Elegie eingehend erörtern oder einen vollständigen Überblick über die Konventionen der Form geben wollten.[8] Am Beispiel des "Lycidas" sollen hier
jedoch kurz Wesen und Ziele der pastoralen Elegie sowie ihre wichtigsten konventionellen Darstellungsmittel aufgezeigt werden.

Die Ziele der pastoralen Elegie sind die gleichen wie bei anderen
Totengedichten; sie lassen sich umreißen mit Klage, Preis und Trost.
Der Dichter will den Verstorbenen betrauern, seine Bedeutung für den
Dichter selbst und die Welt im allgemeinen gebührend zum Ausdruck
bringen und allen Betroffenen, sich selbst eingeschlossen, nach Möglich-
keit über den Verlust hinweghelfen. In der pastoralen Elegie sollen
diese Ziele erreicht werden, indem der Dichter den Tod des besungenen
Menschen hineinnimmt in die pastorale Welt mit ihren besonderen
Gesetzen und Konventionen. Aus Edward King wird Lycidas.

Mit seiner Klage steht der Dichter in der pastoralen Welt nicht
allein. Durch die mystische Verbundenheit der hier Lebenden ist die
Trauer um den Toten allgemein, und der Dichter kann die rhetorische
Frage stellen: "Who would not sing for *Lycidas?*" (Z. 10). Er fordert
sogar die Musen auf mitzutrauern: "Begin then, Sisters of the sacred
well..." (Z. 15) Nach der Erinnerung an das schöne Einst, das sorglose
Zusammenleben mit dem Freund in der pastoralen Welt, folgt die
Klage über das traurige Jetzt, den schmerzlichen Verlust:

> But O the heavy change, now thou art gon,
> Now thou art gon, and never must return!
> Thee Shepherd, thee the Woods, and desert Caves,
> With wilde Thyme and the gadding Vine o'regrown,
> And all their echoes mourn.

---

[7] Vgl. Raymond D. Havens, *The Influence of Milton on English Poetry* (Cambridge, 1922), S. 549ff., besonders S. 555.

[8] Siehe dazu George Norlin, "The Conventions of the Pastoral Elegy", *American
Journal of Philology*, 32 (1911), S. 294–312; sowie A. L. Bennett, "The Principal
Rhetorical Conventions in the Renaissance Personal Elegy, *SP*, 51 (1954),
S. 107–126.

164

> The Willows, and the Hazle Copses green,
> Shall now no more be seen,
> Fanning their joyous Leaves to thy soft layes.   (Z. 37–44)

Durch die pastorale Synusie wird die Trauer über den Bereich der Menschen hinaus auf die ganze unbelebte Natur ("the Woods, and desert Caves") ausgedeht; es entsteht der Anschein, als ändere die Natur nun ihren Lauf ("The Willows... / Shall now no more be seen..."). Besonderes Gewicht haben die Klageformeln. Zwar ist im "Lycidas" der formale Refrain, der sich seit Theokrit in der Tradition findet, zu immer neuen Klageansätzen verflüchtigt[9] (z. B. "But O..."), doch setzt Milton die *no-more*-Formel und variiert im folgenden den Gedanken des *in vain* zu der formelhaften Frage: "What boots it...?" (Z. 64); die traditionelle Frage nach dem Aufenthalt der Schutz-Nymphen in der Stunde des Todes,[10] "Where were ye Nymphs ...?" (Z. 50), dient gleichfalls dem Ausdruck der Trauer.

Der Preis des Toten erfolgt in der pastoralen Elegie, im Vergleich etwa zum panegyrischen Nachrufgedicht, mehr indirekt, er steht unmittelbar in Verbindung mit der Klage: an der Tiefe und Universalität der Trauer zeigt sich die Bedeutung des Gestorbenen in der pastoralen Welt. Milton verleiht darüber hinaus nach dem Vorbild von Vergils 5. Ekloge dem Lycidas das Ehrenattribut eines pastoralen Dichters (vgl. oben: "thy soft layes"). Auch die Prozession von mythologischen Gestalten heidnischer und christlicher Provenienz, die nach der Ursache des Unglücks fragen oder ihre Trauer kundtun, unterstreicht die Größe des Gestorbenen. Da King/Lycidas ertrunken ist, stellen sich hier Triton als Gesandter Neptuns, Camus, der Flußgott, und Petrus ("The Pilot of the *Galilean* lake", Z. 109) ein. Der lange Katalog der Blumen, welche die Täler auf Geheiß des Dichters und der sizilischen Muse ausschütten sollen, ist ebenso als Ausdruck der Trauer wie der Verherrlichung des Toten zu verstehen.

Die Hinterbliebenen trösten soll nach der von Vergil V ausgehenden Tradition der Schlußteil der Elegie. Nach der traurigen Klage folgt plötzlich die *consolatio*:

> Weep no more, woful Shepherds weep no more,
> For *Lycidas* your sorrow is not dead,
> ...   (Z. 165f.)

---

[9] Dies bemerkt Mertner, „Thomas Gray", S. 335.
[10] Vgl. Theokrit I, 66; Vergil X, 9f.

Der starke Bruch zum Vorausgehenden kommt in der Umkehrung der *no-more*-Formel zum Ausdruck, die nun die positive Beteuerung einleitet. Der Gegenstand des Gedichts wird von Grund auf umgewertet: der Tod ist jetzt nicht mehr Anlaß zur Klage, sondern eigentlich sogar zur Freude; denn – wie das Versinken der Sonne im Meer – bedeutet er nur scheinbar Niedergang, in Wirklichkeit aber Aufstieg und Erhöhung:

> So *Lycidas* sunk low, but mounted high,
> Through the dear might of him that walk'd the waves;
> . . .   (Z. 172f.)

Aus der heidnischen Apotheose ist die christliche Seligkeit geworden. Doch sind die christlichen Vorstellungen, wie es seit der italienischen Renaissance traditionell üblich ist, mit Elementen aus der antiken Götterwelt vermischt: Lycidas salbt nun sein Haar mit Nektar (Z. 175) und wird hinfort der Genius des Gestades sein (Z. 183).

Die Schönheit und Aussagekraft von "Lycidas" beruht, wie Hanford mit Recht bemerkt,[11] teilweise gerade auf der Konventionalität des Gedichts. Dadurch daß die pastorale Elegie ihr System von Konventionen zur Verfügung hat, ist sie in der Lage, die Trauer um den gestorbenen Menschen zu externalisieren, zu objektivieren und sogar zu sublimieren. Die Künstlichkeit der pastoralen Elegie hebt die Trauer aus dem individuellen Bereich heraus, artikuliert sie und mildert sie damit zur gleichen Zeit.

Andererseits birgt die Konventionalität die Gefahr der Erstarrung. Im Gegensatz zur Pastoraldichtung als ganzer ist die pastorale Elegie als Sonderform viel stärker determiniert. Da sie auf ihren Gegenstand, die Totenklage um einen Menschen in der Rolle eines Hirten, relativ festgelegt ist, stehen ihr von Anfang an wenig Variationsmöglichkeiten offen. Sie kann nur unter den von der Tradition entwickelten Darstellungsmitteln ihre Wahl treffen und stellenweise Veränderungen und Neues einführen. Ihren Bezug zur Realität vermag sie – anders als die Pastorale allgemein, die einmal den Hirten im Goldenen Zeitalter, dann den Gentleman im *retreat* und schließlich den Schäfer der englischen Wirklichkeit darstellt – kaum zu verändern. Die pastorale Elegie ist grundsätzlich metaphorisch.

Schon früh im 18. Jahrhundert wird die leicht in einfallslose Klischeehaftigkeit einmündende Konventionalität der Form erkannt und

---

11 "Pastoral Elegy", S. 447.

kritisiert. Tickell führt in einem Artikel seiner *Guardian*-Reihe (1713) kennzeichnenderweise die pastorale Elegie als Beispiel für die angebliche Uniformität der Pastorale an, indem er mit trockener Ironie folgendes stereotype Schema entwirft:

> A shepherd asks his fellow, 'Why he is so pale? if his favourite sheep hath strayed? if his pipe be broken? or Phyllis unkind?' He answers, 'None of these misfortunes have befallen him, but one much greater, for Damon (or sometimes the god Pan) is dead.' This immediately causes the other to make complaints, and call upon the lofty pines and silver streams to join in the lamentation. While he goes on, his friend interrupts him, and tells him that Damon lives, and shews him a track of light in the skies to confirm it: then invites him to chesnuts and cheese. Upon this scheme most of the noble families in Great-Britain have been comforted; nor can I meet with any right honourable shepherd that doth not die and live again, after the manner of the aforesaid Damon.[12]

Hinter der Kritik ist hier die Beliebtheit der pastoralen Elegie erkennbar, die etwa für das erste Viertel des Jahrhunderts gilt und von der Sekundärliteratur verschiedentlich bestätigt wird.[13] Es liegt nahe, daß eine Zeit, in der "Poems on Several Occasions" der beliebteste Titel für einen Gedichtband ist, sich gern einer auf einen so wichtigen Anlaß zugeschnittenen Form bedient. Gerade diese Popularität läßt die mangelnde Wandlungsfähigkeit der pastoralen Elegie jedoch hervortreten und trägt dazu bei, daß sich die Form bald verbraucht.

Tickell deutet mit seiner Persiflage schon auf die schwachen Punkte hin, in denen die pastorale Elegie ihre Darstellungsmittel modifizieren und reduzieren wird, bevor sie vollständig verschwindet. Die pastorale Maschinerie, die bei Milton zum Teil bereits gemindert war, unter dem Klassizismus des frühen 18. Jahrhunderts jedoch wieder auflebt, muß auf der ganzen Linie zurückweichen. Sowohl Dialog als auch konkrete Einzelheiten und Vorgänge aus dem Schäferleben (hier die Einladung zu Kastanien und Käse) werden als Ablenkung und Beeinträchtigung der eigentlichen Klage empfunden. Die pastorale Synusie, die Anteilnahme der Natur am menschlichen Schicksal, ist – wie wir im einzelnen gesehen haben – immer weniger glaubwürdig oder selbst nur annehmbar. Auch die klassische Mythologie (Tickell konstruiert das Beispiel

---

[12] *Guardian*, 30, S. 155f.
[13] Marion Bragg (*Formal Eclogue*, S. 60) stellt fest: "During the first quarter of the century, the [pastoral] elegy is a favorite form." – Draper (*Funeral Elegy*, S. 3) konstatiert für die erste Hälfte des Jahrhunderts den Höhepunkt einer schon länger vorher einsetzenden Welle elegischer Dichtung.

vom Tod des Gottes Pan)[14] erscheint zu künstlich und wirklichkeitsfern, um auf die Dauer Bestand zu haben.

Die treibenden Kräfte, die hinter diesem Prozeß stehen, sind, wie bei der Pastorale allgemein, das Prinzip des Realismus und die Beachtung des gesellschaftlichen Dekorums.

Bei der *consolatio*, die Tickell in seiner Darstellung durch den prompten Automatismus ihrer Wirkungsweise in Zweifel zieht, kommen gewandelte weltanschaulich-religiöse Vorstellungen hinzu. Dem Deismus der Zeit muß das regelmäßige Eingreifen des Übernatürlichen gegen den Strich gehen. Im übrigen hat die Untersuchung bisher schon ergeben, daß das Thema ‚Tod‘, ‚Vergänglichkeit‘ für den auf positive Lösungen im Diesseits gerichteten Rationalismus generell wenig Anziehungskraft besitzt. Es ist also von vornherein damit zu rechnen, daß die pastorale Elegie trotz der anfänglichen Popularität schneller als die Pastorale insgesamt ihren Platz in der Dichtung des 18. Jahrhunderts verliert. Diese Entwicklung soll nun im einzelnen untersucht werden.

William Congreve, hauptsächlich als Komödienautor bekannt, veröffentlicht mit seinem Gedicht "The Tears of Amaryllis for Amyntas, a Pastoral; Lamenting the Death of the Late Lord Marquis of Blandford" (1703)[15] bereits seine zweite pastorale Elegie. In "The Mourning Muse of Alexis" (1695)[16] hatte er vorher, wie viele andere Dichter,[17] den Tod der Königin Mary betrauert. Dr. Johnson verdammt das frühere Werk als "a despicable effusion of elegiack pastoral; a composition in which all is unnatural, and yet nothing is new."[18] Im Gegensatz zu der als Dialog zwischen zwei Hirten angelegten Elegie auf die Königin ist das spätere Gedicht monologisch: Amaryllis beklagt den frühen Tod ihres Sohnes Amyntas und bricht schließlich auf seinem frischen Grab zusammen. Das pastorale Instrumentarium ist im Vergleich zu vorher reduziert. Dennoch findet auch dieses Gedicht bei

---

14 Freilich ließe sich auch dieses Beispiel zum Teil belegen: Thomas Otway besingt in seinem fragmentarischen "The Beginning of a Pastoral on the Death of His Late Majesty" (Chalmers, *English Poets*, Bd. 8, S. 299) "The royal Pan". Der Name "Pan" ist hier jedoch wohl nur als besonderer Ehrenname, nicht als Ausweis göttlicher Qualitäten gewählt.

15 Chalmers, *English Poets*, Bd. 10, S. 288f.

16 Chalmers, *English Poets*, Bd. 10, S. 269–271.

17 Vgl. Draper, *Funeral Elegy*, S. 195ff. – Ein von Draper an dieser Stelle nicht erwähntes Beispiel ist John Pomfret, "A Pastoral Essay" (Chalmers, *English Poets*, Bd. 8, S. 316–318).

18 *Lives*, Bd. 2, S. 25.

Dr. Johnson keine Gnade, und er urteilt: "... [Congreve] gave no proof that time had improved his wisdom or his wit".[19]

Das harte Urteil ist, auch wenn Johnson generell wenig für die Pastoraldichtung übrig hat, zum großen Teil berechtigt. Es gründet, wie das begleitende Zitat zeigt, vor allem in Congreves Handhabung der pastoralen Synusie. Statt sich hier (wie man es schon bei Milton beobachten kann) Zurückhaltung aufzuerlegen, beutet Congreve diese Konvention in dem ausgedehnten Rahmen der Ekloge maßlos aus. Tiger und Wölfe werden angesichts des Schmerzes der Amaryllis zahm, die Natur selbst schweigt andächtig, Sonne und Flüsse halten in ihrem Laufe inne, und sogar das Echo verstummt. Als Amaryllis dann aber geendet hat, bricht das Getöse der allgemeinen Klage um so ungestümer los:

> The prone creation, who so long had gaz'd,
> Charm'd with her cries, and at her griefs amaz'd,
> Began to roar and howl with horrid yell,
> Dismal to hear, and terrible to tell;
> Nothing but groans and sighs were heard around,
> And Echo multiplied each mournful sound.   (S. 289)

Eine solche grandiose pastorale Synusie ist in der entmythologisierten Natur von Congreves Gedicht – Gestalten aus der Mythologie sind kaum einmal erwähnt – unglaubwürdig. Sparsamer verwendet Congreve dafür die Klageformeln (no more und in vain), und auch die consolatio erscheint gemäßigt, da sie alles Transzendente meidet: aus den Tränen der Amaryllis wachsen Veilchen, die hinfort – wie der Autor in der sentimentalen Schlußanrede sagt – das zarte Geschlecht an Amyntas erinnern und zum Vergießen einer zärtlichen Träne für ihn bewegen sollen.[20]

John Drydens postum erscheinendes Gedicht "On the Death of Amyntas: A Pastoral Elegy" (1704)[21] beginnt sehr ähnlich wie Congreves Elegie: der im Titel genannte Name des Betrauerten, das Versmaß des heroic couplet und der frühe Morgen als Zeit des Geschehens stimmen überein.[22] Doch stellt sich bald heraus, daß Dryden wesentlich

---

[19] S. 32.
[20] Die consolatio in dem früheren Gedicht steht dem mythisch-religiösen Bereich noch näher: aus der Seele der toten Pastora wird ein Stern, der hell wie früher ihre Augen vom Firmament leuchtet.
[21] The Poems and Fables, hrsg. von James Kinsley (London, 1961), S. 840–842.
[22] Die Anfangszeilen verdeutlichen diese Ähnlichkeit:
'Twas at the time when new-returning light ... (Congreve)
'Twas on a Joyless and a Gloomy Morn ... (Dryden)

behutsamer mit den traditionellen Darstellungsmitteln umgeht. Besonders bleibt die pastorale Synusie unaufdringlich im Bereich der gewöhnlichen Naturerscheinungen. Damon, der frühmorgens zur Jagd aufbrechen will, betrachtet das überraschend schlechte Wetter als böses Omen und erfährt von dem sorgenvoll ankommenden Menalcas den Tod des geliebten Knaben Amyntas, den er auf den Neid der Götter zurückführt. Als Menalcas dann von der Trauer der Familie berichtet, wird das Gedicht krampfhaft und exaltiert. Selbst der Tod, der in märchenhafter Personifizierung mit am Totenlager steht, bereut sein Werk und verspricht als Ausgleich den Hinterbliebenen, insbesondere den anmutigen Damen, ein langes Leben. Nachdem Damon der Mutter gleichsam als Ersatz für den Verlust eine zahlreiche Nachkommenschaft gewünscht hat ("... the Beauteous Mold remains, / Long may she exercise her fruitful Pains", Z. 60f.), schließt Menalcas mit der konventionellen *consolatio* ab. Wie eine purpurne Wolke verkündet, geht Amyntas gerade in den Himmel ein; nach dem Beispiel des Daphnis bei Vergil bestaunt er die ungewohnte Pracht dort, zeigt darauf am Tor seinen Paß, der in Unschuld und Anmut besteht, und vervollständigt schließlich mit seiner Stimme den Chor der Engel. Wenn man von der *consolatio* absieht, ist die Schwäche des Gedichts nicht in der Gattungstradition, sondern in der allzu unverhohlenen Gebrauchsabsicht des Autors, der zugleich mit der Kondolation artige Komplimente übermitteln will, begründet.

Mehr Überzeugungskraft trotz seiner vergleichsweise höheren Ambitionen entfaltet "Delia. Lamenting the Death of Mrs. Tempest, who Died upon the Day of the Great Storm" (entst. 1703–04)[23] von William Walsh. Das Gedicht ist ein Monolog, dessen Sprecher nicht identifiziert wird; der Rahmen auf der kommunikativen Ebene, der in Miltons "Lycidas" noch nachträglich geschaffen wurde, fehlt hier völlig. Dadurch wirkt die Klagerede als eine subjektive Äußerung, und die Konventionen der pastoralen Elegie sind so, ohne objektive Bestätigung durch den Dichter, leichter annehmbar. Ein variierter, meist doppelzeiliger Refrain, der als wesentliches Element die *no-more*-Formel hat, gliedert das Gedicht in ungleich lange, zunächst wachsende Abschnitte.

---

[23] Chalmers, *English Poets*, Bd. 8, S. 417. – Das Gedicht wird später den vier "Pastoral Eclogues" von 1692 hinzugefügt. Das Datum des im Untertitel genannten Sturms ist der 26. November 1703 (vgl. Anm. von Audra/Williams, *Poems of Pope* [Twickenham Ed.], Bd. 1, S. 88. – Audra/Williams geben einen etwas anders lautenden Titel an: "Delia, A Pastoral Eclogue; Lamenting ... of the Late Storm").

Nachdem der Sprecher zu Anfang die Menschen zum Mittrauern und die Muse zur weltweiten Verbreitung der traurigen Nachricht aufgefordert hat, bemerkt er, daß die Kunde offenbar in der ganzen Natur gehört worden ist:

> The foaming sea o'erwhelms the frighten'd shore,
> The vallies tremble, and the mountains roar.
> The lofty oaks from firm foundations torn,
> And stately towers in heaps of ruin mourn!
> The gentle Thames, that rarely passion knows,
> Swells with this sorrow, and her banks o'erflows:
> What shrieks are heard! what groans! what dying cries!
> Ev'n Nature's self in dire convulsion lies!
> Delia, the queen of love, they all deplore!
> Delia, the queen of beauty, now no more!

Die universelle pastorale Synusie ist hier erstens durch den im Untertitel in Erinnerung gebrachten Sturm real fundiert, und zweitens wird die Verbindung zwischen dem Aufruhr der Natur und dem Tod der Delia nur hergestellt in der Interpretation des Sprechers, dessen Verzweiflung anschließend in seinem Lebensüberdruß zum Ausdruck kommt.

Der Schwerpunkt der weiteren Rede liegt auf dem Lob der Toten; ihre Vorzüge sind unter den lebenden Frauen ohnegleichen, und sie wurde von allen Hirten besungen. Angesichts ihrer Schönheit äußert der Sprecher den Wunsch, wenigstens im Tode mit ihr vereint zu werden. Die *consolatio*, die dann folgt, ist rein christlich: Delia ist zu einer Heiligen gekrönt und wird dementsprechend angerufen, den Tränen derer zu vergeben, die nicht die Freuden der von ihnen Geliebten, sondern bloß die eigene Verzweiflung fühlen. Es scheint nicht ganz verdient, daß Walshs Gedicht lediglich als eine Anregung für das Gedicht seines größeren Freundes bekannt ist.

Pope erklärt in der ersten Anmerkung zu "Winter. The Fourth Pastoral, or Daphne" seine Widmung "To the Memory of Mrs. Tempest" mit der von Walsh in einem Brief geäußerten Bitte, Pope möge seiner letzten Ekloge, die das gleiche Thema habe wie seine (Walshs) eigene, eine solche Wendung geben, daß sie dem Andenken von Mrs. Tempest dienen könne. Es ist interessant zu sehen, wie Pope dabei die Tatsache, daß der Tod der Dame sich in der Nacht des großen Sturmes ereignete, als besondere Rechtfertigung seines Gedichts (d. h. des in ihm dargestellten Aufruhrs der Natur) hervorhebt: "Her [Mrs. Tempest's] death having happened on the night of the great storm in 1703, gave a propriety to this eclogue, which in its general turn alludes to it."[24]

"Winter", nach Warburton Popes liebste unter den Pastoralen,[25] muß – wie wir gesehen haben – im Rahmen des Zyklus verstanden werden. Aus der Stellung in der Sammlung erklärt sich unter anderem die ausgedehntere dialogische Einbettung der Klage, die dem Gedicht im Vergleich zu den einzelnen Elegien wieder eine größere thematische Breite gibt und ihm einen gewissen Abstand von seinem vorgeblichen Anlaß verschafft: "Daphne's Fate, and Daphne's Praise" (Z. 8) ist hier noch einmal ein poetisches Thema.

In dem Thyrsis-Lied, der eigentlichen Klage, verknüpft Pope auf meisterliche Art die verschiedenen Darstellungskonventionen der pastoralen Elegie miteinander. Zunächst ruft er die Tradition in Erinnerung, indem Thyrsis unter den pastoralen Gottheiten, ausdrücklich auf Bions „Klage um Adonis" anspielend, besonders die Liebesgötter anspricht und sie, in einer Imitation von Vergil V, auffordert, der Toten mit den nun nutzlos gewordenen Pfeilen die Grabinschrift zu schreiben:

'Let Nature change, let Heav'n and Earth deplore,
Fair *Daphne's* dead, and Love is now no more!' (Z. 27f.)

Aus diesem Epitaph, das die pastorale Synusie und die *no-more*-Formel enthält, entwickelt sich mit dem variierten Refrain die weitere Klage:

'Tis done, and Nature's various Charms decay;
See gloomy Clouds obscure the chearful Day!
Now hung with Pearls the dropping Trees appear,
Their faded Honours scatter'd on her Bier.
See, where on Earth the flow'ry Glories lye,
With her they flourish'd and with her they dye.
Ah what avail the Beauties Nature wore?
Fair *Daphne's* dead, and Beauty is no more! (Z. 29–36)

Die pastorale Synusie, die Pope in den andern Eklogen viel zurückhaltender einsetzt, ist hier real angemessen durch die Einordnung des Gedichts in die winterliche Jahreszeit, wo die Natur ihre früheren Vorzüge verliert und gleichsam selbst zu sterben oder zu trauern scheint. Pope hat offenbar erkannt, daß die pastorale Synusie für die

---

[24] *Poems*, S. 135, Anm.
[25] Vgl. Audra/Williams, *Poems of Pope*, S. 88.

pastorale Elegie, mehr als für die Pastoraldichtung im ganzen, die tragende Konvention ist. Wie in dem zitierten Abschnitt der Verfall der Schönheit in der Natur ("Nature's various Charms") als Widerspiegelung und Würdigung des Verlustes der Schönheit in Daphne gedeutet wird, so führt Pope in den folgenden Abschnitten stets solche Beispiele aus dem jahreszeitlichen Niedergang der Natur an, die eine mehr oder weniger deutliche Verbindung zu einer besonderen Qualität der Toten haben. Und der Verlust dieser Qualität für die pastorale Welt wird dann jeweils in dem unterschiedlichen Schlüsselwort des variierten Refrains beklagt: "Beauty", "Pleasure", "Sweetness", "Musick" (und "Glory").

Im letzten Abschnitt (Z. 61–68) ist das auch vorher nicht stereotype Muster weiter abgewandelt. Der Sprecher nennt nicht Beispiele eines Mangels in der Natur, sondern interpretiert die winterliche Unruhe von Regen und Wind als Trauer der Natur um Daphne; denn "Glory" stellt nur eine mittelbare Eigenschaft der Toten dar und kommt überdies nur ihr persönlich, und nicht der Natur zu, wie aus dem diesmal chiastischen Refrain hervorgeht:

> Daphne, our Grief! our Glory now no more!   (Z. 68)

In der so vorbereiteten kurzen *consolatio* wird Daphnes Apotheose angemessenerweise als Aufenthalt in einer immergrünen Paradieslandschaft, wo die Blumen nie welken (Z. 74), dargestellt. Nach Miltons Beispiel ist die Klageformel *no more* zum Schluß in ihr Gegenteil verkehrt:

> *Daphne*, our Goddess, and our Grief no more!   (Z. 76)

Wenn in der dritten Ekloge von Philips, der Elegie auf Albino, die Frustrationsformeln ausschließlich in ihrer positiven Umkehrung begegnen,[26] so kommt darin der vergleichsweise optimistische Charakter des Gedichts zum Ausdruck. Zwar heißt es zu Anfang von den beiden Hirten, die sich in die Höhle zurückziehen, um den Jahrestag von Albinos Tod zu begehen, daß ihre Wangen von „manch einer tropfenden Träne" benetzt seien, doch überwiegt im ganzen das Positive. Die kurz eingeführte pastorale Synusie bleibt mehr indirekt (die normalen Äußerungen der Freude in der pastoralen Welt waren, wie Angelot sich erinnert, am Todestag nicht zu hören), das Trauerdefilee wirkt

---

26   No more, mistaken Angelot, complain:
        Albino lives; and all our tears are vain:
        (Chalmers, *English Poets*, Bd. 13, S. 112)

etwas schwach, und vor allem ist die Bedeutung des Toten für die pastorale Welt, obwohl sein Tod (nach Vergil V)[27] die Ursache von Mißernten sein soll, wenig überzeugend: nun fehlt den Landbewohnern ein Lehrer in den rustikalen Sportarten, und seine Mutter (die Königin Anna, deren Sohn, der junge Duke of Gloucester, als Albino betrauert wird) hat niemand mehr, der ihre Triumphe teilen kann. Viel mehr Nachdruck liegt auf der *consolatio*, und zwar nicht so sehr auf der recht blassen Schilderung von Albinos ewiger Seligkeit, sondern vielmehr auf der segensreichen Herrschaft seiner Mutter und dem an Spenser erinnernden Freudenfest, das die Hirten zu Albinos Ehren jetzt und jedes zukünftige Jahr feiern wollen.

In Philips' nächster Ekloge (IV) trägt Myco dem Argol als Beispiel ("sample") für die Kunst des Colinet die „Totenklage um Stella" vor, die persönlicher als die pastorale Elegie sonst ist und der Liebesklage sehr nahe steht. Die pastorale Synusie wird nur als subjektiver Wunsch formuliert, indem der Sprecher sagt: "Aid me to grieve, with bleating moan, my sheep..." Bemerkenswert ist das Fehlen der *consolatio*. Die Klage wird jedoch, mehr noch als Philips' "Albino" und Popes "Winter", durch die Stellung in der Sammlung geprägt. Nach Pope und Philips tritt die pastorale Elegie nicht mehr als Teil eines Eklogenzyklus, sondern nur noch als einzelnes Gedicht, das einem bestimmten (selten fiktiven) Anlaß gerecht werden will, in Erscheinung.

Ein solches "occasional pastoral"[28] ist Elijah Fentons "Florelio; a Pastoral, Lamenting the Death of the Late Marquis of Blandford",[29] das 1717 veröffentlicht wird, aber schon wesentlich früher entstanden sein muß; denn der ebenfalls von Congreve besungene Marquis, ältester Sohn des Duke of Marlborough, ist bereits im Februar 1703 gestorben. Der ohne Rahmen stehende Klagemonolog wird von dem pastoralen Dichter vorgetragen, der – wie er in der Mitte des Gedichts sagt – trotz seines größeren Themas vergeblich danach strebt, es Colin (Spenser) gleichzutun. Die überlegte Auseinandersetzung mit der Tradition macht sich sofort im Anfang bemerkbar, wo die stereotype Frage nach der Ursache des allgemeinen Leids in die Form eines Verbots ab-

---

[27] Pope übertreibt gewaltig, wenn er von dem Gedicht seines Konkurrenten behauptet: "... [Philips's third pastoral] is for the greatest part a translation from Vergil's Daphnis." (Zit. bei Congleton, *Theories*, S. 82)

[28] Johnson (*Lives*, Bd. 2, S. 57) macht die vernichtende Bemerkung: "Of *Florelio* it is sufficient to say that it is an occasional pastoral, which implies something neither natural nor artificial, neither comick nor serious."

[29] Chalmers, *English Poets*, Bd. 10, S. 393–395.

gewandelt wird: "Ask not the cause why …" Das 200 Zeilen lange Gedicht ist nicht durchkonstruiert und wirkt gelegentlich sogar konfus. Während der unkontrolliert wiederholte Kontrast zwischen schönem Einst und traurigem Jetzt in den ersten Absätzen (Refrain) noch durch die Verzweiflung des Sprechers motiviert sein könnte, ist beispielsweise die Nennung des jährlichen Gedächtnisopfers für den illustren Toten an drei verschiedenen Stellen völlig unkoordiniert. Wie bei Congreve die Mädchen durch Veilchen an den toten Marquis erinnert werden sollen, so soll es hier durch Anemonen geschehen. Doch die in dem Namen angelegte Verbindung des Toten zu den Blumen ("Florelio"[30] – "flowers") wird ausgiebiger genutzt: im Tod haben ihn die Nymphen aufgefordert, langsam, einschlafenden Blumen gleich, zu sterben.

Trotz einer derartig ungehemmten Geschmacklosigkeit zeigt Fenton Bedenken, die *consolatio* anzuwenden. Der Sprecher erkennt zunächst die Unabänderlichkeit des Todes an, als er die trauernde Mutter auffordert, vom Klagen abzulassen. Nur indirekt sagt er, daß der Tote lebt, indem er nach dem Gedanken an den eigenen Tod die Zuversicht auf ein späteres Zusammenleben mit Florelio im Elysium ausspricht.

Allan Ramsay hat neben seinen anderen Pastoralen auch drei pastorale Elegien verfaßt: "Richy and Sandy: On the Death of Mr. Addison" (1719), "Robert, Richy, and Sandy: A Pastoral on the Death of Matthew Prior" (1721) und "Keitha. An Elegy on the Death of Mary, the Countess of Wigton" (1721).[31] Alle Gedichte stellen Dialoge zwischen schottischen Hirten dar. Während sich jedoch Richy and Sandy in den beiden ersten Eklogen – auch ohne die entsprechende Erklärung des Verfassers – unschwer als Richard Steele und Alexander Pope identifizieren lassen, erwecken die Sprecher der dritten, Ringan und Colin, weit eher den Eindruck von *Lowland*-Charakteren. Wie in den übrigen pastoralen Gedichten zeigt sich in den drei Elegien ein beträchtlicher Gegensatz zwischen traditionellen literarischen Elementen (wie beispielsweise pastorale Synusie oder "Titry the Mantuan herd"[32] als Gattungsvorbild) und realistisch-rustikalen Komponenten, die mit einem deutlichen Eigenwert versehen sind. Als verbindende Brücke wirkt auch hier der durchgehende schottische Dialekt. Dies möge das Beispiel des Schlusses von "Richy and Sandy" veranschaulichen, wo

---

[30] Es ist nicht unwahrscheinlich, daß für den Namen Richard Dukes "Floriana, A Pastoral upon the Death of her Grace Mary Dutchess of Southampton, 1680" (1681) als Muster gedient hat (Text siehe Chalmers, *English Poets*, Bd. 9, S. 218f.).

[31] *Works*, Bd. 2, S. 170–181.

[32] S. 171.

Sandy hohe philosophische und derb-praktische Gedanken des Trostes in einem Atem äußert, ohne daß der Bruch sehr auffällt:

> He [Adie] was o'er good for us; the gods hae ta'en
> Their ain but back, – he was a borrow'd len.
> Let us be good, gin virtue be our drift,
> Then we may yet forgether 'boon the lift.
> But see the sheep are wysing to the cleugh;
> Thomas has loos'd his ousen frae the pleugh;
> Maggy by this has bewk the supper-scones;
> And muckle kye stand rowting in the loans;
> Come, Richy, let us truse and hame o'er bend,
> And make the best of what we canna mend.   (S. 172ff.)

Wenn freilich zu Beginn der Elegie in breitem Dialekt der Gott Pan angerufen wird (S. 170), so ist die Verbindung kaum gelungen. Ramsay verzichtet deshalb in den drei Gedichten zunehmend auf antike Mythologie. Im Gegensatz zu der ersten Elegie verwendet er jedoch in den beiden andern den Refrain (bei dem Gedicht auf Prior, wie in Popes "Winter", als epigrammatische Hervorhebung der in dem jeweiligen Abschnitt behandelten Eigenschaft des Toten); das ist vor allem insofern bemerkenswert, als der Refrain sonst immer als Teil der monodischen Klage begegnet. Ramsay bewegt sich hier durch die Betonung der dialogischen Anlage also, infolge seiner besonderen Situation als schottischer Dichter, im Widerspruch zur allgemeinen Tendenz, die den Klagemonolog absolut hervorkehrt.

Eher der Erwartung entspricht die Handhabung der *consolatio*. Wie der eben zitierte Absatz zeigt, ist in der ersten der Elegien – und gleichermaßen in der letzten – die *consolatio* sehr verhalten. Der Gedanke der Unvollkommenheit alles Irdischen wird zuerst vorgebracht, und die Möglichkeit des Weiterlebens nach dem Tode sogleich mit einer moralischen Forderung für die Lebenden verknüpft ("Let us be good... / Then we may yet forgether 'boon the lift.")[33] In "Robert,

---

[33] In "Keitha" ist der gleiche Gedankengang zu finden, lediglich etwas mehr christlichen Vorstellungen angenähert:
> The powers aboon are cautious as they're just,
> And dinna like to gie o'er meikle trust
> To this unconstant earth, with what's divine,
> Lest in laigh damps they should their lustre tine.
> Sae, let's leave aff our murmuring and tears,
> And never value life by length of years;
> But as we can in goodness it employ,
> Syne wha dies first, first gains eternal joy.   (S. 181)

Richy, and Sandy" fehlt die *consolatio* im traditionellen Sinne ganz. Robert lädt die beiden andern ein, mit ihm zusammen bei einem ordentlichen Essen und einem guten Schluck ihren Kummer zu vergessen, denn alle Tränen und Seufzer seien doch vergeblich.[34]

"A Pastoral between Thirsis and Corydon upon the Death of Damon" (um 1720) von James Thomson, dem Autor der *Seasons*,[35] läßt trotz eines Hinweises des Herausgebers auf "Sandy and Richie" keine besonderen Berührungspunkte zu Ramsay erkennen; als Jugendwerk ohne ausgeprägte Individualität spiegelt es vielmehr den allgemeinen Entwicklungsstand der Form wider. Der orthodoxe Einleitungsdialog besteht aus der obligaten Frage an Corydon nach dem Grund seiner ungewohnten Trübsal, der Antwort mit der Nachricht vom Tode des jungen Damon (in einer Parenthese zur Überschrift als ein gewisser Mr. Riddell identifiziert) und der sich daraus ergebenden Aufforderung des Thirsis zur allgemeinen Trauer und zum Preis des Toten. In seinem anschließenden Klagemonolog ohne Refrain ruft Corydon zunächst den personifizierten Kummer ("grief") und die Musen – letzter Rest der antiken Mythologie – um Beistand an; dann geht er auf die Vorzüge des Toten als Dichter, tugendhafter, frommer Mensch und treuer Freund ein; schließlich fordert er des längeren die verschiedenen Bereiche der pastoralen Welt in (nicht ganz strikt) aufsteigender Reihenfolge zur Trauer auf: Blumen, Bäume, Vögel, Winde, Bäche, Hirten ("swains"); er selbst will sich in die Einöde zurückziehen, wo nur das Echo seine Klage begleitet. Mitten eingeschoben in den Klagemonolog ist eine zweizeilige *consolatio* in vagen christlichen Termini,[36] die von dem Sprecher jedoch gar nicht ernstgenommen wird, da sie ihn in seiner Klage in keiner Weise beeinflußt.

Jonathan Smedleys "The Mournful Shepherdess. A Pastoral" (1721)[37] gibt sich nicht als Gedicht für einen spezifischen Anlaß zu erkennen, weist aber sonst recht typische Züge auf. Der rahmenlose Klagemonolog über den Tod des jugendlich schönen Damon kommt

---

[34]   For a' our tears and sighs are but in vain: (S. 177)
Hier erfährt die *in vain*-Formel ihre positive Umwertung.
[35] *Complete Works*, hrsg. von J. L. Robertson (London, 1908), S. 492f.
[36] Das zweite *couplet* der Anrede an die Bäume (Z. 43ff.) bildet die *consolatio*:
    Ye leafy trees, your blooming honours shed,
    Damon for ever from your shade is fled;
    Fled to the mansions of eternal light,
    Where endless wonders strike his happy sight.
[37] *Poems on Several Occasions* (London, 1721), S. 141–147.

diesmal aus dem Munde einer Frau, so daß das Gedicht, wie z. B. das Motiv der pastoralen Geschenke (S. 145) sichtbar macht, etwas der Liebesklage benachbart ist. Der Anfang der zunächst umständlich begründeten und angekündigten Klage wirkt abstoßend durch die masochistische Sentimentalität und den übertriebenen Exhibitionismus der Sprecherin: sie will ihre seelischen „Wunden jeden Augenblick aufs neue zum Bluten bringen", und das ganze Universum soll ihren Schmerz sehen, der nicht einmal im Schlaf zur Ruhe kommen soll. Diese übermäßige Hervorhebung des individuellen Schmerzes hängt wahrscheinlich damit zusammen, daß die pastorale Synusie als Möglichkeit der Objektivierung der Klage hier völlig fehlt. Bäume und Wälder werden lediglich als Zeugen des Wehklagens angesprochen:

> Ye! Trees, your branching Arms, so wide that throw,
> Ye! Groves, that give Solemnity to Woe!
> Receive, within your melancholy Shade,
> A most afflicted, once an happy Maid;
> Your silent Gloom is to the Wretched kind,
> And spreads a welcome Horror o'er the Mind;
> Your dark Recesses, hid from human Sight,
> Sooth the sick Heart, and to sad Thoughts invite.
>
> (S. 143)

Die Bäume sind nicht mehr potentiell Mitleidende in der pastoralen Welt, sondern geben nur noch die rechte Umgebung für Melancholie und Trauer ab. Statt der pastoralen Synusie bildet die *no-more*-Formel in den ausgedehnten Passagen, wo sich die Sprecherin an das frühere gemeinsame Leben mit dem Verstorbenen erinnert, die tragende Basis des Gedichts. Von der klassischen Mythologie ist nichts mehr übrig geblieben. Es fehlt auch die *consolatio*. Tröstlich für die Sprecherin ist allein der Gedanke an den eigenen Tod, der ihr Erleichterung von ihrem Schmerz bringen wird.

Es ist sicher zufällig, daß gerade Smedleys Gedicht am Schluß einer Phase steht, in der die pastorale Elegie als populäre Form angesehen werden muß. Aber es macht doch sehr anschaulich, wie verbraucht die Form inzwischen ist, wie fundamentale Darstellungsmittel der Tradition unglaubwürdig geworden sind und damit ausfallen, ohne daß neue an ihre Stelle treten. Vielleicht zeigt es auch schon, daß die völlige Aufgabe der konventionellen Objektivierungsmöglichkeiten der Klage nur befriedigend durchzuführen ist, wenn sich das Gedicht zugleich von einem unmittelbaren Traueranlaß löst und der Sprecher bzw. das lyrische Ich stattdessen, wie in Grays "Elegy" (1751), allgemeinere und

– trotz der vorherrschenden Melancholie – ausgeglichenere Meditationen über den Tod anstellt. Doch an diesem Punkt kann man nicht mehr von der traditionellen pastoralen Elegie sprechen. Einstweilen werden freilich noch immer Versuche unternommen, die Tradition weiter zu pflegen.

Nach einem Zwischenraum von mehr als einem Jahrzehnt ist "November. A Pastoral Elegy" (1735)[38] von einem gewissen W. B-d das nächste hier erfaßte Beispiel der Form. Es scheint nicht von ungefähr, daß es wie einige der noch folgenden in dem konservativen *Gentleman's Magazine* veröffentlicht wird. Das kurze Gedicht ist ein typisches Erzeugnis der Schwundstufe. Auffallend sind lediglich die paarweise gereimten Verszeilen, deren lebhafter anapästischer Rhythmus in merkwürdigem Gegensatz zu dem betrüblichen Thema steht. Auf die stereotype Frage nach der Ursache der Traurigkeit, wobei die üblichen Mißgeschicke des Hirtenlebens und die düstere Jahreszeit als mutmaßliche Gründe geäußert werden, antwortet der zweite der beiden nicht näher gekennzeichneten und nicht einmal benannten Sprecher mit der Nachricht vom Tode des Patrons, die er euphemistisch mit Hilfe der *no-more*-Formel umschreibt. Nachdem er einige Vorzüge des Toten hervorgehoben und ihren Verlust, vor allem für sich selbst, beklagt hat, kontert er andere mit einer Art *consolatio*: die betrauerten Eigenschaften leben in dem Erben des Besitzes fort. In der Zurückweisung der Klage kommt zum ersten Mal im Gedicht der Begriff ‚tot' vor:

> Then cease for the dead thy impertinent care;
> Rejoice, he survives in his brother and heir. (Z. 47f.)

Wenn man von der etwas peinlichen Schmeichelei absieht, so ist die 'consolatio' durch ihren uneingeschränkt diesseitigen Positivismus bemerkenswert.

Mehr traditionelle Züge bewahrt William Bewick in dem Gedicht "On the Death of a young Gentleman, in Imitation of the Pastoral" (1742).[39] Der lange Monolog mit seinen starken Schwächen und Widersprüchen ist von einem gewissen Interesse wegen des ungelösten Konflikts zwischen Tradition und Realismus. Die pastorale Synusie, welche neben den ausgedehnten *no-more*-Passagen mehrfach auftaucht, geht nur dort über eine rhetorische Aufforderung hinaus, wo von der Trauer

---

[38] *GM*, 5 (1735), S. 46. – Die Verszeile ist die gleiche wie in Byroms "Pastoral".
[39] *Several Letters and Miscellany Poems, Second Edition, with an Addition of many others* (Newcastle, 1742), S. 169–182.

des Papageis um seinen toten Herrn, der ihm nun kein Futter mehr geben kann, die Rede ist (S. 180f.). Die *consolatio* wird zwar schon zu Anfang vorbereitet, indem der Dichter bei der Rückerinnerung an den Tod des Thyrsis dessen letzte Worte wiedergibt "I go to Heaven, and hope for lasting there" (S. 172), und auch an anderen Stellen ist der Tote als fern weilend bezeichnet[40] – doch hat der Gedanke des Fortlebens in einer besseren Welt am Ende kein Gewicht und wird schnell wieder zugunsten einer Erwähnung der früheren Tugendhaftigkeit des Toten in dieser Welt aufgegeben. Elemente der klassischen Mythologie sind bloß als Metonymie ("Muse", "Venus") akzeptabel; eine längere Reminiszenz an Orpheus wird sogleich als Fabel ohne Bezug zur Wirklichkeit abgetan:

> We hear of one, the Husband of a Wife,
> With melting Notes could bring the Dead to life;
> . . .
>
> But this you say, is only a Legend,
> Yet this no Fable, we have lost a Friend;
> . . .   (S. 176)

Der Realismus des Gedichts geht in ungewollte Komik über, als der Sterbende inmitten eines pathetischen Abschieds von der Verlobten, vom Bruder und besonders von der treusorgenden Mutter sowie der ganzen Welt seine Kritik an den schlechten Ärzten äußert, die die ganze Schuld an seinem unzeitigen Ende trügen.[41]

Wesentlich blasser bleibt das unter dem Pseudonym "Melpomene" veröffentlichte "Cosmelia. A Pastoral. On the Death of Miss E-- C--" (1743).[42] Der Sprecher des Klagemonologs ist nur in der Einleitung mit dem Attribut eines Schäfers versehen, sonst fehlen pastorale Utensilien. Die pastorale Synusie wird als unerreichbares poetisches Ideal eingeführt: nachdem der Klagende den vergeblichen Wunsch ausgesprochen hat, Pope und seiner Klage um Daphne gleichzukommen, fährt er fort, daß er dann die ganze Natur zum Mittrauern bewegen wollte. So kann

---

[40] Z.B.: "Remov'd far from us to another Land" (S. 181).

[41]
       I fall not by my Foe thro' envious Strife,
       But my Physicians rob me of my Life;
       They nourish my fond Hopes with senseless Sham,
       And poison with their Druggs my inward Frame;
       . . .   (S. 170f.)

[42] *GM*, 13 (1743), S. 266. – Im vorhergehenden Jahrgang der Zeitschrift (S. 325f.) war Walshs "Delia" ohne Angabe des Verfassers mit dem Zusatz „Writen [*sic*] 1703" abgedruckt worden.

er nur in „natürlichem Kummer weinen" und sich an die Vorzüge der Toten, unter anderem gute Fähigkeiten im Spinettspielen, erinnern. Eine *consolatio* fehlt ganz. Bei der Erinnerung an die Todesagonie des geliebten Mädchens, deren Zeuge er geworden sei, bricht der Trauernde ab.

Dieser Elegie sehr ähnlich ist Thomas Blacklocks "A Pastoral on the Death of Stella. Inscribed to her Sister" (1745),[43] wenngleich traditionelle Merkmale etwas mehr hervortreten. Das Motto zeigt die Orientierung an Pope. Die Tradition der Gattung betonen der Refrain ("Love, Beauty, Virtue, mourn your darling gone!"), in dem Personifizierungen die Stelle der früheren mythologischen Gestalten eingenommen haben, und eine Theokritsche Anapher ("Sweet ... Sweet ... Sweet").[44] In der Einleitung des Monologs begegnet noch eine obligate (uneingeschränkte) pastorale Synusie.[45] Doch bricht auch hier die Klage zum Schluß abrupt ab; das *no more* ist endgültig.

Blacklocks "Philanthes: A Monody"[46] fällt etwas aus dem Rahmen, dadurch daß es drei Todesfälle, die in der vorausgeschickten Ankündigung prosaisch-respektlos als "a series of interesting events which happened at Dumfries on Friday, June 12, 1752" bezeichnet wurden, zum Gegenstand hat: den Tod einer Mutter von „zahlreichen" Kindern, Sophronia, das Ertrinken eines Knaben, Adonis, und – als Hauptthema – das Ende des Arztes Philanthes. Das Gedicht ist außergewöhnlich traditionell. Neben einer erstarrten Form der pastoralen Synusie finden sich ausgedehnte pastorale Vergleiche und eine pastorale Betreuerung, Spielart des Adynaton.[47] Die *consolatio* am Schluß wird im "Argument" als „Imitation von Vergils Daphnis" gerechtfertigt. Beachtung verdient vor allem die Versform, die zum ersten Mal das verbindliche *heroic couplet* deutlich aufgibt; die unterschiedlichen Strophen mit vorherrschenden alternierenden Reimen und Kurzzeilen lassen an Spensers Vorbild denken.

Interessant erscheint im übrigen die Behandlung der Mythologie. Als Folge des Rationalismus, den wir bereits in Blacklocks anderen

---

[43] Chalmers, *English Poets*, Bd. 18, S. 196f.
[44] Diese mag vielleicht Marion Bragg veranlaßt haben, das Gedicht als "an imitation of Theocritus' first idyll" anzusprechen (*Formal Eclogue*, S. 81).
[45] Birds ceas'd to warble at the mournful sound;
      The laughing landscape sadden'd all around:
[46] Chalmers, *English Poets*, Bd. 18, S. 200–202.
[47] "While birds their lays resume, / And spring her annual bloom, / Let verdant wreaths his sacred tomb adorn..." (S. 202)

pastoralen Gedichten beobachtet haben,[48] müssen auch hier die mythologischen Elemente zum großen Teil weichen. Der traditionelle Vorwurf *Where were ye Nymphs?* wird in der Rede der Mutter des ertrunkenen Jungen zu der realistischen Frage:

> "Was there no hand," she cry'd, "my child to aid? ["]
>
> (S. 201)

Statt mit den pastoralen Halbgöttern der Tradition hatte der ver-
storbene Philanthes in seinem Leben Umgang mit personifizierten Tugenden wie "Religion", "Friendship", "Worth" und "Pleasure" (S.
201f.). Daß in dem Rationalismus aber nicht die einzige Ursache für
das Schwinden der Mythologie liegt, beweisen die nicht wenigen Reste,
die der konservative Blacklock in diesem Gedicht noch bewahrt: auch
die elementarsten Namen und Anspielungen werden in Fußnoten erklärt, z. B. "Pan" ("God of Arcadia, who peculiarly presides over
rural life"), "Hymen" ("God of marriage") oder "Naiads" ("River
goddesses"). Offenbar sind die Bildungsvoraussetzungen um die Mitte
des 18. Jahrhunderts in der anzusprechenden Leserschaft so beschaffen,
daß der Dichter kaum noch Vorkenntnisse in der klassischen Literatur
und damit Mythologie erwarten darf.

In den auf die Veröffentlichung von Blacklocks Klage um Stella
folgenden Jahren erscheinen selbst im *Gentleman's Magazine* nur pastorale Elegien mit burlesker Intention, die an anderer Stelle zu diskutieren sein werden.[49] Wie sehr die Form zu dieser Zeit allgemein in
Mißkredit geraten ist, zeigt eine in der Zeitschrift angegebene kurze
Besprechung von "Daphnis and Menalcas, a pastoral, on the death of
Gen. Wolfe", die von einem ausführlichen Zitat aus der Ekloge begleitet wird; es heißt dort:

> Pastoral dialogues on the death of the great are so common, and have
> been the vehicles of flattery so gross, and images so trite, that the very
> idea is become ridiculous, and it is therefore much to be regretted that the
> virtues of Gen. *Wolfe* are not celebrated in another manner.[50]

---

[48] Vgl. oben, Kap. II, 1, b.
[49] "Robin. A Pastoral Elegy" (*GM*, 16 [1746], S. 609) von einem gewissen John
Dobson trägt selbst als Burleske seinen Namen zu Unrecht, da es nichts mit einer
Totenklage zu tun hat. – "A Pastoral" (*GM*, 17 [1747], S. 443) ist eine Elegie auf
eine tote Kuh. – "Shock. An *Eclogue* on the much lamented Death of Miss ****'s
favourite *Lap-Dog*" (*GM*, 20 [1750], S. 37) läßt sich am ehesten als *town
eclogue* einordnen. – "A Pastoral Dialogue" (*GM*, 22 [1752], S. 331) bildet eine
‚Totenklage' um Robin, der – wie sich zuletzt herausstellt – nur für drei Wochen
abwesend ist.
[50] *GM*, 29 (1759), S. 544.

Der anonyme Autor von "A Pastoral Elegy" (1759)[51] versucht solche ungünstigen Bedingungen für die Aufnahme seines Werkes auszugleichen, indem er das Gedicht durch eine besondere Einleitung mit der verwandten, dabei jedoch sehr geschätzten Art der Friedhofselegie in Verbindung bringt. Der Anfang erinnert – nicht nur wegen der gleichen Strophenform – an Grays "Elegy Written in a Country Church-Yard":

> Sweet is the balmy breath of summer eve,
>   What time along the twilight lawns I rove,
> From the green turf the honied vapours heave,
>   And cooling breezes curl the dusky grove.

Die personifizierte Melancholie, der der Dichter auf seinen Wanderungen begegnet, führt ihn dann zu ihrer dunklen Zelle in einem alten, efeubewachsenen, von Eulen bewohnten Turm. Dort spricht sie ihn als einen ihr verwandten Geist an, weist ihn in einer längeren Rede auf verschiedene unheilvolle Vorzeichen in der Natur hin und gibt ihm, indem sie ihm eine Leier überreicht, den Auftrag, den bevorstehenden, allgemein beweinten Todesfall mit Inbrunst zu besingen. Erst jetzt folgt die spezifische Elegie über den Tod eines jungen Mädchens mit einer eigentümlichen Mischung von Sentimentalität und Aufgeklärtheit. Christliche Gestalten und allegorische Figuren haben die früheren Bewohner der pastoralen Welt verdrängt: in dem Motiv des "Where were you then!" (S. 8) werden die Schutzengel angerufen, und bei dem pastoralen Trauerritual (S. 10f.) stehen dem Dichter "Modesty", "Sincerity", "Simplicity", "Constancy" und natürlich "Melancholy" zur Seite. Die *consolatio* am Ende ist verhältnismäßig zurückhaltend.

Wenn Cunningham sich trotzdem mit "Corydon: A Pastoral. To the Memory of William Shenstone, Esq." (1763)[52] der Form zuwendet, so kann er das tun, weil die Angemessenheit der pastoralen Elegie für den Nachruf des bekanntesten pastoralen Dichters der Zeit unmittelbar einleuchtet und weil er zweitens nur äußerst sparsam von den möglichen Konventionen Gebrauch macht. Das kleine Gedicht ist passenderweise im gleichen Versmaß wie Shenstones *Pastoral Ballad* geschrieben und imitiert auch dessen Diktion. Nachdem der Sprecher sich – wie Shenstone in I und IV – zu Anfang an die Schäfer gewandt und zur gemeinsamen Teilnahme am Leichenbegängnis des Corydon auf-

---

[51] (London, 1759).
[52] Chalmers, *English Poets*, Bd. 14, S. 441.

gefordert hat, hebt er in den folgenden Strophen die Vorzüglichkeit
des Toten als pastoraler Dichter und als Landschaftsgärtner hervor.
Dann spricht er die Lämmer an; sie sollen blöken und dadurch ihren
toten Herrn betrauern. Die Fortsetzung der pastoralen Synusie scheint
weniger gemäßigt; aus Trauer um den Toten soll die Natur ihre sonstigen Schönheiten aufgeben:

> No verdure shall cover the vale,
>   No bloom on the blossoms appear;
> The sweets of the forest shall fail,
>   And winter discolour the year.
>
> No birds in our hedges shall sing,
>   (Our hedges so vocal before)
> Since he that should welcome the spring,
>   Salutes the gay seasons no more.

Bei genauerem Hinsehen, zumal wenn man berücksichtigt, daß
Shenstones Todestag Anfang Februar liegt, erkennt man, daß kein
Realitätsbruch stattfindet, nicht einmal ein imaginärer, sondern daß
der Dichter die Natur zu einem Zustand auffordert, der ohnehin ge-
geben ist, so daß er also nur der Realität einen neuen Sinn beilegt.
Auch die *no-more*-Formel ist ganz unauffällig und zurückhaltend an-
gewandt. Eine *consolatio* folgt natürlich nicht. Am Schluß steht die
Aufforderung an die Schäfer zu schweigen und das Zerbrechen von
Corydons Flöte durch den Sprecher.[53]

Cunninghams Gedicht fast zum Verwechseln ähnlich sieht die ihm
selbst gewidmete Elegie "Colin: A Pastoral, on the Death, and in
Imitation of Mr. John Cunningham" (1776)[54] von einem gewissen Mr.
Hawkins. Formal sind lediglich wie bei Shenstone jeweils acht Zeilen
(mit dem gleichen Reimschema und anapästischen Metrum) zu einer
Strophe zusammengefaßt. Auch hier sind die traditionellen Elemente
nur angerissen. Etwas stärker betont und damit eher formelhaft ist das
no more. Die pastorale Synusie in seinem vergangenen Leben bewirkt
zu haben wird dem toten Colin zugeschrieben:

---

[53] Daß der Sprecher Corydons Flöte zerbricht, ist wohl als eine indirekte Absage
an das Prinzip der pastoralen Tradition zu verstehen. Sonst wird die Flöte des
toten oder sterbenden Dichters an den Nachfolger gegeben und von diesem in
Wert gehalten; der trauernde Überlebende zerbricht höchstens seine eigene Flöte
als Ausdruck seines Unvermögens, seine Trauer angemessen zu artikulieren.
[54] *GM*, 46 (1776), S. 177f.

> ...he was so gentle and kind,
>   That birds cluster'd round in a throng,
>   And all in full harmony join'd,
>   Whenever he echo'd his song.

Kennzeichnenderweise ist der Respons der Vögel jedoch nicht auf die Dichtung, sondern auf Cunninghams Freundlichkeit zurückgeführt. Die Verbundenheit des Toten mit der pastoralen Welt wird zudem durch eine entsprechende Fußnote real-biographisch erklärt.[55]

In dem gleichen Stil hält sich auch das frühere "Grief: A Pastoral Elegy" (1766).[56] Yost hat freilich recht, wenn er das Gedicht nicht als pastorale Elegie im üblichen Sinne anerkennen will.[57] Es ist eher ein pastoraler Ableger der nach Gray so populären Kirchhofelegie. Angesichts des Grabes der geliebten Laura sinnt Corydon seinen traurigen Gedanken nach und wünscht sich schließlich selbst den Tod; seine Flöte und seinen Hirtenstab soll dann Alexis haben, der dafür dem Corydon als letzten Dienst ein (genau zitiertes) pastorales Epitaph zu schreiben hat. Die besonderen Konventionen der pastoralen Elegie sind nicht festzustellen.

Die letzte uns vorliegende pastorale Elegie des 18. Jahrhunderts, wenn man von dem oben untersuchten Nachrufgedicht auf Cunningham absieht, ist Fergussons "An Eclogue, To the Memory of Dr. *William Wilkie*, late Professor of Natural Philosophy in the University of *St. Andrews*" (1773).[58] Der schottische Dichter steht zum Teil in einer eigenen Tradition, die durch das Vorbild von Ramsay geprägt ist.[59] Dadurch erklärt sich weitgehend der konservative Charakter des Gedichts, welcher in dem *heroic couplet* seinen Ausdruck findet. Zu-

---

[55] Dort wird gesagt: "Mr. Cunningham would frequently lie about in the fields, under a hedge or a tree; in which situation he wrote many of his Pastorals." (S. 177)

[56] *GM*, 36 (1766), S. 378f. – Die Nähe zu Shenstone wird gleich durch den Anfang deutlich:
> Ye lambkins that wantonly play,
>   Go, bleating, unfed to the fold;
> You shall crop the sweet verdure of *May*,
>   When *Corydon's* bosom is cold.

[57] *Poetry of the GM*; S. 80: "... 'Grief: A Pastoral Elegy' is an elegy which celebrates no real death, but exemplifies the ordinary manner of the eighteenth century pastoral..."

[58] *Poems*, Bd. 2, S. 82–85.

[59] Zu den verschiedenen Anklängen der Ekloge an Ramsay vgl. Anmerkungen des Hrsg., *Poems*, Bd. 2, S. 269.

dem verleiht – wie wir schon bei Ramsay gesehen haben – der schottische Dialekt, der von sich aus Assoziationen von den Hirten und Herden des Landes hervorruft, den pastoralen Konventionen eine gewisse
reale Glaubwürdigkeit. Daß Geordie mit der Aufforderung an seine
Flöte, leise und traurig zu blasen, und Davie mit seiner anschließenden
Frage nach dem Grund der Traurigkeit (Z. 7f.) eine literarische Tradition fortsetzen, wird dem Leser nicht mit der gleichen Unmittelbarkeit
bewußt, wie es bei einem in der Hochsprache geführten Dialog der
Fall wäre. "Nae mair" (Z. 3) hat sicher einen weniger künstlichen Anstrich als *no more*. Das gleiche gilt für die pastorale Beteuerung, mit
der Davie, nachdem Geordie die traurige Nachricht mitgeteilt hat, die
Bedeutung des Verstorbenen als Dichter bekräftigt:

> . . .
> Whase sangs will ay in Scotland be rever'd,
> While *slow-gawn owsen* turn the flow'ry swaird;
> While bonny *lambies* lick the dews of spring,
> While *gaudsmen* whistle, or while *birdies* sing.   (Z. 55–58)

Trotzdem muß Fergusson auf wesentliche Konventionen der Form
verzichten. Die allgemeine Trauer über den Tod des Willy bleibt auf
die Hirten, d. h. den menschlichen Bereich, beschränkt und umfaßt nicht
durch die pastorale Synusie (oder eine Teilnahme mythologischer Gestalten) eine größere pastorale Welt. Es mutet schon höchst eigenartig
an, daß die naturwissenschaftlichen Kenntnisse des Verstorbenen in ein
rustikales Wertesystem transponiert und an dem hervorragenden Zustand seiner Äcker sichtbar gemacht werden (Z. 67ff.);[60] eine regelrechte pastorale Synusie wäre in diesem Kontext kaum annehmbar.
Ein Refrain war bei dem durchgehenden Dialog gar nicht zu erwarten.
Doch die *consolatio* muß desgleichen entfallen. Einen etwas tröst-
lichen Ausklang bringt nur die Verheißung immerwährenden Nach-
ruhms durch Geordie und der Wunsch, die Gebeine des Toten mögen
ungestört ruhen.

Lange vor dem Ende des 18. Jahrhunderts hört damit die pastorale
Elegie in der englischen Dichtung auf zu bestehen, nachdem ihre konventionellen Darstellungsmittel durch veränderte Voraussetzungen
und häufige Wiederholung unglaubwürdig geworden sind. Die fort-

---

[60] Allerdings versichert Fergusson in einer Anmerkung die reale Berechtigung dieser
Stelle: "Dr Wilkie had a farm near St. Andrews, at which he made remarkable
improvements." (s. *Poems*, Bd. 2, S. 269)

schreitende Dezimierung ihrer Möglichkeiten, die Beschneidung ihres Aussagesystems, hat dazu geführt, daß die Lebenskräfte der Form erschöpft sind. Die Sonderform kommt viel eher als die Pastorale im allgemeinen zum Erliegen, da sie, wie wir sahen, durch ihre stärkere Determiniertheit keine vergleichbare Regenerationsfähigkeit besitzt.

Auch das wiedererwachte Interesse an dem poetischen Thema des Todes, das wir von Chatterton ab in der Pastoraldichtung beobachten konnten, kann nicht dazu führen, die Form aufs neue zu beleben. Denn im Mittelpunkt steht nun nicht mehr der hervorragende Mensch, dessen Tod die pastorale Elegie, übertragen in ihre besondere Welt, zu beklagen und würdigen vermag, sondern immer mehr die Natur. Wie besonders bei Southey und Wordsworth deutlich geworden ist, verliert neben der Größe der Natur der Tod des Individuums seine Bedeutung und zugleich seinen Schrecken.

Wenn die pastorale Elegie jedoch schon lange vor der Pastoralen als ganzer literarhistorisch ihr Leben einbüßt, so bewirkt die Determiniertheit der Form andererseits, daß sie unter besonderen Voraussetzungen eher in der Lage ist, ohne substanzverändernde Mutationen zu überleben. Das Beispiel von Shelleys "Adonais" (1821) und Matthew Arnolds "Thyrsis" (1866) zeigt, daß mit einigem zeitlichen Abstand von der Kette der Tradition der Dichter auch im 19. Jahrhundert noch die Möglichkeit hat, die konventionellen Darstellungsmittel der Form für die Klage um einen bedeutenden, ihm nahestehenden Menschen wirksam einzusetzen. Vorbedingung für einen Erfolg ist, daß diese Möglichkeit nur selten benutzt und auf den Tod eines Poeten beschränkt wird und daß der Dichter es vor allem versteht, verbrauchten Klischees neues Leben zu geben. So verleiht Shelley z.B. der *consolatio* einen spezifischen Sinn, indem er sie in seine romantisch-platonische Philosophie einbezieht und damit von dem toten Keats sagen kann: "He is made one with Nature..."[61] Als Mittel der Distanzierung zu dem beklagten Ereignis können die Konventionen der pastoralen Elegie dem Dichter offenbar noch lange wertvolle Hilfe bieten. Bis ins 20. Jahrhundert hinein finden sich in der Dichtung deutliche Spuren der Form,[62] die schon zu Anfang des 18. Jahrhunderts von einigen Kritikern nur noch als geeigneter Gegenstand für Persiflage und Burleske angesehen worden war.

---

[61] Z. 370. – Vgl. *Complete Poetical Works*, hrsg. von Thomas Hutchinson (London, 1925), S. 436.
[62] Vgl. Mertner, „Thomas Gray", S. 335, Anm.

III. REALITY VS. IDEAL

1. Die burleske Ekloge

Nachdem für das realitätsbezogene Dichtungsverständnis des frühen 18. Jahrhunderts ein starker Kontrast zwischen der pastoralen Tradition und der Wirklichkeit des Landlebens deutlich geworden ist, ergibt sich neben dem Weg einer Harmonisierung der Gegensätze – zunächst durch die Idee des Goldenen Zeitalters – auch die Möglichkeit, diesen Kontrast unverdeckt darzustellen und auf diese Weise eine spezifische Wirkung zu erzielen. Der Eklogendichter kann sich dazu entschließen, ohne Beschönigung die rustikale Realität, wie er sie zu seiner Zeit findet, in der traditionellen Form wiederzugeben, obgleich er sich der Inkongruenz zwischen dem niederen Gegenstand und den hohen, klassischen Aussagemitteln bewußt ist. Er macht damit die Gattung zur Burleske.

Die Disparatheit von Aussageform und -inhalt ist konstitutiv für die Burleske. In seinem Vorwort zum *Joseph Andrews* weist Fielding auf diese Grundeigenschaft hin, wenn er von der Wirkweise der Burleske sagt: "... our delight, if we examine it, arises from the surprising absurdity, as in appropriating the manners of the highest to the lowest, or *è converso*..."[1] Eine ähnliche Definition gibt Dr. Johnson: "Burlesque consists in a disproportion between the style and the sentiments, or between the adventitious sentiments and the fundamental subject."[2]

Für das frühe 18. Jahrhundert spielt die Burleske eine besonders wichtige Rolle;[3] denn sie erlaubt es, die widersprechenden Wertvorstellungen der Zeit miteinander in Einklang zu bringen. Auf der einen Seite unterscheidet man entsprechend dem aristokratischen Gesell-

---

[1] *Joseph Andrews*, Everyman's Lib. (London/New York, 1962), S. XVIII.

[2] "Life of Butler", *Lives*, Bd. 1, S. 147.

[3] George Kitchin (*A Survey of Burlesque and Parody in English* [New York, 1967; ¹1931], S. 72 u. f.) hat zwar nicht unrecht mit seiner Feststellung, daß die Pastorale von jeher zur burlesken Behandlung eingeladen habe; doch urteilt er zu sehr von seinem eigenen Standpunkt, indem er beispielsweise (S. 72, Anm. 2) meint: "Fishing eclogues ... look like burlesque ... Southey's *Botany Bay Eclogues* were not, but should have been [intended as burlesque]." Die wenigen aus der Renaissance angeführten Beispiele von burlesken Eklogen sind, im Vergleich zu denen des 18. Jahrhunderts, Ausnahmeerscheinungen. – Greg (*Pastoral Poetry*, S. 30) erwähnt Folengo und Berni als Beispiele von Pastoralburlesken in der italienischen Dichtung des frühen 16. Jahrhunderts.

schaftsideal in der Literatur wie im gesellschaftlichen Leben sorgfältig zwischen hoch und niedrig und betont *refinement* und *politeness* als die obersten Werte. Andererseits erkennt man von einem aufgeklärten, rationalen Standpunkt aus die begrenzte Angemessenheit der traditionellen Normenhierarchie und stellt überall niedere Formen fest, die doch von Bedeutung sind. Die beste Möglichkeit, Abgelehntes trotzdem literarisch darzustellen, bietet sich in der Burleske.

Für den Pastoraldichter eröffnet die Burleske einen Weg, gewöhnliche Landbewohner ungeachtet ihres niederen Status und ihres Mangels an feiner Lebensart in den Mittelpunkt des Gedichts zu stellen und das einfache Leben auf dem Land trotz seines geringen sozialen Ansehens als Gegenstand zu wählen. Dadurch daß jedoch die ländliche Wirklichkeit im Laufe des Jahrhunderts – wie wir gesehen haben – sozial immer mehr aufgewertet und damit auch für die literarische Darstellung akzeptabel wird, fließt die burleske Ekloge allmählich zum großen Teil mit der Pastorale im eigentlichen Sinne zusammen. Schließlich ist eine Eklogenparodie nur noch unter besonderen Umständen mit gröberen Mitteln möglich.

Wenn wir diesen Wandel im einzelnen verfolgen, so ist dabei vornehmlich zu untersuchen, welche der traditionellen Elemente eingesetzt und welche Seiten des Landlebens hauptsächlich für die Darstellung gewählt werden. Vor allen Dingen wird auch die Frage zu klären sein, inwieweit die Burleske als Satire, d. h. als spöttische Kritik an Mißständen, Fehlhaltungen und falschen Anschauungen, zu verstehen ist und gegen welche Ziele sich in diesem Fall die Satire richtet. Marion Bragg äußert zu der von ähnlichen Voraussetzungen bestimmten *town eclogue* die Ansicht, die Burleske sei vornehmlich gegen die Gattung selbst gezielt ("...the age that produced *The Rape of the Lock* had a special delight in the ridicule of a literary form").[4] Dies scheint von vornherein wenig wahrscheinlich angesichts der Tatsache, daß eine ganze Anzahl von Dichtern sich der Ekloge sowohl in der burlesken wie der ernsten Ausprägung bedienen[5] und man also davon ausgehen müßte, sie wollten durch die Parodie ihr eigenes Schaffen angreifen. Viel näher liegt die Annahme, daß satirische Spitzen, wo sie sich finden, nicht gegen die Gattung allgemein, sondern höchstens gegen eine bestimmte Konzeption der Ekloge, besondere Aspekte der Tradition gerichtet sind. Vor allem will die Burleske wohl ein amüsantes Spiel

---

[4] *Formal Eclogue*, S. 123.
[5] Dazu gehören Parnell, Smedley, Sarah Dixon und Thompson.

sein und den Leser auf witzige Art unterhalten, wie Fielding es im Zusammenhang mit seiner eigenen Praxis als Autor zum Ausdruck bringt:

> ... [the burlesque] contributes more to exquisite mirth and laughter than any other; these are probably more wholesome physic for the mind, and conduce better to purge away spleen, melancholy, and ill affections, than is generally imagined.[6]

Die burleske Ekloge hat in keiner Weise die praktische Ambition, durch ihre satirische Kritik etwa eine Kultivierung des Landlebens zu bewirken oder, andererseits, einer geschätzten literarischen Gattung den Todesstoß zu versetzen. Wir brauchen uns demnach nicht mit Elizabeth Nitchie zu wundern, wenn sie feststellt: "...the burlesques..., clever and numerous as they were, apparently had no deterring effect on the production of Eclogues."[7]

Parnell, dessen Ekloge "Health" wir bereits diskutiert haben, liefert in dieser Hinsicht mit "The Flies. An Eclogue" (? 1706)[8] ein bezeichnendes Beispiel. Ähnlich wie in dem Pseudo-Homerischen komischen Epos *Batrachomyomachia* (Schlacht der Frösche und der Mäuse), das Parnell später ins Englische überträgt, wird die burleske Wirkung dadurch erreicht, daß anstelle der menschlichen Charaktere kleine, teilweise ausgesprochen unedle[9] Tiere auftreten. Nachdem an wenig idyllischem Ort ("Near a low ditch") zwei Fliegenjünglinge nacheinander ihr „ländliches Lied" vorgetragen haben, kommt ein Zug Ameisen vorbei, Vorräte für den Winter zum Bau schleppend, und deren alter, weiser Anführer[10] mahnt in einer längeren Ansprache die gedankenlosen Sänger vergeblich zu ernstem Geschäft. Die Nennung des Äsop in der Einleitung weist auf ein Vorbild hin, das außer der Eklogentradition hier wirksam ist.

---

[6] *Joseph Andrews*, S. XIX.

[7] *Vergil and the English Poets*, S. 173.

[8] Chalmers, *English Poets*, Bd. 9, S. 361f.

[9] Es ist gewiß kaum zufällig, daß die Dichter nicht (wie in der Äsopschen Fabel) durch Grillen repräsentiert werden, sondern durch gemeine Fliegen.

[10] Wenn Marion Bragg (*Formal Eclogue*, S. 43) von "an old *fly* [meine Hervorh.] who has been watching some ants" spricht, so verrät dies eine sehr flüchtige Textlektüre: wie die Ameisen als bürgerliches Gemeinwesen hingestellt werden ("The busy burghers reach their earthy town"), so wird auch der Alte zum Schluß als Bürgermeister ("mayor") bezeichnet. Die „salzigen Tropfen" ("the salt dew"), die er sich vor der Ansprache abwischt, sind zweifellos als Schweiß des fleißigen Arbeiters zu verstehen.

Von den traditionellen Eklogenmotiven werden besonders der Wettgesang – die Fliegensänger sind natürlich „Rivalen" – und die bis zum Selbstmord gehende Verzweiflung des unglücklichen Liebenden in der Liebesklage persifliert; der erste Fliegerich, der seine geliebte Favonia lustvoll an der Lippe eines Schäfers saugen gesehen hat, klagt:

> I saw the wanton, where I stoop'd to sup,
> And half resolv'd to drown me in a cup;
> ...   (S. 361)

Die Schluß-Moral richtet sich anscheinend nicht nur gegen die Pastorale, sondern gegen die Dichtung überhaupt:

> Let bards to business bend their vigorous wing,
> And sing but seldom, if they love to sing:

Diese Worte aus dem Munde des weisen Ameisengreises wollen allerdings ganz offensichtlich nicht so ernst genommen werden, wie sie gesagt sind.[11]

Während Parnell noch den Umweg über die Fabel wählt, wendet John Gay, der wie Parnell dem Kreis um Pope und Swift angehört, mit seinem Zyklus *The Shepherd's Week, in Six Pastorals* (1714)[12] die Eklogentradition direkt ins Burleske. Wie er in dem „Vorwort an den geneigten Leser" äußert, soll die Pastorale die rustikale Wirklichkeit abbilden:

> ... it behoved a pastoral to be, as Nature in the country affordeth; and the manners also meetly copied from the rustical folk therein. (S. 443)

Entsprechend erklärt Gay seine Absicht:

> ... it is my purpose, gentle reader, to set before thee, as it were a picture, or rather lively landscape of thy own country, just as thou mightest see it, didest thou take a walk into the fields at the proper season ...
>   (S. 444)

Eine Reihe von begleitenden Ironiesignalen – angefangen von dem Stichwort *sordida rura* in dem lateinischen Motto[13] über den topischen

---

[11] Marion Bragg geht wohl etwas an der Sache vorbei, wenn sie meint, der Autor habe sein Ziel, Sparsamkeit zu empfehlen, durch den ironischen Schluß unabsichtlich vereitelt (*Formal Eclogue*, S. 44).

[12] Chalmers, *English Poets*, Bd. 10, S. 443–454.

[13] "Libeat mihi sordida rura / Atque humiles habitare casas." – Dadurch, daß der Satz aus dem Kontext bei Vergil (ecl. II, 28f.) herausgerissen ist, bekommt *sordida* statt der im Original wirksamen Bedeutung ‚niedrig' die Grundbedeutung des Wortes: ‚schmutzig'.

Anspruch des 'protos heuretes'[14] zu Beginn des Vorworts und die naive Begründung der Sechszahl der Eklogen dadurch, daß die Schäfer als gute Christenmenschen sonntags zur Kirche müssen und deshalb dieser Tag ausfällt, bis zu der gestelzt-archaischen Sprache – weisen den Leser darauf hin, daß bei dieser Absichtserklärung wie bei dem ganzen Vorwort und den Eklogen selbst Ironie maßgeblich mit im Spiel ist und man das theoretische Programm nicht buchstäblich verstehen darf.

So kann es kaum verwundern, wenn bis heute die genaue Intention Gays in *The Shepherd's Week* Gegenstand der kritischen Diskussion ist. Patricia Meyer Spacks berichtet in der jüngsten Studie über Gay, wie von verschiedenen Seiten das Werk als Satire gegen die Eklogen von Philips, gegen die rustikalen Lieder des Thomas D'Urfey, die pompösen Dichtungen von Sir Richard Blackmore oder gar gegen Vergils *Bucolica* gedeutet werde,[15] und sie bemüht sich, für Gay eine mittlere Position zu finden, die alle diese divergierenden Ziele gleichzeitig zuläßt.[16]

Eine derartige Katholizität der Interpretation scheint jedoch weder angebracht noch möglich. Am meisten überzeugen die von Patricia Spacks resümierten Argumente, daß Gay mit *The Shepherd's Week* seinen Beitrag in der Pope-Philips-Kontroverse leisten will.[17] Dieser literarische Streit ist ohne Zweifel der Anlaß. Genau die in Popes *Guardian*-Artikel an Philips kritisierten Punkte (altertümliche Sprache, würdelos-rustikale Namen, Verletzung des Dekorums, platte Sprichwörter, Pseudo-Simplizität) werden von Gay in parodistischer Überzeichnung angeprangert. Der rustikale Barde D'Urfey, in der Widmung von "Wednesday" namentlich angerufen, dient dabei nur als Mittel zum Zweck: indem Philips diesem literarisch zugeordnet wird, soll er – wie William D. Ellis in seinem Aufsatz ausführt[18] – um so wirksamer literarisch abqualifiziert werden. Die Annahme einer gegen Blackmore gerichteten Satire[19] wird von Adina Forsgren widerlegt, indem sie zeigt, daß die betreffenden Stellen sich auf Vergil be-

---

[14] Angesichts der Popularität der Eklogen von Philips, für die damals ähnliche Ansprüche erhoben werden, kann dies nur als Ironie aufgefaßt werden.

[15] *John Gay* (New York, 1965), S. 31f.

[16] Vgl. S. 33 und 39.

[17] S. 31.

[18] "Thomas D'Urfey, the Pope-Philips Quarrel and *The Shepherd's Week*", S. 203–212.

[19] Diese Theorie stammt von John Robert Moore, "Gay's Burlesque of Sir Richard Blackmore's Poetry", *JEGP*, 50 (1951), S. 83–89.

ziehen.[20] Daß jedoch die Satire zu Lasten Vergils geht, was Elizabeth Nitchie angesichts der oft auffälligen Nähe zu dem lateinischen Vorbild für eine begründete Vermutung hält,[21] wird bereits von Warburton, dem ersten Herausgeber der Werke Popes, zurückgewiesen.[22]

Dem wahren Sachverhalt und damit der von dem konkreten Anlaß unabhängigen Substanz des Werkes sehr viel näher kommt demnach William Henry Irving, wenn er das Verhältnis des frühen Gay zu den klassischen Autoren als "a kind of contradictory fascination" anspricht.[23] Gays Haltung läßt sich mit einem Sowohl-Als-auch charakterisieren: Gay will die klassische Tradition fortführen, obwohl er deren Unangemessenheit für die Darstellung der Wirklichkeit erkennen muß, und er möchte das reale Landleben darstellen, selbst wenn es nicht auf dem sozialen Niveau der tradierten Form steht. Die Ironie, die sich nicht eindeutig festlegt, die *persona*, die sich mit der Maske des "true homebred taste" (S. 443) bald identifizieren, bald sich davon distanzieren kann, bietet die Möglichkeit, die Gegensätze miteinander zu vereinigen. Im Einklang damit steht auch das zuerst von Goldsmith vertretene, bis heute weit verbreitete Verständnis Gays als eines Dichters, der, seiner ursprünglichen parodistischen Absicht zum Trotz, ,echte' pastorale Dichtung schafft.[24]

Die Doppelseitigkeit der Ironie wird besonders deutlich in Gays Stellungnahme zum Konzept des Goldenen Zeitalters. Hierzu sagt er im Vorwort mit Spenserschem Idiom:

> . . . not ignorant I am, what a rout and rabblement of critical gallimawfry hath been made of late days by certain young men of insipid delicacy, concerning, I wist not what, golden age, and other outrageous conceits, to which they would confine pastoral. Whereof, I avow, I account nought at all, knowing no age so justly to be instiled golden, as this of our sovereign lady queen Anne.[25]

---

[20] *John Gay, Poet "of a Lower Order". Comments on His Rural Poems and Other Early Writings* (Stockholm, 1964), S. 141f.
[21] *Vergil and the English Poets*, S. 173.
[22] Zit. bei Forsgren, *John Gay*, S. 107.
[23] *John Gay. Favorite of the Wits* (New York, 1962; [1]1940), S. 84. – Irving hat recht, wenn er die Pope-Philips-Kontroverse nicht als inneres Prinzip für Gays *Shepherd's Week* anerkennen will, geht jedoch zu weit, wenn er sie auch als Anlaß zu bestreiten versucht und meint, dies sei nur eine nachträgliche Interpretation Popes, der Gay vielleicht durch kleinere Änderungen Rechnung trug.
[24] Vgl. dazu Forsgrens ausführlichen, wenn auch nicht besonders überschaubaren Forschungsbericht "Previous Criticism", *John Gay*, S. 106–113, vor allem S. 106.
[25] S. 443. – An der Diktion dieser Stelle tritt das satirische Modell von Spensers *Shepheardes Calender* sowie des Vorworts und der Anmerkungen von E. K. klar

Auf der einen Seite ist dieses im umgekehrten Sinne zu verstehen. Gay muß mit seinem Freund Pope, der in erster Linie die "certain young men of insipid delicacy" repräsentiert, der Meinung sein, daß die Idee des Goldenen Zeitalters notwendig zur Pastorale gehört, und will also Philips, der diese Ansicht nicht ganz teilt, durch die naiv-übertriebene Wiedergabe seines realistischen Standpunktes einen Stich versetzen. Andererseits bringt Gay hier bis zu einem gewissen Grade auch seine eigene Überzeugung zum Ausdruck; denn, wie der anschließende Versprolog mit der Widmung an Lord Bolingbroke unterstreicht, besitzt die Herrschaft der Königin Anna nach dem Frieden von Utrecht tatsächlich Qualitäten des Goldenen Zeitalters.

Vermittels seiner ironischen Maske kann Gay in den Eklogen gewöhnliche rustikale Charaktere mit realen Problemen zeichnen und zugleich die pastorale Tradition fortsetzen. Die Imitation der klassischen Vorbilder, insbesondere Vergils, ist, wie die zahlreichen Fußnoten demonstrieren, äußerst intensiv; die großen Themen der Pastoraldichtung und die bekannten Eklogenmotive werden durch die realistische Burleske zwar transponiert, aber im ganzen weniger verändert, als man erwarten sollte, zum Teil sogar weniger als in den ernsten Eklogen der Zeit.

Das Thema ‚Liebe' steht im Mittelpunkt von "Wednesday; or, the Dumps". Die Liebesklage der schönen Maid Sparabella stellt eine Parodie der ersten Hälfte von Vergil VIII mit dem Lied des Damon dar, was schon durch die anfängliche Themennennung und die eingeschobene Widmung angedeutet wird; trotz aller Veränderungen ist die Nähe zum Vorbild in der ganzen Anlage und den einzelnen Abschnitten bemerkenswert. Wenn anstelle des frühen Morgens als Zeit der Abend gewählt ist, so weist dies auf die erste grundlegende Verschiebung gegenüber der Vorlage hin: statt in die mystische pastorale Welt Arkadiens ist die Liebe hier in die ländliche Arbeitswelt gestellt. Sparabellas Niedergeschlagenheit rührt nicht nur von unglücklicher Liebe, sondern auch von der anstrengenden Arbeit des hinter ihr liegenden Tages her, sie ist "Alike with yearning love and labour worn" (Z. 24). Als Statussymbol und zur Stütze bei ihrer Klage hat sie des-

---

zutage. In Anlehnung an die Spenser-Kritik von Popes "Discourse" beruft sich Gay später im Vorwort (S. 444) auf Spensers Vorbild, was die Anlage der Eklogen betrifft: ebenso wie dort nicht das Spezifische der einzelnen Monate beachtet sei, habe er es mit den Wochentagen gehalten. – Auch mit der Parodie Spensers soll natürlich nicht zuletzt Philips, dessen erklärtes Vorbild der elisabethanische Dichter ja ist, getroffen werden.

halb anstelle eines Hirtenstabs[26] eine Harke: "Lean'd on her rake..."
(Z. 25).

Vor allem wird die Liebe in den sozialen Kontext eingegliedert, wobei auch die sexuelle Komponente deutlich einbezogen ist. Dies kommt in dem Refrain des Klageliedes sichtbar zum Ausdruck, wenn Sparabella die andern Mädchen aufruft:

> My plaint, ye lasses, with this burthen aid,
> ' 'Tis hard so true a damsel dies a maid.' (Z. 35f. u.a.)

Die mythische Gemeinschaft des arkadischen Maenalusgebirges[27] wird bei Gay durch die reale Dorfgemeinschaft ersetzt. Für diese sind die Implikationen erfolgloser Liebe hauptsächlich sozialer Art: die Unglückliche muß, wie auch anderswo in der *Shepherd's Week* gesagt wird,[28] als alte Jungfer sterben. Hier muß man wohl auch den Grund sehen, warum eine Sprecherin den männlichen Sprecher Vergils ablöst; nur bei einer Frau ist zu dieser Zeit Unglück in der Liebe stets auch von gravierenden sozialen Konsequenzen begleitet. In einem solchen Kontext genügt es nicht, daß, wie bei Vergil, die neue Gefährtin des Geliebten als unwürdig bezeichnet wird, vielmehr ist eine Begründung notwendig. Sparabella deklassiert ihre Rivalin in erotischer, ökonomisch-praktischer und sozialer Hinsicht als Versager: Clumsilis[29] ist durch ihre Raucherei abstoßend,[30] wegen ihrer Schlampigkeit und Dummheit nicht imstande, bäuerliche oder häusliche Arbeit richtig auszuführen, und zudem noch ein Zankteufel (vgl. Z. 37–46).

Das Adynaton, das die Unangemessenheit dieser Verbindung wie bei Vergil ins Allgemeine wendet, wirkt als emotionale Äußerung der naiven Sprecherin durchaus glaubhaft und nur bedingt komisch:

> Let hares and hounds in coupling straps unite,
> The clucking hen make friendship with the kite;
> Let the fox simply wear the nuptial noose,
> And join in wedlock with the waddling goose;
> For love hath brought a stranger thing to pass,
> The fairest shepherd weds the foulest lass. (Z. 59–64)

---

[26] "incumbens tereti Damon sic coepit olivae." (Verg., ecl. VIII, Z. 16)
[27] Vgl. Vergils Refrain: "incipe Maenalios mecum, mea tibia, versus."
[28] Z.B. "Nor shall she, crown'd with willow, die a maid." (IV, Z. 134)
[29] Die Wurzel des Namens ('clumsy' = ,unbeholfen') tut das Ihre.
[30] Das *couplet* Z. 39f. wird in dieser Hinsicht gern zitiert:
Her blubber'd lip by smutty pipes is worn,
And in her breath tobacco whiffs are borne!

Ähnliches gilt für die anschließende Reihe von Adynata aus der ländlichen Tierwelt, mit der die Sprecherin ihre unwandelbare Liebe beteuert.[31]

Da die Liebe bei Gay durch greifbar-sexuelle Aspekte geprägt und nicht als mystisches irrationales Phänomen gesehen wird, ist das Motiv der ersten Liebe im Apfelgarten entsprechend ersetzt: Sparabella erinnert sich nun daran, wie der Squire sie im Wald (vergeblich) um ihre Gunst ersucht und ihr für den Fall unerwünschter Folgen die baldige Ehe mit seinem Lakaien versprochen hat (Z. 75–86). Die Komik dieser Stelle hält sich wohl – selbst für den aristokratischen Leser der Zeit – in Grenzen.[32] Auch in dem Motiv des *nunc scio* wird die Natur der Liebe weltimmanent erklärt, indem sich Sparabella "Love" infolge seiner Grausamkeit als den Sohn eines Schlachters vorstellt (Z. 89ff.). Die heitere Parodie des tragischen Endes von Vergils Damon-Lied schließlich bestätigt, daß die Liebe hier zwar durchaus kein belangloses Spiel, aber auch keine todbringend ernste Sache ist. Nachdem die lebensmüde Sparabella lange überlegt und verschiedene Möglichkeiten, ihrem Leben ein Ende zu machen, verworfen hat, wird es Nacht, und sie verschiebt ihr Vorhaben lieber klug auf den nächsten Tag (Z. 99–120).

Das Thema des Todes fällt in der lebensvollen Welt der *Shepherd's Week* aus dem Rahmen. So werden die Konventionen der pastoralen Elegie in "Friday; or the Dirge" wesentlich stärker persifliert, obwohl Patricia Spacks mit ihrem Urteil "It is in some ways a genuinely moving dirge"[33] durchaus recht hat. Die pastorale Synusie, die in der Mitt-

---

[31]   Sooner shall cats disport in waters clear,
   And speckled mackrel graze the meadows fair;
   Sooner shall screech-owls bask in sunny day,
   And the slow ass on trees, like squirrels, play;
   Sooner shall snails on insect pinions rove;
   Than I forget my shepherd's wonted love. (Z. 67–72)

[32] Anderswo in der *Shepherd's Week* wird die Liebe in derberer Weise zum Gegenstand der Burleske, z.B. folgt in II auf die Liebesklage der Marian als eine Art dramatischer Kommentar die Deckung einer Kuh:

   Thus Marian wail'd, her eyes with tears brimful,
   When Goody Dobbins brought her cow to bull.
   With apron blue to dry her tears she sought,
   Then saw the cow well serv'd, and took a groat. (Z. 103–106)

[33] *John Gay*, S. 37.

woch-Ekloge nur angedeutet war,[34] findet sich hier, zusammen mit der *no-more*-Formel in recht grober Burleske, wenn der trauernde Bumkinet gerade bei den Schweinen den mit dem Tod der Blouzelinda eingetretenen Verlust deutlich machen will:

> But now, alas! these ears shall hear no more
> The whining swine surround the dairy door;
> No more her care shall fill the hollow tray,
> To fat the guzzling hogs with floods of whey.
> Lament, ye swine, in grunting spend your grief,
> For you, like me, have lost your sole relief. (Z. 63–68)

Die *consolatio* wird in der langatmigen Grabrede des Pastors zur Amtsroutine:

> He said, that Heaven would take her soul, no doubt,
> ...   (Z. 141)

Aufgeschlossen für die Maxime "Excessive sorrow is exceeding dry" (Z. 152), lassen sich die trauernden Schäfer im Wirtshaus schnell von Susan über ihren Verlust hinwegtrösten.[35]

In der Behandlung des Themas ‚Dichtung' wird die doppelseitige Stellung Gays reflektiert, der zum einen die soziale Unangemessenheit des rustikalen Bereichs für die klassische Tradition erkennen muß und auf diese Weise Philips und seinen ‚Realismus' treffen will, auf der andern Seite aber auch vom Wert der ländlichen Realität überzeugt ist. So intoniert er in der Samstag-Ekloge, wo es im Lied des Bowzybeus um die Dichtung geht, zunächst das *paulo-maiora*-Motiv:

> Sublimer strains, O rustic Muse! prepare;   (Z, 1)

und relativiert drei Zeilen weiter gleich ironisch seine Ansprüche, indem er die thematische Höhe als Höhenflug eines Betrunkenen ("The drunkard's flights") bezeichnet und sich dergestalt als Dichter eine Art rustikaler Narrenfreiheit verschafft.

Die Dichtung ist thematisch und sozial nicht integriert, sie bleibt vergleichsweise isoliert und hat damit keine beherrschende Position.

---

[34] Die pastorale Synusie bleibt dort rein negativ:
> No magpye chatter'd, nor the painted jay,
> No ox was heard to low, nor ass to bray;
> No rustling breezes play'd the leaves among,
> While thus her madrigal the damsel sung. (Z. 5–8)

[35]
> In ale and kisses they forget their cares,
> And Susan Blouzelinda's loss repairs. (Z. 163f.)

Im Prolog der *Shepherd's Week,* wo Gay sich hinter der Maske des Bowzybeus einführt, fordert er den Adressaten ausdrücklich auf, sich durch die Dichtung nicht von den wichtigeren Dingen des Lebens abhalten zu lassen:

> Lo, here thou hast mine eclogues fair,
> But let not these detain thine ear.
> Let not th' affairs of states and kings
> Wait, while our Bouzybeus [*sic*] sings.   (S. 445)

In Analogie zu der Bedeutung, die Gay sich selbst als Dichter für die allgemeine Gesellschaft beimißt, besitzt auch Bowzybeus in der ländlichen Welt nur eine Unterhaltungsfunktion. Gedichte werden als "carols" oder – zeitgenössisch synonym – als "sonnets" oder "catches"[36] bewertet, und Bowzybeus hat die Stellung eines Bänkelsängers inne:

> That Bowzybeus who, with jocund tongue,
> Ballads and roundelays and catches sung:
>   ("Sat.", Z. 27f.)

In der Samstag-Ekloge, die eine Imitation von Vergil VI bildet, gibt der Sänger bezeichnenderweise nach einem Repertoire banaler Naturweisheiten[37] anstelle der Kosmogonie des Vorbildes als Höhepunkt eine detailreiche Schilderung der ländlichen Kirmes (Z. 71–90); den Platz der Mythen nehmen Balladen, wie "Children in the Wood" und "Chevy-chace", ein. Daß Dichtung eine reine Freizeit- und Feiertagsbeschäftigung ist, macht der Schiedsrichter in "Monday; or, the Squabble" deutlich, als er den Rivalen nach dem Wettdichten doppeldeutig verkündet, sie verdienten beide für ihre Mühe einen Stock – ein solcher war auch als Pfand ausgesetzt gewesen –, und dann zu dem Schluß kommt:

> Your herds for want of water stand a-dry,
> They're weary of your songs – and so am I.   (Z. 123f.)

Zusammenfassend läßt sich feststellen, daß die pastoralen Themen in Gays *Shepherd's Week* eine ähnliche Veränderung durchgemacht haben wie in den ernsten Eklogen der Zeit; lediglich das Thema ‚Liebe' erhält durch die Verbindung zur Wirklichkeit des Dorfes größeres

---

[36] Z.B. "carols": I, Z. 39; II, Z. 3; VI, Z. 43, 51 und 121; "sonnets": V, Z. 16; "catches": V, Z. 20.

[37] Beispielsweise kann die Eule nicht in die Sonne schauen, weil Eulen bekanntermaßen das Licht scheuen (Z. 52f.).

Gewicht. An den gleichen Punkten der Tradition, die auch in der ernsten Pastorale kritisch werden (z. B. pastorale Synusie, *consolatio*, Wettgesang, Freitod), fühlt sich Gay genötigt oder veranlaßt, seine Burleske zu intensivieren. Es fragt sich, ob der von Gay begangene Mittelweg, in der Unverbindlichkeit der Ironie zugleich mit der Imitation der klassischen Vorbilder dörfliches Leben darzustellen, für die Nachfolger gangbar sein wird. Schon die trotz der großen Popularität des Werkes relativ geringe Zahl der Imitationen von Gays *Shepherd's Week*[38] läßt auf das Gegenteil schließen. Die Aufwertung des Landes, deren Auswirkungen wir in der Pastorale beobachtet haben, wird einerseits eine gröbere Burleske erforderlich machen, damit die burleske Intention überhaupt durchdringt – und dies gilt zweifelsohne besonders für die weniger tragfähige Einzelekloge. Zum andern nähert sich die burleske immer mehr der ernsten Ekloge: aus der reichlich belustigenden Realität wird auf die Dauer das Ideal; das Leben einfacher Landbewohner wird allmählich immer weniger als sozial minderwertige, ob ihrer Unkultiviertheit lächerliche Existenzform und dafür mehr als Lebensweise mit erstrebenswerten und vorbildhaften Zügen betrachtet.

Smedleys "On the Death of Ranter. A Mock-Poem" (1721)[39] verdient in diesem Zusammenhang nicht viel Beachtung. Der Untertitel "In Imitation of a Certain Modern Elegy on the Death of ———" soll wohl hauptsächlich ein privates Gelegenheitsgedicht durch literarisch-aktuelle Bezugnahme aufwerten; die parodierende Imitation ist so unpräzise, daß man keine konkrete Vorlage erkennen kann. Ähnlich wie bei Parnell, wenngleich weniger gelungen, soll die burleske Wirkung durch Übertragung der Tradition auf den Tierbereich erzielt werden. Der Tod des Jagdhundes wird durch eine Aufforderung zum Mittrauern an die ganze Natur, insbesondere das Echo, durch lange *no-more*-Reihen und eine Erinnerung an sein „heldengleiches" Ende auf der Jagd gewürdigt. Nur selten gelingt es Smedley, die blasse Ungezieltheit der Parodie zu überwinden, z. B. als er mit "Ceas'd are his Notes" (S. 166) doppelsinnig zugleich auf die stereotype Klage um den pastoralen Dichter und das Bellen des Hundes anspielt. Daß selbst

---

[38] Irving (*John Gay*, S. 90) meint zwar: "Imitations [of *The Shepherd's Week*] were frequent." Er kann aber in der Anmerkung nur drei Beispiele nennen, von denen eines, Bob Short (1787), ausfällt, da die Ansprüche des Autors, wie wir in Kapitel II sahen, unbegründet sind, weil Short Gay zweifellos kaum kennt.

[39] *Poems on Several Occasions*, S. 165–167.

dieses Gedicht teilweise ernst gemeint ist, läßt sich aus dem Fehlen der *consolatio*, die sich für die massivere Persiflage am besten geeignet hätte, erschließen.

Ganz an Gay orientiert ist "The Jealous Shepherd: A Pastoral" (1725) von William Pattison;[40] schon die Namenswahl macht dies deutlich – der eifersüchtige Schäfer hat den schönen Namen Bootyslub –, und es wird durch wörtliche Imitation bestätigt.[41] Als Grundmodelle stehen hinter der Liebesklage des unglücklichen Schäfers Vergil II und VIII. Die burleske Verbindung zwischen traditionellem Thema und ländlicher Realität zeigt sich am anschaulichsten in dem Stilmittel des Zeugmas, das Pattison zweimal in auffälliger Weise anwendet. In der kurzen Einleitung, wo der Dichter die Szene einer Mittagspause während der sommerlichen Heuernte entwirft, heißt es:

> Bootyslub,
> While others slept, by love was kept awake,
> To mourn his fate, and mend his Dolly's rake.[42]   (S. 556)

Ähnlich wie Gay, allerdings in markanterer Kontrastierung, stellt hier Pattison die Liebe, Produkt des pastoralen *otium*, in den Kontext der ländlichen Arbeitswelt. Das andere Zeugma begreift die Liebe nicht als eine mythische Macht, sondern ordnet sie einem sehr körperlichen Trieb zu, indem der Sprecher die vermeintliche Untreue der Geliebten in Zusammenhang mit ihrer Eßlust bringt:

> Ah, Dolly! Dolly! where were all your vows,
> When cheese-cakes lur'd you to the tavern-house;
> Your vows were as your cheese-cakes sweet, yet weak!
> And can you both alike together break?
> But if you do so – you, with equal ease,
> Can make new vows, and cheese-cakes when you please.
>
> (S. 556)

Die Fortführung des Zeugmas macht die Bereitschaft des Sprechers deutlich, mit der mangelhaften Realität zurecht zu kommen. So überläßt er sich am Schluß auch nicht der Verzweiflung, sondern überlegt konstruktiv Maßnahmen, wie er den Spieß umdrehen kann, um die

---

[40] Anderson, *British Poets*, Bd. 8, S. 556f.

[41] Z. B.:   ...tunefully torment the rosin'd string;   (Pattison, S. 556)
          ...with the rosin'd bow torment the string;   (Gay, VI, Z. 24)

[42] Es ist durchaus möglich, daß die erste Zeile dieses *couplets* eine Imitation der Pope-Zeile "Two Swains, whom Love kept wakeful, and the Muse," ("Spring", 18) darstellt; daß die Muse als Grund für das Wachen entfällt, ergibt sich aus dem dominierenden Realismus des Gedichts.

Ungetreue seinerseits eifersüchtig wie früher zu machen und sie damit für sich zurückzugewinnen.

Der Realismus tritt daneben vor allem zutage in dem ‚pastoralen‘ Vergleich des Nebenbuhlers mit einem Schmetterling, der die Kohl-köpfe vernichtet, und der dadurch implizierten Gleichsetzung der Ge-liebten mit einem Kohlkopf; die anzüglichen Implikationen des Bildes werden durch eine betonte Paralipse weniger abstoßend, aber nicht weniger deutlich gemacht.[43] Statt zu einem Wettgesang wird der Rivale hier – vergeblich[44] – zu einem Wettkampf mit dem Ball aufgefordert. Daß der Realismus, wie bei Gay, im Grunde nicht als Mittel zur Ko-mik dienen soll, beweist das lang ausgeführte Motiv der ersten Liebe: der Schäfer erinnert sich daran, wie er die Geliebte an einem Sonntag-morgen, als er gerade die Bibel zur Hand nahm, aus dem Fenster blickend, in ihrem Feiertagsstaat durch den Rosengarten gehen sah – schöner als die Rosen – und die kokett Lächelnde und nur zum Schein Widerstrebende einholte, um ihr einen Kuß zu geben. Hier kommt Pattison in die Nähe der um die gleiche Zeit fertiggestellten Eklogen von Evans (1707–1726), die wir im vorigen Kapitel als einen ernsten Versuch diskutiert haben, die Wirklichkeit des englischen Landlebens in die Tradition einzubeziehen.

Eine sehr grobe Burleske bildet demgegenüber Jonathan Swifts "A Pastoral Dialogue" (1729).[45] In seinen Prosaschriften, z. B. *A Short View of the State of Ireland* (1727/28), setzt sich Swift oft ganz ent-schieden für die notleidende irische Bevölkerung ein, hat aber auf der andern Seite infolge seiner aristokratischen Einstellung persönlich kein Verhältnis zu den einfachen Menschen der untersten Volksschicht. Die Sprecher des kurzen Dialogs sind zwei ebenso arme wie primitive Landarbeiter, Dermot und Sheelah, die sich beim Unkraut-Jäten un-terhalten. Nachdem der Dichter die Einleitung mit einer Anrufung der „himmlischen Muse" (Z. 7f.) abgeschlossen hat, erklärt Dermot in derbem Kontrast zu solch hohen Tönen seine Liebe zu Sheelah durch den banalen ‚pastoralen‘ Vergleich mit dem zu beseitigenden Unkraut:

---

[43] A butterfly the cabbages destroys,
  On you a butterfly his breath employs –
  I say no more – my meaning you may guess –
  Perhaps you had been pleas'd, had I said less. (S. 556)

[44] Eines der drei hintereinander folgenden Beispiele der realistischen Anwendung der *in-vain*-Formel.

[45] J. S., *The Poems*, hrsg. von Harold Williams, 3 Bde. (Oxford, ²1958), Bd. 3, S. 880–882.

My Love to *Sheelah* is more firmly fixt
Than strongest Weeds that grow these Stones betwixt:
My Spud these Nettles from the Stones can part,
No Knife so keen to weed thee from my Heart.   (Z. 9–12)

Der Tiefpunkt der Vulgarität ist erreicht, als Sheelah in obszöner
Weise ihre liebende Fürsorge für Dermot bekundet:

Thy Breeches torn behind, stand gaping wide;
This Petticoat shall save thy dear Back-side;
Nor need I blush, although you feel it wet;
Dermot, I vow, 'tis nothing else but Sweat.   (Z. 21–24)

Sheelah hat ferner eine „entzückende Brotkruste" geklaut (Z. 30), die
sie uneigennützig mit dem Liebsten teilen will. Die gegenseitige Eifersucht der beiden – Sheelah hat ausgiebig einen andern gelaust, und
Dermot hat die dreckige Tochter seiner Patentante geküßt – ist schnell
beigelegt; Dermot schließt mit dem unerfüllbaren Wunsch, der Geliebten ein Paar neue Schuhe kaufen zu können, bevor ihnen der mittäg-
liche Haferbrei gebracht wird und sie endlich ihren „müden Hintern"
ausruhen können.[46] Abgesehen von der dramatischen Anlage werden
keine besonderen Gattungskonventionen parodiert, und der derbe
Spott geht ganz auf Kosten der elenden Landbewohner, wenn man
nicht, vor allem beim Schluß, hinter den Zeilen soziale Kritik heraus-
lesen will.

Das nur 32 Zeilen lange "Strephon and Collin. A Dialogue" (1734)
des E—l of M——dd——x[47] nimmt dagegen gezielt auf zwei Konventionen der Gattung realistischen Bezug. Der Schönheitskatalog, den
die beiden Sprecher jeweils von ihrer Geliebten aufzählen, wirkt in
den Vergleichen mit der Morgensonne, einem Schmetterling, der Rose
und der Lilie durchaus ernst gemeint. Erst als Strephon den Atem der
Geliebten mit frisch gemähtem Heu und Colin dann gar mit dem Atem
von Kühen vergleicht, bricht die burleske Absicht durch. Das stereotype Lob der eigenen Geliebten wird dann realistisch in Zweifel gezogen, indem Strephon behauptet, Molly habe ihm ebenso wie dem von
ihrer einzigartigen Treue überzeugten Collin immerwährende Liebe

---

[46]   O, could I earn for thee, my lovely Lass,
           A pair of Brogues to bear thee dry to Mass!
           But see, where *Norah* with the Sowins comes –
           Then let us rise, and rest our weary Bums.   (Z. 49–52)
[47] *GM*, 4 (1734), S. 100.

geschworen, man könne einer Frau nicht glauben. Collin kontert mit der Erklärung, er glaube aber der Chloe (Strephons Auserwählter), die ihm beim Tête-à-Tête versichert habe, Strephon sei ein solcher Einfaltspinsel, daß er sie immer noch für eine Jungfrau halte.

Eine bedingt positive Darstellung des Landlebens erfolgt wieder in Sarah Dixons "On a Dispute between Two Farmers for an Old Sow. A Pastoral" (1740).[48] In einer Art Umkehrung des *paulo-maiora*-Motivs rechtfertigt die Autorin zu Beginn das niedrige Thema durch ihre realistische Intention sowie durch eine besondere Erlaubnis, die ihr Pan gegeben habe:

> Undress'd and void of Art, my humble Muse,
> Has chose a Theme which will all Faults excuse;
> The simple Lines are of the rural Strain,
> Serve but to sing what's acting on the Plain;
> From *Pan* himself I did this Leave obtain.

Die Burleske liegt hauptsächlich darin, daß Sarah Dixon die traditionelle Verbindung der Ekloge zum Epos hervorkehrt und als Folie für den Streit der beiden Bauern um die alte Sau die Darstellung des Trojanischen Krieges bemüht, so daß sie die Sau ansprechen kann:

> Domestick Animal, of worthy Race!
> Stand thou a while in beauteous *Hellen's* Place;
> ...
> $\qquad\qquad\qquad\qquad\qquad\qquad\qquad$ (S. 99)

Die beiden Kontrahenten vertreten dann – ähnlich wie die Teilnehmer am pastoralen Wettgesang – abwechselnd ihren Standpunkt und bereiten eskalierend ihre Maßnahmen für den kommenden Rechtsstreit vor. Die humorvolle Ironie der Darstellung lebt von dem Kontrast zwischen der hohen Sprache und dem unbedeutenden rustikalen Gegenstand. Besondere Aspekte der Tradition werden, außer den genannten, auch hier nicht parodiert.

Um die Jahrhundertmitte erscheinen einige burlesk-realistische Eklogen im *Gentleman's Magazine*. Bei "Robin. A Pastoral Elegy" (1746) von John Dobson[49] läßt sich nicht mit absoluter Sicherheit sagen, wie weit der rustikale Realismus ironisch gemeint ist und wie weit nicht der Autor – laut Ankündigung seines Freundes, von dem das Manuskript stammt, Kapitän zur See – die halbkomische Liebesklage

---

[48] *Poems on Several Occasions*, S. 99–102.
[49] GM, 16 (1746), S. 609.

naiv und ohne Doppelsinn als Darstellung ländlicher Wirklichkeit versteht. Am Bachesrand denkt der unglückliche Knecht Robin, nachdem er in traditioneller Weise die Natur (Wälder, Echo, Winde und Bäche) zum Mitleiden aufgefordert hat, an die glücklichen Zeiten zurück, als ihm die Magd Susan noch gewogen war. Beim Melken und bei der Heuernte war er immer mit ihr zusammen, half ihr und beschützte sie; er stahl für sie aus des Squires Garten die reifen Pfirsiche, auf die sie solchen Hunger hatte, ohne Rücksicht auf die eigene Gefahr;[50] feiertags ritt er mit ihr zur Kirmes und durfte für sie bezahlen, und sonst brachte er ihr rustikale Geschenke wie Blumen und Obst. Im Gegensatz zu den Geschenken der pastoralen Tradition wurden diese Angebinde durch handfeste Gunsterweise von der Schönen erwidert:

> At our long table when we sat to dine,
> You stretch'd your knees, and mingled feet with mine;
> With fattest bacon you my trencher ply'd,
> And slic'd me pudding from the plumby side:
> And well I wot when our small beer was stale,
> You stole into the barn, and brought me ale.

Doch ein schmucker Soldat, der aus Flandern gekommen ist, um gegen Rebellen zu kämpfen, hat bei ihr eine leichte Eroberung und kann ihr Herz als Beute mitnehmen. Dem armen Robin bleibt nur übrig, auf eine Änderung zu hoffen und seine Maid zur Umkehr aufzufordern. Er untermauert seinen Appell durch einen Ausspruch der geistlichen Dorfautorität:

> Well says our parson; and our parson said,
> True love and tithes should ever well be paid.

Das Zeugma erinnert an Pattison, ist aber vielleicht etwas weniger stark als dort. Ähnlich wird bei einer offensichtlichen Gay-Imitation die Burleske abgeschwächt: als Robin wie die beiden Schäfer in Gays Freitag-Ekloge[51] zu der weisen Einsicht "sorrow's dry" kommt, lenkt er deswegen seine Schritte nicht in die nächste Kneipe, sondern netzt seine trockene Kehle mit einem Schluck aus dem Bach.[52] Auch eine

---

[50] Nor dogs, nor darkness, guns or ghosts could fright,
      When *Robin* ventur'd for his *Sue's* delight:
[51] "Excessive sorrow is exceeding dry." – hieß es dort, Z. 152.
[52] Im Wasser sieht er sein Spiegelbild; doch – anders als der unglückliche Liebende bei Vergil II, 25 oder der Sprecher bei Theokrit VI, 34 – meint er dabei nicht seine stattliche Erscheinung wahrzunehmen, sondern erkennt sein heruntergekommenes Äußeres und entschließt sich dazu, sich erst einmal zu waschen.

zweite Parallele zu Gay ist weniger deftig; der verbotene Blick auf die Dessous der Geliebten, mit dem die Kontrahenten in "Monday" sich brüsten,[53] wird hier gar nicht erst getan: "I held your petticoats, and never peep'd" – so beschreibt Robin seine Reaktion auf den drohenden Fall seiner Teuren vom Pferd. Man hat den Eindruck, daß der Bereich des Landes hier schon etwas aufgewertet ist und deshalb keiner so ausgeprägten Burleske mehr bedarf.

Entsprechendes gilt wohl auch für "A Pastoral" (1747),[54] eine pastorale Elegie um eine tote Kuh, die sich an Spenser orientiert, wie die Namen der Dialogsprecher, Diggon Davy und Colin Clout, andeuten. Von der Thematik her würde man eine sehr derbe Burleske erwarten, und in der Tat wirkt die Art, wie der unglückliche Diggon die Tote wie einen Menschen und mit den Topoi der Totenklage betrauert, nicht selten komisch. In einer *no-more*-Reihe beklagt er den Verlust, der nicht nur ihn selbst, sondern alle getroffen hat;[55] das Wissen der gelehrten Doktoren hat bei Molly versagt, und nicht einmal das Allheilmittel, das ihn selbst vor dem Grabe bewahrte, konnte sie retten. In dem Bericht über das Fortschreiten der Krankheit[56] preist Diggon gar die Tote in den Termini der pastoralen Geliebten: "Erst sweet that

---

[53]   *Lobbin Clout*
On two near elms the slacken'd cord I hung,
Now high, now low, my Blouzelinda swung,
With the rude wind her rumpled garment rose,
And show'd her taper leg, and scarlet hose.
           Cuddy
Across the fallen oak the plank I laid,
And myself pois'd against the tottering maid.
High lep'd the plank; adown Buxoma fell;
I spy'd – but faithful sweethearts never tell.
                    ("Monday", Z. 103–110)
Als Vorbild für dieses Motiv muß wahrscheinlich auch Philips VI angesehen werden, wo Languet berichtet, wie er fürsorglich die vom Wind in Unordnung gebrachten Kleider der schlafenden Geliebten zurechtzieht und so etwaige Blößen zudeckt.
[54] *GM*, 17 (1747), S. 443.
[55]   No more shall *Susan* skim the milky stream,
No more the cheese curd press, or churn the cream,
No more the dairy shall my steps invite,
So late the source of plenty and delight:
Thither no more, with *Susan*, shall I stray,
Nor from her cleanly hands receive the whey.
Sad plight is ours! nor ours alone! for all
Mourn the still meadow, and deserted stall.
[56] Dieser ist wahrscheinlich durch die Beschreibung der Viehseuche im dritten Buch der *Georgica* inspiriert.

breath as morning gales in *May*"; die traditionelle Klage, daß gerade die Besten am ersten dahingerafft werden, äußert sich in: "See how the useful, and the beauteous fall!" Der Nachbar Colin kondoliert mit dem vertrauten Gedanken, man müsse das schwere Leid geduldig tragen, um den Zorn des Himmels nicht zu provozieren.[57] Auch der am Ende von Diggon gefaßte Beschluß, nach seinem Scheitern als Bauer zu den Soldaten zu gehen, um dort seine beruflichen Fähigkeiten anzuwenden ("I'll *sow* false *Frenchmen*, and I'll *reap* renown."), entbehrt nicht der Komik.

Daneben finden sich zugleich ernsthafte Gedanken. Indem Diggon zu Anfang seinen Verlust als exemplarisch für das Unglück einer allgemeinen Viehseuche hinstellt, gibt er ihm ernstes Gewicht:

> How could I hope, where such contagion reigns,
> Where one wide ruin sweeps the desart plains,
> Where ev'ry gale contains the seeds of death,
> That *Diggon's* kine should draw untainted breath?

Und auch der schließliche Aufbruch in die Emigration oder zum Kriegsdienst kann – wie die eigentliche Pastorale gezeigt hat – durchaus als ernste, vernünftige Alternative zur Verzweiflung verstanden werden. Das Fehlen von pastoraler Synusie und *consolatio* belegt, daß die burleske Intention nicht dominiert.

Noch weiter ist diese Entwicklung in dem gleichfalls anonymen "A Pastoral" (1748)[58] fortgeschritten, wo zwei Landmädchen vor dem Hintergrund eines fröhlichen Dorffestes sich gegenseitig ihr Liebesunglück klagen. Der Geliebte der einen hat sie verlassen, um Soldat zu werden, die andere hat ihrem treuen Verehrer selbst den Laufpaß gegeben, zugunsten eines berüchtigten Dorfcasanova, den sie bald *in flagranti* mit der Pastorenmagd ertappen sollte. Nun bleibt ihnen bloß die Hoffnung auf Änderung, die die eine für sich durch einen rustikalen Liebeszauber herbeiführen möchte. Nur die Namen des einen Paars, Lubberkin und Susan, weisen klar darauf hin, daß das Gedicht in der Tradition von Gays *Shepherd's Week* steht. Zwar kann der Leser ob der Naivität der Mädchen gelegentlich ein Lächeln nicht unterdrükken, wenn beispielsweise Rosalind sich in masochistischem Realismus ausmalt, wie die blutigen Spuren ihres Leidens den Geliebten wieder mit ihr versöhnen werden:

---

[57]   'Tis ours, submissive, to receive the stroke,
        Since to repine is only to provoke.'
[58] *GM*, 18 (1748), S. 565.

> Thro' ev'ry vale I'll haste, nor will I dread
> The thickest woods and darkest groves to tread,
> And when the briars my tender feet shall wound,
> The blood shall mark, where 'er I pass, the ground:
> This when he sees, relenting shall he say,
> At length her pains have wash'd her faults away.[59]

Deutliche Burleske findet sich jedoch nicht. Dafür wird auch die Tradition nur in großen Umrissen fortgeführt.

Erklärtermaßen mit der Tradition der *Shepherd's Week* verbindet sich "The Courtship, A Pastoral, in Imitation of Mr. Gay" (1748) von J. W.[60] Wirklich ist die ganze Ekloge sehr stark dem angegebenen Vorbild nachempfunden, und man stößt immer wieder auf Imitationen von Stellen aus Gays Werk. Colins Angebetete, mit der er sich nach getaner Arbeit am Abend trifft, heißt, wie das Mädchen in der Dienstag-Ekloge, Marian, die von ihr verwünschte Rivalin ebenso wie dort Cicily. Die Art, wie Marian ihre Widersacherin als Schlampe hinstellt, deren Käse stinkt und deren Butter ungenießbar ist (S. 6), stammt offensichtlich aus Gays Mittwoch-Ekloge. Von dort ist ebenso der Bericht der vergeblichen Versuchung durch den Squire im Walde genommen (S. 10f.), mit dem Marian auf die Liebeserklärung Colins antwortet. Diese Liebeserklärung selbst lehnt sich an die pastoralen Vergleiche von "Monday" an, zeigt aber zugleich den Unterschied zu Gay. Wenn dort (Z. 82) abrupt gesagt wird, "Her breath by far excell'd the breathing cows...", so muß die rustikale Analogie zweifellos komisch wirken. Diese Komik des Rustikalen fehlt hier oder ist zumindest stark gemildert, indem der Sprecher den Vergleich ausführlich einleitet und die rustikale Note durch poetische Epitheta übertönt:

> Oh *Marian*! I have smelt the Breath of Morn,
> When she does first yon eastern Hills adorn;
> I've smelt the with'ring Hay when newly mown,
> I've smelt the Damask Rose when newly blown;
> I've smelt the fragrant Breath of grazing Cows,
> And that which from the Lambkin's Nostril flows;
> But neither Breath of Morn, when first awake,
> Nor with'ring Hay, first open'd by the Rake,

---

[59] Ein anderes bezeichnendes Beispiel dieser Naivität ist Susans Beschreibung der prächtigen ‚militärischen' Haartracht ihres geliebten Lubberkin:
> His dark brown hair...
> ...
> Look'd like the captain's that call'd *Joan my dear*.

[60] (London, 1748).

Not Damask Rose, nor balmy breathing Cows,
Nor that which from the Lambkin's Nostril flows,
Nay, let 'em all their breathing Odours join,
They're not so sweet, not half so sweet as thine. (S. 8f.)

Der Bursche heißt nicht mehr 'Lobbin Clout' wie in Gays "Monday", sondern 'Colin Clout'. Als Material für Komik benutzt J. W. statt der Rustikalität die Verliebtheit des Colin, der Gerste statt Weizen gesät und beim Beschneiden des Obstbaumes den Ast abgesägt hat, auf dem er stand (S. 14). Vor allem aber ist es dem Autor wohl – wie der Titel schon andeutet – um die handfeste Sexualität des Schlusses zu tun: die Maid läßt durch ihre ekstatischen Ausrufe keine Unklarheit über den Fortschritt der Aktion beim Leser aufkommen, als sie das "around, around, around" aus dem Refrain von Gays "Thursday" zu dem eindeutigen "adown, adown, adown" (S. 15) abwandelt.

"A Pastoral Dialogue" (1752)[61] parodiert in allgemeiner Form die pastorale Elegie, wobei die Freude des anonymen Autors an der positiven Darstellung des Lebens auf dem Lande den Ton angibt. Unterstützt von ihrer Freundin Kate, beklagt Deborah, daß sie ihren Roger verloren hat. Sie lobt den Dahingegangenen als Meister in den rustikalen Künsten und Sportarten und zählt den Katalog seiner äußeren Vorzüge auf.[62] Vor allem war Roger in seiner Schlagfertigkeit und Possenhaftigkeit ein wahrer Eulenspiegel des Dorfes. Deborah berichtet zwei Anekdoten, wie er den Richter durch eine verfängliche Frage in Verlegenheit bringt und einen Bauerntölpel an der Nase herumführt, indem er ihm statt des Ferkels, das dieser dem Squire als Geschenk bringen will, eine Katze in den Sack steckt und auf dem Rückweg die Katze wieder gegen das Ferkel austauscht. Dabei war der junge Schäfer auch wohltätig gegen Mensch und Tier[63] und von christ-

---

[61] *GM*, 22 (1752), S. 331.

[62] Dies ist eine realistische Variation des traditionellen (weiblichen) Schönheitskatalogs der Liebesdichtung:

His hair in curls adown his shoulders flows,
His face with colour like the morning glows!
His eyes not raven-black, yet black enough;
His beard new-shaven neither smooth nor rough!
His chest, waist, leg and foot just what they ought;
His foes, if foes he had, cou'd spy no fau't!

[63] Unter Umständen ist die Zeile "Red-breast or not, he spar'd the nest with young" als vernünftig-realistische Reaktion auf das traditionelle Motiv der jungen Holztauben, die als Geschenk für die Geliebte vorgesehen sind, aufzufassen.

licher Frömmigkeit. Anstelle der *consolatio* kommt dann zum Schluß das Dénouement, daß Roger überhaupt nicht gestorben ist: Deborah erklärt ihrer staunenden Freundin – der Leser hat vielleicht in Anbetracht der lebensvollen Darstellung schon etwas geahnt –:

> Thank heav'n! he lives as much as you or I,
> And never, never, never, let him dye!

Roger ist nur für drei Wochen nach Derbyshire gegangen. Die infolge der unspezifischen Imitation nur schwache Spitze des Gedichts richtet sich offensichtlich gegen die Gattung.

"Corydon. Philario. Or, Mira's Picture. A Pastoral" (1757) von Mrs. Leapor[64] scheint eine chiffrierte private Verunglimpfung zu sein, die von dem Kontrast zwischen ländlicher Wirklichkeit und pastoralem Ideal Gebrauch macht. Der Stadtbewohner Philario, bei dem ‚Schäfer‘ Corydon zu Besuch, fragt diesen nach der Dorfschönsten und äußert dabei generell seine Skepsis in bezug auf die holde Weiblichkeit des englischen Landes:

> ...What nymph, O shepherd! reigns
> The rural toast of these delightful plains?
> For much I fear th' *Arcadian* nymphs outshine
> The shiv'ring beauties of this northern clime. (S. 102)

Anschließend wird im Gespräch der beiden ein negativer Katalog von den ‚Vorzügen‘ der gerade vorbeigehenden Mira gegeben: sie redet unablässig vor sich hin, ist schmutzig, hat eine unreine Haut, trübe Augen vom Lesen unanständiger Stücke, struppige Augenbrauen, einen Buckel und verdorbene Zähne. Die aufsteigende Sonne, die Corydon zwingt, seine Leute zum Jäten zu schicken, beendet den unersprießlichen Dialog.

Die burleske Wirkung von William Thompsons "The Milkmaid" (1757)[65] ist höchstwahrscheinlich unbeabsichtigt. Es hat den Anschein, als versuche Thompson in dem weithin recht sentimentalen Liebesmonolog des Colin an seine Lucy, die klassische Tradition mit heimisch-rustikalen Ingredienzien fortzusetzen.[66] Die pastorale Synusie in der Einleitung ist ohne ironischen Doppelsinn:

---

[64] *Poems by Eminent Ladies*, S. 102–104.

[65] Chalmers, *English Poets*, Bd. 15, S. 25 f.

[66] Allerdings ist ein derartiger Werbungsmonolog, der zum Schluß zur glücklichen Erhörung führt, unorthodox. – Wenn Colin am Ende seiner Rede nach dem Vorbild von Vergil VIII von seinem Selbstmord spricht, so ist dies nur rhetorisch; denn er wird unmittelbar darauf erhört.

> As thus he breath'd his tender tale:
> The list'ning streams a while forgot to flow,
> The doves to murmur, and the breeze to blow.

Trotzdem kann selbst der moderne Leser die rustikalen Segenswünsche des verliebten Schäfers an die Schöne kaum ernst nehmen:

> So may thy cows for ever crown
> With floods of milk thy briming pail;
> So may thy cheese all cheese surpass,
> So may thy butter never fail:

Und wenn gar zwei Strophen weiter zeugmatisch von der bezaubernden Maid gesagt wird, sie sei "With innocence and grogram[67] blest", so muß das vollends burlesk wirken. Bemerkenswert erscheint an dem Gedicht hauptsächlich die sechszeilige Strophe (a b x b c c), die sich von dem obligaten *couplet* löst.

Die Entwicklung ist offensichtlich inzwischen so weit fortgeschritten, daß die Burleske sich entweder als eine mehr oder weniger ungewollte Begleiterscheinung aus der realistischen Intention des Dichters ergibt oder daß sie absichtlich und weitgehend ausschließlich gegen die Gattung gerichtet ist. Zu der zweiten Art gehört das unter dem Pseudonym 'Worcester' erscheinende "A Pastoral. In the Modern Style" (1767).[68] Die doppelte Tautologie in der Anfangszeile, wo von "the umbrageous shadow of a shade" die Rede ist, macht in Verbindung mit dem Untertitel deutlich, daß der Dialog zwischen den Schäferinnen Pastora und Galatea vor allem als satirische Kritik an der oft leeren und sentimentalen *poetic diction* der Gattung verstanden werden will. Ausdrücke im Stile von Popes *Pastorals* begegnen ständig in unsinnigen Kombinationen. Die pastorale Synusie wird als eine leblose Konstruktion aufs Korn genommen, wenn es etwa heißt:

> The buzzing bees, poetic from their hive,
> In smooth alliteration seem alive:

Oder in noch größerer Übertreibung sagt Pastora:

> ... the bounding hare
> In covert claps her wings, to see me pass
> Ethereal meadows of transparent grass.[69]

---

[67] 'Grogram' ist eine Art Loden.
[68] *GM*, 37 (1767), S. 471f.
[69] Der durch sein Flügelschlagen applaudierende Hase parodiert zweifellos "Spring", Z. 16: "And all th' Aerial Audience clap their Wings."

An anderer Stelle wird die pastorale Synusie sogar mit dem Adynaton kombiniert, indem Delphine durch die Wälder tänzeln und Tiger sich in den Fluten tummeln.[70]

Auffallend ist, daß die Burleske nicht mehr durch rustikale Elemente unterstrichen wird, sondern durch ausgedehnte Passagen mit kaum verdeckter Zweideutigkeit. Die beiden Nymphen wetteifern in dieser Beziehung geradezu miteinander:

> *Pastora.*
>
> ...
>
> But ah! my virgin swain is chaster far
> Than *Cupid's* painted shafts, or sparrows are,
> Sparrows, that perch, like *Sappho's* on my lay,
> Or hop in concert with the dancing day.
>
> *Galatea.*
> What sound was that, which dawn'd a bleating hue,
> And blush'd a sigh? *Pastora, was it you?*
> Your notes sweet maid, this proverb still shall foil,
> *The pot that's watch'd was never known to boil.*

Offenbar ist Rustikalität als Basis für die Burleske nicht mehr tragfähig genug.

Dies zeigt sich auch bei den *Four Pastorals* (1768) von "T. S. Esq; of the Middle Temple",[71] obgleich in dem juvenilen Werk sonst kaum eine einheitliche Linie oder ein gleichbleibender Stil auszumachen ist. Elemente verschiedener Traditionen begegnen in bunter Mischung. Durchgehend zu beobachten ist nur das Bemühen des jugendlichen Autors, seine Gelehrsamkeit sowie seine Fähigkeit in der Anwendung von *poetic diction* unter Beweis zu stellen.[72] Am interessantesten, vor allem in dem hier verfolgten Zusammenhang, ist die 2. Ekloge, ein

---

[70]   Light trips the dolphin through Cerulean woods,
    And spotless tygers harmonize the floods,
    Ev'n *Thetis* smooths her brow, and laughs to see
    Kind nature weep, in symphony with me.

[71] (London, 1768).

[72] Das anschaulichste Beispiel ist IV, "The Marriage of Zephyr and Flora" (S. 24–39), wo Scharen von mythologischen Gestalten antiker und heimischer Provenienz auftreten. (Wenn freilich in Z. 31 Flora mit dem traditionellen Titel der Venus, "Cyprian queen", belegt wird, läßt das leichte Zweifel an der soliden Fundierung der Gelehrsamkeit aufkommen.) In Z. 224 findet sich sogar ein griechischer Ausdruck in Originalschreibung (bei der jedoch Akzent und Spiritus fehlen). Über 50 Sternchen merken die Stellen an, wo der Verfasser als Demonstration seiner botanischen Kenntnisse metaphorische Blumen- und Pflanzennamen in

Dialog zwischen Colin Clout und Cuddy. Mehr noch als die Namen der Schäfer deuten die Namen der von ihnen im Wechsel gepriesenen Geliebten, Blowzybella und Bumkenna, darauf hin, daß das Gedicht eine Imitation von Gays "Monday" darstellt.[73] Im Vergleich zu den (nach Anlage und Themen ähnlichen) ernsten Nachbareklogen I und III ist die Sprache des Dialogs auffällig unkultiviert,[74] was erkennen läßt, daß der Autor offenbar die Burleske bei Gay versteht und versucht, es dem Vorbild in dieser Beziehung gleichzutun.

Dabei setzt T. S. zwar, wie dort, Details aus dem rustikalen Leben ein,[75] doch reicht das angesichts ähnlicher Stellen in den ernsten Eklogen[76] offenbar nicht aus. Auch hier werden daher die sexuell-obszönen Komponenten der Burleske viel stärker als etwa bei Gay herausgearbeitet. Beispielsweise verweilen die beiden Rivalen in dem Katalog der Schönheiten der Geliebten angetan bei ihrem Busen:

> *Cuddy.*
>
> Her clustering breasts, like grapes in Autumn, shine;
> These swell with milk, and those with floods of wine.
> How Cuddy'd like such melting fruit to press,
> I dare not say, but Colin Clout may guess.
>
> *Colin Clout.*
>
> Bumkenna s breasts two golden apples are,
> Like that which tempted Eve, as plump, as fair;
> The tree of knowledge, She – – – – I'd give my flute,
> The bole to climb, and taste forbidden fruit.   (Z. 37–44)

---

ihrer eigentlichen Bedeutung in das Geschehen eingebaut hat; z. B. ist die edle Braut mit "Lady-slipper" beschuht (Z. 113) oder das illustre Hochzeitspaar bettet sich für die Brautnacht auf einer Matratze aus "Lady-bed-straw" (Z. 264).

[73] Die entsprechenden Namen dort sind: Lobbin Clout und Cuddy sowie Blouzelinda und Buxoma. – Irving (*John Gay*, S. 90 Anm.) führt das Gedicht als eines seiner drei Beispiele von Gay-Imitationen auf.

[74] So sagt z. B. Colin Clout Z. 9–12:
Your Blowzybella! Murrain on her! She?
Albeit I wis, the Parson's maid she be;
But what o' that? A bonnier lass, you lout,
Bumkenna I'll maintain, and so look to 't.

[75] Z. B:
Good cheer is cabbage; good potatoes are;
And bread and cheese is dainty country fare;
But cabbage, nor potatoes, bread nor cheese,
Without Bumkenna, Colin Clout can please.   (Z. 49–52)

[76] Vgl. die ähnliche Stelle III, 115f.:
Custard and cheese shall be your homely treat,
And curds and cream shall float on earthen plate.

Die Schäferinnen sind übrigens im doppelten Sinne nicht gar so ländlich unwissend; denn als der Galan sich einen Kuß holt, reagiert die eine mit – wörtlich zitiert – "encore" (Z. 79) und die andere mit "ditto" (Z. 83f.). Eine unglückliche Verbindung, die aber für die *Four Pastorals* kennzeichnend ist, geht die Obszönität schließlich mit der ostentativen Gelehrsamkeit des Autors in dem abschließenden Rätsel des Cuddy ein:

> Say, what is that a Virgin hates to do,
> A Warrior's name it is, but tell me who?   (Z. 87f.)

Als Lösung nennt eine Anmerkung den Kalauer: "Die a maid *(Diomed)*".

Ein Beispiel der anderen Art, wo die Burleske sich nebenbei einstellt, sind die bereits im vorigen Kapitel diskutierten *Six Pastorals* (1769) des Landschaftsmalers Smith. Es ist bezeichnend, daß in der 2. Ekloge (S. 11) Gay, ohne jede Modifizierung, mit einem Zitat aus der Samstag-Ekloge (Z. 122) als Fortsetzer der pastoralen Traditionskette nach Spenser, Philips und Pope eingeführt wird. Smith nimmt die burleske Intention in der *Shepherd's Week* anscheinend nicht mehr wahr oder hält sie für ganz unbedeutend, so daß er Gay ohne weiteres in die Hauptlinie der Gattung einordnen kann. Smiths eigener Realismus zeitigt vor allem in der Anfangsekloge, "The Country Lovers; or, *Isaac* und *Margret* going to Town, on a Summer's Morning", auf dem ländlich-familiären Sektor, ungewollte Komik. So beschwert sich Isaac zu Beginn des Dialogs bei seiner Verlobten, als er sie abholt, daß er aber auch immer auf sie warten müsse. Als er vor dem Aufbruch einen Kuß von ihr erbittet, meint sie nüchtern, er solle nicht so albern sein. Weit mehr bewegt es sie, daß er immer seine dreckige Jacke in die Stadt anziehen muß, so daß die Leute sie verspotten werden; aber sie werde es ihm, sagt sie, schon beibringen, wenn sie erst einmal verheiratet seien[77] – was ihn zu begeisterten Liebeserklärungen veranlaßt. Für den Eklogenschluß wird das Motiv der heimkehrenden Gespanne aus Vergil II in belustigend-realistischer Weise umgeformt: wenn die beiden sich nicht beeilen, so fürchtet Isaac, daß ihnen die

---

[77]   Why dost thou wear that dirty frock to town?
        The folk will jeer me, and my friends will frown.
        Well! thou shalt bye and bye be cleaner seen!   (Z. 69–71)

Gespanne, die er von weitem erblickt hat, auf dem einspurigen Wegstück begegnen werden.[78]

Eine realistische Darstellung schottischer Landcharaktere, die von breitem, gutwilligen Humor getragen wird, findet sich in Fergussons "An Eclogue" (1773).[79] Der Unterschied zwischen diesem in Scots geschriebenen Gedicht und den hochsprachlichen Eklogen ist nicht zu übersehen. Nach getaner Arbeit klagt der Bauer Sandie seinem Nachbarn Willie sein Leid. Indem Willie meint, er hätte schon als Grund für die Niedergeschlagenheit des andern Liebeskummer vermutet, wenn dieser nicht erst so kurz verheiratet wäre,[80] wird ein traditionelles Motiv realistisch parodiert. Sandie hat Kummer mit seiner Frau, die sich nach der Hochzeit als wahrer Zankteufel entpuppt hat. Willie mahnt zu Gleichmut und bekräftigt mit einem Adynaton, daß er selbst sich von Weiberzungen niemals aus der Ruhe bringen läßt.[81] Doch Sandies häusliches Unglück ist noch schlimmer: seine Frau vernachlässigt in ihrer Faulheit und Schlampigkeit die ganze Wirtschaft und frönt dem Luxus in so verwerflicher Weise, daß sie den Hausrat versetzt, um in Edinburgh Tee kaufen zu können. Das Stichwort ‚Tee' bringt nun freilich auch Willie um seine Gelassenheit, und er tut ob solcher Verschwendungssucht den düsteren Ausspruch:

> Her tea! ah! wae betide sic costly gear,
> Or them that ever wad the price o't spear.   (Z. 81f.)

---

[78] aspice, aratra iugo referunt suspensa iuvenci,
      ...   (Vergil II, Z. 66)

But see yon teams returning from the town,
Wind in the chalky wheel-ruts o'er the down:
We now must haste; for if we longer stay,
They 'll meet us ere we leave the narrow way.
                              (Smith I, Z. 135–138)

[79] *Poems*, Bd. 2, S. 85–89.

[80] Foul fa me gif your bridal had na been
      Nae langer bygane than sin Hallow-e'en,
      I cou'd hae tell'd you but a warlock's art,
      That some daft lightlyin quean had stow'n your heart;
      ...   (Z. 17–20)

[81] Sooner shou'd winter cald confine the sea,
      An' lat the sma'est o' our burns rin free;
      Sooner at Yule-day shall the birk be drest,
      Or birds in sapless busses big their nest,
      Before a tonguey woman's noisy plea
      Shou'd ever be a cause to dantan me.   (Z. 51–56)

Weiterhin läßt die Liederliche den eigenen Mann hungern, während sie ihren Klatschbasen die besten Bissen zusteckt. Willie will sich aus Prinzip nicht in Dinge einmischen, die Mann und Frau angehen, und rät Sandie lieber, sich an den rechtskundigen und lebenserfahrenen Laird zu wenden. Für den Abend aber lädt er, in Analogie zum Schluß von Vergil I, den leidgeprüften Nachbarn zu sich zu einem friedlichen Essen ein.

Nicht an der klassischen Ekloge, sondern an einer späten Phase der Tradition orientiert sich *A Pastoral Ballad, In Four Parts* (1774).[82] Der gleichlautende Titel sowie die Überschriften der einzelnen Teile (Admiration, Hope, Disappointment, Success) weisen unmißverständlich darauf hin, daß Shenstone das Modell für die Burleske abgibt, doch wehrt sich der anonyme Autor in dem kurzen Vorwort energisch und ohne Ironie dagegen, die Verdienste des Vorbildes, "the most beautiful pastoral in our language", schmälern zu wollen; es gehe ihm nur darum, dem heiter veranlagten Leser zum Lachen zu verhelfen. Daß trotzdem eine realistische Kritik an der sentimentalen Behandlung des Themas ‚Liebe' bei Shenstone und seinen Nachahmern vorgesehen ist, wird deutlich, als der Zentralcharakter gleich in der dritten Zeile über solche geistvolle Autoren bemerkt:

> They goddesses make of their lasses,
> And simpletons make of themselves.

Wie grob die Burleske ausfällt, macht das "Argument" äußerst anschaulich:

> A certain Shepherdess (yclepèd *Margaret Timbertoe*) had the misfortune to be born without the sense of hearing, and was consequently dumb; she had likewise by accident lost the entire use of one leg and one eye. In other respects she was not without some very powerful attractions, at least in the eye of a neighbouring Shepherd, (by name *Phelim O Gimlet*) who, being in the same situation as to the two latter particulars, became enamoured of the Nymph, and thus spake his passion:

Die taube, einäugige und beinamputierte ‚Schäferin' ist ein Zerrbild der pastoralen Geliebten und soll wohl die in Wirklichkeit bei der Liebe maßgeblichen Faktoren aufdecken. So schließt der ähnlich lädierte ‚Schäfer' im ersten Teil seinen Monolog – nach einem Lob der relativen Schönheit ihres einbeinigen Ganges und ihres einen Auges –

---

[82] (London, 1774).

mit einer ausführlichen, vom Leser als massive Ironie aufgefaßten Zurückweisung materialistischer Beweggründe. In je einer vierzeiligen Strophe (nach dem Shenstone-Schema[83]) betont er, daß er es in keiner Weise auf ihren Kotten, ihre gute Küche und volle Speisekammer, ihren Bestand an Haustieren oder ihr Barvermögen abgesehen habe, sondern einzig „ihre Person" „anbete" (S. 8). Nicht nur die anatomischen Umstände, sondern auch die liebevoll aufgeführten Einzelheiten der als unwesentlich ausgegebenen Güter sprechen deutlich eine andere Sprache.

Im zweiten Teil wird das Motiv der schlafenden Geliebten grob parodiert. Doch rührt die Besorgnis des Liebhabers, die Schlafende möchte vielleicht aufwachen, von viel konkreteren Überlegungen her, als von dem Gedanken an das Dekorum:

> On the marge of a river reclin'd,
>   I trembled to see her asleep;
> Lest she wake on the side that was blind,
>   And roll adown into the deep.   (S. 9)

Der ‚problematische' Anblick der Dessous der Geliebten, den wir schon bei Gay und Dobson gefunden hatten, ist für den Galan dadurch entproblematisiert, daß er ein Auge schließen kann, ohne deshalb an Sehfähigkeit einzubüßen:

> I respectfully shut my one eye,
>   And the devil a bit did I see.   (S. 10)

Der Gipfel der Derbheit wird im dritten Teil bei der Burleske der pastoralen Geschenke erreicht. Der Verfasser persifliert die bekannte Shenstone-Stelle "I have found out a gift for my fair..." auf realistische, höchst undelikate Art:

> I found out a gift for my lass,
>   I found out the maker at *York*;
> 'Twas an eye neatly fashion'd of glass,
>   'Twas a leg nicely finish'd of cork.   (S. 14)

Als Dank für die praktischen Gaben erhält der wenig zartfühlende Galan von der Dame einen Tritt. Doch im Gegensatz zu der Handlung bei Shenstone, wo der letzte Teil "Disappointment" heißt, faßt er sich ein Herz zu einer nochmaligen Werbung und wird schließlich zu seiner

---

[83] Ein Unterschied liegt nur darin, daß Shenstone jeweils zwei Einheiten aus vier Zeilen zu einer Strophe zusammenfaßt.

216

Freude von einem durch Alter und Suff erblödeten Pastor mit der Angebeteten getraut.[84]

Zum Schauplatz für das bewegende Geschehen ist mit Irland ein extrem agrarischer Teil Großbritanniens gewählt.[85] Doch spielt die Rustikalität des Lebensbereichs im Vergleich zu den körperlichen Gebrechen der Hauptcharaktere für die Burleske nur eine untergeordnete Rolle. Die reichlich banale und grobe Burleske läßt im übrigen die Vorsorge des Autors begreiflich erscheinen, der Kritik von vornherein entkräften möchte, indem er im Vorwort das Verdikt "contemptible" für sein Werk als Zeichen einer sauertöpfischen Veranlagung auf seiten des Lesers deutet.

Mit Gays Eklogen, die zweifellos das bedeutendste Beispiel der realistischen Spielart der Form abgeben, hat diese *Pastoral Ballad* kaum noch etwas gemeinsam. Wie wenig zudem *The Shepherd's Week* um diese Zeit bekannt ist, hatten wir an dem Plagiator Bob Short gesehen, der für seinen Zyklus "The Shepherd's Day" (1787) den Anspruch erhebt, er stelle eine Imitation von Gay dar, obwohl Short dessen Werk ganz offensichtlich gar nicht kennt. Gay gilt jetzt als ernstzunehmender Autor der Pastorale im Range eines Klassikers – was natürlich nicht bedeutet, daß man ihn deswegen unbedingt liest. Diejenigen, die Gay gelesen haben, übersehen (wie etwas später der junge Southey), entsprechend ihrer eigenen Einstellung zum Lande, Gays burleske Haltung oder werten sie als völlig unerheblich. Eine Burleske ist nur durch gröbste Mittel noch möglich und daher grundsätzlich wenig aussichtsreich. Die provinzielle Bedeutungslosigkeit der Texte spricht für sich.

So erscheint es nicht unpassend, wenn die letzten hier erfaßten Beispiele von burlesken Eklogen aus der im vorigen Kapitel erwähnten Sammlung der "Gentlemen of Devonshire and Cornwall" (1792) stammen. Zwei mit 'D. E.' unterzeichnete Gedichte sind ebenfalls derb-realistische Parodien auf Shenstone und die Sentimentalität seiner

---

[84] Die wenig zutreffende Bemerkung des Pastors bei der Trauung
      He vow'd, so accomplish'd a maid
        Never wedded so finish'd a man. (S. 20)
führt die Vollkommenheit des Liebespaares der traditionellen Dichtung *ad absurdum*.

[85] Der irische Schauplatz läßt sich erschließen aus dem Namen des Protagonisten, Phelim O Gimlet, seinem Vergleich der Lippen der Geliebten mit "bonnyclabber" (S. 11), laut *OED* ein irischer Ausdruck für ‚Sauermilch', und der Beteuerung bei St. Patrick, dem irischen Nationalheiligen (S. 19).

pastoralen Dichtung. "The Half-Peel'd Turnip, A Pastoral Ballad"[86] bringt diese Zielsetzung in dem vorausgestellten Motto mit plumper Ironie zum Ausdruck:

> Hail, gentle *Shenstone*! prince of *Namby-Pamby*;
> Bless'd be thy Lark, thy Linnet, and thy Lamby.

In einer Anzahl von Strophen im Shenstone-Schema wird eine prosaisch-rustikale Liebesepisode erzählt. Der infolge starken Regens von seiner Phillis versetzte Corydon sucht die Geliebte zu Hause auf, traut sich aber erst nicht hinein und klagt dafür der Katze sein Leid. Phillis ruft den Durchnäßten herein und fordert ihn auf, mit dem Feuerhaken das Feuer zu schüren. Doch er will nicht und beteuert stattdessen mit banalen, pseudo-pastoralen Vergleichen seine Leidenschaft.[87] Als Liebesbeweis bittet sie ihn daraufhin, eine zähe Rübe für sie zu schälen, worauf er flugs sein Messer herausholt und sich ans Werk macht. Aber die Mutter, die die Schweine gefüttert hat, kommt dazwischen, Corydon muß flüchten und Phillis wird eingesperrt. Auch der wenig subtile Leser kann nicht umhin, Feuerhaken und Messer, auf die solch unangemessener Wert gelegt wird, als Freudsche Symbole zu verstehen, und das Resümee der Schlußzeilen bestärkt ihn darin:

> So the fire, it no longer was poak'd,
> Nor the turnip was peel'd for the night!

Wie schon dieses kurze Zitat andeutet, parodiert der Verfasser außer Shenstone auch die Volksballade, die klassische Ekloge bleibt weit außerhalb des Gesichtskreises.

Die zweite Burleske, "A Pastoral Ballad",[88] weist keine Obszönität auf, ist darum aber nicht weniger derb. Die Anfangszeilen persiflieren den Beginn von Shenstones "Hope"; aus

> My banks they are furnish'd with bees,
> Whose murmur invites one to sleep;

---

[86] S. 99–102.
[87]
> So would flame yonder new-made hay-stack,
>   If with candle the hay you should touch;
> So the kidney be scorch'd and turn black,
>   Which the cook-maid has griddled too much:
> So the cook-maid, if spit will not turn,
>   Will roast on one side all her meat:
> So with frost aching, chillblains will burn,
>   Which little girls have on their feet.   (S. 101)

[88] S. 103f.

218

wird: My beds are all furnish'd with fleas,
                 Whose bitings invite me to scratch;
               . . .

Die Entscheidung von Shenstones Corydon gegen die pastoralen Geschenke wegen des von der Geliebten geäußerten Zartgefühls gegenüber den Tieren ist hier grotesk übersteigert: die Geliebte kann den für
sie vorgesehenen faulen Cheshire-Käse nicht bekommen, weil darunter
– nach ihren eigenen Worten – die Käsemilbe zu leiden hätte.[89] Faust-
dick wird die Moral in einer Anmerkung am Schluß noch einmal auf-
getragen; bei Shenstone hieß sie: "No man can be true in love who
robs a bird's nest." Hier ist sie formuliert als: "No man can be true in
love who eats rotten cheese." Shenstone, und damit ein schon sehr auf
die Realität bezogener Rest der Eklogentradition, wird als vollkommen wirklichkeitsfremd zurückgewiesen.

2. Die Stadt-Ekloge

Eine andere Möglichkeit, die Tradition der Ekloge mit der zeitgenössischen Realität in Einklang zu bringen, besteht darin, die Lebensver-
hältnisse der Stadt mit den traditionellen Mitteln und unter Verwendung der vorgeprägten Gattungsmotive darzustellen, die Pastorale
also zur *town eclogue* zu machen. Für die urbane Kultur des *Augustan
Age* ist eine solche Lösung besonders naheliegend. Das kultivierte
Leben der städtischen Gesellschaft steht in der Wertordnung der Zeit
mit Abstand an der Spitze und wird deshalb auch als das erste und
wichtigste Thema für die Dichtung angesehen. Dagegen gilt die wenig
verfeinerte Lebensweise des Landes als so niedrig, daß man sie eigentlich kaum der Beachtung für wert hält. Durch die Stadt-Ekloge wird
es dem Dichter möglich, einen Gegenstand zu behandeln, der für ihn
und seine Leser ungleich mehr von Belang und Interesse ist als das
Leben von Schäfern oder Bauern, und zugleich an die klassische Tradition anzuschließen.

---

[89]   I have found out a gift for my fair,
                 In my Cheshire some rotten I've found;
               But let me the plunder forbear,
                 Nor give that dear bosom a wound:
               Though oft from her lips I have heard,
                 That the rotten her palate would please;
               Yet he ne'er could be true, she averr'd,
                 Who would rob the poor mite of his cheese.   (S. 103)

Daß die Darstellungstechnik der Ekloge sich grundsätzlich ebensogut für den Gegenstand des Stadtlebens eignet, zeigt bereits das Beispiel von Theokrit, dessen *Eidyllia* zum großen Teil – wie etwa II („Die Zauberinnen") oder XV („Die Frauen beim Adonisfest") – einen städtischen Schauplatz haben. Trotzdem ist unter den beim Knüpfen von historischen Verbindungen sonst so findigen Fachleuten vergangener Tage anscheinend fast niemand auf den Gedanken gekommen, Theokrit als Begründer der Stadt-Ekloge anzusprechen.[1] Und in der Tat läßt sich die *town eclogue*, die zu Beginn des 18. Jahrhunderts ins Leben gerufen wird, nicht als artverwandtes Gewächs auf frühere Wurzeln zurückverfolgen, sondern sie entsteht neu als eine Reaktion auf die Tradition der Pastorale. Die Stadt-Ekloge bildet eine ausgesprochene Anti-Form. Der ihr inhärente Kontrast zu dem traditionellen Inhalt der Ekloge ist für den Klassizismus des Zeitalters von Dryden und Pope stets gegenwärtig. Daher muß sich die Stadt-Ekloge zunächst prinzipiell als ironische Parodie der orthodoxen Pastorale verstehen.

Es erübrigt sich, auf Stimmen einzugehen, die diese Ironie als einen Versuch auslegen wollen, die Pastoraldichtung als Gattung lächerlich zu machen und damit zu beseitigen.[2] Hier gilt das Entsprechende wie bei der burlesken Ekloge. Freilich ist die Ironie in diesem Falle zugleich differenzierter und stärker, da ein doppeltes Spannungsverhältnis vorliegt. Im Hinblick auf das Goldene Zeitalter, das man als angemessenen Gegenstand für die Pastorale postuliert hat, ist das Leben der Stadt einerseits ungleich realer, andererseits jedoch viel prosaischer und gewöhnlicher; im Verhältnis zum Landleben der eigenen Gegenwart hat die Stadt als Stätte der Kultur und politisch-soziales Zentrum zwar unangefochten den Vorrang, dafür ist das Stadtleben aber auch im ganzen komplizierter, künstlicher und dekadenter. Diese Multivalenz, die in ähnlicher Weise immer der Pastoraldichtung latent zugrunde liegt, da die Pastorale ja Dichtung von und für Städter ist, kann hier durch die Umkehrung des Gegenstandes in wechselndem Ausmaß ironisch präsent gemacht werden. Sie eignet sich besonders gut für die komplementäre satirische Kritik an der städtischen Zivilisation.

---

[1] Dies hängt zweifelsohne mit dem herkömmlichen Theokrit-Verständnis zusammen, das in dem griechischen Dichter den echten Sänger des sizilianischen Hirtenlebens sieht. – Eine gewisse Ausnahme bildet Irving, der die wenig überzeugende Hypothese aufstellt, Gay sei durch Theokrit II zu "Araminta" inspiriert worden (*John Gay*, S. 74). Auch Bragg (*Formal Eclogue*, S. 89) deutet etwas zögernd an, daß sie Theokrit II für den Ursprung der Stadt-Ekloge hält.

[2] Z. B. Kerlin, *Theocritus*, S. 59f.

Da die *town eclogue* als Anti-Form keine unabhängige Existenz besitzt, darf man nicht erwarten, daß sie im Laufe des 18. Jahrhunderts eine kontinuierliche Entwicklung durchmacht. Unterschiede ergeben sich vor allem daraus, wie weit jeweils der ursprüngliche pastorale Inhalt in die Darstellung einbezogen ist oder ob auf weniger subtile Art hauptsächlich die Form als zuhandene Aussagemöglichkeit adaptiert wird. Dennoch läßt sich schon absehen, daß die grundlegenden Veränderungen, deren Eintreten im Laufe des Jahrhunderts wir bei der Pastorale beobachtet haben, auch auf die Stadt-Ekloge ihren Niederschlag haben müssen. Die folgenden großen Entwicklungslinien, die teilweise gegenläufig sind, zeichnen sich ab: 1. die Abwertung der Gattung bedingt, daß sich die Parodie u. U. gegen die Gattungstradition richtet und daß auf die Dauer die Imitation allgemeiner und weniger präzis wird; 2. die Abwertung der Stadt vereinfacht die dargelegte Multivalenz, die Satire wird flacher und eindeutiger gegen die Stadt gezielt; 3. die Aufwertung des Landes erfaßt auch die *town eclogue*, so daß sie endlich positiv und unsatirisch die Sehnsucht des Städters nach dem Land oder die Spuren des guten und reinen Landlebens in der Stadt darzustellen versucht (diese Linie kommt jedoch erst nach dem hier behandelten Zeitraum im späten Gefolge der Romantik voll zum Durchbruch).

Das früheste Beispiel dieser realistischen Spielart der Gattung, "A Town Eclogue" (1711), wird, wenigstens partiell, Swift zugeschrieben,[3] was angesichts des bekannten "A Description of a City Shower" (1710), einer analogen Parodie der *Georgica*, nicht unwahrscheinlich anmutet. Der rahmenlose Dialog zwischen der Prostituierten Phillis und ihrem einstigen Verführer Corydon entwirft eine Szene aus der vulgären und brutalen Wirklichkeit der Hauptstadt. Die Kontrastfolie der pastoralen Idealwelt wird nie ausdrücklich angesprochen, steht aber durch die Anlage des Gedichts, die Namen der Charaktere und vor allem durch eine ganze Reihe von Eklogenmotiven durchgehend im Hintergrund. Das Gedicht ist eine Liebesklage eigener Art. Auf die konventionelle Frage des Corydon an die Frau nach dem Grund ihrer Trübsal, da doch rings umher heiterer Frühling sei, antwortet sie mit einer Erinne-

---

[3] Swift, *Poems*, Bd. 3, S. 1087–1089. – Auch F. Elrington Ball (*Swift's Verse. An Essay* [London, ¹1929], S. 120) und Ricardo Quintana (*The Mind and Art of Jonathan Swift* [London, 1936], S. 219f.) implizieren, daß die vorletzten der im *Tatler*, 301, bei der Erstveröffentlichung des Gedichts angegebenen Initialen L. B., W. H., J. S., S. T.) sich auf Swift beziehen.

rung – nicht an die erste Liebe, wie in der Pastorale, sondern – an die
erste Verführung und apostrophiert sinnigerweise die Zephirwinde als
Zeugen seiner Liebesschwüre. Er beteuert aufs neue seine Liebe mit
einer Kette städtischer Adynata.[4] Doch sie macht in einer längeren
in-vain-Passage deutlich, daß es nicht auf die Liebe, sondern auf die
materiellen Auswirkungen ankommt:

> But what to me does all that Love avail,
> If whilst I doze at Home o'er Porter's Ale,
> Each Night with Wine and Wenches you regale?
> My live-long Hours in anxious Cares are past,
> And raging Hunger lays my Beauty waste.
> On Templers spruce in vain I Glances throw,
> And with shrill Voice invite them as they go.
> Expos'd in vain my glossy Ribands shine,
> And unregarded wave upon the Twine.
> The Week flies round, and when my Profit's known,
> I hardly clear enough to change a Crown. (Z. 28–38)

Was am Ende zählt, ist das Geld, und das fehlt Phillis trotz ihrer
Bemühungen. Corydon lobt zwar in einem ‚pastoralen‘ Vergleich ihre
Überlegenheit über die anderen Schönen der Stadt; aber sie muß be-
kennen, daß sie sogar mit einem großen Petticoat kaum noch die
Frucht ihrer Schande verbergen kann. Die höchst prosaischen ‚pastoralen‘ Geschenke Corydons – ein Pfund Pflaumen, fünf Schilling und ein
Beißgummi – gelten realistischerweise dem ersten Sproß der Vereinigung. Das Motiv der Einladung für den Abend von Vergil I wird in
dieser schäbigen Wirklichkeit aus einer edlen Geste zu einem zweideutigen Antrag, wenn Corydon sagt:

> However, you shall home with me to Night,
> Forget your Cares, and revel in Delight.
> I have in Store a Pint or Two of Wine,
> Some Cracknels, and the Remnant of a Chine. (Z. 61–64)

---

4   When I forget the Favour you bestow'd,
     Red Herrings shall be spawn'd in *Tyburn* Road,
     Fleet-street transform'd become a flowry Green,
     And Mass be sung where *Opera's* are seen.
     The wealthy Cit, and the St. *James's* Beau,
     Shall change their Quarters, and their Joys forgo,
     Stock-jobbing This to *Jonathan's* shall come,
     At the *Groom Porter's* That play off his Plumb. (Z. 20–27)

Statt der längeren Schatten der Berge oder des Abendsterns kündigen in der profitorientierten Welt der Stadt die heruntergelassenen Läden vor den Geschäften und die Feierabendvorbereitungen der Näherinnen die hereinbrechende Nacht an.[5]

Jones hat ohne Zweifel recht, wenn er Swifts "Town Eclogue" trotz ihrer Aggressivität nicht als Satire gegen die Pastorale verstanden wissen will und darauf insistiert, daß die Ekloge nach seiner Definition nicht als "burlesque poem" ("In a burlesque poem a literary type or form is the object of ridicule."), sondern als "mock poem" ("ridicule... [of the] subject-matter") zu bezeichnen sei.[6] Das Stichwort "mock poem" mag an Popes *Rape of the Lock* (Erstfassung 1712) erinnern, das im Englischen meist als "mock-heroic poem" bezeichnet wird. Man kann das Gedicht auch in mancher Beziehung als Stadt-Pastorale sehen. Brower vergleicht z. B. Stellen aus Popes Eklogen und dem *Lockenraub* miteinander und bemerkt dazu treffend:

> We may be amused to come on the pastoral miracle and these allusions in the *Rape of the Lock*, in an atmosphere of urban social diversions. But we are of course aware that Pope is playing with the true pastoral, that he too is amused with the notion of replacing Sylvia, the woodland nymph, by city Belinda.[7]

Da das Werk jedoch in erster Linie der Gattung des Epos angehört, kann auf die Verbindung zur Pastorale hier nur hingewiesen werden.

Der erste Dichter, der die Möglichkeiten der Stadt-Ekloge klar erkennt und sich eingehender mit der Form befaßt, ist Gay. "Araminta, a Town Eclogue", das zur gleichen Zeit wie die *Shepherd's Week* entsteht und Ende 1713 in Steeles *Miscellany* erscheint,[8] überträgt die Situation von Vergils Damon-Lied in die Stadt. Allerdings tritt als Sprecher der Liebesklage auch hier eine Frau auf; in der gesellschaft-

---

[5] And now on either Side, and all around,
The weighty Shop-Boards fall, and Bars resound;
Each ready Sempstress slips her Pattins on,
And ties her Hood, preparing to be gone.   (Z. 65–68)

[6] "Eclogue Types", S. 41f.

[7] *Alexander Pope*, S. 27.

[8] Vgl. Irvin, *John Gay*, S. 72; Lord Wharncliffe, Herausgeber von *The Letters and Works of Lady Mary Wortley Montagu* (London, 1861), Bd. 2, S. 444, Anm., gibt 1714 als Erscheinungsdatum an. Die Diskrepanz erklärt sich durch den in der Ausgabe von G. C. Faber (*The Poetical Works of John Gay* [London, 1926], S. XXXVI) gebrachten Hinweis, daß Steeles Band das Impressum 1714 trägt. Text siehe Chalmers, *English Poets*, Bd. 10, S. 485 (der Untertitel des Gedichts lautet dort jedoch, wie in Gays späteren Ausgaben, "An Elegy").

lichen Wirklichkeit der Zeit ist die Frau eben der Teil, der von enttäuschter Liebe am stärksten betroffen wird. Außerdem gelten Frauen als besonders fehlbar und deshalb kritisierbar, wie beispielsweise Pope im "Argument" von "Epistle II" der *Moral Essays* feststellt: "...the Characters of Women ... are yet more inconsistent and incomprehensible than those of Men...". Am Morgen der Hochzeit des ungetreuen Daphnis mit der Rivalin Delia klagt in Gays Ekloge die verlassene Araminta ihr Leid.

Vor ihrem Monolog jedoch richtet sich die Aufmerksamkeit des Gedichts auf die glückliche Braut. Ähnlich wie Belinda im ersten Canto des *Lockenraubs* hat sie vor dem Erwachen einen höchst angenehmen Traum, um sich danach ausgiebig ihrer Morgentoilette zu widmen. Anstelle des Katalogs ihrer Schönheiten wird eine Aufzählung ihrer kostbaren Ausstattung gegeben:

> In haste she rose, forgetful of her prayers,
> Flew to the glass, and practis'd o'er her airs:
> Her new-set jewels round her robe are plac'd,
> Some in a brilliant buckle bind her waist,
> Some round her neck a circling light display,
> Some in her hair diffuse a trembling ray;
> The silver knot o'erlooks the Mechlin lace,
> And adds becoming beauties to her face;
> Brocaded flowers o'er the gay mantua shine,
> And the rich stays her taper shape confine;
> Thus all her dress exerts a graceful pride,
> And sporting Loves surround th' expecting bride;
> ...

Anders als in der pastoralen Welt, für die die Reduktion auf das Wesentliche kennzeichnend ist, kommt es im urbanen Bereich vor allem auf die Akzidenzien an. Delias "becoming beauties" werden nicht zuletzt durch ihren Schmuck hervorgerufen und, wenngleich sie in ihrem Eifer das Beten vergessen hat, so stellen sich die Liebesgötter doch als Folge ihrer prächtigen Aufmachung geradezu von selber ein. Das Wichtigste an Delias Glück ist denn auch die scheinbar nebensächliche Tatsache, daß sich nun Scharen von einstigen Rivalinnen die Augen ausweinen.[9] Der tröstende Rat an Araminta, ihren jetzt ja leider vergeblichen Kummer zu beenden, gehört mit zu Delias Triumph; Aramintas Klage bildet die konsequente Fortsetzung.

---

[9] This day, which ends at once all Delia's cares,
Shall swell a thousand eyes with secret tears.

Die Frustration der Armen entspringt zunächst dem Gedanken, daß nun alle ihre Anstrengungen, im Theater zu glänzen, vergeblich waren. Ihre Vorwürfe richten sich keinesfalls gegen eine höhere Macht, die etwa hinter der Untreue des Geliebten stünde, sondern sie sieht nachträglich seine falschen Schwüre als Betrug im 'battle of the sexes' und macht sich auch selbst Vorwürfe, daß sie darauf hereingefallen ist. Das Motiv der ersten Liebe findet sich in der adäquaten Variation der Begegnung beim Ball. Die Stelle der pastoralen hat eine urbane Synusie eingenommen: das Kammermädchen teilt das Vertrauen der Herrin und echot sogar ihre noch unausgesprochenen Wünsche.[10] Araminta entschließt sich am Ende, aus dem Leben (der Stadt) zu scheiden, indem sie in die Einsamkeit geht; in Entsprechung zu dem *vivite silvae* von Vergils Damon, nimmt sie Abschied von ihrer vertrauten Umwelt: "Vain dress and glaring equipage, adieu!"

Als Gay etwa zwei Jahre später eine weitere Stadt-Ekloge ("The Toilette") schreibt und sie Lady Mary Wortley Montagu zeigt, mit der er zu der Zeit durch Pope guten gesellschaftlichen Kontakt hat, ist die in kulturellen Kreisen sehr einflußreiche Dame so interessiert an dem Werk, daß sie einige Zusätze und Änderungen vorschlägt und alsbald selbst darangeht, mit Gays und Popes Assistenz eigene *town eclogues* zu verfassen. Wir werden diese Gedichte, von denen zwei, zusammen mit Gays Ekloge, 1716 in einem Raubdruck von Curll erscheinen und in der vornehmen Gesellschaft der Hauptstadt einigen Staub aufwirbeln, im Anschluß erörtern. Gay jedoch wird noch weiter ermutigt, die Arbeit mit der seiner Veranlagung und Neigung entsprechenden Form fortzusetzen. Swift macht in einem Brief an Pope die oft zitierte Anregung:

> ...a sett of Quaker-pastorals might succeed, if our friend Gay could fancy it, and I think it a fruitful subject; pray hear what he says. I believe further, the pastoral ridicule is not exhausted; and that a porter, foot-man, or chair-man's pastoral might do well. Or what think you of a Newgate pastoral, among the whores and thieves there?[11]

Das vorgeschlagene "Newgate pastoral" findet – nach allgemeinem Verständnis und Swifts eigener Auffassung[12] – seine Realisierung in

---

[10] When she [my maid] beheld me at the name grow pale,
      Straight to thy charms she chang'd her artful tale;
      . . .

[11] *The Correspondence of Jonathan Swift*, hrsg. von Harold Williams, 5 Bde. (Oxford, 1963–1965), Bd. 2, S. 215 (30. August 1716).
[12] *Correspondence*, Bd. 4, S. 124.

der *Beggar's Opera*, die freilich außerhalb des hier zugrunde gelegten Rahmens steht. Auch sonst greift Gay Swifts Anregung offenbar bereitwillig auf. In seinem Gedichtband *Poems on Several Occasions* (1720), für den er das stattliche, für ein poetisches Originalwerk damals völlig beispiellose Honorar von über 1000 Pfund Sterling erhält, kann er unter dem Titel *Eclogues* fünf Stadt-Eklogen – darunter auch Swifts "Quaker pastoral" – veröffentlichen.[13]

Es drängt sich die Frage auf, warum "Araminta" nicht mit in diese Gruppe aufgenommen ist und sogar den geänderten Untertitel "An Elegy" (statt "a Town Eclogue") erhält. Man kann die Antwort nur vermuten. Die noch stärker auf die Wirklichkeit der Stadt bezogene Satire der neuen Gedichte läßt den Schluß nicht abwegig erscheinen, daß "Araminta" Gays Ansprüchen an die Form nicht mehr genügt; vor allem das Ende ist wohl noch nicht realistisch genug: die Geste der Verzweiflung des Mädchens bleibt, auch wenn es nicht zum Vergilischen Freitod kommt, zu konsequent in ihrem hohen Pathos.[14] Das Leben der Stadt aber ist, aus Gays satirischer Perspektive gesehen, nicht durch folgerichtiges Handeln gekennzeichnet, sondern eher durch fadenscheinige, unechte Kompromisse.

"The Toilette" macht den Unterschied deutlich. Die Grundsituation ist die gleiche, der Archetyp auch hier Vergils Damon-Lied. Die schon etwas gealterte Schöne Lydia, deren Lebensjahre in urban-pastoraler Umschreibung mit 35 angegeben werden,[15] beklagt ihre Verlassenheit. Nachdem die Kavaliere der feinen Gesellschaft das Interesse an ihr verloren haben, ist ihr Umgang auf die ‚pastorale' Gemeinschaft mit ihren Haustieren, Schoßhündchen, Affen und Papageien, reduziert.[16] Chloe hat nun Lydias Stelle als mondäne Favoritin eingenommen, obwohl der Katalog ihrer Vorzüge vor dem kritischen Blick der ehemaligen Rivalin nicht als echt bestehen kann und ihr Charakter als ebenso falsch bewertet wird:

---

[13] Text s. Chalmers, *English Poets*, Bd. 10, S. 479–484. – Die Reihenfolge der Eklogen ist: "The Birth of the Squire. In Imitation of the Pollio of Vergil", "The Toilette. A Town Eclogue", "The Tea-Table. A Town Eclogue", "The Funeral. A Town Eclogue", "The Espousal, a Sober Eclogue, between Two of the People Called Quakers".

[14] Auch die Formulierung des neuen Untertitels deutet in diese Richtung.

[15]   Now twenty springs had cloth'd the park with green,
            Since Lydia knew the blossom of fifteen;
                . . .
                                                        (S. 480)

[16]   Around her wait Shocks, monkeys, and mockaws,
            To fill the place of fops and perjur'd beaux;
                . . .
                                                        (S. 480)

'Tis true, this Chloe boasts the peach's bloom,
But does her nearer whisper breathe perfume?
I own, her taper shape is form'd to please:
Yet, if you saw her unconfin'd by stays!
She doubly to fifteen may make pretence;
Alike we read it in her face and sense.
Her reputation! but that never yet
Could check the freedoms of a young coquette.
Why will ye then, vain fops, her eyes believe?
Her eyes can, like your perjur'd tongues, deceive.   (S. 480)

Erst später und gleichsam von ungefähr denkt Lydia dann auch an den
ungetreuen Damon, der sie für Chloe sitzengelassen hat – das Motiv
der ersten Liebe im Apfelgarten wird abgelöst durch die Erinnerung
an den Beginn seiner Liaison mit der anderen in einem "Indian shop" –;
Damons Falschheit übertrifft noch weit die übliche Falschheit der feinen Gesellschaft, wie Lydia es in einer Reihe von Anaphern zum
Ausdruck bringt:

False are the loose coquette's inveigling airs,
False is the pompous grief of youthful heirs,
False is the cringing courtier's plighted word,
False are the dice when gamesters stamp the board,
False is the sprightly widow's public tear;
Yet these to Damon's oath are all sincere.   (S. 481)

Dieses Vorherrschen des falschen Scheins vor dem echten Sein in der
städtischen Zivilisation, das das Thema der Ekloge bildet, wird noch
einmal besonders augenfällig in dem Pseudo-Happy-End: im Gegensatz zu Araminta fällt Lydia am Schluß nicht in Verzweiflung, sondern lächelt schnell wieder, als ihr das Kammermädchen begeisterte
Komplimente über das Ergebnis ihrer Toilette macht, und sie begibt
sich danach ins Theater, wo Harry – der vergleichsweise unedle Name
ist sicher kein Zufall – schon auf sie wartet. Im Leben der Stadt dominiert der Ersatz.

Damit haben die großen Themen der Pastoraldichtung hier ihre
Bedeutung verloren. Aus der Dichtung wird in "The Tea-Table" Konversation: Doris und Melanthe führen statt eines Wettgesangs einen
Wettklatsch durch. Alternierend ziehen sie mit boshafter Kritik und
ironischem Lob über ihre Freundinnen Laura und Sylvia her, wobei
unter anderem die pastorale Lebensweise mit ihren Implikationen der
Reinheit und Echtheit als beinah groteske Maske eingeführt wird, um
das Anderssein der Stadt hervorzukehren:

Last masquerade was Sylvia nymph-like seen,
Her hand a crook sustain'd, her dress was green;
An amorous shepherd led her through the crowd,
The nymph was innocent, the shepherd vow'd:
But nymphs their innocence with shepherds trust;
So both withdrew, as nymph and shepherd must.   (S. 481)

Verstellung ist in dieser Welt die Haupttugend. Als Laura und Sylvia am Ende zu einem unerwarteten Besuch eintreffen, mimen die beiden andern Damen freudige Überraschung, und alle verabreden sich für den Abend zum gemeinsamen Kartenspiel.

Auch Liebe und Tod sind in der gesellschaftlichen Wirklichkeit nicht unmittelbar wichtig. In "The Funeral" betrauert die junge Witwe Sabina ihren Mann nur, um dem gesellschaftlichen Dekorum Genüge zu tun. Ihre Dienerin und Vertraute Lucy hält ihr entgegen, daß die nun gepriesenen Vorzüge des Verstorbenen, seine einfache Art und liebevolle Zuneigung, früher, während er noch lebte, unerträgliche Eigenschaften waren, bäurische Unkultiviertheit und eifersüchtige Aufdringlichkeit. So kann Lucy die Trauernde in voraussagbarem Rollenspiel so weit manipulieren, daß sie den Avancen des Myrtillo aufgeschlossener begegnet und ihr mit mehrfachem Adynaton bekräftigtes ‚Niemals‘ in ein keineswegs unumstößliches ‚Morgen‘ verwandelt.[17]

Etwas aus dem Rahmen der drei mittleren Eklogen fallen die erste und letzte der Sammlung, was bereits durch das Fehlen des Untertitels

---

[17] Zunächst sagt sie:
> May Lydia's wrinkles all my forehead trace,
> And Celia's paleness sicken o'er my face;
> May fops of mine, as Flavia's favours, boast,
> And coquettes triumph in my honour lost;
> May cards employ my nights, and never more
> May these curst eyes behold a matadore;
> Break china, perish Shock, die perroquet;
> When I Fidelio's dearer love forget!   (S. 482)

Doch im Anschluß an die zweite urbane Adynaton-Reihe vollzieht sie am Ende schnell den Übergang:
> Yet say, I lov'd; how loud would censure rail!
> So soon to quit the duties of the veil!
> No, sooner plays and operas I'd forswear,
> And change these China jars for Tunbridge ware;
> Or trust my mother as a confidant,
> Or fix a friendship with my maiden-aunt;
> Than till – to morrow throw my weeds away.
> Yet let me see him, if he comes to-day!   (S. 483)

"A Town Eclogue" sichtbar wird. Die beiden Randeklogen spielen nicht in der *polite society*, und die Hauptakteure stellen darum auch nicht Frauen dar. Die Funktion der Anfangsekloge innerhalb der Sammlung kann man als Überleitung vom traditionellen Feld der Pastorale zum städtischen Bereich verstehen: das Gedicht handelt auf dem Land, beschäftigt sich jedoch mit dem Teil der ländlichen Bevölkerung, welcher am meisten Kontakt zur Stadt hat und diese gewissermaßen auf dem Lande repräsentiert, dem Landadel. In "Birth of the Squire" besingt der Dichter in einer burlesken Imitation von Vergils 4. Ekloge nach ironischer *paulo-maiora*-Ankündigung prophetisch die Großtaten, die der eben geborene Sohn des Landbarons in seinem Leben verrichten wird. Schon jetzt stehen die Jagdhunde um seine Wiege, und bald wird er das Jägerlatein seines Vaters lernen; die Tyrannei der Schule wird ihm nichts anhaben können; an der Milchmagd wird er seine Männlichkeit beweisen und einem gefährlichen Jagdunfall zum Trotz einst in späteren Jahren Debatten im Parlament verschlafen und als Richter Wilddiebe verdonnern; noch im Alter wird er seine Mannen unter den Tisch trinken und schließlich nach Art der Väter sein Leben im Suff aushauchen.

Das auf Swifts Anregung zurückgehende "The Espousal, A Sober Eclogue, Between Two of the People Called Quakers" (V) führt wiederum aus dem spezifisch städtischen Bereich der feinen Gesellschaft heraus; es behandelt in vergleichsweise wohlwollender Ironie die erfolgreiche Werbung des Quäkers Caleb um seine Glaubensschwester Tabitha. Das Grundschema des Dialogs entspricht eher dem Horazischen "Donec gratus eram tibi" (carm. III, 9) als der Tradition der Pastorale: er und sie machen sich zunächst eifersüchtige Vorhaltungen und erklären sich dann vorbehaltlos ihre Liebe. Daneben werden in amüsanter Weise pastorale Motive in Vorstellungen und Gegenstände der Quäker-Welt umgesetzt. Statt im Schatten des pastoralen Baumes sitzt Caleb "Beneath the shadow of a beaver hat" (S. 483). Anlaß der ersten Liebe ist Tabithas Ekstase in der Betversammlung, die die andern Brüder, wie Caleb naiv erklärt, zu heiligen Seufzern, ihn aber zu Seufzern der Liebe bewegte. Reizvoll sind besonders die Quäker-Adynata, wo die beiden sich mit so ,unmöglichen' Dingen wie Schmuck, Kniebeuge und Barhäuptigkeit gegenseitig ihre Liebe beteuern.[18] Tabi-

---

[18]   *Tabitha.*
        . . .
    Sooner I would bedeck my brow with lace,
    And with immodest favourites shade my face,

thas großzügige Aufforderung am Schluß ist eine Satire auf den Primat der individuellen Gewissensentscheidung und das Bemühen, nach außen nur ja keinen Anstoß zu erregen, bei den Quäkern:

> Espousals are but forms. O lead me hence,
> For secret love can never give offence.   (S. 484)

Entgegen der traditionellen *invitatio* der Pastorale geht diese lebensnahe Einladung bei Gay von der Frau aus und wird selbstverständlich auch befolgt.

Lady Mary Wortley Montagus *Town Eclogues* (1715/16)[19] offenbaren schon in der Anlage ihre Inspiration durch Gay, indem sie das Wochen-Schema der *Shepherd's Week* übernehmen. Als Freitags-Ekloge dient Gays "The Toilette". Die übrigen Eklogen, die desgleichen in keinem Fall eine besondere Beziehung zu ihrem nominellen Wochentag haben, sind so angeordnet, daß die drei monologisch strukturierten durch zwei amöbäische ("Tuesday", "Thursday") voneinander abgesetzt werden. Über die in Curlls Raubdruck veröffentlichten beiden Eklogen – in der Sammlung "Thursday" und "Monday" – bemerkt Robert Halsband, sie seien „viel schärfer" als die Gays,[20] und Lewis Gibbs konstatiert für die *Town Eclogues* insgesamt "a cold wit and sustained hardness such as suggest more experience than heart and more boldness than modesty."[21] In der Tat enthalten Lady Marys Eklogen weniger wohlmeinenden Humor als die Gays; vor allem aber sind sie spezifischer auf die höfische Gesellschaft der Zeit bezogen, so daß eine Entschlüsselung der Identität der Charaktere, wie die Verfasserin sie später gegenüber Horace Walpole authentisch vornimmt,[22] hier angebrachter und natürlich auch brisanter sein muß als bei Gay.

> Sooner like Babylon's lewd whore be drest
> In flaring diamonds and scarlet vest,
> Or make a curtsie in cathedral pew,
> Than prove inconstant, while my Caleb's true.
>
> *Caleb.*
> When I prove false, and Tabitha forsake,
> Teachers shall dance a jig at country-wake;
> Brethren unbeaver'd then shall bow their head,
> And with profane mince-pies our babes be fed.   (S. 484)

[19] *The Letters and Works of Lady M. W. M.*, hrsg. von Lord Wharncliffe, 2 Bde., 3. Aufl. (London, 1861), Bd. 2, S. 432–448. – Die vollständige Sammlung ist zuerst 1747 durch Walpole publiziert worden.
[20] *The Life of Lady Mary Wortley Montagu* (Oxford, 1956), S. 49.
[21] *The Admirable Lady Mary. The Life and Times of Lady Mary Wortley Montagu (1689–1762)* (London, 1949), S. 105.
[22] Siehe Halsband, *Life*, S. 49 Anm.; vgl. auch die Anmerkungen zum Text.

Die satyrische Transformation der Pastorale in die Zivilisation der Stadt ist bei Lady Mary noch weiter vorangetrieben; dafür tritt die konkrete Imitation von klassischen Vorbildern und Motiven wohl ein wenig zurück.[23]

In der Montags-Ekloge, "Roxana; or, the Drawing-Room", rückt an die Stelle der traditionellen Liebesklage ein Klagemonolog über eine gescheiterte Hofkarriere. Roxana (als Mary Finch, Herzogin von Roxburgh, zu identifizieren) lamentiert, daß die Prinzessin (die spätere Königin Caroline), für die sie alles aufgegeben habe und der sie immer treu ergeben gewesen sei, nun die Coquetilla (Herzogin von Shrewsbury) vorziehe und zur *lady of the bed-chamber* mache. Die Verbindung zur Herrschaft ist hier so wichtig wie in der Pastorale die Liebesverbindung. Ironische, aggressive Adynata sollen die Unangemessenheit der zustande gekommenen Verbindung, die aber doch im Einklang mit der Korruptheit des Hofes steht, aus der Sicht der Sprecherin unterstreichen.[24] So bezieht sich das anschließende *nunc scio* nicht auf die Liebesgottheit, sondern auf den Hof; Roxana sagt:

> I know thee, court! with all thy treach'rous wiles,
> Thy false caresses and undoing smiles! (S. 434)

Dies ist die Macht, die in der feinen Gesellschaft herrscht.

Um die Liebe im sozialen Kontext und in der zweifelhaften Wirklichkeit des Hofkreises geht es in der Mittwoch-Ekloge, "The Tête-à-tête". Dacinda klagt ihrem Liebhaber Strephon gegenüber nicht über unerfüllte Liebe, sondern im Gegenteil, daß sie ihm schon zu weit entgegengekommen sei, weswegen er nun zudringlich werde, und sie schließt ihre Rede mit einem Appell, die Liebe auf unschuldige und zugleich dauerhafte Freuden zu beschränken.[25] Nach ihrem mädchenhaften Insistieren auf ihrer Tugend und den „frommen Prinzipien der

---

[23] Dies mag auch u. a. dadurch bedingt sein, daß Gay zweifellos mit der klassischen Literatur vertrauter ist als Lady Mary.

[24]
> Ah! worthy choice! not one of all your train
> Whom censure blasts not, and dishonours stain!
> Let the nice hind now suckle dirty pigs,
> And the proud pea-hen hatch the cuckoo's eggs!
> Let Iris leave her paint and own her age,
> And grave Suffolka wed a giddy page!
> A greater miracle is daily view'd.
> A virtuous Princess with a court so lewd. (S. 434)

[25]
> Has love no pleasures free from guilt or fear?
> Pleasures less fierce, more lasting, more sincere?
> Thus let us gently kiss and fondly gaze;
> Love is a child, and like a child he plays. (S. 439)

Mutter" (S. 439) trifft es den Leser etwas überraschend, wenn das
Rendezvous am Ende ganz plötzlich abgebrochen werden muß, weil
der Ehemann der Dame nach Hause kommt. Die lose Moral der feinen
Welt bildet das Thema in "Tuesday. – St. James's Coffee-House", der
einzigen Ekloge, wo männliche Charaktere auftreten. Die beiden Beaus
Silliander und Patch brüsten sich im amöbäischen Wettstreit mit ihren
Erfolgen beim schönen Geschlecht. Patch, der Hemmungslosere, ge-
winnt und darf als Belohnung hinfort ohne Rivalen in den mondänen
Boudoirs „herrschen".

Die Liebe ist hier in der höfischen Gesellschaft bloß ein Spiel mit
festgelegten Rollen, bei dem freilich die Einhaltung der Spielregeln
große Bedeutung hat.

In "Thursday. – The Bassette-Table" wird die Liebe praktisch mit
dem Glücksspiel gleichgesetzt, indem Smilinda und Cordelia jeweils
im Wechsel über Unglück in der Liebe und Pech im Spiel jammern.[26]
Beides ist gleich schwerwiegend bzw. gleich unbedeutend, so daß Loveit
als Schiedsrichterin schließlich einen Austausch der gesetzten Pfänder,
eines mit mythologischen Darstellungen geschmückten Nähkästchens
und einer kostbar verzierten Schnupftabakdose, verfügen kann. Der
Abbruch des gleichen ‚Wettstreits' ist dringend erforderlich, da sonst
der aufgebrühte Tee zu stark würde.

Wie sehr das gesellschaftliche Leben von Äußerlichkeiten und Materiellem abhängig ist, demonstriert noch einmal "Saturday. – The Small
Pox". Flavia – hinter der zum Teil die von einem ähnlichen Schicksal
heimgesuchte Verfasserin steht – beklagt den Verlust ihrer Schönheit
durch eine Pockenerkrankung. Mit ihrer Schönheit sind auch ihr ge-
sellschaftlicher Einfluß, die ihr entgegengebrachten Liebesbezeugungen
und ihr Möglichkeiten der Teilnahme am modischen Leben dahin. Die
unübersehbare Imitation von Popes pastoraler Elegie "Winter"[27] soll

---

[26] Diese Ekloge weist im übrigen auffällige Parallelen mit dem dritten Canto von
Popes *Rape of the Lock* auf.
[27] Die Imitation zeigt sich vor allen Dingen in dem variierten Refrain mit dem
Reim "no more", z. B.:
  Fair *Daphne's* dead, and Love is now no more!
    (Pope, "Winter", Z. 28)
  Now beauty's fled, and lovers are no more!
    (Lady Mary, S. 447)
Auch der Schluß stellt eine unmißverständliche Imitation der *Pastorals* dar:
  Adieu my Flocks, farewell my *Sylvan* Crew,
  Daphne farewell, and all the World adieu!
    ("Winter", Z. 91f.)
  Plays, operas, circles, I no more must view!
  My toilette, patches, all the world adieu! (S. 448)

anzeigen, daß in der höfischen Gesellschaft der Verlust der Schönheit für eine Frau unter bestimmtem Gesichtspunkt gleichbedeutend mit dem Tod ist.

Während Lady Mary und zum überwiegenden Teil auch Gay ihr Interesse auf die vornehmen Kreise der Stadt richten, wendet sich die *town eclogue* anschließend, wie Swift es vorher praktiziert und angeregt hat, wieder mehr den unteren sozialen Schichten und Randbezirken der städtischen Gesellschaft zu. Bei dem anonymen "Warbletta: A Suburbian Eclogue" (1733)[28] ist das schon aus dem Untertitel zu ersehen. Nach einer kurzen Einleitung mit einer *paulo-minora*-Ankündigung des Dichters[29] klagt die Vorstadt-Balladensängerin Warbletta, die sonst so schön laut und lange singen kann, in einem Monolog nach der Art von Vergil II ihre unglückliche Liebe zu dem Tunichtgut Galloway Tom. Auch das Motiv der ersten Liebe von Vergil VIII ist in die städtische Umgebung verlegt: als sie ihn eines Tages unter ihren Zuhörern entdeckte, war sie, wie sie sich erinnert, sofort völlig aus dem Konzept gebracht.[30] Bei der *invitatio*, der Aufforderung an den Geliebten, zurückzukehren und ein gemeinsames Leben mit ihr zu führen, verspricht Warbletta statt der pastoralen Geschenke der Tradition ihrem nichtsnutzigen Tom, daß sie für ihn arbeiten und ihn obendrein noch kulinarisch verwöhnen will, ganz zu schweigen von den Freuden, die in der Nacht auf ihn warten.[31] Arbeit, Essen und Sexualität hatten sich schon verschiedentlich in unserer Untersuchung als hervorstechende Indizien des Realismus gezeigt.

Obwohl die Schäbigkeit des Vorstadtlebens nicht verdeckt wird – die Unglückliche hört z. B. in der schlaflos durchwachten Nacht, wie

---

[28] *GM*, 3 (1733), S. 369f.

[29] Not ev'ry temper rural scenes delight:
Begin, my Muse, a low suburbian flight.
Love, who invades the rural nymphs and swains,
No less a tyrant in the suburbs reigns;
... (Z. 1–4)

[30] Well I remember it amidst the throng,
How, at first sight, I faulter'd in my song;
Gaz'd – sigh'd, and gaz'd... (Z. 27–29)
Die letzte Zeile ist offensichtlich eine Imitation von Vergils "ut vidi, ut perii" (VIII, 41).

[31] For thee all day with open throat I'll toil;
With thee at night, well pleas'd, divide the spoil;
For thee a spicy hot-pot I'll prepare;
For thee a nice sheep's-head I'll dress with care.
Will not these win thee? – Add to these the joy,
Which nightly shall our waking hours employ. (Z. 67–72)

„träge schmutzige Kanäle blasenwerfend dahinkriechen" (Z. 87) –,
bezieht das Gedicht trotz seiner Ironie doch keine negative Position
gegenüber diesem Bereich, sondern übt mit den naiven Worten der
Warbletta eher Kritik an den oberen Schichten:

> Lords may be wicked at their virtue's cost,
> Since titles guard 'em, when their virtue's lost.
> Great rogues may plunder a whole common-weal;
> But thou'dst be hang'd in hemp, if thou shou'dst steal.
> To great ones then thy lewdness quite resign,
> And be thou honest, *Tom*, and only mine.   (Z. 57–62).

Die pastorale Bevorzugung des Einfachen vor dem Komplizierten
kehrt hier verwandelt als indirektes Lob des Niederen vor dem Hohen
wieder. Trotz der kumulierten *in-vain-* und *no-more*-Formeln endet
die Ekloge doch mit ironisch-versöhnlichen Tönen: Warbletta, die beim
Gin Trost gesucht hat, findet im Vollrausch Vergessen. Im Kontrast zu
der unbegrenzten Macht Amors bei Vergil[32] gibt es in der Wirklichkeit
der Stadt ein Gegenmittel gegen die Liebe, und die zuschauenden Ma-
tronen äußern in angemessener Weise den frommen Wunsch: "The
pow'r of gin from love defend us all." (Z. 110)

Ähnlich in Stil und Thematik, wenngleich vielleicht weniger ein-
fallsreich und aus einem Guß, ist "The Billingsgate Contest. A Piscatory London Eclogue. In Imitation of the Third Eclogue of Vergil"
(1734).[33] Das Gedicht überträgt die Motivstruktur und Handlungs-
abfolge des lateinischen Vorbildes mit kleinen Abweichungen[34] realistisch auf das Gebiet des Londoner Fischmarktes: aus den Hirten werden Fischweiber, die mangelnde Sorge um die Herde, die Menalcas
dem Demoetas zu Anfang vorwirft, ist nun eine Vernachlässigung des
Verkaufsstandes und der Ware. Oysteria und Welfleta beschimpfen
sich zunächst gegenseitig, wobei amouröse Abenteuer zweifelhafter
Art und die Nichtbeachtung des Unterschieds zwischen mein und dein
den Hauptstoff abgeben. Das hierbei fallende Stichwort ‚Singen' führt

---

[32] Vgl.: "quis enim modus adsit amori?" (II, Z. 68) oder "omnia vincit Amor"
(X, Z. 69).
[33] *GM*, 4 (1734), S. 270.
[34] Z. B. richtet sich hier der anfängliche Vorwurf der Vernachlässigung gegen eine
nicht anwesende dritte Person (namens Polly Melton); der geringere Wert des
Gegenpfandes führt hier dazu, daß das zunächst angebotene Pfand durch ein
geringeres ersetzt wird (bei Vergil geht aus dem Schiedsspruch hervor, daß
Damoetas seine Setzung der Jungkuh aufrecht erhält, obwohl er Z. 48 die Holz-
becher, wie er sie ähnlich schon besitzt, als angemessenes Gegenpfand zurückweist).

dazu, daß die eine die andere zum Wettgesang herausfordert. Welfleta kann dem offerierten Pfand einer goldenen Halskette nur einen silbernen Fingerhut entgegensetzen, da bei ihr zu Hause, in Entsprechung zu Vergils Ekloge, die böse Stiefmutter jeden Fisch sowie die Tageseinnahme genau zählt; daraufhin reduziert die Rivalin lebenspraktisch auch lieber ihren Einsatz auf ein silbernes Siegel. In dem eigentlichen Wettgesang wird das grundlegende komische Mißverhältnis zwischen Sängerinnen und Gegenstand – Fischweiber singen über Cupido und die Freuden und Leiden der Liebe – noch verstärkt durch die groteske Umkehrung der Rollen der Geschlechter; Welfleta berichtet von ihrem Liebling, wie er das kokette Spiel der Schäferinnen treibt:

> My *Johnny* taps my neck in wanton play.
> Then wishing to be seen, he trips away.

Und Oysteria erwähnt bei dem schönen Seemann William, dessen Liebe sie der anderen streitig machen will, "his lilly hand". Das Motiv des pastoralen Geschenks dient für komisch-naive Symbolik, wenn Welfleta ihrem Liebsten einen verbogenen Groschen schicken möchte, um den Zustand ihres Herzens anzudeuten. Die realen Gegebenheiten machen es erforderlich, daß die Aufforderung zum Schließen der Bewässerungsschleusen am Ende der Vergil-Ekloge – nach der entsprechenden Transformation – vorverlegt wird: die Schiedsrichterin Macarella sagt schon vor Anfang des Wettstreits, daß der Markt nun vorbei sei und man jetzt zum Singen Zeit habe.

Nur bedingt als Stadt-Ekloge einordnen läßt sich ein anspruchsloses, kaum definierbares Gelegenheitsgedicht, dessen Titel das Inhaltsverzeichnis des Bandes, in dem es erscheint, mit "Harissa, or a Bristol Pastoral" (1737)[35] wiedergibt. Im Text selbst trägt es die Überschrift "A Pastoral, after the guise of Master *Philips*, upon a Swain smit with Miss J—y H—rr—s, of Bristol", und durch die Namen der Charaktere, Colin und Blowzybee, bekennt es sich zur Nachfolge von Gays *Shepherd's Week*. Der eine Schäfer erzählt dem andern, welches Schicksal in der Stadt Bristol den armen William, der sonst immer so schön Balladen singen und auf der Flöte spielen konnte, ereilt hat. Aus den Augen der schönen Harissa, deren Schönheitskatalog aufgeführt wird, haben ihn Cupidos Pfeile getroffen, und nun ist er traurig und schweigt. Abgesehen von einem satirischen Seitenhieb auf ein Frauenkloster im Zentrum Bristols und seine Bewohnerinnen, die früher prüde und un-

---

[35] *GM*, 7 (1737), S. 570.

beteiligt alle Avancen ihrer Verehrer abblitzen ließen und nun zu spät von ähnlichen Liebesqualen gepeinigt werden, besitzt das Gedicht wenig Gemeinsames mit den anderen *town eclogues*.

Einen besonderen Sektor der Zivilisation hat Shenstones "Colemira, A Culinary Eclogue" (1743)[36] zum Gegenstand. Vor dem verlöschenden Herdfeuer gibt Damon einsam klagend seiner bislang unerwiderten Liebe zu der pfannenschwingenden Beherrscherin des kulinarischen Reiches Ausdruck. Anstelle der pastoralen Synusie nehmen die Haustiere an seinem Leiden Anteil; die seiner Melancholie entsprechende Einsamkeit findet der Unglückliche auch in dieser Umgebung:

> To all his plaints the sleeping curs reply,
> And with hoarse snorings imitate a sigh.
> Such gloomy scenes with lovers' minds agree,
> And solitude to them is best society.   (S. 300)

Als er im einzelnen ihre Vorzüge lobt, wird die komische Diskrepanz zwischen der hohen Sprache der Liebe und dem prosaischen Sujet der derb-praktischen Küchenfee und ihres alltäglichen Wirkbereichs noch markanter. So erinnert sich der Verliebte beispielsweise naiv an ihre ‚melodische' Stimme, mit der sie die Hunde aufscheuchte:

> When from the hearth she bade the pointers go,
> How soft, how easy did her accents flow!
> 'Get out,' she cried: 'when strangers come to sup,
> One ne'er can raise those snoring devils up.'   (S. 300)

Shenstone vollendet sein realistisches Kehrbild der Pastorale, indem er von ironisch-hoher Warte die Frustration des Liebenden einfach als den verkehrten Lauf der Welt und die Eigenart des schönen Geschlechts apostrophiert:

> But nymphs are free with those they should deny;
> To those they love, more exquisitely coy.   (S. 301)

Die wirkungsvolle Parodie ist mehr an Shenstones eigener Pastoraldichtung orientiert als an der klassischen Ekloge.

Ähnlich allgemein bleibt die komische Imitation der pastoralen Elegie in "Shock. An Eclogue on the much lamented Death of Miss *****'s favourite Lap-Dog" (1750).[37] Das Gedicht, das thematisch viel-

---

[36] Chalmers, *English Poets*, Bd. 13, S. 300f.
[37] *GM*, 20 (1750), S. 37.

leicht durch Grays bekannte "Ode On the Death of a Favourite Cat" (1748) mit inspiriert ist, führt den Leser wieder in das mondäne Leben der Stadt. Zurückgezogen am urbanen *locus amoenus*, "on two sofa's ...reclin'd", beklagen die beiden Beaus Papillio und Narcissus in alternierenden Strophen den Tod des Schoßhundes Shock, der der Salondiva Celia gehörte und so für die ganze modische Gesellschaft mittelbar oder unmittelbar von Bedeutung war. Nach einer formelhaften *no-more*-Passage rufen sich die beiden Kavaliere wehmütig in Erinnerung, wie Shock, nachdem alles andere versagt hatte, oft in der Lage war, seine von düsterer Langeweile geplagte Herrin aufzuheitern, die stockende und an Themenmangel leidende Konversation wieder in Gang zu bringen und die ihrer Lieblingsbeschäftigungen überdrüssig gewordene Gesellschaft wieder zu unterhalten. Über die zuletzt genannte Fähigkeit des Toten sagt Narcissus:

> How oft, at visits, when enliv'ning chat,
> And piquant repartee itself grew flat,
> When fashions cou'd no longer raise discourse,
> And mighty scandal lost her usual force,
> How oft' a gen'ral silence has ensu'd, – – –
> Till *Shock* has *stirr'd*, and tattle strait renew'd.
> Thy witty pranks, poor *Shock*, have oft prevail'd,
> Where fashions, repartee, and scandal fail'd.

Thematik und Stil des reizvollen Gedichts erinnern an Gay, doch ist die amüsiert-ironische Satire im Vergleich noch zurückhaltender. Ohne wirkliche Schärfe wird dargestellt, daß der Schoßhund in dieser oberflächlichen Welt zu menschlichen Ehren avanciert ist: er ist in Celias Salon gleichsam aufgebahrt,[38] die Beaus reden ihn noch als Toten mit direkter Apostrophe an, und seine Herrin gibt sich, wie eine trauernde Hinterbliebene, ganz ihrem Schmerz hin.[39] In einer heiter-versöhnlichen *consolatio* weist Narcissus zum Schluß die untröstliche Schöne auf die allgemeine Vergänglichkeit menschlichen Glücks hin; weder Hunde

---

[38] "In *Celia's* parlour on a quilt he lies."
[39]
> Extended on a couch the mourner lies,
> With heart-sprung tears suffus'd her lovely eyes,
> No longer flows in curling rings her hair,
> Her dress neglected speaks her deep despair;
> Here unregarded lies the rich brocade,
> There *Dresden*-lace in scatter'd heaps is laid;
> Here the gilt China vase bestrews the floor,
> While chidden *Betty* weeps without the door.

noch Liebhaber können ihrem Schicksal entgehen, und bald wird ein neuer "Shocky" den Platz des alten einnehmen.

"A Pastoral. By a Quaker" (1753),[40] das – im Widerspruch zu den etwa durch die Verfasserangabe geweckten Erwartungen – nichts mit Gays Quäker-Ekloge zu tun hat, ist eine kulinarische Liebesklage in noch buchstäblicherem Sinne als bei Shenstone. Colin kann trotz der überreichlichen Freuden seiner Tafel, die er liebevoll und ausführlich aufzählt, nicht recht glücklich werden, da Rosalind fort ist. So wichtig wie in der Pastorale die Jahreszeit ist für Colin die Saison der verschiedenen Leckerbissen, die viel zu schnell dahin ist, wie er beklagt:

> How fast the season of good eating rolls!
> The chickens very soon will grow to fowls,
> Love only in one situation stays,
> And he remains a chicken all his days.

Seine Liebe bringt der Gourmand sozusagen bloß nebenbei (und dann noch in einer kulinarischen Metapher) zum Ausdruck, und sie spielt für ihn praktisch auch nur insofern eine Rolle, als sie ihn im Augenblick daran hindert, die gute Küche gebührend zu genießen. Dieses Leid ist freilich nicht so schwer, daß er nicht doch zur gewohnten Stunde in seinem Sessel einnickt.

Eine noch negativere Ansicht der Stadt zeigt Jago in "The Scavengers. A Town Eclogue" (um 1760).[41] Er präsentiert das Profitstreben der städtischen Gesellschaft von seiner buchstäblich schmutzigsten Seite. Das lateinische Motto lautet: "Dulcis odor lucri ex re quâlibet." Nach einer ironischen *paulo-maiora*-Ankündigung und der Einführung der Szene in der unpoetischen Gegenwart der Stadt Warwick[42] klagt ein altes Straßenkehrerehepaar in alternierender Rede seinen Kummer. Der durch langandauernde Trockenheit sowie eine Viehseuche bewirkte Rückgang der Straßenverschmutzung bedroht ihre Existenz, da sie jetzt keinen Mist mehr verkaufen können. Wehmütig erinnern sie sich an die vergangene *aetas aurea* des Mistes, und die Frau meint:

> Ah! Gaffer Pestel, what brave days were those,
> When higher than our house our muckhill rose!

---

[40] *GM*, 23 (1753), S. 384.
[41] Chalmers, *English Poets*, Bd. 17, S. 311.
[42] Im Gegensatz zu dem von der Stadtpatronin Ethelfleda einst bekränzten Drachentöter Guy haben es die Menschen der Moderne – wie hier gesagt wird – nicht mehr mit Untieren, dafür aber mit nicht weniger gefährlichen Gegnern zu tun.

238

Sie kann sogar den zweideutigen Ruhm in Anspruch nehmen, persönlich ihr Scherflein zu dem reichen Segen beigetragen zu haben.[43] Der Alte selbst äußert das Leitprinzip kapitalistischer Ideologie, das für seinen Beruf handgreifliche Realität gewinnt:

> Sweet is the scent that from advantage springs,
> And nothing dirty which good interest brings.

Die Perversität, zu der das System führen kann, erreicht einen Höhepunkt, als die Frau sich in bürgerlicher Manier ihrer Sauberkeit brüstet, zu der der früher so reichlich vorhandene Mist sie befähigte ("'twas dirtiness that kept me clean"). Wenn man von der dialogischen Anlage, der Klagehaltung und dem Motiv des Goldenen Zeitalters absieht, so finden sich darüber hinaus keine konkreten Berührungspunkte mit der Tradition der Ekloge.

Robert Lloyds "Chit-Chat. An Imitation of Theocritus. Idyll XV" (1761)[44] bildet in diesem Zusammenhang eine Ausnahme, nicht nur durch die eingehende Imitation eines klassischen Vorbildes, sondern vor allem, weil sich hier die Form der Stadt-Ekloge einmal nicht als eine Reaktion auf die orthodoxe Tradition, sondern direkt aus der Vorlage ergibt. Die Nachahmung ist so eng, daß einzelne Passagen fast als Übersetzung anzusprechen sind. Die Handlung des Eidyllion, wo die eine Frau ihre Freundin abholt und unter allerlei Geschwätz auf sie wartet, bis sie ihre Toilette beendet hat, und beide dann durch das Volksgewühl zum Adonisfest gehen, wird vollständig vom antiken Schauplatz auf den zeitgenössischen englischen übertragen. Aus Gorgo und Praxinoa sind Mrs. Brown und Mrs. Scot geworden, das Adonisfest ist durch den spektakulären Festzug des Königs zum Oberhaus ersetzt. Eine signifikante Abweichung findet sich in der Behandlung des Mythischen und Numinosen. Für den langen Festhymnus zu Ehren des Adonis fehlt im Englischen vollkommen ein Äquivalent. Während ferner die griechischen Damen die gestickten Abbildungen auf den Vorhängen des Heiligtums und besonders das Bild des Adonis selbst bewundern, reagieren die Engländerinnen ganz anders auf die mythologischen Figuren an der goldenen Kutsche des Königs; in einem Zwiegespräch mit einem anderen Zuschauer zeigt Mrs. Scot ebenso ihre Unkenntnis wie ihre Ablehnung:

---

[43]   Nor did I e'er neglect my mite to pay,
         To swell the goodly heap from day to day.
[44] Chalmers, *English Poets*, Bd. 15, S. 105–108.

Mrs. Scot.

Lard! what are those two ugly things
There – with their hands upon the springs,
Filthy, as ever eyes beheld,
With naked breasts, and faces swell'd?
What could the saucy maker mean,
To put such things to fright the queen?

Man.

Oh! they are gods, ma'am, which you see,
Of the Marine Society,
Tritons, which in the ocean dwell,
And only rise to blow their shell.

Mrs. Scot.

Gods, d'ye call those filthy men?
Why don't they go to sea again?
Pray, tell me, sir, you understand,
What do these Tritons do on land?   (S. 107)

Wesen wie die Tritonen mit ihrem unkultivierten Äußeren und ihrer
nutzlosen Tätigkeit (ihrer sozusagen ,pastoralen' Kunst) haben in der
Realität der modernen Stadtzivilisation nichts verloren.

Die *Town Eclogues* (1772) von Charles Jenner[45] sind trotz ihrer
unübersehbaren Schwächen sehr interessant, da sie die veränderten
Voraussetzungen, die inzwischen für die eigentliche Pastoraldichtung
gelten, widerspiegeln. Neben der implizierten und offenen Kritik an
städtischen Lebensverhältnissen und Wertvorstellungen, wie sie bisher
in den Stadt-Eklogen begegnete, ist hier auch ausdrücklich der kon-
trastive Bereich des Landes in die Darstellung einbezogen. Zum ersten
Mal wird die Stadt kritisiert, weil sie nicht Land ist. Das Land repräsentiert bei Jenner eindeutig das erstrebenswerte Ideal, den Ausweg
aus den Schwierigkeiten und Problemen der Stadt.

Dies läßt sich freilich nicht für alle sechs Eklogen gleichermaßen
sagen. Die Gedichte sind recht verschiedenartig, und selbst die Bezeichnung ,Ekloge' erscheint, allein von der Form her, kaum bei allen angemessen; I und III beispielsweise sind reine Verserzählungen, in
denen kein Dialog oder Monolog nach klassischem Muster vorkommt.[46]
Ein Teil der Gedichte beschäftigt sich fast ausschließlich immanent mit

---

[45] (London, 1772).
[46] Lediglich II ist ein Dialog; in den letzten drei Eklogen spielen Monologe oder
monologähnliche Passagen eine größere Rolle.

dem Leben der Stadt. Der Autor läßt seine moralische Intention weithin aufdringlich hervortreten, wobei er mit herablassender Geste auch die menschliche Schwachheit und Unvollkommenheit als unvermeidlich konzediert. In "Time Was" (II) z. B. beklagen die beiden Veteranen Avaro und Prudentio des längeren den Verlust der guten alten Zeit sowie die Dekadenz der Gegenwart mit ihrer Inflation, ihrer Verschwendungs- und Vergnügungssucht und ihrer Sittenlosigkeit, um dann zum Schluß überraschend zu der weisen Erkenntnis zu gelangen, die jungen Leute würden auf die Dauer durch Erfahrung schon von selbst klug. "The Modern Couple" (III) erzählt die Geschichte eines jungen Mädchens, dessen Mutter es durch die Zerstreuungen der Stadt wirksam von der Liebesheirat mit einem ,kleinen' Oberst abbringt und in eine Erfolgsehe mit einem Lord hineinmanövriert; als der Lord seine Aufmerksamkeit schon nach kurzer Zeit wieder völlig dem Pferdesport, gesellschaftlichen Kontakten und dubiosen Damenbekanntschaften widmet, nimmt die vernachlässigte Fanny sich den treuen Oberst aus Rache zum Geliebten, nicht ohne daß der Autor zuvor einen einlenkenden Hinweis über die Verständlichkeit solcher Handlungsweise gegeben hat.

Zu einer Konfrontation zwischen Land und Stadt kommt es in der ersten Ekloge, "The Court-Chaplain". Der biedere Landgeistliche, dem die ruhige Landluft nicht mehr behagt und der deshalb eine Zeit in der Hauptstadt verbringen will, ist bitter enttäuscht von der törichten Äußerlichkeit des vielgepriesenen Stadtlebens, vor allem von der Oberflächlichkeit der modischen Theaterstücke (im Gegensatz zu Shakespeare und Ben Jonson); auch in der Betriebsamkeit des Hofes findet er nicht den Geist und Esprit, wie er ihn gesucht hat. Als er gerade reuig aufs Land zurückkehren will, wird er von seinem Gönner entdeckt und – als kluge Maßnahme für die bevorstehenden Wahlen – unverzüglich auf den Posten eines Hofgeistlichen lanciert. Nun verbringt er seine Tage in Eitelkeit und Karrieresucht am Hofe. In der auch hier folgenden, unmittelbar an den Leser gerichteten Anerkennung menschlicher Schwäche und Fehlbarkeit werden die bestimmenden Eigenschaften des Land- und Stadtlebens gegenübergestellt:

> "But who" you cry, "would sacrifice content,
> The sweet reflection of an hour well spent,
> To tread the eternal round of folly's maze,
> In restless expectation, all his days?
> What mad-man thus, the slave of vanity," –
> Hold, hold, my friend, – it may be you or me. (S. 7)

Die für die vorliegende Untersuchung interessanteste Ekloge ist
zweifellos die vierte, "The Poet", wo Jenner sich mit der pastoralen
Tradition auseinandersetzt. Ein darbender Pastoraldichter sitzt auf
einem Zaun vor der Stadt und versucht vergeblich, sich Verse abzu-
ringen. Das ‚lyrische Ich‘ hat seine prosaische Klage in Verse umgesetzt.[47] Der Arme lamentiert über sein Los, daß er nicht ein vernünfti-
ges Handwerk, wie Gärtner oder Tischler, gelernt hat, oder wenn ihn
seine Neigung gerade zu Büchern zog, Buchbinder oder Buchhändler.
Wenn er aber unbedingt schreiben mußte, warum – fragt er sich bitter –
dann nicht Prosa, wo man die Seite viel schneller vollkriegt als bei
Dichtung?[48] Pastorale Dichtung zu schreiben aber ist angesichts der
schäbigen Wirklichkeit für den in der Stadt wohnenden Dichter nicht
möglich, auch wenn er sich am Stadtrand Inspirationen holen will:

> In vain, alas, shall city bards resort,
> For past'ral images, to *Tottenham*-court;
> Fat droves of sheep, consign'd from *Lincoln* fens,
> That swearing drovers beat to *Smithfield* penns,
> Give faint ideas of *Arcadian* plains,
> With bleating lambkins, and with piping swains.
> I've heard of *Pope*, of *Phillips*, and of *Gay*,
> They wrote not past'rals in the king's highway:
> ...   (S. 26)

Die Stadt-Ekloge wird hier nicht mehr als Seitenlinie zur Haupttradition, als Anti-Pastorale verstanden, sondern als einzig denkbare Nach-
folgerin einer vergangenen großen Tradition in einer dürftigen Gegenwart.

Aus diesem Selbstverständnis erklärt sich ein starker eskapisti-
scher Zug, der in Jenners *Town Eclogues* zur Geltung kommt. In V,
"Domestic Happiness", singt der verwitwete Altamont sein bürgerlich-
biederes Lob der Zurückgezogenheit und Häuslichkeit, wie die angebetete Amanda sie in Zukunft mit ihm zusammen in der Zurückgezogenheit des Landes genießen soll. Der menschenscheue Träumer in der

---

[47] Dies betont der Dichter ausdrücklich:
> In humble prose he utter'd all his moan,
> And I ek'd out his labour, with my own.   (S. 23)

[48]
> Why did I meddle with the rhiming trade?
> A sheet of prose is far, far sooner made: (S. 24)

Dabei wird im folgenden ein Seitenhieb gegen die einfallslose Sentimentalität
zeitgenössischer (Brief-) Romanproduktion in der Nachahmung von Richardson
geführt.

242

letzten Ekloge, "The Visionary", zieht sich in die Gärten der *Inns of Court* zurück und schreibt dort seine Hymne an die Göttin der Phantasie, die den Menschen über die trostlose Alltagswirklichkeit der Stadt in ein besseres, pastorales Dasein erheben kann.[49] Soweit der Mensch nicht in der Lage ist, durch tatsächliche oder imaginäre Zurückgezogenheit der Stadt zu entfliehen, sucht er sich als Ersatz dort wenigstens einen landähnlichen oder -nahen Bereich: der Visionär in VI hält sich in den Gärten der *Inns of Court* auf, die beiden Veteranen in II treffen sich auf einer Parkbank, und der Dichter in IV versucht, wenn auch ohne Gelingen, am Rande der Stadt Anregungen zu bekommen. Trotz seines gewiß nicht überragenden Formats ist Jenner der allgemeinen Entwicklung der Stadt-Ekloge weit voraus.

Als wenig bemerkenswert in diesem Sinne muß dagegen das im gleichen Jahr erscheinende *Love in the Suds; a Town Eclogue* von William Kenrick[50] angesprochen werden. Der ungewöhnliche Publikumserfolg, der sich in der Zahl von fünf noch während des Erscheinungsjahres herausgebrachten Auflagen manifestiert, hat keine literarischen Gründe, sondern ist einzig durch seinen aktuellen Skandalwert bedingt. Wie vor allem der Untertitel, "Being the Lamentation of Roscius for the Loss of his Nyky", sowie zahlreiche Anmerkungen andeuten, versucht der Autor, dem einflußreichen Schauspieler, Theaterunternehmer und Dramenautor Garrick neben anderem eine perverse Verbindung zu dem unter zweifelhaften Umständen aus dem Lande geflohenen Bühnenautor Isaac Bickerstaffe anzuhängen. Der Angegriffene selbst hat sicher recht, wenn er in einem offenen Brief die Form nur als raffiniertes Mittel bezeichnet, durch das Kenrick rechtlichen Konsequenzen entgehen wolle.[51] Im Einklang damit steht auch, daß auf den ersten Seiten der Stadt-Ekloge jeweils in den Fußnoten eine eindrucksvolle Reihe von lateinischen Originalzeilen (ohne Stellenangaben und nicht

---

[49] Die Visionen sind zwar nicht scharf umrissen, bewegen sich aber offensichtlich im Bereich des Landes, wenn der Träumende sagt:
> I see entranc'd the gay conceptions rise,
> My harvests ripen, and my white flocks thrive,
> And still, as Fancy pours her large supplies,
> I taste the god-like happiness *to give*. (S. 38)

Es steht im Einklang mit der bei der Pastorale beobachteten Entwicklung, daß der ‚Dichter' sich nicht nur den *retreat* wünscht, sondern moralische Vorstellungen in seine Träume einbezieht (*to give*).

[50] (London, 1772; dieser Untersuchung liegt der Text der 5. Auflage zugrunde).

[51] "...you have artfully evaded the law, by affecting the translation of a classical cento..." – siehe *Love in the Suds*, Appendix der 5. Aufl., S. 27.

immer aus Vergils *Bucolica*) als Vorlage der Imitation angeführt wird,[52] was im späteren Verlauf dann fast ganz unterbleibt. Der Autor versteht sich, wie er es dem Angegriffenen mit der unausbleiblichen Übertreibung in den Mund legt, als:

> ... that *Kenrick*, with his caustic pen,
> Who scorns the hate, and hates the love of *men*;
> Who with such force envenom'd satire writes,
> Deeper his ink than aqua fortis bites. (S. 20)

Die Nachahmung der klassischen Tradition ist völlig dem satirischen Ziel untergeordnet und hat keinerlei Eigenberechtigung. Dies tritt insbesondere bei den Motiven des *nunc scio* und des Adynaton, mit denen die widernatürliche Verbindung insinuiert werden soll, zutage.[53] Nachdem der Autor sein satirisches Gift verspritzt hat, ist die ‚Klage‘, und damit die Ekloge, einfach aus.

Andrew Erskines vier *Town-Eclogues* (1773)[54] gehen laut der kurzen Vorrede des Verfassers auf die briefliche Anregung Swifts zurück, Gay möchte doch einmal eine Newgate- oder Quäker-Pastorale schreiben; denn die auf diesem Gebiet liegenden Möglichkeiten seien in keiner Weise erschöpft. Erskine ist der Ansicht, dies treffe auch zu seiner eigenen Zeit, d. h. ein halbes Jahrhundert nach Swifts Brief, noch zu. Seine Satire richte sich hauptsächlich gegen den in der Dichtung verbreiteten unechten Stil blumiger Beschreibung: "What I chiefly aim at, is to expose the false Taste for florid Description, which prevails so universally in modern poetry."

Um dieses Ziel auf die von Swift angeregte Weise zu erreichen, läßt der Autor in den dialogisch aufgebauten Eklogen jeweils Angehörige von extremen (professionellen) Randgruppen der städtischen Gesellschaft auftreten: in I unterhalten sich zwei Henker über die Geheimnisse und Freuden ihres Berufes; zwei Clowns aus Covent-Garden und Drury-Lane wettstreiten in II, welchem der beiden Theater der Vor-

---

[52] Auf S. 3 z. B. neun Zeilen.
[53] Mit anzüglicher Prägnanz heißt es S. 23:
> Now love is known, what may not lovers hope!

Nach einer Reihe von Adynata mit ungleichen Verbindungen aus dem Tierreich wird dann S. 24 zweideutig gefolgert:
> By different means is different love made known.
> And each fond lover will prefer his own.

[54] *Town-Eclogues.* I. The Hangmen, II. The Harlequins, III. The Street-Walkers, IV. The Undertakers, by the Honourable Andrew Erskine (London, 1773).

rang gebühre; III ist die Klage von zwei Straßendirnen über die schlechte Berufssituation; und zwei Leichenbestatter tauschen in IV ihre beruflichen Erfahrungen aus. Die schäbige Realität der Stadt, die sich durch die dargestellten Berufsgruppen über Grundwerte des menschlichen Lebens hinwegsetzt oder sie geringachtet, soll die hohe Sprache der Poesie, die immer wieder anklingt, grotesk unangemessen erscheinen lassen.

Die Eklogen behandeln dabei jeweils in negativer Umkehrung die großen pastoralen Themen. Dichtung und Kunst werden in der modernen Theaterwirklichkeit, wo es, aus der Perspektive der Clowns in II gesehen, darum geht, "To give great Nonsense her unbounded sway", degradiert. Die Liebe hat bei den Dirnen in II nur käuflichen Wert. Und der Tod ist für die Henker und Leichenbestatter der ersten und letzten Ekloge zu einer Sache des professionellen Geschicks oder des Profits veräußerlicht.

Die Wahl der Themen scheint jedoch keine gezielte Bezugnahme auf die pastorale Tradition darzustellen, sondern sie ergibt sich aus der Zielsetzung. Gerade an den fundamentalen Werten läßt sich die prosaisch-dekadente Wirklichkeit der städtischen Zivilisation und die Inadäquatheit poetischer Höhenflüge besonders handgreiflich demonstrieren. Auch die Ekloge ist wohl nur als ein letzten Endes austauschbares Beispiel für die in der Poesie zu findende Wirklichkeitsferne gewählt. Die romantisch-begeisterte Naturbeschreibung etwa, die den Hintergrund zu dem makabren Dialog der Henker in I schafft, könnte ebenso gut in benachbarten poetischen Arten beheimatet sein:

> Mild breath'd the west wind all that happy day,
> The orchards redden'd with the bloom of May;
> And now the sun threw forth his parting gleams,
> His last rays lingering on the breast of Thames;
> The clouds in wild romantick shapes were roll'd,
> And from afar the forest wav'd in gold.[55]

Das kurz darauf vom Meisterhenker John dem bewundernden Adepten Jack verkündete hohe Selbstverständnis der eigenen Kunst sowie die Berufung auf die Natur erinnern sogar stark an Popes *Essay on Criticism*:

---

[55] S. 1. – Es ist höchst erstaunlich, wenn Marion Bragg (*Formal Eclogue*, S. 100) feststellt: "Since he [Erskine] avoids 'florid Descriptions,' the diction of his couplets is more vivid and pleasing..."

Vainly you hope to learn from rules of art,
The noose to fix, th' appearance in the cart;
Nature alone must these instructions give,
From nature you'll the proper hints receive:
Oh! gentle youth, my knowledge nobly scorn,
The hangman and the poet such are born;
The same kind Power that bids the verse to flow,
Gives to the hangman all he ought to know.   (S. 3f.)

Aus der Eklogentradition stammt in erster Linie das dialogische Schema sowie der pointierte Schluß: in I und IV beendet die heraufziehende Nacht das Gespräch; die Harlekine haben ihren Punsch aufgetrunken (II), und die Gunstgewerblerinnen in III müssen sich anderen Aufgaben zuwenden, da ein „betrunkener Bock" (S. 16) sie mit in ein Gasthaus nimmt.

Nur gelegentlich werden konkrete Motive der Tradition parodiert, am meisten in der zweiten Ekloge, dem Prahlwettbewerb der beiden Clowns. Lun, der eine, beansprucht für sich die traditionell der pastoralen Geliebten gehörende Macht über die Natur, die hier natürlich nur ,Theater' ist.[56] Auch das Auftreten als Schäfer ist für ihn eine leichte Rolle, die er durch die angereihten weiteren Beispiele seines Könnens nicht eben hoch einstuft:

A shepherd now I seem to gain my fair,
A baker next, and next an elbow chair.   (S. 10)

Adynata werden für die beiden nur als alkoholinspirierte Phantasien bedeutsam.[57]

56
   . . .
In the black air long-howling tempests roar,
The dark wave thunders on th'affrighted shore;
I wave my wand – fair smiles the rising day,
Soft breathe the breezes through the fields of May,
The morning sun sheds purple on the plain,
And gleams of purple glance along the main.   (S. 9)
Vgl. dazu beispielsweise:
All Nature mourns, the Skies relent in Show'rs,
Hush'd are the Birds, and clos'd the drooping Flow'rs;
If *Delia* smile, the Flow'rs begin to spring,
The Skies to brighten, and the Birds to sing.
(Pope, "Spring", Z. 69–72)

57
Smooth minuets are danced by mighty whales,
See o'er the deep how York Cathedral sails,
The House of Commons turns a common shore,
Where the gold-finders nightly grope for ore.   (S. 11)
Auf diese „Visionen" Luns antwortet sein Kollege Lath mit ähnlichen Phantasien.

246

In der dritten Ekloge, "The Street-Walkers", kommt der Kontrast zwischen Stadt und Land zum Tragen. Beide Dirnen erzählen, daß sie vom Land, dem Bereich der Unschuld, stammen. Daphne, die einzige Tochter eines Bauern in Kent, ist vom Pflugknecht ihres Vaters verführt worden; Amaryllis, in einem Dorf in Yorkshire als Kind eines Landgeistlichen aufgewachsen, ist durch die Verführungskünste eines schneidigen jungen Hauptmanns auf die schiefe Bahn geraten. Daß beide ausführlich die Geschichte ihrer ersten Verführung berichten, mag man als realistische Parodie des Eklogenmotivs der ersten Liebe verstehen, ist aber doch wohl eher als ein vom Gegenstand aus naheliegender Topos pornographischer Literatur zu erklären.[58] Anders als sein Vorbild Swift in der ihm zugeschriebenen "Town Eclogue" orientiert sich Jenner hier und in den anderen Gedichten nur in allgemeiner Weise an dem Vorbild der klassischen Ekloge.

Eine noch weitläufigere Beziehung zur Eklogentradition hat John Wolcot unter dem Pseudonym Peter Pindar in "Bozzy and Piozzi; or the British Biographers. A Pair of Town Eclogues" (1786).[59] Er übernimmt lediglich das Schema des alternierenden Wettgesangs, mit einer leicht amüsierten Reminiszenz an dessen Ursprung; nachdem er die auftretenden Rivalen mit zwei „Schuljungen" oder „zwei Ponies auf der Rennbahn" verglichen hat, fügt der Autor hinzu:

> Thus with their songs contended Virgil's swains,
> And made the vallies vocal with their strains,
> Before some grey-beard swain, whose judgment ripe
> Gave goats for prizes, to the prettiest pipe. (S. 105)

In den beiden Gedichten geben Bozzi (James Boswell) und Madame Piozzi, die bekanntesten Biographen Dr. Johnsons, abwechselnd, ohne besonderen Bezug oder erkennbare Ordnung, Anekdoten aus dem Leben des berühmten Mannes zum besten. Sir John (Hawkins), der Schiedsrichter, unterbricht, weil ihn die Langeweile übermannt und er ein Schläfchen halten muß. In der zweiten Ekloge werden die Anekdoten zunächst fortgesetzt, dann geht der Wettkampf in eine gegenseitige

---

[58] Vgl. beispielsweise Clelands *Memoirs of a Woman of Pleasure*, wo die drei ‚Kolleginnen' Fannys eingehend über diese Phase ihres Lebens berichten.

[59] *The Works of P. P.* (London, 1824), S. 104–111.

Beschimpfung der Teilnehmer über. Der Schiedsrichter verurteilt beide, da sie ihr Idol nur erniedrigt hätten.[60]

Für die restlichen Jahre des 18. Jahrhunderts lassen sich keine Stadt-Eklogen mehr erfassen. Der Verlust an Beliebtheit, den die Pastorale allgemein erlitten hat, macht die Umkehrung weniger attraktiv für den Autor. Das Ausdrucksmittel der Parodie ist zudem nur interessant, wenn der Leser mindestens eine bestimmte Vorstellung vom Ausgangspunkt besitzt; andernfalls ist nur eine generelle, unintensive Bezugnahme möglich. Die ausgedehnten Fußnoten mit Originalpassagen stellen höchstens eine bedingt taugliche Notlösung dar.

Trotz der so verringerten Möglichkeiten ist die *town eclogue* nicht mit dem ausgehenden Jahrhundert zu Ende. Auch nach der Jahrhundertwende und dem Durchbruch der Romantik fühlen sich noch zwei Autoren zu einer urbanen Transformation der Ekloge in größerem Umfang bewegt. Obwohl sie nicht in den gesetzten zeitlichen Rahmen fallen, sollen sie hier kurz in die Diskussion einbezogen werden, da in ihnen die vorher sichtbare Entwicklung, die zu einem absoluten Primat des Landes führt, ihren Abschluß und Höhepunkt erreicht.

Das anonym veröffentlichte Bändchen *Virgil in London; or, Town Eclogues* (1814)[61] von George Daniel hat viel mit Jenners Stadt-Eklogen gemeinsam. Der die Zielsetzung bestimmende betuliche Moralismus wird hier vom Autor in dem Einführungsdialog, der den acht Gedichten vorausgeht, gegenüber Lady ****** *expressis verbis* betont; das Werk sei

> All sober morality, good-humour'd satire;
> Some lines about love, yet so modest and chaste;
> In short, 'tis a work to your Ladyship's taste.   (S. 2)

Das Ideal des Landes ist vor allem in der programmatischen Anfangsekloge, "The Retired Citizen to His Friend in Town", propagiert. Im Stil einer Versepistel und nur selten an das mit dem Motto angedeutete Vorbild der ersten Vergil-Ekloge erinnernd, distanziert sich der Schreiber von der Geschäftigkeit und dem Profitstreben der Stadt, das die meisten erst dann aufgeben wollen, wenn es schon zu spät ist. Er selbst hat sich zurückgezogen und genießt das Landleben, während

---

[60] "The Royal Bullocks. A Consolatory and Pastoral Elegy", *Works*, S. 219, hat noch weniger mit der traditionellen Ekloge zu tun. – "Peter's Aesop: a St. Giles Eclogue" (1800) (in der *New Cambridge Bibliography of English Literary* angeführt) war nicht erreichbar.
[61] *To Which Are Added, Imitations of Horace* (London, 1814).

248

er noch über rüstige Lebenskräfte verfügt, und er lädt den Freund in der Stadt ein, es ihm gleichzutun. Die dargestellte Idylle trägt sehr bürgerliche Züge und hat weitgehend den Anstrich eines städtischen Daseins in gemilderter Form und aus der Entfernung: am Wochenende bringt irgendein Besucher die letzten Neuigkeiten aus der Stadt, die einzige Tochter liest dem Lebensphilosophen in seiner Laube aus der Zeitung, die mit der regelmäßig verkehrenden Postkutsche gekommen ist, die Börsenkurse vor, und nebenan singt eine zahme Amsel in einem vergoldeten Käfig.[62]

Während hier die Antwort des Freundes nicht mitgeteilt wird, reagiert in III der entlassene Premierminister Georgius auf eine ähnliche Aufforderung seines Dialogpartners Amicus, "O! fly from court to Nature's rural scenes" (S. 32), mit strikter Ablehnung. Für ihn sind solche "fancied scenes of happiness" (S. 32) fehl am Platze, und in einer längeren Rede bezeugt er seine Liebe zum äußerlichen und dekadenten Leben der Stadt sowie die hochmütige Geringschätzung der für ihn bäuerischen Landbewohner. Der Freund, der das letzte Wort hat, kann diese Entscheidung nur hinnehmen.

Die übrigen fünf Eklogen behandeln im Monolog oder Dialog innerstädtische Themen, bei denen die moralisch-satirische Intention in wechselndem Ausmaß zutage tritt. Eigennamen mit durch Gedankenstriche ersetzten Auslassungen deuten auf aktuelle Anspielungen hin – neben III besonders in IV, wo der betrunkene Dichter Crambo den Gerichtsdienern ein Lied über alle möglichen politischen und gesellschaftlichen Dinge singt, damit sie ihn wieder freilassen.

Vergils Silenus-Ekloge (VI) ist hier das Vorbild, es finden sich aber auch Anklänge an die Samstags-Ekloge von Gays *Shepherd's Week*.[63] Bei II, der Klage des von seiner Angebeteten sitzengelassenen Juristen Alexis, macht der Name der Schönen, Blouzelinda, deutlich, daß ebenfalls Gay als Vorlage dient. VI, "The Lord Mayor's Day", wo die Frau des neuen Bürgermeisters bei der Morgentoilette ihren Gedanken nachhängt, zeigt nicht nur durch den Namen Belinda den Einfluß von Popes *Rape of the Lock*.[64] Die Imitation Vergils ist hier wie auch sonst

---

[62] Siehe S. 13f.
[63] Auf S. 47 ist diese Abhängigkeit bei einer Stelle ausdrücklich anerkannt.
[64] Die Situation ist die gleiche wie am Ende von Canto I, und ein *couplet* wie
    Before the nymph, in beauteous order, laid
    A host of velvets, satins, and brocade; (S. 62)
erinnert sehr an:
    And now, unveil'd, the *Toilet* stands display'd,
    Each Silver Vase in mystic Order laid. (*Rape* I, Z. 121f.)

bei weitem nicht so eingehend, wie man es aufgrund des Titels erwarten könnte. Bloß hin und wieder begegnen Parallelen, die jeweils durch dokumentierende Fußnoten auch für den nicht so sehr in der klassischen Dichtung bewanderten Leser als solche ausgewiesen sind. Die gelegentliche Parodie Vergilischer Motive besticht allenfalls durch ihre Banalität.[65] Man hat im ganzen den Eindruck, daß der lateinische Dichter nicht zuletzt seinen Namen als Aushängeschild hergeben muß. Dennoch beurteilt der Autor die Erfolgsaussichten seines Werks, das dem von Jenner an Homogenität nichts voraushat, in seiner Klage über die Dekadenz der Zeit mit berechtigter Skepsis:

> E'en *Virgil*, who, in British cap and gown,
> Now humbly seeks the favour of the town,
> Shall find, perhaps, no market for his rhymes,
> . . .   (S. 64)

Sehr viel erfolgreicher ist offenbar das Werk, in dem die Entwicklung der Stadt-Ekloge gegen Ende des 19. Jahrhunderts ihren späteren Abschlußpunkt findet. John Davidsons *Fleet Street Eclogues* (1893)[66] erleben in kurzer Zeit zwei Neuauflagen und geben nach drei Jahren zu einer Fortsetzung Anlaß.[67] Das Land ist in den Versgesprächen der Journalisten, die nach dem kalendarischen Ablauf des Jahres angeordnet sind,[68] das absolute Ideal. Ein längerer Aufenthalt auf dem Lande wird als "a foretaste . . . Of Paradise"[69] angesehen. Die Männer sehnen sich nach dem Land. "Has any one been out of town?" oder "Who has been out of London?" sind bei ihren Zusammenkünften die vorrangigen Fragen.[70] Das Land hat für die, die in der nach ihrem Empfinden trostlosen und unnatürlichen Welt der Hauptstadt leben müssen, ge-

---

[65] Aus Vergils "trahit sua quemque voluptas" (II, Z. 65) wird: "Each has a diff'-rent *hobby*" (S. 24), das mit "And love's my hobby..." einige Zeilen weiter angemessen fortgesetzt wird. – Das *nunc-scio*-Motiv lautet bei Daniel:
I know thee, Love! thou surely wert the Son
Of some hard Judge, or shoulder-tapping Dun,
The ruthless pupil of Old Bailey Juries,
. . .   (S. 92)

[66] (London, 1893). – Die Seitenangaben im folgenden beziehen sich auf dieses Werk.

[67] *A Second Series of Fleet Street Eclogues* (London/New York, 1896).

[68] Die Eklogen haben die Titel: "New Year's Day", "St Valentine's Eve", "Good Friday", "St Swithin's Day", "Michaelmas", "Queen Elizabeth's Day", "Christmas Eve". – Die Gedichte der zweiten Serie halten sich nicht an eine solche Reihenfolge, sind aber gleichfalls bestimmten Festtagen, wie "May-Day" oder "St George's Day", zugeordnet.

[69] S. 35.

[70] Siehe S. 35 bzw. S. 44.

radezu erlösende Kraft. Als Menzies in "St Valentine's Eve" von Unruhe, Melancholie und schweren Zweifeln gequält wird, verordnet ihm sein Kollege Percy einen Gang auf das Land:

> ... You shall to-morrow do
> What I now order you.
> At early dawn through London you must go
> Until you come where long black hedgerows grow,
> With pink buds pearled, with here and there a tree,
> And gates and stiles; and watch good country folk;
> And scent the spicy smoke
> Of withered weeds that burn where gardens be;
> And in a ditch perhaps a primrose see.
> The rooks shall stalk the plough ... (S. 26f.)

In seinem Gebet an die Mächte des Guten am Ende von "St Swithin's Day" sieht Basil den Fall des Menschen als eine Vertreibung vom Lande ("that green-crowned, sun-fronting mountain-brow") in die Stadt ("That sepulchre of souls").[71] Spenser mit seinem *Schäferkalender* bildet für Davidsons Journalisten in der Stadt eine Art tröstendes Evangelium.[72] Die übrige Tradition, die antike sowohl wie die des 18. Jahrhunderts, wird nicht mehr aktualisiert,[73] von Imitation oder Parodie fehlt jede Spur; bloß das formale Schema des Rollengesprächs und die Erinnerung an seine frühere Verknüpfung mit einem ländlichen Thema bleiben als spärliche Reste erhalten.

3. Die ‚politische' Ekloge

Ein kleinerer satirischer Traditionsstrang, der der Stadt-Ekloge benachbart ist, bildet sich etwa in der zweiten Hälfte des 18. Jahrhunderts heraus. Im Gegensatz zur *town eclogue* zeigt die *political eclogue* – wie sie nach einiger Zeit genannt wird – jedoch eine größere Kohärenz, die sich unter anderem aus der Beschränkung auf einen engeren thematischen Bereich erklärt. Die ‚politische' Ekloge handelt zunächst über Landgeistliche und Landadlige, Landbewohner also, die als Kulturträger und Repräsentanten von Macht eine besondere Nähe zur

---

[71] S. 51f.
[72] Vgl. S. 48f. und 50 ("the heavenly hymn"; "Solace found in Spenser's noble song").
[73] In der Form ist daher auch das *couplet* aufgegeben.

Sphäre der Stadt haben, gleichsam die Stadt auf dem Lande vertreten und als Vorposten der Stadt fungieren. Schon in Gays "Birth of the Squire" ist diese Beziehung deutlich geworden. Die Darstellung von Pfarrern in der Ekloge bietet sich an durch die traditionelle Vorstellung vom geistlichen ,Hirten', der für die ihm anvertraute ,Herde' Verantwortung trägt. Es geht vornehmlich um die politische Einstellung dieser beiden Gruppen. Zum Schluß löst sich die *political eclogue* jedoch von einer solchen Bindung und versteht sich, ihrer Bezeichnung entsprechend, allgemein als politische Satire.

Der Traditionszweig der ,politischen' Ekloge beginnt mit "The Squire and the Parson. An Eclogue. Written on the Conclusion of the Peace, 1748" von Soame Jenyns.[1] Mit dem in *heroic couplets* gehaltenen eklogenhaften Dialog stellt Jenyns auf wohlwollend-satirische Art die Starrköpfigkeit und reaktionäre politische Haltung der beiden Stände an zweien ihrer Vertreter dar. Der Squire, der abends am heimischen Kamin mit frisch gestopfter Pfeife und gefülltem Bierkrug über seine Probleme nachdenkt, wird vom Dorfpfarrer besucht und mit der typischen Eklogenfrage nach dem Grund seines Kummers begrüßt:

> Why sits thou thus, forlorn and dull, my friend,
> Now war's rapacious reign is at an end? (S. 614)

Der im Ausland geschlossene Friede – es ist der am Ende des Österreichischen Erbfolgekrieges – bedeutet dem Squire wenig angesichts der Sorgen, die ihn zu Hause bedrücken: neue Steuern, eine Viehseuche, die ihm alle Kühe dahingerafft hat, ein verlorener Gerichtsprozeß, hohe Schulden bei sämtlichen Kaufleuten in der Umgebung. Als alter Jakobit führt er alles Ungemach auf die gleiche Ursache zurück: "This comes of fetching Hanoverian kings." (S. 615) Der Pastor seinerseits sieht den Grund für die Schlechtigkeit der Zeiten in dem allgemeinen Freidenkertum, und er prophezeit noch schlimmere Geißeln des Himmels, wenn nicht schleunigst die Toleranzakte aufgehoben werde. Dabei gerät der Gottesmann so in Fahrt, daß er sich auch zu Vorwürfen gegenüber dem Landadel insgesamt und dem Squire im besonderen hinreißen läßt. Als dieser jedoch die Frage einer bald zu vergebenden Pfründe in der Nachbarschaft anschneidet, muß der Pastor schnell klein beigeben und erinnert an die ihm gemachten Versprechen und

---

[1] Chalmers, *English Poets*, Bd. 17, S. 614f.

sein vergangenes Wohlverhalten.[2] Nun kann auch der Squire seinen
Groll nicht länger bewahren. Er bestätigt dem Pastor, er sei "an honest
dog", verspricht ihm aufs neue die Pfründe und stößt mit ihm darauf
an. Der Pastor schließt mit einem Hochlied auf den Squire und die
große Königin, die den ganzen Erdball beherrscht.[3]

Während bei Jenyns die Ironie unübersehbar im Vordergrund steht,
ist sie in "The Parsons. An Eclogue (By a Country Clergyman)"
(1750)[4] höchstens unbeabsichtigt im Spiel. In den alternierenden Klagen der beiden Landgeistlichen über ihre Schwierigkeiten bei der Ein-
treibung des ihnen zustehenden Zehnten schreibt sich der Autor offensichtlich eigene Probleme von der Seele. Die Klagen münden in einen
Aufschrei nach einer regelrechten Kirchensteuer, die einen heilsamen
Effekt auf die Tugend des ganzen Landes zeitigen müßte:

> Wou'd God, the tythes like taxes might be pay'd.
> A fix'd revenue by some statute made;
> How then wou'd blest religion rear her head!
> How thro' each village kindly virtue spread!

Die Abendglocke zwingt die beiden Gottesmänner, nach dem Muster
des klassischen Eklogenschlusses, ihr Gespräch zu beenden und sich
wieder ihren ernsten Pflichten zuzuwenden.

"The Dean and the Squire: A Political Eclogue. Humbly Dedicated
to Soame Jenyns, Esq." (1782)[5] manifestiert durch Titel und Widmung
die Anknüpfung an den früher entstandenen Traditionszweig. Der
Verfasser William Mason, als Biograph Grays und Freund von Horace
Walpole bekannt, hat schon vorher als anonymer Pamphletist sehr
großen Erfolg gehabt,[6] und auch diese ‚politische‘ Ekloge bildet zusammen mit einer als Vorwort vorausgeschickten längeren Widmung an
Jenyns ein satirisches Pamphlet.

---

[2]   Have you not swore that I should Squab succeed?
     Think how for this I taught your sons to read;
     How oft discover'd puss on new-plough'd land,
     How oft supported you with friendly hand;
     When I could scarcely go, nor could your worship stand.
                           (S. 615)

[3] Damit ist, nach der Anmerkung, die Madame Pompadour gemeint.

[4] *GM*, 20 (1750), S. 326.

[5] Chalmers, *English Poets*, Bd. 18, S. 420–424.

[6] Vgl. dazu Robert R. Rea, "Mason, Walpole, and That Rogue Almon", *Hunting-
ton Library Quarterly*, 23 (1959/60), S. 187–193.

Daß die ehrerbietige Haltung gegenüber dem Vorgänger in Wirklichkeit ironisch gemeint und das ganze Pamphlet als Satire zu verstehen ist, läßt das Vorwort bald deutlich werden. Der Autor tut so, als wolle er Jenyns Vorhaltungen machen, daß er seine Schrift über "Government and Civil Liberty" in Prosa und nicht in der wirksameren Versform verfaßt habe, und er gibt vor, nun nach dem Beispiel von dessen eigener Ekloge bloß die geäußerten Gedanken in Verse umgesetzt zu haben. Als Dialogpartner gesellt Mason seinem Squire (Jenyns) einen gleichgesinnten Tory-Autor, den Dean of Gloucester, Dr. Tucker, bei.

In einer kurzen Einleitung führt der Dichter zunächst in die Szene ein: als ‚pastoraler‘ Ort fungiert ein Kaffeehaus, wo die beiden Helden in der Muße-Haltung der arkadischen Hirten, "in lounging posture" (S. 421), miteinander sprechen. Vor allem die anschließende Musenanrufung soll an das klassische Vorbild erinnern:

> Repeat, my Muse, th' alternate strains,
> That flow'd from these Arcadian swains,
> Who both were equally alert,
> Or to deny, or to assert. (S. 421)

(Formal ist die gegenüber dem *heroic couplet* um zwei Silben kürzere Verszeile auffallend.) Nachdem für den Dialog gute Voraussetzungen geschaffen sind, da beide Teilnehmer feststellen, daß keiner das Buch des andern gelesen hat, geht der Squire daran, dem andern vorzuführen, wie er die fünf staatstheoretischen Grundthesen Lockes zu widerlegen meint. Seine Argumentation ist in jedem Falle so oberflächlich – daß beispielsweise die Menschen gleich geboren sind, soll einfach durch den körperlichen Augenschein zurückgewiesen werden –, daß nicht einmal der im Grunde gleichgesinnte Dean sich überzeugen läßt. Am Ende bricht die Unterhaltung kurzerhand ab, da die Länge einer Ekloge bei weitem überschritten sei und man dem Kunden auch auf keinen Fall mehr als einen Schilling abnehmen wolle,[7] eine kurze Parodie auf den Schluß von Vergils 3. Ekloge (*claudite iam rivos*) bringt noch einmal die Eklogenform als spielerischen Rahmen für die Satire in Erinnerung:

---

7   Hold Muse! nor give the squire's reply.
     . . .
     'Tis much beyond an eclogue's length;
     Come breathe a while, and gather strength.
     You shall not tax, should it be willing,
     The town beyond a single shilling: (S. 424)

Stop then in time your tinkling rill;
The reader's ears have drank their fill.   (S. 424)

Eine tiefere Verbindung zur pastoralen Tradition besteht nicht.

Das im gleichen Jahr erscheinende Gedicht "Tityrus. Meliboeus"
von H. S.[8] stellt dagegen eine regelrechte Imitation von Vergils erster
Ekloge dar. Die beiden englischen Seelenhirten sind in der gleichen
Situation wie die Hirten des lateinischen Vorbildes: Tityrus, der in der
Hauptstadt bei seinem Gönner gewesen ist, hat von diesem solche
Wohltaten – hier konkret eine Pfründe – empfangen, daß er nun aller
Sorgen ledig ist und in beschaulicher Zufriedenheit auf dem Land leben
kann; Meliboeus aber muß die Heimat verlassen und in den Krieg –
den Amerikanischen Unabhängigkeitskrieg – ziehen. Auch hier findet
sich stellenweise Ironie, die freilich kaum intendiert sein dürfte; z. B.
als Tityrus an die früher erlittene Unbill zurückdenkt:

At weekly clubs my presence would provoke
E'en leaden 'squires to aim a stingless joke;
Who, deeper vers'd in Whist's mysterious game,
Sent back *the Doctor* poorer than he came.   (S. 349)

Ohne eine satirische Zielsetzung zu entwickeln, begnügt sich der Autor
damit, möglichst weitgehend den Inhalt der antiken Vorlage in die
Verhältnisse seiner modernen Gegenwart zu übertragen, was ihm auch
im ganzen gut gelingt.[9]

Politisch im engeren Sinne wird die Form in den fünf "Political
Eclogues", die ab 1785 in *Criticisms on the Rolliad* erscheinen.[10]Der

---

[8] *GM*, 52 (1782), S. 349f.
[9] Interessant in diesem Zusammenhang ist besonders die Glücklichpreisung des
Tityrus durch Meliboeus (nach Vergils *Fortunate senex*), welche die typischen
Züge des nationalen *retreat* trägt – der englische Tityrus hat in der Zurückgezo-
genheit ein Buch bei sich und widmet sich dem Angelsport:
Here oft with joy you take your favourite book,
And tread the margin of the gurgling brook,
Or where the rippling waters swifter glide,
The mimic fly light floating down the tide,
The speckled trout ensnare. ...   (S. 350)
[10] In dem Band *Criticisms on the Rolliad. Part the Second* (London, 1785), S. 58–
65, erscheint unter der pluralischen Überschrift "Political Eclogues" nur "Eclogue I. The Lyars". Das Gedicht erfreut sich offenbar einiger Popularität; denn
es wird z. B. in *An Asylum for Fugitive Pieces*, Bd. 2 (London, 1786), S. 301–308
abgedruckt. Die anderen Eklogen kommen erst später hinzu; der hier zugrundegelegte Text ist *The Rolliad, in two Parts ... with Criticisms*, 21. Aufl. (London,
1799), S. 184–224.

anonyme Autor gehört offensichtlich zu den Anhängern von Charles
James Fox und verwendet die Ekloge als Mittel für scharfe satirische
Angriffe auf den 1784 als Premierminister an die Macht gekommenen
jüngeren Pitt und seine Parteigänger. Am besten und wirkungsvollsten
in dieser Hinsicht ist zweifellos die zuerst entstandene und veröffentlichte Ekloge, "The Lyars", die nach Angaben des beigefügten Kom-
mentars prinzipiell eine Imitation von Vergils 3. Ekloge darstellen
will. Statt des musischen Wettstreits der arkadischen Hirten streiten
hier Prettyman und Banks, zwei Gefolgsleute Pitts, um die Ehre, der
beste Lügner zu sein, Pitt selbst ist Schiedsrichter. Beide Konkurrenten
beanspruchen von vornherein den Siegespreis aufgrund ihrer jeweiligen
Zugehörigkeit zu einem besonders vertrauenerweckenden Stand:

> *Prettyman.*
> Why wilt thou, *Banks*, with me dispute the prize?
> Who is not cheated when a Parson lies?
> Since pious Christians, ev'ry Sabbath-day,
> Must needs believe whate'er the Clergy say!
> In spite of all you Laity can do,
> One lie from us is more than ten from you!
>
> *Banks.*
> O witless lout! in lies that touch the state,
> We, Country Gentlemen, have far more weight;
> Fiction from us the public still must gull:
> They think we're honest, as they know we're dull!
>
> (S. 198, Z. 11–20)

Die Tatsache, daß hier ein Pastor und ein Landadliger als Gesprächspartner auftreten, läßt eine Verbindung zu der Tradition von Jenyns
und Mason nicht unwahrscheinlich erscheinen. Als Pfänder in ihrem
Wettstreit setzen die Kontrahenten eine profitreiche Pfründe sowie
einen Wahlbezirk mit sicherem Parlamentssitz. Die Anrufung der
Gottheit richtet sich passenderweise an Satan, den Erzlügner, und die
Mächte der Falschheit, denen auch die entsprechenden Opfer darge-
bracht werden. Um die eigene Meisterschaft hervorzuheben, vergleichen sich die beiden mit zeitgenössischen Koryphäen der Lügenkunst,
welche natürlich auch dem Lager Pitts angehören. Die Adynata, mit
denen sie darauf ihre treue Bereitschaft zum Lügendienst für ihren
Herrn beteuern, beziehen sich vorzugsweise auf die Fehler und Schwächen der Gegner von Fox.[11] Auf das gleiche satirische Ziel gerichtet

---

[11] Fox und seine Seite werden dagegen positiv bedacht in dem Adynaton von Z. 69:
"When *Fox* and *Sheridan* for fools shall pass..."

sind die von den beiden Rivalen erzählten Beispiele eigener lügnerischer Großtaten sowie die zum Schluß folgenden Rätsel. Pitt entscheidet ‚unentschieden‘ und belohnt den geistlichen Meisterlügner mit einer Bischofsmitra, den weltlichen mit einer Adelskrone. An verschiedenen Stellen in der Ekloge wird die Satire verstärkt durch Anmerkungen, die sich mit ihrer umständlich-geschraubten Diktion einen amüsanten wissenschaftlichen Anstrich geben;[12] spezifische Imitationen sind durch Zitate der lateinischen Parallelen besonders angemerkt.

Die anderen vier Eklogen stellen unterschiedlich enge Imitationen Vergilischer Vorbilder dar. Die größte Nähe zu seiner lateinischen Vorlage macht für sich "Rose; or, the Complaint" geltend, wo die gesamte 2. Ekloge abschnittweise in den Fußnoten zitiert wird. Anstelle der Liebesklage des Corydon um den schönen Alexis klagt nun Mr. Rose, daß er in der glühenden Hitze des Sommers die Geschäfte der Schatzkanzlei abwickeln muß, während sein Kollege Mr. Steele mit dem umworbenen Billy (dem Premierminister Pitt) an der See in Brighthelmstone weilen darf. Der Kommentar hält diesen Grund des Kummers für „sehr viel natürlicher" als bei Vergil und bewertet die Imitation daher mit einiger Ironie als Verbesserung gegenüber dem Original. Die Imitation ist nicht immer so konzentriert, wie es den Anschein hat. Zwar sind einige satirische Parallelen recht gelungen, wie beispielsweise der Ersatz der beiden Zicklein als pastorale Geschenke durch zwei gunstwillige Schöne (S. 192) oder der abschließende Aufruf zur Arbeit, d. h. hier zu den dubiosen Machenschaften der Politik (S. 195 f.); aber es finden sich auch beträchtliche Längen, etwa der langatmige Exkurs über Georg III. als Kunstliebhaber und Mäzen (S. 189ff.). An dieser Ekloge wird deshalb deutlich, was sich vor allem bei den schwächsten Gedichten, "Margaret Nicholson" und "Jekyll", wo nur noch ein ganz loser Bezug zum Vorbild vorhanden ist, negativ auswirkt: die Imitation trägt die Satire und verstärkt die satirische Stoßkraft; wo kein tragendes Modell zugrundeliegt, hat das Gedicht,

---

12 So wird z. B. die erste Zeile der oben zitierten Passage von Banks (Z. 17) folgendermaßen kommentiert: "Our poet here seems to deviate from his general rule, by the introduction of a phrase which appears rather adapted to the lower and less elevated strain of pastoral, than to the dialogue of persons of such distinguished rank. It is, however, to be considered, that it is far from exceeding the bounds of possibility to suppose, that, in certain instances, the epithet of 'Witless', and the coarse designation of 'Lout', may be as applicable to a dignitary of the church, as to the most ignorant and illiterate rustic." (S. 198)

von vereinzelten witzigen Stellen abgesehen,[13] wenig mehr als die Aktualität des Klatsches zu bieten. Aus diesem Grunde gibt sich wohl auch "Charles Jenkinson" als "a very close Translation of *Vergil's Silenus*" (S. 211) aus, obgleich die Parallelität tatsächlich oft nur angedeutet ist.

Auf dem gleichen Feld wie die "Political Eclogues" im Anhang zur *Rolliad* bewegt sich "The Minister. An Eclogue. In Imitation of Pope's Messiah" (1786).[14] Der Herausgeber der *Rolliad*-Ausgabe von 1799 fordert den anonymen Verfasser sogar, wenn auch etwas herablassend, dazu auf, ihm ein korrigiertes Manuskript der Ekloge zum Abdruck einzureichen.[15] Nach dem Muster von Popes "Messiah" (und damit indirekt der 4. Vergilischen Ekloge) feiert das Gedicht ironisch den Amtsantritt des jüngeren Pitt als Premierminister als die Geburt eines Gottes, als Anbruch eines neuen Goldenen Zeitalters. Die satirischen Seitenhiebe richten sich vor allem gegen die Jugendlichkeit des Ministers – er trat das Amt mit 24 Jahren an –, die folgsame Dienstbereitschaft seiner Parteigänger und die Ausschüttung von Vermögenswerten an die Linientreuen. Abschließend spricht der Dichter den König an und verheißt ihm voller Ironie eine strahlende Zukunft unter dem großen Premierminister:

> The Laws shall change, the Parliament decay,
> And Judges Liberty explain away;
> But, fix'd as Fate, thy regal pow'r remains,
> And shall for ever last, while thy great Premier reigns.
>
> (S. 169)

Die Zukunft der ,politischen' Ekloge ist durch das Verschwinden der eigentlichen Ekloge mit dem Ende des Jahrhunderts besiegelt.

---

[13] In "Margaret Nicholson", wo die beiden Eklogensprecher nacheinander die glückliche Rettung des Königs ironisch feiern, wird beispielsweise die magere Belohnung für den Retter geistreich kommentiert:
> Well was that bounty measured, all must own,
> That gave him *half* of what he saved – *a crown*.
>
> (S. 206, Z. 45 f.)

[14] *Asylum*, Bd. 2, S. 165–169.

[15] In einer Fußnote auf S. 207 heißt es: "If the author [of the imitation of Pope's Messiah] will favour us with a corrected copy, adapted rather to the Pollio than the Messiah, we shall be happy to give it a place in our subsequent editions ..."

4. Die Provinz-Ekloge

Eine kleine Gruppe von Eklogen mit mehr oder weniger satirischer Zielsetzung findet sich zwischen den in den vorausgehenden Unterkapiteln untersuchten Formen angesiedelt. Dieser Typ soll hier als Provinz-Ekloge bezeichnet werden. Eine scharfe Abgrenzung ist nicht möglich; schon vorher sind Beispiele behandelt, die auch in diesem Zusammenhang als relevant angesehen werden könnten. Wie die burleske Ekloge behandelt die Provinz-Ekloge realistisch das Land; abweichend von jener ist ihr Interesse spezifisch geographischer Art, wogegen sie auf die agrarischen Aspekte primär keinen Wert legt. Sie ähnelt der Stadt-Ekloge, indem sie jeweils Menschen aus dem konkreten Bereich der zeitgenössischen Gesellschaft darstellt, der im Kontrast steht zu der verbreiteten pastoralen Idealvorstellung des Goldenen Zeitalters. Dieser Bereich ist hier jedoch nicht die Stadt, sondern – wie in den frühen ‚politischen' Eklogen – die Gesellschaft der Provinz. Der provinzielle Charakter wird zum Teil durch den Dialekt unterstrichen. Die meisten der Gedichte stammen aus den Bänden des *Gentleman's Magazine*.

"A Wapping Eclogue" (1739)[1] ist eine in das rauhe Milieu der Seeleute übertragene Liebesklage. Die im ganzen poetisch-kultivierte Sprache wird stellenweise durch Kolloquialismen oder sogar Slang-Ausdrücke aufgelockert. Bowsprit und Capstern, zwei alte Fahrensleute, treffen sich im Hafen wieder, und nach einer herzlichen Begrüßung[2] fragt Capstern den Kameraden in der vertrauten Eklogenmanier, was ihn bedrücke, warum er so heruntergekommen ausschaue. In einem solchen Zustand habe er jemand gesehen, der mit einem religiösen Tick ins Irrenhaus gebracht wurde; er ist besorgt, ob sein Freund nun auch unter die Sektierer gegangen sei.[3] Daraufhin erzählt Bowsprit die Geschichte seines Liebeskummers. Bei einem feuchtfröhlichen Beisammensein habe vor kurzem seine geliebte Sue ganz verdrießlich dagesessen und ihn, in verliebten Gedanken an einen Kapitän, bloß mit verächtlichen Blicken bedacht. Schließlich habe er sich bei ihr

---

[1] GM, 9 (1739), S. 586f.

[2] Es erscheint reichlich abwegig, diese Begrüßung mit Theokrits Eidyllion XIV in Verbindung zu bringen, wie Kerlin (*Theocritus*, S. 66) dies versucht.

[3]   Just such a Figure of dire Discontent,
        Such his glum Looks I saw to *Bedlam* sent;
        Some new Whim-wham his Intellects did touch,
        Driv'n mad by being righteous over-much.
      – Sure, *Jack*, you're none of Parson *Whitefield's* Flock. –
                     (S. 586)

wutentbrannt mit einem Faustschlag ins Gesicht revanchiert, so daß
sie schreiend das Weite suchen mußte. Nun sei die Wut verflogen, die
Liebe aber zurückgekehrt. Doch durch die von seinen maritimen
Freunden gemachte Erfahrung weiß der unglückliche Galan schon
einen Ausweg aus seinen Leiden, der eine neue Variante von rationa-
listischem Ersatz für den freiwilligen Tod darstellt:

> – Yet *Ben*, who bonny *Kate* of *Greenwich* lov'd,
> And ran, like me, just mad, when false she prov'd,
> Made up the streights a nine months trip, and he
> Return'd as blith as ever, and as free:
> If seas can make the cure of love compleat,
> I'll enter straitway in the *Royal Fleet;*
> Join with true hearts to low'r the pride of *Spain*,
> And get a *Wooden-Leg*, or *Golden Chain*.   (S. 586)

Capstern bestärkt den andern in seinem Entschluß und versucht ihn
für das eigene Schiff anzuwerben, indem er ihm begeistert die Vorzüge
seines Kapitäns sowie den herrlichen Kampf für "Old England's
honour" schildert (S. 587).

Eine Klage ernsterer Art stellt das unter dem Pseudonym Ophelia
erscheinende "Snaith Marsh. A Yorkshire Pastoral" (1754)[4] vor. Der
Bauer Robin beklagt in seinem Monolog, dessen Dialektausdrücke dem
Leser in einer Reihe von Fußnoten erklärt werden, den Verlust der
Allmende durch *enclosure*-Maßnahmen. Der Schwund des Weidelandes
bedeutet für Robin den Ruin, da er gerade vorher sein gesamtes Kapi-
tal für die Vermehrung seines Viehbestandes investiert hat. Als Folge
des finanziellen Mißerfolgs hat ihn zudem noch die schöne Susan, die
er für seine treue Geliebte hielt, sitzengelassen und will nun den landbesitzenden Roger ehelichen. Während alle anderen für ihre Verluste
irgendeinen Trost finden, ist Robins Situation völlig aussichtslos:

> ... I am ev'ry way o' th' losing hand,
> My adlings[5] ware 'd, and yet my rent to pay,
> My geese, like *Susan's* faith, flown far away,
> My cattle like their master lank and poor,
> My heart with hopeless love to pieces tore,
> And all these sorrows came, syne *Snaith Marsh* was no more.

---

[4] *GM*, 24 (1754), S. 135.
[5] Das Wort wird in einer Anmerkung als "earnings" erläutert.

Obwohl die Verzweiflung durch die naive Verbindung von Materiellem und Geistigem auch belustigende Züge trägt, muß das Gedicht in seiner Gesamtwirkung durchaus als ernsthafte Kritik der *enclosure*-Politik verstanden werden.

"A Western Eclogue" (1762), unter dem bezeichnenden Pseudonym 'Cornwall' veröffentlicht,[6] transponiert die Form in die derbe Atmosphäre des *West Country*. Pengrouze, der Protagonist, beherrscht – zusätzlich zu seinen musikalischen Fähigkeiten – außer den allgemein-rustikalen Künsten des Werfens und Ringens auch die spezifische lokale Wissenschaft des Schmuggelns, und er versteht sich auf Zinn und Fischfang.[7] Dieser Pengrouze trifft zufällig seine geliebte Bet Polglaze, die für ihren Herrn ein Pfund Tabak holen soll. Anders als in der 9. Vergil-Ekloge begleiten die Sprecher einander nicht auf ihrem Weg, sondern der Bursche fordert die Maid auf, für einen kleinen Plausch bei ihm zu verweilen; bei dieser Gelegenheit erklärt er gleich rundheraus und ohne Umschweife seine Liebe und fragt nach Gegenliebe:

> Arrear then *Bessy* ly aloane the backy,
> Sty here a tiny bit and let us talky.
> *Bessy* I loves thee wot a ha me, zay,
> Wot ha *Pengrouze*, why wot a, *Bessy*, hae?

Die Dame möchte zunächst einmal seine Beziehungen zu einer anderen, der „dreckigen Schlampe Mall Rosevear", geklärt wissen, die er kürzlich im Wirtshaus mit Kuchen und Bier traktiert haben soll. Pengrouze kann den Vorfall klarstellen und demonstriert seine Verachtung für das schmutzige Flittchen mit einem negativen Katalog ihrer ‚Qualitäten':

> Her feace is like a bull's, and 'tis a fooel,
> Her legs are like the legs o' cobler's stooel,
> Her eyes be grean's a lick, as yaffers big;
> Noase flat's my hond, and neck so black's a pig.

Nachdem er auch den Besuch eines ländlichen Tanzvergnügens mit der Besagten in einigermaßen zufriedenstellendem Licht gedeutet hat, bedarf es für ihn nur noch eines realistischen West-Country-Adynatons

---

[6] *GM*, 32 (1762), S. 287.
[7]　　Pengrouze, a lad in many science blest,
　　　Outshone his toning brothers of the West;
　　　Of smugling, hurling, wrestling much he knew,
　　　And much of tin, and much of pilchards too.

zur Versicherung seiner ehrlichen Absicht,[8] um Herz und Hand der Angebeteten zu gewinnen. Durch die ausgesprochen unideale Lokalisierung erhält die Ekloge einen humorvollen burlesken Charakter; Yost hat freilich recht, wenn er diese Art von Realismus als atypisch für die Zeit des späteren 18. Jahrhunderts anspricht.[9]

In anderer Weise aus dem Rahmen fallend ist Charles Churchills "The Prophecy of Famine. A Scots Pastoral" (1763).[10] Die bittere Satire auf Schottland und die Schotten, die infolge ihrer Aktualität in einem Jahr fünf Auflagen erlebt, bedient sich zwar verschiedener Motive und Elemente der Eklogentradition als Muster; die Länge des Gedichts von etwa 500 Zeilen macht jedoch schon nach außen deutlich, daß im ganzen nicht die Struktur der Ekloge zugrunde liegt. Auch Epos und Lehrgedicht werden anscheinend streckenweise als Gattungsvorlagen parodiert. Darüber hinaus flicht Churchill, wo es sich anbietet, Anspielungen anderer Art ein, wie beispielsweise die Parodie einer bekannten Stelle aus dem *Lear*:

> Thou, Nature, art *my* goddess – to thy law
> Myself I dedicate. ... (S. 288)

Die Einleitung, wo der Dichter diese Worte in eigener Person spricht, nimmt fast die Hälfte des ganzen Gedichts in Anspruch. Zu Beginn gibt der Autor mit ironischer Persiflage eine Charakterisierung der Pastoraldichtung. Ein Jüngling, dessen Herz in erster Liebe zu einer Küchenmagd entbrannt ist, verleiht seinen Gefühlen Ausdruck mit Hilfe der Muse, indem er die stereotypen pastoralen Utensilien in Szene setzt. Die geliebte Lardella – die vielleicht Shenstones Colemira nachempfunden ist – liegt nun unter einer alten Eiche auf Moospolstern dahingestreckt, während ihr der Galan, jetzt in einen Hirten verwandelt, seine arkadische Musik vorspielt. Nach dieser jugendlichen, naturnahen Dichtungsphase setzt Churchill eine zweite Schaffensperiode an, die durch gelehrte Imitation der klassischen Vorbilder, Theokrit und Vergil, bestimmt wird.[11] Doch zu solchen poetischen Großleistungen

---

[8]
> No, if I lies than *Bessy*, than I wishes
> The Shackleheads may never close the fishes;
> That picky dogs [a Fish so called] may eat the sceane when fule,
> Eat'n to rags and let go ale the schule.

[9] Vgl. *Poetry of the Gentleman's Magazine*, S. 82.

[10] Chalmers, *English Poets*, Bd. 14, S. 287–291.

[11] Churchills Vorstellungen, die wenig durchdacht und konsequent wirken, haben kaum etwas mit dem Konzept der *rota Vergilii* gemeinsam.

sieht er sich in seiner affektierten Bescheidenheit nicht imstande; er bekennt sich deshalb zum Gesetz der Natur und wendet sich dem Reich der Göttin zu, das, ohne den störenden Einfluß der Kunst, in Schottland bestehe.

In ironischem Lob anerkennt der Verfasser, was England dem nördlichen Nachbarn verdankt:

> To that rare soil, where virtues clust'ring grow,
> What mighty blessings doth not England owe?
> What *waggon-loads* of courage, wealth, and sense,
> Doth each revolving day import from thence?
> To us she gives, disinterested friend,
> Faith without fraud, and Stuarts without end.   (S. 288)

Unter den Dichtern hebt er besonders Macpherson mit seiner „alten, neuen, epischen Pastorale *Fingal*" hervor und preist die anerkannte Heimat der britischen Pastoraldichtung mit durchsichtiger Ironie:

> *Thence* simple bards, by simple prudence taught,
> To this *wise* town by simple patrons brought,
> In simple manner utter simple lays,
> And take, with simple pensions, simple praise.   (S. 288)

Um eine Anregung seines Patrons Wilkes aufzugreifen sowie um frühere blasphemische Kritik wiedergutzumachen, gibt der Autor dann vor, den Ruhm schottischer Heldentaten besingen zu wollen. Aber – ähnlich wie Apoll den Dichter in Vergils 6. Ekloge am Ohr zupft und zur Bescheidenheit mahnt – macht der amtierende *Poet Laureate* den Verfasser darauf aufmerksam, welche Anmaßung ein solches Werk für die niedrige englische Muse darstelle, und so entschließt er sich zur bescheidenen pastoralen Dichtung.

Im Hauptteil des Gedichts entwirft der Verfasser zuerst – mit vielen beißend-ironischen Anspielungen auf schottische Armut und Einbildung – eine öde Hochlandszenerie. Die Höhle der Göttin *Famine*, die von allerlei widrigem Ungeziefer erfüllt ist, erinnert an Popes "Cave of Spleen". Hierhin haben sich die beiden jungen Schäfer Jockey und Sawney zurückgezogen, um Schutz vor den Unbilden der rauhen Witterung zu suchen. In ihrem eklogenartigen Dialog fordert Jockey den andern zu fröhlichem Gesang auf, was dieser mit einer Reihe von Adynata ablehnt:

> Sooner shall herbage crown these barren rocks,
> Sooner shall fleeces clothe these ragged flocks,
> Sooner shall want seize shepherds of the South,

And we forget to live from hand to mouth,
Than Sawney out of season, shall impart
The songs of gladness with an aching heart.   (S. 289)

Die Adynata sind gegenüber der Tradition verkehrt, da der Zustand
der Desolation, entsprechend der intendierten satirischen Aussage, als
das Normale angesetzt wird. Im weiteren beklagen die beiden Hirten
die Falschheit von Jockeys Freundin Maggy, die mit einem ‚Ausländer‘
auf und davon gegangen ist, sowie die blutigen Folgen von 'fortyfive',
der jüngsten, fehlgeschlagenen jakobitischen Rebellion. Doch die Hun-
gersgöttin tröstet sie, indem sie den Schotten prophezeit, daß das Ende
ihrer Leiden unmittelbar bevorstehe und sie bald, wie weiland die
Söhne Israels, ihren Einzug ins gelobte (Eng-)Land halten könnten.
Ein Goldenes Zeitalter, wie in Vergils 4. Ekloge, wartet auf sie.[12] Die
Engländer selbst – so legt *Famine* dar – bereiten alles dafür vor, indem
sie das Ansehen ihres Königshauses zugunsten der schottischen Stuarts
untergraben: "Tories or Jacobites, are still the same" (S. 291).

Daß eine so scharfe Satire nicht ohne Antwort bleibt, läßt sich erwarten. Mit "Genius and Valour: A Pastoral Poem" (1763), von dem
es in einem Untertitel heißt: "Written in Honour of a Sister King-
dom", macht John Langhorne sich zum Sprecher der andern Seite, zum
Anwalt der gekränkten Ehre Schottlands.[13] Der blonde, strahlend-
junge Schäfer Amyntor, der nun am schönen Ufer des Tweed seine
pastoralen Weisen erschallen läßt, ist von patriotischem Geiste durchdrungen. In glühender Liebe zum Vaterland gibt er einen Überblick
über die schottische Geschichte, preist vor allem die Leistungen der
Dichter in der Frühzeit und lobt die nach der segensreichen Vereinigung
der beiden Königreiche eingetretene glückliche Herrschaft des Gottes
Commerce, der vom Themseufer an den Tweed und den Tay gekommen sei. Da diese allegorische Gestalt augenscheinlich von Thomsons
"Autumn" (Z. 118ff.) übernommen ist, kann es nicht erstaunen, wenn
sich ein ausführlicher Lobpreis des aus Schottland stammenden Dichters

---

[12]   For us, the Earth shall bring forth her increase;
         For us, the flocks shall wear a golden fleece;
         Fat beeves shall yield us dainties not our own,
         And the grape bleed a nectar yet unknown;
         For our advantage shall their harvests grow,
         And *Scotsmen* reap what they disdain'd to sow;
                                                              (S. 290)
             . . .
[13] Chalmers, *English Poets*, Bd. 16, S. 419–421.

anschließt. Den Höhepunkt bildet dann die Aufforderung an Schottland, sich seiner großen Söhne zu rühmen:

> Boast, Scotland, boast thy sons of mighty name,
> Thine ancient chiefs of high heroic fame,
> Souls that to death their country's foes oppos'd,
> And life in freedom, glorious freedom, clos'd. (S. 421)

Wenngleich dem Schäfer Amyntor zunächst zweimal ein Chor von Schäfern nach Art der amöbäischen Ekloge respondiert, hat das Gedicht doch wenig mit der Eklogentradition gemeinsam.

Auch das letzte Gedicht, das man zu dieser Gruppe rechnen kann, ein anonymes "Pastoral" (1794),[14] handelt in und über Schottland. Nest und Morven, zwei schottische Mädchen, nehmen voneinander Abschied, da Morven nach England gehen muß. In ihrem Dialog erinnern sie sich an die gemeinsame idyllische Vergangenheit im schottischen Hochland. Nest fragt die Freundin, warum sie ihre schöne Heimat verlassen will, und stellt ihr vor Augen, was sie im „Sachsenland" erwartet:

> There gain and commerce ev'ry breast engage,
> And bloody wars and lawless factions rage;
> Nor pipe, nor flute, on mountain side is heard,
> Nor cow-boy whistling to his jocund herd!

Nest vermutet Liebe als Beweggrund. Aber ihre Frage wird nicht beantwortet. Es bleibt ein ungelöster Konflikt zwischen der Anziehung Schottlands als pastorales Idealland und der praktischen Notwendigkeit, ins geschmähte England zu gehen.

Die hier als Provinz-Eklogen bezeichneten Gedichte machen ein zu geringes *corpus* aus und sind nicht homogen genug, als daß sich eine detaillierte Entwicklung verfolgen ließe. Es scheint jedoch bezeichnend für die sich wandelnde Einstellung zum Land und zu regionalen Eigenarten, daß das Provinzielle zunehmend den komischen Charakter, der ihm zunächst anhaftet, verliert. Da Schottland die Region der britischen Inseln darstellt, deren Eigenständigkeit, vor allem auf dem Gebiet der Pastoraldichtung, am ehesten etabliert und am meisten akzeptiert ist, macht sich diese Veränderung hier besonders geltend. Im Zusammenhang damit steht eine fortschreitende Entfernung von der klassischen Eklogentradition.

---

14 *GM*, 64 (1794), S. 843.

IV. SHEPHERDS IN OTHER FIELDS

1. Die religiöse Ekloge

Verschiedene Zweige der Eklogentradition, die sich im Laufe des 18. Jahrhunderts in England herausbilden, gehen der Auseinandersetzung mit der zeitgenössischen Realität, welche für die bisher untersuchten Arten der Ekloge von so ausschlaggebender Bedeutung ist, von vornherein aus dem Wege und weichen auf andere, unproblematische Gebiete aus, die für den Dichter und seine Leser von Interesse sind. Am weitesten von der Gegenwart und der gesellschaftlichen Wirklichkeit entfernt sich dabei die religiöse Ekloge.

Die *sacred eclogue* behandelt entweder in Anlehnung an Vergils 4. Ekloge allgemein die Ankunft des Messias und den damit verbundenen Anbruch eines neuen Zeitalters, oder sie gestaltet konkrete Vorgänge, die mit der Geburt des Erlösers zu tun haben, insbesondere die heilsgeschichtliche Szene, in der Hirten auftreten, d. h. die Verkündigung der Weihnachtsbotschaft durch die Engel. Die Imitation der Pollio-Ekloge im christlichen Sinne ist naheliegend durch die seit der Antike verbreitete Auslegung von Vergils Gedicht als messianische Prophetie, die aus dem Heidentum hervorgeht. Eine Verbindung des religiösen Stoffes zur Pastorale besteht ferner dadurch, daß Hirten bei der Weihnachtsgeschichte eine wichtige Rolle spielen. Schließlich läßt auch die postorale Metaphorik, die sich in der Bibel vom Hohen Lied Salomons bis zu den Gleichnissen Jesu so oft findet, die Ekloge als Form für einen religiösen Inhalt angebracht erscheinen. Aus diesen Gründen hatten schon die Dichter der Renaissance die Ekloge bevorzugt als Mittel eingesetzt, um unter dem Gewand der Hirten kirchenpolitische oder dogmatische Aussagen zu machen und Kritik zu äußern.

Im Unterschied zu den Gedichten Spensers und seiner Vorgänger und Zeitgenossen haben hingegen die religiösen Eklogen des 18. Jahrhunderts primär keinen allegorischen Charakter; d. h. beispielsweise die auftretenden Hirten stehen nicht für Geistliche, die Herden nicht für christliche Gemeinden. Auf der Ebene der fiktiven Realität fließt die Tradition der Ekloge mit der christlichen Frohen Botschaft zusammen. Die dargestellten Hirten sind in der gleichen Hinsicht Teil der poetischen Welt wie das Heilsgeschehen. Als Beispiel und Anregung für die *sacred eclogue* sind wohl vor allem – ungleich stärker als die Pastoralen der Renaissance – die 13 lateinischen *Eclogae* oder *Eclogae*

266

Sacrae (1659) von René Rapin wirksam, in denen der auch als Theoretiker für die englische Diskussion der Pastorale im 18. Jahrhundert außerordentlich bedeutende französische Jesuit die wichtigsten Abschnitte im Leben Mariens, von der Empfängnis bis zur Aufnahme in den Himmel, im Stile Vergils darstellt.[1] Es ist nicht ausgeschlossen, daß – wie A. S. P. Woodhouse meint – auch Miltons "Nativity Ode" einen gewissen Einfluß ausübt.[2]

Popes "Messiah",[3] das den Traditionszweig der religiösen Ekloge in der englischen Dichtung des 18. Jahrhunderts begründet, erscheint 1712, zunächst anonym, im *Spectator* und trägt dort den ebenso ausführlichen wie informativen Untertitel: "A sacred Eclogue, compos'd of several Passages of *Isaiah* the Prophet. Written in Imitation of *Vergil's Pollio*."[4] Wenngleich das Gedicht infolge seiner Thematik zum Teil von den Zeitgenossen, darunter auch von Steele, dem Herausgeber der Zeitschrift, begrüßt und gefeiert wird, so zieht es doch auch sehr viel Mißbilligung auf sich.[5] Die zeitgenössische und moderne Kritik geht überwiegend dahin, einerseits die mangelnde Echtheit und Intensität des zum Ausdruck kommenden religiösen Gefühls zu tadeln und weiterhin die Überlegenheit der schlichten, eindringlichen Sprache der Bibel in der *Authorized Version* gegenüber den kunstvollen Versen von Pope festzustellen. Daß das Gedicht nicht nach dem Grad der darin manifestierten religiösen Begeisterung gemessen werden will,

---

[1] Daß auch bei Rapin Vergils 4. Ekloge als Modell im Vordergrund steht, wird aus der fast programmatischen Imitation des von dem Dichter gesprochenen Epilogs (Verg., ecl. IV, 53 ff.) deutlich:

> O! mihi si tantum vitae superaret, et aevi,
> Virgo, tuum coram ut possem celebrare triumphum
> Montibus in patriis, mihi pagus cederet omnis
> Cantanti, nec me, cecinit qui proxima Mosi,
> Ut perhibent, calamo egregius superaret Elizes.
> (Rapin, *Eclogae* [Augsburg, 1753], S. 7)

Bezeichnenderweise sieht sich der Dichter hier, ähnlich wie später Pope, als Nachfolger der biblischen Propheten, und nicht der Antike, von der er die Form übernommen hat.

[2] "Milton's Pastoral Monodies", *Studies in Honor of Gilbert Norwood*, hrsg. von Mary E. White (Toronto, 1952), S. 262. – Ein solcher Einfluß nimmt wohl in William Thompsons "Magi" die konkreteste Gestalt an.

[3] Als Text zugrundegelegt ist Butts Ausgabe, *The Poems of Alexander Pope*, S. 189–194.

[4] Das Gedicht erscheint im Mai ohne den Namen des Verfassers; auf die (u. U. fingierte) Anfrage eines Lesers teilt der Spectator dann im November mit: "...that excellent Piece is Mr. *Pope's*." (Vgl. Twickenham Ausgabe, Bd. 1, "Introduction", S. 99.)

[5] Vgl. hier und zum folgenden die Einleitung der Twickenham Ausgabe.

läßt sich schon aus der Formulierung der Einführung im *Spectator* erschließen, wo es vorsichtig heißt, der Verfasser sei "... not ashamed to
employ his Wit in the Praise of his Maker." Den aus dem Vergleich mit
der Bibel resultierenden Vorwurf versucht Robert Kilburn Root zu
entkräften, indem er, wenigstens teilweise zu Recht, betont:

> Pope undertook to improve not the Book of Isaiah but the "Pollio" of
> Virgil. He is writing in imitation of Virgil, and the poetic style is not
> Biblical but Virgilian. ... Pope is, as it were, giving us an English version
> of the eclogue that Virgil might have written, could he have drawn on
> Isaiah rather than, as Pope believed he had done, on the Sybilline proph-
> ecy.[6]

Pope will zwar wohl auch den alttestamentlichen Propheten in kulti-
vierterem Gewande neu erstehen lassen, doch richtet sich sein Interesse
vornehmlich auf Vergil und damit auf die klassische Form der Ekloge.
Dies geht eindeutig aus dem "Advertisement" hervor, das dem Gedicht in der Ausgabe von 1717 nachgestellt und in späteren Editionen
als Einführung vorausgeschickt wird. Obwohl Pope es dort als sein
Ziel bezeichnet, dem Leser vor Augen zu führen, „wie sehr die Bilder
und Beschreibungen des Propheten Isaiah denen des Dichters Vergil
überlegen sind", legt er vor allem Wert auf die Analogie seines Schaf-
fens zu dem des römischen Dichters, die er deshalb eingehend darlegt:

> ...the *Pollio* of *Virgil* ... was taken from a *Sybilline* prophecy on the
> same subject. One may judge that *Virgil* did not copy it line by line, but
> selected such Ideas as best agreed with the nature of pastoral poetry, and
> disposed them in that manner which serv'd most to beautify his piece. I
> have endeavour'd the same in this imitation of him, tho' without ad-
> mitting any thing of my own ...

Genau wie Vergil (nach Ansicht Popes) aus einer Sibyllinischen Prophetie seine Ekloge verfaßt, will Pope selbst auf der Grundlage von
Isaiahs Weissagungen verfahren. Pope strebt gleichsam eine Wiederholung Vergils mit überlegenem Material an – und vielleicht auch, wie
der Schluß der zitierten Passage andeutet, mit größerer methodischer
Konsequenz. Entsprechend dieser Intention unterbleibt in den auf die
Erstveröffentlichung folgenden Ausgaben des Gedichts im Untertitel
der Hinweis auf den Propheten, und es wird allein auf die Beziehung
zur 4. Vergilischen Ekloge hingewiesen.[7]

---

[6] *The Poetical Career of Alexander Pope* (Gloucester, Mass., 1962; [1]1938), S. 61.
[7] Der Untertitel lautet ab 1717: "A Sacred Eclogue, in imitation of *Virgil's*
Pollio."

Die Imitation Vergils, die Entsprechung und Abweichung gegenüber dem Vorbild, tritt besonders im Anfang des Gedichts hervor:

> Ye Nymphs of *Solyma!* begin the Song:
> To heav'nly Themes sublimer Strains belong.
> The Mossie Fountains and the Sylvan Shades,
> The Dreams of *Pindus* and th' *Aonian* Maids,
> Delight no more – O Thou my Voice inspire
> Who touch'd *Isaiah's* hallow'd Lips with Fire!
>
> (Z. 1–6)

Statt der sizilischen Musen ruft der Dichter hier die Jungfrauen von Jerusalem und leitet so seine Neuinterpretation des Vergilischen *paulo maiora* ein. Die größere Höhe, auf die er das Gedicht heben will, bedeutet nicht lediglich eine graduelle, sondern eine substantielle Veränderung; das Verlassen der niederen pastoralen Sphäre erfolgt nicht zeitweise und bedingt, sondern unbedingt und endgültig. Pope weist die Pastorale der antiken Tradition zurück, weil sie für die Zeit nicht mehr tragbar ist: "The Mossie Fountains ... Delight no more". Zugleich will er aber die Tradition auf einem anderen Gebiet neu beleben: in derselben Weise, wie der Dichter der Antike Apoll und die mythischen pastoralen Gottheiten anrief, wendet sich Pope an den Heiligen Geist um Beistand und Inspiration.

Es muß von vornherein zweifelhaft erscheinen, ob die biblische Botschaft für das Zeitalter des Rationalismus und insbesondere die Gesellschaftsschicht, der Pope angehört, ein aussichtsreiches Feld ist, um die Tradition der Ekloge fortzuführen, und dieser Zweifel wird durch das Gedicht bestätigt. Im Vergleich zu Vergil bleibt die poetische Ankündigung des Messias neutraler, der Dichter selbst steht dem Ganzen unbeteiligter gegenüber. Zu Beginn wird die gesamte Weissagung dem „Barden" der Vergangenheit zugeordnet,[8] und ein Äquivalent zu dem persönlichen Epilog von Vergil, in dem dieser sich emphatisch Anteil an den späteren Großtaten des göttlichen Knaben wünscht, fehlt hier. Pope entwirft zwar ein glanzvolles Bild des Neuen Jerusalem; aber die Szene ist – wie Brower es ausdrückt[9] – „viel zu überwältigend schön", um die religiösen Implikationen augenfällig werden zu lassen. Wo der religiöse Sinn stärker akzentuiert ist, wirken die Verse dagegen leicht blaß und allgemein, vor allem an der Stelle, wo Pope noch die allegorische Figur des guten Hirten einführt:

---

[8] "Rapt into future Times, the Bard begun..." (Z. 7)
[9] *Alexander Pope*, S. 39.

As the good Shepherd tends his fleecy Care,
Seeks freshest Pasture and the purest Air,
Explores the lost, the wand'ring Sheep directs,
By Day o'ersees them, and by Night protects;
The tender Lambs he raises in his Arms,
Feeds from his Hand, and in his Bosom warms:
Thus shall Mankind his Guardian Care ingage,
The promis'd Father of the future Age.   (Z. 49–56)

Die biblische Kunde läßt sich nicht ohne Substanzverlust in eine verfeinerte, kultivierte Erscheinungsform überführen. Es ist sicher kein Zufall, wenn Wordsworth in seiner Kritik der *poetic diction* den "Messiah" als negatives Beispiel nennt.[10] Trotz Popes rhetorischer Brillanz in dem Gedicht, die Clark konstatiert,[11] und trotz der vervollkommneten Handhabung des *couplet*, wie die Herausgeber der Twickenham-Ausgabe sie darlegen,[12] ist nicht zu übersehen, daß die *sacred eclogue* für Pope und seine Zeit nur sehr begrenzte Möglichkeiten bietet.

Vergleichsweise aussichtsreicher als die transformierende Imitation der 4. Vergil-Ekloge scheint freilich die anspruchslosere, schlichtere, dafür jedoch stärker realitätsbezogene Art der religiösen Ekloge, die sich in "A Pastoral. Between Menalcas and Damon, on the Appearance of the Angels to the Shepheards on Our Saviour's Birth Day" von der Countess of Winchilsea[13] ausprägt.[14] Hier ist kein spezifisches Vorbild imitiert, sondern die Verkündigung der Geburt des Erlösers durch die Engel an die Hirten bei Bethlehem wird mit den allgemeinen Mitteln der traditionellen Ekloge dargestellt. Die Dichterin versucht, biblische Inhalte in der klassischen Form wiederzugeben.

Ähnlich wie etwa sein arkadischer Namensvetter in Vergils 5. Ekloge fordert Menalcas, der mit Damon nachts bei der Herde Wache hält, den andern zum Gesang auf. Doch die unterschiedlichen Themen, die er ihm vorschlägt, stammen aus dem Alten Testament – die Geschichten Samsons, Josephs oder Benjamins –, und statt der pastoralen

---

[10] Siehe "Appendix" (1802) zum "Preface" der *Lyrical Ballads*.
[11] *Alexander Pope*, S. 22.
[12] Vgl. Bd. 1, S. 104ff.
[13] *Poems*, S. 215–220. – Byroms "A Divine Pastoral" (Chalmers, *English Poets*, Bd. 15, S. 253f.) kann hier nicht berücksichtigt werden, da es sich dabei um eine freie Version des 23. Psalms, und nicht um eine Ekloge handelt.
[14] Die Verfasserin selbst hat jedoch offenbar keine sehr hohe Meinung von dem Gedicht; denn sie nimmt es nicht in ihre Werkausgabe von 1713 auf, so daß es nur handschriftlich erhalten ist.

Idealgestalt des Daphnis nennt er den biblischen Schäfer David. Damon berichtet in seiner Erwiderung enthusiastisch von der Erscheinung der Engel, mit der die Prophetien Davids erfüllt seien; aber entsprechend der herkömmlichen poetischen Hierarchie, die den Hirten bloß niedrige Themen erlaubt,[15] will er sich in seinem Gesang mit bescheideneren Stoffen, Jakobs Werbung um die Schäferin Rachel beispielsweise, begnügen. Erst als Menalcas ihn in Anspielung auf das *paulomaiora*-Motiv weiter bedrängt, singt er ausführlich von der Verkündigung der Engel.

Hier zeigen sich die gleichen Schwächen wie im "Messiah", wenn etwa die Erscheinung der himmlischen Boten folgendermaßen mitgeteilt wird:

> And loe! itt came. Th' Etherial Princes came,
> Gently reclin'd on hills of harmlesse flame,
> Upon the Winds officious Wings they flew,
> And fairer seem'd, still as they neerer drew.
> Misterious wreaths upon their heads, they wore,
> And in their hands, the smiling Olive bore,
> Emblems no doubt, of what they came to move,
> For all their words were Peace, and all their looks
>   were love. (Z. 78–85)

Abgesehen von ihrer aristokratischen Distanz zu dem Lebensbereich von Schäfern geht der Countess anscheinend, wie in diesem Zusammenhang die nüchtern-rationalen Ausdrücke "harmlesse" und "no doubt" deutlich machen, jede engere Beziehung zum Numinosen ab. Es bedarf gar nicht mehr des überraschenden Vergleichs der Engelsmusik mit dem Spiel des Hirtengottes Pan (Z. 89) oder des mit Weinreben verzierten, alten Gefäßes, das einst Joseph gehört haben soll und nun von Menalcas dem Damon für seinen Gesang geschenkt wird (Z. 153ff.), um die Verlagerung der Ekloge auf das Feld der Bibel auch in diesem Fall als letztlich gescheitert zu erweisen.

Nicht viel anders verhält es sich mit dem themenverwandten "A Pastoral Betwixt David, Thirsis, and the Angel Gabriel, upon the Birth of our Saviour", einem nur 40 Zeilen langen Jugendwerk Thomsons (ca. 1720).[16] Während der eine Hirt wenigstens nach der Bedeu-

---

15   "But hold, a Shepheard while his flock does feed,
        "Must chuse a subject suited to his Reed,
        Nor with mistaken strength, attempt the Sky,
        But o're the Plaines, with easy motion fly. (Z. 40–43)
16 *Complete Works*, S. 490f.

tung des Glanzes aus der Höhe fragt, sich über die ergreifende Musik wundert, erfaßt der andere unverzüglich die Situation und kann dem Frager den exakten Hinweis geben:

> But hold! see hither through the yielding air
> An angel comes: for mighty news prepare. (Z. 9f.)

Auf die Verkündigung des Engels Gabriel und den Chor der himmlischen Heerscharen antwortet David, der eine Sprecher, mit einem prophetischen Lobpreis der Erlösung in den Termini eines nun anbrechenden immerwährenden Frühlings; die Klischees des Goldenen Zeitalters werden in vertrauter *poetic diction* vorgeführt.[17] Thirsis, der andere, vergleicht den heraufziehenden Morgen mit dem Licht der Erlösung. Daß die Namen der Hirten sowohl aus der antiken als auch der biblischen Tradition genommen sind, kann die Verbindung der beiden Bereiche hier auch nicht überzeugender machen.

"On the Holy Nativity. An Eclogue" (1731) von einem jungen Mann, der seine Identität mit dem Signum "J. B - - l" ausweist,[18] ist wieder eine Verkündigung der Ankunft des Messias sowie des damit anbrechenden Goldenen Zeitalters und ganz im Stile Popes geschrieben. Gleich der Anfang unterstreicht die Imitation des "Messiah". Statt der Jungfrauen der Heiligen Stadt ("Ye Nymphs of *Solyma*!") werden hier lediglich die Jünglinge apostrophiert ("Ye *Solymaean* Swains!"). Popes einprägsames *couplet* (Z. 25f.)

> See lofty *Lebanon* his Head advance,
> See nodding Forests on the Mountains dance,

kehrt in variierter Form wieder als:

> The forests dance, the lofty mountains nod,
> And all proclaim the near-approaching *God*. (S. 536)

Das Bild der angekündigten *aetas aurea*, einer friedvoll-paradiesischen Idealwelt, trägt zum Teil sehr unspezifische Züge; die *poetic diction* wirkt formelhafter als bei Pope.[19] Wenn die Kritiker aber am "Mes-

---

[17]   Immortal green shall clothe the hills and vales,
     And odorous sweets shall load the balmy gales;
     The silver brooks shall in soft murmurs tell
     The joy that shall their oozy channels swell. (Z. 23–26)
[18] *GM*, 1 (1731), S. 536f.
[19] Z. B. (S. 536):
     Securely now your fleecy Cares shall feed,
     By Him directed thro' the painted mead...

siah" die ungenügende Verschmelzung der beiden verschiedenen Traditionen zu bemängeln haben,[20] so gilt dies hier in höherem Maße: das Lächeln beispielsweise, das der göttliche Knabe wie bei Vergil (ecl. IV, 60) am Schluß zeigt, soll schöner sein als der Stern, der die Könige zur Krippe führte, und soll die Macht des Messias zum Ausdruck bringen (S. 537).

Die religiöse Ekloge in ihrer einfacheren Art begegnet wieder mit dem anonymen "The Nativity of *Messiah*: A sacred Eclogue" (1750).[21] Von den beiden Hirten, die bei ihren Herden nächtliche Wache halten, erlebt Joseph die Erscheinung der Engel im Traum, während Simon den Stern gesehen hat und deswegen den andern weckt; als die himmlischen Heerscharen tatsächlich auftreten, endet der Dialog. Das Gedicht enthält von der klassischen Eklogentradition außer dem Motiv des Echos, das die Hallelujahs aus der Höhe widerhallen läßt, nur noch die dialogische Anlage. Der dramatische Charakter wird sogar verstärkt, und an einer Stelle steht eine ausgesprochene Bühnenanweisung ("Joseph awaking", S. 565). Außerdem begründet der Dichter geschickt die Rollenverteilung, indem er anfangs berichtet, daß die Hirten übereingekommen sind, abwechselnd zu wachen, so daß sie verschiedene Erlebnisbereiche haben und sich ihre Wahrnehmungen gegenseitig mitteilen können. Die Verkündigung der Geburt des Erlösers durch die Engel im Traum des Joseph bleibt sehr kurz, und von einem Goldenen Zeitalter antiker oder biblischer Provenienz ist nicht mehr die Rede. Dafür wirkt die Landschaft, in der die Szene spielt, selbst wenn anschließend der Name „Israel" fällt, höchst englisch und zeitgenössisch:

> Now veil'd in night the varied landscape lay,
> No distant spire reflects a borrow'd ray;
> Not yet the village cock preludes the dawn,
> Nor tinkling bell resounded o'er the lawn.

Die selbstsichere Auslegung des Heilsgeschehens durch die einfachen Schäfer[22] sowie die wortgewandte Wiedergabe ihrer Wahrnehmungen in glatten *couplets* machen auch das vorliegende Gedicht wenig überzeugend.

---

[20] Vgl. etwa Clark, *Alexander Pope*, S. 22, oder Peter Quennell, *Alexander Pope. The Education of Genius, 1688–1728* (London, 1968), S. 55.

[21] *GM*, 20 (1750), S. 565f.

[22] Z. B. weiß Joseph sofort den Stern richtig einzuordnen mit der Frage:
> Is this that hour by sacred bards of old,
> Mark'd for *Messiah's* birth so long fortold?

Eine unter diesem Gesichtspunkt glückliche Verlagerung nimmt William Thompson vor, wenn er in "The Magi. A Sacred Eclogue" (1757)[23] einen anderen Abschnitt des Weihnachtsgeschehens zugrunde legt und die Hirtenszene durch die Anbetung der Könige ersetzt. Die drei Weisen aus dem Morgenland können viel glaubwürdiger zu der heilsgeschichtlichen Bedeutung, welche die Ankunft des Messias hat, Stellung nehmen.

Die Weisen sprechen hier mehrmals nacheinander in gleichbleibender Reihenfolge Strophen von zwei *couplets*, die sich jeweils, nach Art des Wettgesangs der Eklogentradition, variiert auf das gleiche Thema beziehen. Nachdem die Magier zunächst anbetend den strahlenden Glanz des Neugeborenen bezeugt haben, stellen sie in der zweiten Strophentriade das Ende des Heidentums fest; *Mag. I* sagt: "A maid has born a son, and Pan is dead." Und daran anschließend läßt *Mag. II* die aus der pastoralen Elegie hinlänglich bekannte Trauer der Nymphen mit neuer Motivierung in Erscheinung treten:

> The Nymphs, their flow'r-inwoven tresses torn,
> O'er fountains weep, in twilight thickets mourn.
> Long, hollow groans, deep sobs, thick screeches fill
> Each dreary valley and each shaded hill.

Auch die pastorale Synusie kehrt in der folgenden Triade mit neuem Sinn wieder: die ganze Schöpfung, angefangen von den Blumen und Pflanzen, über den Stier, der nun nicht mehr das Opfermesser zu fürchten braucht, bis zu den Engeln, soll über die Geburt des Erlösers frohlocken und ihren Gott rühmen. Bei der Darbringung der Gaben von Gold, Weihrauch und Myrrhe deutet der erste Magier das von ihm überreichte Gold als Zeichen des nun aufs neue anbrechenden Saturnischen Reiches, des Goldenen Zeitalters, indem er dem Kind in der Krippe die Worte sagt:

> Accept thy emblematic gift; again
> Saturnian years revolve a golden reign!

So entfernt sich Thompson in dem Gedicht zwar definitiv vom ursprünglichen Feld der Pastorale, kann damit aber die Eklogentradition in verschiedener Hinsicht für sein religiöses Thema fruchtbar werden lassen.

---

[23] Chalmers, *English Poets*, Bd. 15, S. 27.

Umgekehrt bewahrt "The Great Shepherd. A Sacred Pastoral" (1757) von Mr. Barford[24] einen vagen pastoralen Hintergrund, schließt aber sonst nur wenig an die Eklogentradition an. Das in drei Teile untergliederte, fast 500 Zeilen lange Gedicht besteht hauptsächlich aus den inspirierten Worten eines Dichter-Propheten, der sich selbst in einer pastoralen Rolle sieht und ein Publikum von Hirten anspricht.[25] In Anlehnung an die biblischen Propheten und andere Schriftstellen,[26] aber auch an Miltons *Paradise Lost*, dessen Versmaß zudem übernommen ist, verkündet der Sprecher in äußerst diffuser, oft theologisch-verklausulierter Manier[27] das paradiesische Friedensreich des Großen Hirten, das trotz der Sünden der Menschen bevorsteht.

Die Absage an die Antike und ihre Dichtung ist vollständig, wie es zu Anfang von Teil II ausgesprochen wird:

> So sung the Shepherd in the fragrant vale;
> Nor sung from fancy, nor what heathen lore,
> Darkling, corrupted from the sacred page
> Of everlasting truth, and blindly stole
> From God's own altar, to bedeck the shrine
> Of the grand adversary ... (S. 143)

Obwohl heidnische Texte selbst bei einer möglichen Beziehung zum Christentum – wie dies besonders für Vergils vierte Ekloge gilt – hier unmißverständlich und kompromißlos als Teufelswerk verworfen werden, wird gegen die erklärte Intention doch sporadisch der Versuch unternommen, die pastorale Tradition weiter dienstbar zu machen. Die pastorale Synusie begegnet beispielsweise in der folgenden Aufforderung zur allgemeinen Verherrlichung des Großen Hirten an die Natur:

---

[24] Zugrunde gelegter Text: *A Collection of Poems. By Several Hands*, hrsg. von G. Pearch, 4 Bde. (London, 1775), Bd. 3, S. 138–155.

[25] Vgl. die folgenden Zeilen vom Anfang des ersten Teils (S. 138):
> And ye, blest youths, and virgins of the lawn,
> Who watch the pastures, and make flocks your care;
> And taste the joys a golden world might boast,
> By murm'ring rivers, and by warbling groves;
> Hear, while the Shepherd tunes his rural reed
> With strains he learn'd from venerable Seers,
> Whom the great Shepherd lov'd, and taught to sing.

[26] Beispielsweise klingt der Anfang des Johannes-Evangeliums an in der Zeile von S. 139: "The Word was Love; Love was the sacred law ..."

[27] Vgl. etwa den Bericht vom Sein der Trinität vor der Schöpfung: "... *Wisdom Divine* / Presented gracious to the *Sovereign Sire* / The great Idea." (S. 139) Oder siehe den Refrain im dritten Teil (S. 149ff.):
> Search the bright volume; trace th' eternal truth,
> Inscrib'd with adamant on leaves of gold.

O swell, ye fountains, and descending sing
Peace to the pastures round. Ye bleating flocks,
Clothe the pleas'd hills with harmony. Ye herds,
Pour your glad lowings thro' the echoing groves.
Ye woodlands, chaunt with the sweet breath of May
Your soft aërial songs. The rural pipe
Its jocund notes shall join, and pastoral verse
Of nymphs and swains responsive; whilst with joy
Her milky off'rings the full heifer brings,
And the bee hastes to waft her golden store.   (S. 145f.)

Dem Verfasser geht es neben der Glaubensverkündigung wohl hauptsächlich darum, beim Leser den Eindruck des Sublimen hervorzurufen,
was ihm eine zeitgenössische Besprechung denn auch voll Beifall als gelungen bescheinigt;[28] zu diesem Ziel muß auch das poetische Instrumentarium der Eklogentradition hin und wieder herhalten.

Die religiöse Ekloge des 18. Jahrhunderts findet ihr angemessenes
und im Grunde der Art nach fast voraussehbares Ende in W. Hamilton
Reids "The Shechinah, a Sacred Poem, after the Manner of Pope's
Messiah" (1790).[29] Wie Pope bei seiner Imitation von Vergils Pollio-
Ekloge an die Stelle des heidnisch-antiken Inhalts einen christlichen
setzte, so ersetzt Reid diesen seinerseits durch eine ganz und gar rationalistische Aussage. In seinem anfänglichen *paulo-maiora*-Aufruf erteilt er der Religion schlechthin eine Absage, auch wenn er in bezug auf
das Christentum eine euphemistische Umschreibung wählt:

Ye happy sons of Wisdom's blest domain,
In dulcet music raise the heav'nly strain.
Grave *Jewish* errors now no more amuse,
Nor *modern dogmas*, drawn from meaner views,
Perplex us more. ...   (S. 1128)

Für Reid nimmt die Ratio den Platz der Gottheit ein, und so kündet
er sein Thema an:

The virgin birth of ample Truth I sing.
From Deity, behold a light arise
In human minds, parent of lasting joys:
The Holy Spirit its abode doth prove,
By justice, mercy, universal love!   (S. 1128)

---

[28] Vgl. Congleton, *Theories*, S. 121.
[29] *GM*, 60 (1790), S. 1128f.

Die vorher gültigen religiösen Vorstellungen werden bloß noch als Metaphern für Vorgänge und Qualitäten, die ausschließlich, d. h. ohne transzendentale Verflechtungen, mit dem menschlichen Geist zu tun haben, eingeführt. "Truth" erlebt hier, allein von der ‚göttlichen' Ratio ausgehend, die Jungfrauengeburt im Verstande des Menschen, und der „Heilige Geist" ist nicht mehr personal aufzufassen, wie aus dem entsprechenden Pronomen ("its") hervorgeht, sondern steht synonym für eine richtige und moralisch gute geistige Haltung. "Wisdom" hat, wie es an späterer Stelle heißt, die Funktion des Erlösers: "The Saviour comes, in Wisdom's form confest..." (S. 1129). Mit der Herrschaft von "Truth" und "Wisdom" bricht dann für den Menschen ein Goldenes Zeitalter an. Ein neues Eden ohne geographische Ausdehnung, dafür jedoch mit unmittelbarer Präsenz wird Wirklichkeit im menschlichen Geist;[30] "Truth" soll durch ihr Wirken die sinnhaft erfahrbare Natur in ihrem schönsten jahreszeitlichen Zustand sowie das Heilige Land, die Stätte der christlichen Erlösung, wie Pope sie in seinem "Messiah" besungen hat, an Schönheit weit übertreffen:

> The living verdure of the vernal year,
> Compar'd with thee, a desart shall appear!
> Nor spicy *Carmel* doth so much delight,
> As graces that in ornament unite;
> Not *Lebanon's* tall trees such charms dispense,
> As minds who soar above the reach of sense. (S. 1128f.)

Diese Zeilen imitieren unübersehbar Popes *couplets*:

> See Nature hasts her earliest Wreaths to bring,
> With all the Incence of the breathing Spring:
> See lofty *Lebanon* his Head advance,
> See nodding Forests on the Mountains dance,
> See spicy Clouds from lowly *Saron* rise,
> And *Carmel's* flow'ry Top perfumes the Skies!
> ("Messiah", Z. 23–28)

Sehr deutlich wird die Imitation auch beim Schluß, wo sogar die gleichen Reimwörter auftreten:

> But fix'd *His* Word, *His* saving Pow'r remains:
> Thy *Realm* for ever lasts! thy own *Messiah* reigns!
> ("Messiah", Z. 107f.)

---

[30]   Behold the God, indeed! is present here;
        Her radiant beams the desart mind illume,
        While spreads fair Eden in immortal bloom. (S. 1129)

Unvarying still, God's saving power remains,
And thro' unbounded space th' *Eternal Father* reigns.
("Shechinah", S. 1129)

Doch während sich Popes *couplet* auf den Messias des christlichen
Glaubens bezieht, sind die religiösen Termini bei Reid infolge des
Vorausgehenden nur als bildliche Bezeichnungen für die alles beherr-
schende Ratio zu verstehen. Der Sinn ist sozusagen atheistisch. Die
Imitation wird nicht zum Ausdruck der Steigerung und Überhöhung
gegenüber der Vorlage eingesetzt, sondern als Mittel der absoluten
Negation des Früheren. Nur durch diesen Sonderfall ist hier eine so
eingehende Imitation überhaupt noch möglich.

Die Ablehnung bleibt nicht auf den weltanschaulichen Inhalt beschränkt; vielmehr erstreckt sie sich schließlich auch auf die poetische
Tradition, wie ein Zeilenpaar kurz vor dem Ende des Gedichts andeutet:

But, aid no more the Muse exhausted brings,
From Eastern lore, or pomp of Memphian Kings.

Die Muse der religiösen Ekloge ist erschöpft. Die Dichtung, die der
aufgeklärten Haltung dieses Gedichts entspricht, braucht neue Formen.
Eine Weiterführung der religiösen Ekloge über diesen Punkt hinaus,
wo sie sich demonstrativ von der Religion losgesagt hat, ist nicht mehr
möglich.

Es erstaunt eigentlich nur, daß die Lösung vom Religiösen, die von
Anfang an in der deistischen Einstellung der *sacred eclogue* des 18.
Jahrhunderts angelegt ist, nicht eher in Erscheinung tritt. Die weitere
Entwicklung der Dichtung in der Romantik führt, dadurch daß mehr
Wert auf irrationale Kräfte gelegt wird, wieder zu einer größeren
Bedeutung religiöser Themen, ohne daß dabei jedoch die Ekloge eine
Rolle spielen kann.

2. Die orientalische und exotische Ekloge

Weitaus kongenialer als der Aufbruch in die Gefilde der Religion ist
für das weltliche 18. Jahrhundert die Umsiedlung der Ekloge und ihrer
Tradition in die räumliche Ferne fremder Länder. Die orientalische
Ekloge, welche gegen Ende der ersten Jahrhundertwende zuerst in Erscheinung tritt, hat deswegen im Vergleich zu der *sacred eclogue* eine
größere Bedeutung. Diese spiegelt sich jedoch nicht so sehr in einer ver-
mehrten Zahl von Gedichten wider als vor allem in der Tatsache, daß

278

eine Anzahl von Eklogen*sammlungen* entsteht, die dann wiederum einen viel stärkeren Widerhall hervorrufen können.

Besonders seit der französischen Übersetzung der Märchen von *1001 Nacht* durch Antoine Galland im Jahre 1704 gibt es in Europa ein wachsendes Interesse an den Ländern des Orients,[1] das in England durch die Handelsbeziehungen zum Osten, insbesondere durch das Wirken der *East India Company* sowie deren sagenhafte Erfolge nach den 50er Jahren, noch gesteigert wird. Für die Kunst des Zeitalters von Klassizismus und Rationalismus bedeutet der Orient mit seiner Kultur eine freiere Alternative gegenüber den eigenen Regelsystemen, einen Ausweg aus den Zwängen und Normen, welche die abendländische Theorie und Praxis in den Künsten beherrschen.[2] Herausragend in Architektur, bildender Kunst und Kunsthandwerk ist die *chinoiserie*, der aus China importierte oder dem Chinesischen nachempfundene Stil. James Cawthorne, ein zeitgenössischer Satiriker, beschreibt die Begeisterung für das Chinesische, die um die Jahrhundertwende einen Höhepunkt erreicht, ironisch, aber deshalb nicht weniger ernst gemeint, indem er China als verbindliches neues Modell anspricht, welches an die Stelle des klassisch-antiken getreten sei:

> Of late, 'tis true, quite sick of Rome and Greece,
> We fetch our models from the wise Chinese,
> European artists are too cool and chaste,
> For Mand'rin only is the man of taste.[3]

Die Wertschätzung der fremden, östlichen Kultur, wie sie hier spöttisch karikiert wird, oder allgemein die wachsende Freude am Exotischen, bildet die Voraussetzung für die Entstehung und Entwicklung der *oriental eclogue*.

Den Schauplatz der Ekloge in ferne, fremde Länder zu verlegen, bringt für den Dichter und sein Werk damals verschiedene Vorteile.

---

[1] Vgl. Mantz, "Non-dramatic Pastoral", S. 437. – Lady Mary Montagu kann z. B. bei ihrem Aufenthalt in der Türkei ihren Gastgeber durch die Kenntnis der Märchen ungemein beeindrucken, wie sie Pope in ihrem Brief vom 12. Februar 1716/17 mitteilt: "I pass for a great scholar with him [i. e. our host], by relating to him some of the Persian tales, which I find are genuine." (Pope, *Correspondence*, hrsg. von George Sherburn, Bd. 1 [Oxford, 1956], S. 393)

[2] Vgl. A. R. Humphreys, "Architecture and Landscape", *From Dryden to Johnson*, hrsg. von Boris Ford, S. 437.

[3] Aus: "Essay on Taste" (1756), zit. bei William W. Appleton, *A Cycle of Cathay. The Chinese Vogue in England during the Seventeenth and Eighteenth Centuries* (New York, 1951), S. 90.

Darstellungen über den Orient sind infolge des verbreiteten Interesses an diesem Gegenstand ohne Rücksicht auf die Form, derer sie sich bedienen, generell für den Leser interessant, da sie erwünschte Informationen (oder wenigstens Scheininformationen) liefern. Aufgrund der kumulierenden Wirkung solcher Informationen, die auf den unterschiedlichen kulturellen Sektoren dazu beitragen, die Vorstellungen des Lesers über die behandelten Länder im Laufe der Zeit konkreter und komplexer werden zu lassen, ist damit zu rechnen, daß die ethnographische Treue und Detailliertheit der orientalischen Ekloge allmählich zunimmt, daß schließlich aber das Interesse an einem solchen Thema nachläßt.

Im speziellen Fall der Ekloge beinhaltet der Wechsel zu einem exotischen Schauplatz erweiterte Möglichkeiten der Imitation. Der Dichter kann einen neuen Gegenstand behandeln und dabei zugleich die klassische Tradition fortsetzen, deren Variationsmöglichkeiten er sonst für weitgehend erschöpft halten mag.[4] Freilich ist abzusehen, daß die räumliche Entfernung sehr leicht eine substantielle Lösung von der orthodoxen Pastorale mit sich bringt und daß die orientalische Ekloge daher eine stärkere Eigentradition entfaltet.

Die Wahl eines exotischen Landes als Ort des Geschehens gibt dem Dichter zudem einen ähnlichen Gestaltungsspielraum, wie Vergil ihn durch die Szene von Arkadien gewinnt. Dadurch daß den Lesern die Verhältnisse, die in dem fernen Land herrschen, nicht oder nur unvollständig bekannt sind, vermag der Dichter selbst die dargestellten Umstände zu gestalten und eigene Akzente zu setzen. So kann u.U. sogar – wie im Fall Arkadien – ein Bild entstehen, das mit der Wirklichkeit nur wenig gemeinsam hat.

Paradoxerweise ermöglicht gerade der exotische Handlungsort der *oriental eclogue* in gewisser Beziehung eine realistischere Darstellung und eröffnet damit einen Ausweg aus dem grundsätzlichen Dilemma, in dem die Pastorale sich während des frühen 18. Jahrhunderts befindet. Die Behandlung sozial niedrigstehender, einfacher Menschen, wie Schäfer und Landarbeiter, die für den Bereich der eigenen Gesellschaft aufgrund der geltenden Wertmaßstäbe nicht angängig ist, wird in der andersartigen Umgebung des Orients sowohl interessant als auch legi-

---

[4] So kommentiert Joseph Warton (*An Essay on the Writing and Genius of Pope* [London, 1756], S. 11) Popes Plan, *American Eclogues* schreiben zu wollen, mit der kennzeichnenden Bemerkung: "The subject ..., if properly executed, would have rescued the author from the accusation here urged, of having written Eclogues without invention."

tim. Die orientalische Ekloge kann sich deshalb viel früher als die herkömmliche Pastorale moralischen Fragen im weiteren Sinne sowie gesellschaftlichen Problemen zuwenden.[5]

Die Bezeichnung *oriental eclogue* trifft nicht mit der gleichen Berechtigung auf alle Gedichte zu, die zu diesem Zweig der Eklogentradition zu rechnen sind. In einigen Ausnahmen ist der Schauplatz ein anderes fremdes Land, das nicht zum Orient gehört, für das jedoch im Grunde die gleichen Voraussetzungen gelten, beispielsweise Amerika. Da aber der Begriff *oriental eclogue* bereits durch das erste Werk dieses Traditionsstranges eingebürgert ist, wäre es wenig angebracht, wenn man ihn durch einen anderen ersetzen wollte;[6] er ist deshalb hier nur erweitert worden.

William Collins veröffentlicht seine *Persian Eclogues* (1742),[7] die in der zweiten Auflage (1757) den Titel *Oriental Eclogues* erhalten, bereits als 20jähriger Oxforder Student, und ähnlich wie vorher Pope legt er später sogar Wert auf die Feststellung, daß er die Gedichte – nach der gängigen poetischen Typologie schon gattungsmäßig als Jugendwerke ausgewiesen – in noch früherem Alter, d. h. während seiner Schulzeit in Winchester, verfaßt habe.[8] Der Einfluß Popes ist in den *Eclogues* auf den ersten Blick zu erkennen. Nach dem Vorbild der *Pastorals* schreibt Collins vier Eklogen, deren angenommene Handlungszeit nacheinander den Hauptzeiten des Tages entspricht: I – "Morning", II – "Mid-day", III – "Evening", IV – "Midnight". Zwar übernimmt Collins nicht das jahreszeitliche Schema, aber es besteht doch eine deutliche Affinität zwischen der von ihm jeweils genannten Szene und Popes Folge der Jahreszeiten: I – "a Valley near *Bagdat*" ("Spring"), II – "the Desart" ("Summer"), III – "a Forest" ("Au-

---

[5] Es ist vielleicht kein Zufall, wenn Pope in einem Brief (26. Sept. 1723, *Correspondence*, Bd. 2, S. 202), wo er von einem möglichen literarischen Vorhaben spricht, exotische Handlung und moralische Intention in einem Zusammenhang nennt: "I have long had an inclination to tell a Fairy tale; the more wild & exotic the better ... Provided there be an apparent moral to it. I think of one or 2 Persian Tales would give one Hints for such an Invention..."

[6] Der von Jones ("Eclogue Types", S. 51) gebrauchte Terminus "foreign eclogue" ist wenig aussagekräftig, da er das wichtige Moment der Exotik des Schauplatzes unberücksichtigt läßt.

[7] Gray and Collins, *Poetical Works*, hrsg. von Austin Lane Poole (London/New York/Toronto, 1966; ¹1919), S. 208–230.

[8] Ein von Collins eigenhändig für eine Neuauflage korrigiertes Exemplar der *Eclogues* trägt auf dem Titelblatt den Zusatz "Written at Winchester School" (siehe *Works*, S. 208).

tumn"), IV – "a Mountain in *Circassia*" ("Winter").[9] Auch in der Diktion der Gedichte finden sich viele Echos aus den *Pastorals*.[10]

Collins tritt also, wie Oliver F. Sigworth bemerkt, durch die Publikation der *Eclogues* unvermeidlich in Wettbewerb mit dem noch lebenden anerkannten Meister der Gattung,[11] und die Vermutung ist nicht unbegründet, daß dieser Faktor mit dazu beigetragen haben mag, daß Collins die Gattung auf den Schauplatz des Orients überträgt. Auf diese Weise wird die Konkurrenz einerseits weniger offenbar,[12] andererseits verstärkt Collins seine eigene Position durch die eben für die *oriental eclogue* generell dargelegten Vorteile.

Den Anspruch der Realität des Dargestellten erhebt Collins, indem er – ähnlich wie die Romanautoren des frühen 18. Jahrhunderts, die bloß als Herausgeber ihrer Erzählungen figurieren – die Gedichte als authentisch, als echte Importe aus dem Orient, ausgibt. Er will sie, so sagt er im Vorwort (S. 211f.), von einem Kaufmann erhalten haben, der es darauf abgesehen hatte, sich nicht nur durch die persischen Seiden und Teppiche, sondern auch durch die Kulturgüter des Orients Reichtümer zu erwerben. Über den (fiktiven) Autor habe er nur wenige Informationen erfahren können, die er als Beleg der Authentizität mitteilt. Etwaige Schwächen der Gedichte führt Collins auf Sprachschwierigkeiten zurück, deretwegen nur wenige europäische Übersetzer in der Lage seien, den zahlreichen Eigentümlichkeiten orientalischer Originale gerecht zu werden.

Während die *Persian Eclogues* von den Zeitgenossen unter Collins' Gedichten am höchsten geschätzt werden und ihm am meisten Anerkennung als Dichter bringen,[13] äußert sich die moderne Kritik entweder herablassend oder ablehnend. Urteile wie "pretty, but conventional eighteenth-century work"[14] oder "eighteenth-century poems of a pleas-

---

[9] Edward Gay Ainsworth jr. (*Poor Collins. His Life, His Art, and His Influence* [Ithaca/London, 1937], S. 154) wertet schon den Umstand, daß „jede Ekloge typisch für einen Aspekt der persischen Topographie" sei, als eine Imitation von Popes Gebrauch der Jahreszeiten.

[10] Vgl. Ainsworth, *Poor Collins*, S. 155ff. – Freilich sind die dort aufgeführten Parallelen nicht in jedem Fall gleichermaßen überzeugend.

[11] *William Collins* (New York, 1965), S. 89.

[12] So ist es z. B. nicht zutreffend, wie Jones ("Eclogue Types", S. 52 Anm.) behauptet, daß Pope aufgrund von Collins' Erfolg den Entschluß faßt, seinerseits "American Eclogues" zu schreiben. Nach Spence, *Observations*, Nr. 339, wird dieser Plan wesentlich früher, nämlich 1735, schon geäußert.

[13] Vgl. H. W. Garrod, *Collins* (Oxford, 1928), S. 16; oder: Sigworth, *Collins*, S. 89.

[14] Heath-Stubbs, *Pastoral*, S. 62.

ing sort",[15] wenn nicht gar "Collin's Eclogues are bad enough",[16] bestimmen das Bild. Die negative Wertung ergibt sich hauptsächlich
daraus, daß die *Persian Eclogues* nicht mehr im Rahmen der Tradition
gesehen werden und so ihre Originalität gegenüber ihrer Konventionalität zurücktreten muß.

In der Tat sind die vier Eklogen auch nicht gleichermaßen gelungen.
Die erste und dritte begnügen sich zumeist mit oberflächlicher Idylle
und sentimentalem Moralisieren; das Klischee des Goldenen Zeitalters
dominiert. In I, "Selim; or, the Shepherd's Moral", gibt der Sprecher,
ein weiser Hirtendichter, als sein Thema an: "...how Shepherds pass
their golden Days" (Z. 2). Er fordert die persischen Mädchen mit
seinem Lied zu einem tugendhaften Leben auf, das allein die Liebe der
Männer gewährleisten könne, und sagt nach der Rückkehr der personifizierten Tugenden in die Gefilde Persiens eine paradiesische Zeit voraus. Selbst wenn sich hier einzelne Berührungspunkte zu Collins'
ethnographischer Quelle, der *Modern History* von Salmon, feststellen
lassen,[17] so wirkt das Ganze doch, wie Sigworth treffend meint, weithin wie eine versifizierte Fassung von einem der Briefe Richardsons.[18]

Weniger moralisierend, aber gleich sentimental ist III, "Abra; or,
the Georgian Sultana". In der Art der Pastourelle[19] trifft der Sultan
Abbas auf der Jagd das schöne Schäfermädchen Abra und nimmt es
nach erfolgreicher Werbung als Sultanin mit an seinen Hof. Ihrem
hohen Stand zum Trotz bewahrt sich die Glückliche die Schäfer-
unschuld, liebt weiterhin Quellen und Haine und macht im Frühling
oft mit ihren Damen einen Ausflug in die sylvanische Szene, um Schäferin zu spielen. Wie beim modischen *retreat* der feinen englischen
Gesellschaft sind die Gegenstände der ländlichen Arbeitswelt dabei

---

[15] Sigworth, *Collins*, S. 91.
[16] Eliot, "Poetry in 18th Cent.", S. 275.
[17] Vgl. Ainsworth, *Poor Collins*, S. 201f.
[18] *Collins*, S. 91f. – Vgl. beispielsweise:

> Self-flattering Sex! your Hearts believe in vain
> That Love shall blind, when once he fires the Swain;
> Or hope a Lover by your Faults to win,
> As Spots on Ermin beautfy the Skin:
> Who seeks secure to rule, be first her Care
> Each softer Virtue that adorns the Fair,
> Each tender Passion Man delights to find,
> The lov'd Perfections of a female Mind. (Z. 35–42)

[19] Dies bemerkt Marion Bragg, *Formal Eclogue*, S. 77.

nur Requisiten.[20] Nachdem zu Anfang (Z. 6) "the pleasing Cares of Love" angekündigt sind, ist nachher alles eitel Freude und Seligkeit; Sorgen irgendwelcher Art treten nicht mehr in Erscheinung.

Überzeugender sind die beiden andern Eklogen,[21] in denen es Collins zum Teil wirklich gelingt, Elemente der Eklogentradition umzuformen und nutzbar zu machen. Bei II und IV hat die ironische Kritik von Mantz, man müsse Collins für seine Klassifizierung der Gedichte dankbar sein, da sie sich sonst kaum bestimmen ließen, wohl keine Gültigkeit, nicht nur weil die Sprecher „von niederem Stand" sind.[22] Beide Gedichte sind Klagen – II eine monologische, IV ein Klagedialog –, und sie weisen darüber hinaus verschiedene Motive der traditionellen Ekloge auf, wenngleich naturgemäß der Anspruch der orientalischen Authentizität der Augenfälligkeit einer Imitation von klassischen Mustern enge Grenzen setzt.[23]

Die zweite Ekloge, "Hassan; or, the Camel-driver", erinnert in ihrer Grundsituation an Vergils Ekloge II. Wie Corydon klagt Hassan allein in glühender Mittagshitze laut seine Not. Doch leidet er bezeichnenderweise nicht an unglücklicher Liebe und beklagt nicht die Grausamkeit der Liebe sowie die gefährliche Gewalt seiner Leidenschaft, sondern ihn quälen die konkreten Strapazen und Gefahren der Reise durch die Wüste, er verwünscht das Streben nach Gewinn, das die Menschen in eine so bedrohliche Situation bringen kann. Nicht das pastorale Zusammenleben mit dem geliebten Menschen schwebt ihm als Wunschbild vor,[24] sondern das friedliche und angenehme Landleben überhaupt:

---

[20] So heißt es z. B.:
    Her Maids around her mov'd, a duteous Band!
    Each bore a Crook all-rural in her Hand: (Z. 45 f.)

[21] Auch Sigworth (*Collins*, S. 92) hält die beiden Eklogen, wenngleich allein aus Gründen des ästhetischen Eindrucks, für die besten.

[22] "Non-dramatic Pastoral", S. 439.

[23] Vielleicht ist es in dieser Hinsicht nicht zufällig, daß in den *Persian Eclogues* im Gegensatz zu den andern Gedichten von Collins (mit einer Ausnahme) auffällig viele Anklänge an Vergil, den klassischen Pastoraldichter, zu finden sind, daß diese aber fast nie aus den *Bucolica* stammen (siehe Ainsworth, *Poor Collins*, S. 125). – Bei der klassischen Erziehung, die Collins in Winchester erhielt, muß es außer jedem Zweifel stehen, daß er die bedeutendsten lateinischen Autoren kennt, wenngleich das lateinische Motto der *Persian Eclogues* zwei sinnentstellende Fehler enthält.

[24] Vgl. Vergil, ecl. II, Z. 28 f.: "o tantum libeat mecum tibi sordida rura / atque humilis habitare casas…"

284

Why heed we not, whilst mad we haste along,
The gentle Voice of Peace, or Pleasure's Song?
Or wherefore think the flow'ry Mountain's Side,
The Fountain's Murmurs, and the Valley's Pride,
Why think we these less pleasing to behold,
Than dreary Desarts, if they lead to Gold?   (Z. 41–46)

Der Gedanke an die geliebte Zara, die er weinend in Schiraz zurück-
gelassen hat, kommt Hassan erst spät und gibt lediglich den Ausschlag
für seinen zuletzt gefaßten Entschluß zur Umkehr. Eine entsprechende
Variation erfährt im traditionellen Eklogenstil der zweizeilige Refrain, in dem er zuvor die unglückliche Stunde seines Aufbruchs aus
Schiraz verwünscht hat.[25] Obwohl die Glücklichpreisung der Armen,
"the wise contented Poor" (Z. 65), die nach Hassans Worten der Versuchung des Goldes nicht erliegen, reichlich wirklichkeitsfremd anmutet, ist das Gedicht stärker realitätsorientiert als die klassische Ekloge. Aus diesem Grunde erscheint auch nur noch ein Rest der pastoralen
Synusie, indem Hassan – anstelle der Schafe in der früheren Pastorale
– seine Kamele als "Ye mute Companions of my Toils..." (Z. 21) anspricht; eine Reaktion der Tiere wird hier nicht mehr erwartet.

Die interessanteste und gelungenste der Eklogen ist zweifellos die
vierte, "Agib and Secander; or, the Fugitives", die durch ihre Dialog-
struktur auch am deutlichsten der Gattungstradition zugeordnet wird.
Wie in der klassischen Ekloge bildet hier die Gefährdung und Vergänglichkeit des pastoralen Ideals das Thema. Aber die Behandlung ist
prinzipiell realistischer: anders als beispielsweise in Vergils Eklogen I
und IX, wo auch kriegsbedingte Wirren und Unruhen dargestellt werden, findet sich bei Collins, wenigstens andeutungsweise, soziale Kritik;
sogar auf politische Konsequenzen wird hingewiesen.

Die beiden Sprecher, die zirkassischen Schäfer Agib und Secander,
sind auf der Flucht vor den Tartaren und ruhen sich einen Augenblick
aus. Nachdem sie den brennenden, plündernden und mordenden Horden ihre Ernten und Herden zurücklassen mußten, versuchen sie nun
verzweifelt, das nackte Leben zu retten. Secander bedauert das unglückliche Schicksal seines Landes und beklagt vermittels des *in-vain*-
Motivs die wirklichkeitsabgewandte Trägheit des persischen Sultans:

---

[25]   Sad was the Hour, and luckless was the Day,
       When first from *Schiraz*' Walls I bent my Way!
Dieser Refrain wird am Schluß abgeändert in:
       He said, and call'd on Heav'n to bless the Day,
       When back to *Schiraz*' Walls he bent his Way.

> Unhappy Land, whose Blessings tempt the Sword,
> In vain, unheard, thou call'st thy *Persian* Lord!
> In vain thou court'st him, helpless to thine Aid,
> To shield the Shepherd, and protect the Maid!
> Far off in thoughtless Indolence resign'd,
> Soft Dreams of Love and Pleasure sooth his Mind:
> 'Midst fair *Sultanas* lost in idle Joy,
> No Wars alarm him, and no Fears annoy. (Z. 31–38)

Agib antwortet in einer vierfachen *no-more*-Reihe mit der traurigen
Betrachtung, daß das friedvolle, schöne Schäferleben der Vergangenheit jetzt für immer dahin sei, worauf Secander die *in-vain*-Formel
wiederaufnimmt, um die praktische Hilflosigkeit des pastoralen Ideal-
landes Zirkassien gegenüber der Gewalt ausdrücken. Agib leitet daraus in seiner Schlußrede die Mahnung an die benachbarten georgischen
Schäfer ab, durch den Untergang Zirkassiens zu lernen und beizeiten
mächtigere Waffen als Hirtenstäbe und Stöcke vorzubereiten. Wie der
Sprecher in Vergils Damon-Lied (VIII) zu spät die Natur des verder-
benbringenden Gottes Amor erkannt hat und über dessen barbarische
Herkunft Bescheid weiß, so sieht Agib nun nachträglich klar den wilden Charakter und Ursprung der realen menschlichen Feinde:

> Wild as his Land, in native Deserts bred,
> By Lust incited, or by Malice led,
> The Villain-*Arab*, as he prowls for Prey,
> Oft marks with Blood and wasting Flames the Way;
> Yet none so cruel as the *Tartar* Foe,
> To Death inur'd and nurst in Scenes of Woe. (Z. 65–70)

Das Näherkommen der feindlichen Horden setzt der Ekloge, deren
Härte in offenem Kontrast zu den idyllischen Bildern der ersten und
dritten steht, ein angemessenes Ende.

Das gleiche Thema wie Collins' vierte Ekloge, die verheerenden
Auswirkungen des Krieges auf das friedliche Schäferleben, behandeln
die *Five Pastoral Eclogues: The Scenes of Which are Supposed to Lie
Among the Shepherds, Oppressed by the War in Germany* (1745).[26]
Die Gedichte werden allgemein dem jüngeren Thomas Warton zuge-

---

[26] Chalmers, *English Poets*, Bd. 18, S. 136–141.

schrieben,[27] was eine Bestätigung von Collins' Einfluß bedeuten würde;
denn Collins ist seit seiner Schulzeit mit den Brüdern Warton gut
bekannt, und diese müssen ganz gewiß seine erste eigene Publikation
gekannt haben.

In einem kurzen Vorwort gibt Warton, der hier als Autor angenommen werden soll, eine Rechtfertigung seiner Eklogen, welche die
Problematik der Pastorale für die Zeit und die daraus resultierende
Zielsetzung der orientalischen Ekloge sehr deutlich macht. Er setzt es
als landläufige Meinung voraus, daß Pastoralen „leicht zu schreiben"
und in ihren Gedanken „abgedroschen und vulgär" seien, will davon
aber die eigenen Eklogen ausgenommen wissen:

> ... they are formed on a plan entirely new, and as their design is essen-
> tially distinguish'd from any productions of their kind, either ancient or
> modern: unless it be that the first and ninth Bucolic of Virgil are in the
> same nature. (S. 136)

Indem er die absolute Neuheit seines Werks betont und zugleich Wert
auf die Verbindung zu den klassischen Vorbildern legt, stellt sich der
Verfasser den Aufgaben der Imitation. Er spricht jedoch noch ein
spezifisches Problem an:

> How the ideas of fields and woods, and a poetry whose very essence is a
> rural life, will agree with the polite taste of the town, and of gentlemen
> who are more conversant in the fashionable ornaments of life, is a
> question ... (S. 136)

Die mangelnde soziale Akzeptabilität will Warton durch die Aktualität des Themas – dieser Krieg sei Hauptgegenstand der vornehmen
Konversation – ausgleichen.[28] Was er nicht erwähnt, ist die Tatsache,
daß Deutschland als Schauplatz von ähnlichem Interesse sein kann und
deshalb für die Ekloge ähnliche Vorteile verspricht wie der Orient.

Einen vergleichbaren Stellenwert wie der Einfluß aus dem Osten

---

[27] Die Autorschaft Wartons wird allerdings von Jones ("Eclogue Types", S. 56,
Anm.) leicht in Zweifel gezogen, obwohl Jones einräumt, daß die Eklogen
"certainly ... in Warton's vein" seien. – Daß Warton die Gedichte selbst nicht
anerkannte, hat wenig Bedeutung. Und wenn Wartons Bruder Joseph in seinem
Essay (S. 9f., Anm.) die Eklogen aufs höchste preist, dabei aber behauptet, den
Autor nicht zu kennen, so spricht dies eher für die Autorschaft Wartons.

[28] "... I hope as they [i.e. the eclogues] relate to that war, which is at present the
most general topic of conversation, this unpoliteness will in some measure be
excused."

besitzt für die Kunst des 18. Jahrhunderts insgesamt der gotische Stil als eine fremde, unklassische Formidee, als Befreiung aus dem strengen klassischen Normensystem.[29] Vorstellungen von Gotik und Mittelalter aber verbinden sich vor allem mit Deutschland. Warton, der trotz seiner profunden Kenntnis der Antike auch sonst eine große Begeisterung für die Gotik zeigt,[30] wählt hier also wie Collins einen exotischen Hintergrund.

Elemente, wie sie später das Gesicht der *gothic novel* bestimmen, kommen, mit Ausnahme der zweiten, in allen Eklogen vor. In I führt Lycas bei seinem Gespräch mit Alphon die den Kriegsgreueln vorausgehende katastrophale Überschwemmung der Moldau auf die Macht eines bösen Geistes zurück, welcher in die dunkelste Zelle des nahen verfallenen Klosters gebannt und eingemauert sei und oft mit seinem schrecklichen Heulen die Natur aus ihrem Gleichgewicht bringe. Der Hirt Alcon, dem seine geliebte Lucilla von einem Soldaten geraubt ist, spricht in III seinen Klagemonolog inmitten eines unheimlichen Waldes, wo ruhelos der Geist eines Ritters umgeht, der einst dort im Kampf um eine schöne Jungfrau fiel und kein Begräbnis erhielt. In der nächsten Ekloge erzählt Mycon dem aus der Fremde mit seinen Herden heimgekehrten Philanthes, welche Verheerungen der Krieg in der Heimat angerichtet hat, und prophezeit, daß das kürzlich zerstörte Frauenkloster für die Menschen einst eine ebenso schaurig-hehre Stätte sein werde wie die alte Ruine an dem nahen Waldfelsen. Calistan berichtet in der Schlußekloge dem Corin, wie er während der vor kurzem stattgefundenen mörderischen Schlacht Zuflucht in der Klause des alten Eremiten im benachbarten Felsengebirge fand; Corin erwähnt schließlich die Geister der Erschlagenen, die auf dem Schlachtfeld ihr schreckliches Unwesen treiben sollen. Im Überblick läßt sich jedoch sagen, daß diese Elemente, denen eigentlich eine vergleichbare Funktion wie der Mythologie in der klassischen Ekloge zukommt, kaum mehr als dekorative Bedeutung besitzen.

Ungleich wichtiger ist dagegen die Landschaft. Die auftretenden Schäfer haben zur Landschaft und zur Natur ein romantisch-inniges Verhältnis. Acis und Alcyon, die sich vor dem Kriegsgetümmel in eine tiefe Grotte geflüchtet haben und nun durch abwechselndes Singen ihre innere Ruhe wiedergewinnen wollen, singen bezeichnenderweise nicht von der Liebe oder der Dichtung, sondern von der Erscheinung des

---

[29] Vgl. A. R. Humphreys, "Architecture and Landscape", S. 437.
[30] Vgl. Raymond D. Havens, "Thomas Warton and the Eighteenth-Century Dilemma", *SP*, 25 (1928), S. 46ff.

Abends sowie des Morgens in der Natur. So spricht Alcyon von der
ersehnten Vereinigung mit der abendlichen Landschaft:

> Behind the hills when sinks the western sun,
> And falling dews breathe fragrance thro' the air,
> Refreshing ev'ry field with coolness mild;
> Then let me walk the twilight meadows green,
> Or breezy up-lands, near thick-branching elms,
> While the still landscape sooths my soul to rest,
> And ev'ry care subsides to calmest peace... (S. 138)

Die Nähe des Schauplatzes zum eigenen Land des Dichters bewirkt
hier offensichtlich eine Verwandtschaft mit der heimischen Pastorale.
Im Gegensatz zu Collins ist daher das Thema der Zerstörung des
pastoralen Ideals mehr von seiner ästhetischen als von der moralischen
Seite behandelt: die Hirten leiden, aber sie klagen nicht an.[31]

Die *Five Pastoral Eclogues* lassen klar das fundierte Bemühen des
Dichters erkennen, die Tradition der Ekloge weiterzuführen. Die Imitation der klassischen Modelle, mit denen Warton wie kaum ein Zeit-
genosse vertraut ist,[32] macht sich nicht nur in Anlage und allgemeiner
Thematik, sondern auch in den verschiedenen traditionellen Motiven
bemerkbar. Allerdings gelingt es dem Dichter nicht ganz, die stilisierte
Tradition mit der dominierenden realistischen Weltsicht zu integrieren.
So muß es beispielsweise etwas befremden, wenn Alphon in der Anfangsekloge berichtet, wie seine Wohnstatt von wilden Horden geplündert
worden ist, so daß er selbst nur knapp mit dem Leben davonkam, und
dabei vor allem den Verlust eines Vorrats erlesener Walnüsse – traditionelles Liebesgeschenk in der Pastorale – beklagt, durch die er mit
Sicherheit die Liebe der schönen Rosalinde hätte gewinnen können. Die
Absicht ist zu durchsichtig; die Fortsetzung der Tradition wirkt oft
sehr wie ein zu bewältigendes Pensum. Ein Beispiel ist der Schluß von
Ekloge III, wo nacheinander in wenigen Zeilen die pastorale Synusie,
das Motiv der pastoralen Geschenke sowie die pastorale *invitatio* (und
etwas danach auch der verzweifelte Abschied von der pastoralen Welt)
im Monolog des Lycon durchgezogen werden:

> Return, my sweet Lucilla, to my arms;
> At thy return, all nature will rejoice.
> Together will we walk the verdant vales,

---

[31] Entsprechend bezeichnet Warton auch im Vorwort sein Thema als "by no means
an improper field for the most elegant writer to exercise his genius in."
[32] Er hat u. a. eine Theokrit-Ausgabe herausgegeben.

And mingle sweet discourse with kisses sweet,
Come, I will climb for thee the knotted oak,
To rob the stock-dove of his feathery young;
I'll show thee where the softest cowslips spring,
And clust'ring nuts their laden branches bend;
Together will we taste the dews of morn;
...   (S. 139)

Auch die poetische Sprache kann trotz des für die Ekloge neuen Blank-
verses aufgrund ihrer Klischeehaftigkeit weithin nicht sehr überzeugen.
Bei allen Schwächen von Wartons Gedichten ist es dennoch etwas
erstaunlich, daß die Möglichkeiten, die dieser Schauplatz für die Ekloge bietet, in der Zukunft nicht weiter erprobt werden. Die Exotik des
Orients und der Neuen Welt besitzt offenbar eine größere Attraktion.

"Daphnis and Menalcas: A Pastoral" (1759), das bereits an frühe-
rer Stelle als pastorale Elegie auf den amerikanischen General Wolfe
erwähnt wurde, braucht in diesem Zusammenhang nicht sehr ausführlich berücksichtigt zu werden. Der Schauplatz der Neuen Welt ergibt
sich durch die Person des Gefeierten und wird nicht konsequent in
seiner Besonderheit realisiert. Am Anfang des langen, ebenso epigonalen wie chauvinistischen Gedichts stellt Menalcas in einer Pope nach-
gebildeten Diktion die Überlegenheit der amerikanischen Landschaft
gegenüber Windsor Forest und der Themse fest.[33] Das Goldene Zeitalter, dessen Anbruch durch General Wolfes Wirken Daphnis im ersten
Teil preist, trägt spezifischere amerikanische Züge: die Jagd, vor allem
auf Biber, der Bau von Blockhäusern, die Anlage von Pflanzungen, die
Seefahrt von den Häfen aus – alle diese kolonialen Tätigkeiten können
nun in Sicherheit ausgeführt werden. Der zweite Teil, die eigentliche,
von Menalcas gesprochene Elegie, bleibt allgemein; erst der Schluß
berücksichtigt wieder den besonderen Schauplatz. Nachdem Daphnis
in der konventionellen Art auf die heimwärts drängenden Herden und
die sinkende Sonne aufmerksam gemacht hat, geht er auch auf die von
der Tagesarbeit ermüdeten Sklaven ein:

---

[33]   Not *Windsor's* forests, nor my native *Thames*,
         At once the Monarch's seats, and Muse's themes,
         Afford such prospects to the wond'ring swain,
         A stream so mighty, or so rich a plain,
         As this new world; by nature's forming hand
         From chaos rais'd, for *Britons* to command.   (S. 3)

The Slaves their wearied limbs at ease recline;
The task perform'd their wayward Lords enjoin.
All rest but one, who with unwearied toil
Protracts the day, and works the stubborn soil:
Two tasks at once his pious hands engage,
To spare his pregnant wife, and father's age.
Untutor'd Slaves confess Paternal Right,
Soft Love their fierceness tames, and makes their
bondage light.   (S. 20)

Das Motiv des ‚edlen Wilden', das hier höchst überraschend und unvermittelt kommt und später eine bedeutendere Rolle spielen wird, ist
vielleicht noch das Interessanteste an dieser einfallslosen Gelegenheits-
ekloge.[34]

Der Orient bildet wieder die Szene in William Jones' "Solima; an
Arabian Eclogue" (1768).[35] Doch soll der Untertitel nicht den Schauplatz, sondern den Ursprung bezeichnen; denn Jones gibt das Gedicht
– in glaubwürdigerer Weise als Collins – als Übersetzung aus,[36] ohne
allerdings, wie Mantz zu Recht bemerkt,[37] das Original mitzuteilen.
Der Monolog des jungen arabischen Dichters preist die schöne Solima,
die in den paradiesischen Hainen und Gärten von Amana müde Wan-
derer aufnimmt, den Armen Gutes tut und die Notleidenden unterstützt. In auffälligem Anklang an den Beginn der ersten Ekloge von
Collins richtet der Sprecher seine Rede an die orientalischen Mädchen,[38]
und wie dort steht die moralische Zielsetzung im Vordergrund: Solima
wird nicht wegen ihrer Schönheit, sondern wegen ihrer Mildtätigkeit
und Güte gerühmt.

An einigen Stellen lassen sich Spuren der Eklogentradition feststellen. Das *paulo maiora* des Anfangs besteht in der Zurückweisung des
Themas der persönlichen Liebe zugunsten des höheren Gegenstandes
der Mitmenschlichkeit. In einer reduzierten pastoralen Synusie bekommt zu Beginn und am Schluß die Landschaft die Aufgabe der

---

[34] Der Vorgang, daß Sklaven in der Neuen Welt aus Liebe freiwillig die Arbeit
eines Mitsklaven übernehmen, kommt schon in Aphra Behns Erzählung *Oroonoko* (1678) vor (vgl. *Works*, hrsg. von Montague Summers, Bd. 5 [London/
Stratford, 1915], S. 171).

[35] Chalmers, *English Poets*, Bd. 18, S. 457f.

[36] Vgl. die einzige Fußnote (S. 457), wo er von "the translation" spricht.

[37] "Non-dramatic Pastoral", S. 439.

[38] Jones: "Ye maids of Aden! hear a loftier tale ..."
Collins: "Ye *Persian* Maids, attend your Poet's Lays ..."

Zuhörer übertragen,[39] und sie soll in Gestalt des Echos auf das Lied respondieren.[40] Vor allem aber fällt auf, daß längere Passagen sehr dem poetischen Stil Popes nachgebildet sind, was Jones einmal auch in einer Fußnote eingesteht. Ein Beispiel ist die Aufforderung zur Betrachtung der ideal-schönen arabischen Landschaft:

> See yon fair groves that o'er Amana rise,
> And with their spicy breath embalm the skies;
> Where every breeze sheds incense o'er the vales,
> And every shrub the scent of musk exhales!
> See through yon opening glade a glittering scene,
> Lawns ever gay, and meadows ever green!   (S. 457)

Marion Bragg begründet den hier evidenten Mangel an "local color" damit, daß Jones zu dem Zeitpunkt noch am Anfang seiner Karriere als Orientalist gestanden habe.[41] Dies beweist jedoch ein nicht sehr tiefgehendes Verständnis der Ziele, die Jones mit seiner Dichtung anstrebt.

Wie Jones in seinem etwas späteren Essay "On the Poetry of the Eastern Nations"[42] auf verschiedene Art deutlich macht, ist es sein Anliegen, die Dichtung des Orients an die Seite der antiken zu stellen, sie in den klassischen Kategorien verstanden zu wissen. So bezeichnet er etwa islamische Kultgedichte mit dem Begriff „Eklogen" (S. 504) und vergleicht ein persisches Heldengedicht über die Eroberungen des Kyros mit Homers Ilias (S. 507). Er wendet sich in keiner Weise gegen die Antike, verspricht sich aber von der Dichtung des Orients eine Auffrischung und Bereicherung des poetischen Gedanken- und Vorstellungsschatzes (S. 508).

Was Jones an der orientalischen Dichtung insbesondere schätzt, ist ihre natürliche Glaubwürdigkeit, ihr spontaner Realismus, wogegen er

---

[39] Am Schluß (S. 458) heißt es z. B.:
> So sung the youth, whose sweetly-warbled strains
> Fair Mena heard, and Saba's spicy plains.
> Sooth'd with his lay, the ravish'd air was calm,
> The winds scarce whisper'd o'er the waving palm;
> The camels bounded o'er the flowery lawn,
> Like the swift ostrich, or the sportful fawn;
> ...

Bezeichnenderweise wird die Wirkung des Gesanges auf die Kamele letztlich offengelassen.

[40]
> Fair Solima! the hills and dales will sing;
> Fair Solima! the distant echoes ring.   (S. 457)

[41] *Formal Eclogue*, S. 98f.
[42] Chalmers, *English Poets*, Bd. 18, S. 502–508.

dichterische Fiktion, Künstlichkeit und damit auch das Prinzip der Imitation ablehnt.[43] Beispielsweise hebt er zweimal (S. 503 und 505) nachdrücklich hervor, daß Metaphern, die sonst künstlich und weit hergeholt wirken müßten, für die naturnah lebenden Orientalen natürlich seien. Die arabischen Gärten – und dies betrifft auch die oben zitierte Stelle – vermögen nach Jones die Luft buchstäblich, "without speaking poetically",[44] mit Parfüm zu durchsetzen. Die Vollkommenheiten dieses Paradieses seien real, "not the fancies of a poet"; der Garten Eden sei in Wirklichkeit ein Synonym für die Gartenstadt Aden. Deshalb hält Jones Arabien für einzigartig geeignet als Schauplatz der Pastorale: "Arabia ... seems to be the only country in the world, in which we can properly lay the scene of pastoral poetry ..."

Dieser orientalische Realismus verliert jedoch durch die angestrebte Verknüpfung mit der heimischen Tradition an Glaubwürdigkeit, selbst wenn sich hier mehr orientalistische Sachkenntnis manifestiert als vorher bei Collins.[45] Jones erreicht zwar eine Mittelstellung zwischen der klassischen Ekloge und der orientalischen Dichtung, aber die Entfernung ist in beiden Richtungen zu groß, um die Verbindung lebendig zu erhalten.

Wie bei den beiden anderen von ihm verfaßten Eklogensequenzen schickt John Scott auch seinen *Oriental Eclogues* (1770)[46] ein kurzes "Advertisement" voraus, in dem er seine theoretische Position umreißt. Er setzt sich hier mit der Frage auseinander, ob es nach der großen Leistung von Collins überhaupt noch möglich sei, ein Werk mit dem gleichen Titel zu veröffentlichen. Seine positive Entscheidung begründet Scott mit dem Argument, daß bei ihm "scenery and sentiment" völlig verschieden von denen seines Vorgängers seien. Wenn man unter "sentiment" die moralische Zielsetzung bei Collins versteht, so trifft die Behauptung nicht zu; denn die moralische Intention ist in Scotts Gedichten zwar weniger aufdringlich, aber darum nicht weniger stark ausgebildet.

Abweichend von Collins sind jedoch die unterschiedlichen Schauplätze ("scenery") der drei Eklogen: I ist in Arabien, II in Indien und

---

[43] Der anschließende Aufsatz (Chalmers, S. 508–511) trägt den bezeichnenden Titel "On the Arts, Commonly Called Imitative".

[44] Dieses und die folgenden Zitate siehe S. 502.

[45] In Collins' 2. Ekloge (Z. 5) ist der Kameltreiber Hassan beispielsweise noch während seiner Wüstenreise mit einem Fächer aus bemalten Federn ausgerüstet, um exotische Atmosphäre zu erzeugen.

[46] Chalmers, *English Poets*, Bd. 17, S. 472–476 (datiert von Marion Bragg, *Formal Eclogue*, S. 96).

III in China lokalisiert. Durch die größere geographische Spannbreite erscheint der Titel *Oriental Eclogues* hier noch mehr angebracht als bei dem früheren Werk. Marion Braggs Verdikt: "Local color is wholly lacking ..."[47] will nicht ganz einleuchten. Wohl gibt Scott im "Advertisement" unvorsichtigerweise (wenn auch in der 3. Person) zu, daß ihm gewisse Schwierigkeiten entstanden seien, da er die zu beschreibenden Länder nie gesehen habe und deshalb auf die Berichte anderer und die eigene Phantasie angewiesen sei; aber dieser Hinweis bezeugt ebenso wie die zahlreichen Anmerkungen das Bemühen des Dichters um ethnographische Korrektheit. In Scotts Eklogen sind die Eigentümlichkeiten des jeweiligen Landes differenzierter berücksichtigt als vorher bei Collins.

Die Handlung der Anfangsekloge, "Zerad; or, the Absent Lover. An Arabian Eclogue", stammt, wie ausführlich dokumentiert wird, aus dem Aufsatz von Jones über die Dichtung der östlichen Nationen. Von seiner Thematik her steht dieses Gedicht der klassischen Ekloge vielleicht am nächsten. Der edle Zerad, als Emir, Krieger und Barde gleichermaßen hervorragend, beklagt die Trennung von der geliebten Semira, deren Stamm seine Zelte abgebrochen hat und weggezogen ist, als er selbst sich auf einer Geschäftsreise nach Aden befand; er ist untröstlich, fragt sich sorgenvoll, wo die Geliebte wohl weilen mag, und macht sich endlich auf den weiten, gefahrvollen Weg durch die Wüste, um wieder mit ihr vereint zu sein.

Die Nähe zur Eklogentradition durch das Thema der Liebesklage ist hier jedoch mehr oder weniger zufällig bzw. durch die Quelle bedingt. Wie fern Scott der klassischen Ekloge steht, beweist seine vorherige Entschuldigung für die Behandlung eines solchen Gegenstandes, dessen Nutzen nicht unbedingt einsichtig sei, und seine Berufung auf das Vorbild des Salomonischen Hohen Lieds, und nicht auf die klassische Bukolik.[48] Die Gelegenheit, das Motiv des *nunc scio* auszuführen, wird nicht wahrgenommen, und das Adynaton ist nur kurz in einer orientalischen Variante dargeboten, indem Zerad berichtet, wie er die vernünftigen Tröstungsversuche der Freunde zurückweist:

---

[47] *Formal Eclogue*, S. 96.

[48] In der Vorbemerkung zu der Ekloge (S. 472) heißt es: "An apology for expatiating on the pleasing subjects of love and beauty, when nothing is said to offend the ear of chastity, he [the author] supposes needless. If any, however, there be, who question the utility of at all describing those subjects; such may remember, that there is an eastern poem, generally esteemed *sacred*, which abounds with the most ardent expressions of the one, and luxuriant pictures of the other."

'Ah cease,' said I; 'of love he little knows,
Who with sage counsel hopes to cure its woes!
Go, bid in air Yamama's lightnings stay,
Or Perath's lion quit his trembling prey...' (S. 473)

Vor allem der angedeutete glückliche Ausgang kontrastiert mit den klassischen Modellen und zeigt sich viel mehr von Collins' zweiter Ekloge, wo Hassan gleichfalls durch die Wüste zur Geliebten zurückkehrt, inspiriert.

Am eindrucksvollsten ist ohne Zweifel die zweite Ekloge, "Serim; or, the Artificial Famine. An East-Indian Eclogue", die ihrer Haltung nach der klassischen Ekloge am nächsten steht. Die Klage über das unmenschliche Jetzt, das sich in schroffem Gegensatz zu dem schönen Einst befindet, nimmt jedoch eine Form an, wie sie der Szene des kolonialen Indien entspricht. Am Ufer des Ganges klagt Serim über die Grausamkeit der europäischen Kolonialherren, die das Land aus grenzenloser Habgier systematisch in Hungersnot und Unglück gestürzt haben, um es desto radikaler ausbeuten zu können. Das frühere Glück eines friedlichen, freudevollen Lebens ist dahin. Als Serim ein wenig umhergeht, wird er von dem einzigen Überlebenden eines verbrannten Dorfes für einen der Ausbeuter gehalten und um den Gnadenstoß gebeten. Anschließend hört er die Rede eines unglücklichen Brahmanen, der sich anschickt, die Fremden in aller Form zu verfluchen, sich dann aber, von einer Birmah-Erscheinung zur Milde ermahnt, damit begnügt, ihnen ein schmähliches Ende durch die eigene Hand vorauszusagen. Ein „britischer Rohling" ermordet den Priester, indem er ihn aus dem Hinterhalt in die Fluten des Flusses stößt.

Verschiedene Motive und Formeln, die sich in der Tradition der Ekloge etabliert haben, begegnen im Laufe des Gedichts: der Wechsel der Jahreszeiten wird angeführt; refrainartige Wendungen kehren wieder;[49] die Erinnerung an das frühere lebensvolle Wischnufest mit der Gangeswaschung vollzieht sich in der *no-more*-Formel:

No more, alas! – the multitude no more
Bathe in the tide, or kneel upon the shore;
No more from towns and villages they throng,
Wide o'er the fields, the public paths along: (S. 474)

Auch das Echo tritt auf den Plan,[50] und am Schluß steht das Motiv des

---

[49] "Sweet were the songs..." und "The year revolves..." (S. 474).
[50]   Enrapt he spoke – then ceas'd the lofty strain,
          And Orel's rocks return'd the sound again. – (S. 475)

verzweifelten Selbstmordes. Anders als beispielsweise in Vergils 8. Ekloge wird der Freitod aber nicht als Lösung akzeptiert, sondern mit einem negativen moralischen Vorzeichen versehen: die europäischen Unterdrücker sollen später von Gewissensbissen gepeinigt werden und feige selbst ihrem Leben ein Ende bereiten,[51] während der edle Brahmane durch fremde Hand aus seiner Verzweiflung erlöst wird.

Hier deutet sich der grundlegende Unterschied zur klassischen Ekloge an. Scott entwirft nicht das poetische Modell einer pastoralen Welt, sondern will seine Gedichte unmittelbar auf die Realität bezogen wissen.[52] In der Vorbemerkung (S. 473) stellt er in diesem Sinne fest: "...the general plan of the ... poems is founded on fact." Aus der poetischen Klage wird die moralische Anklage.

Die Verbindung von moralischer Aussage und Landschaftsdarstellung, die Scott in den *Moral Eclogues* nicht recht gelingt, wird in III, "Li-Po; or, the Good Governor. A Chinese Eclogue", durch die exotische Szene überzeugender verwirklicht. Die zu Anfang ausführlich geschilderte chinesische Parklandschaft mit ihren Seen, Inseln und Brücken, mit dem reichgeschmückten Pavillon und seinen goldenen Säulen und Porzellanvasen sowie mit den malerischen Felsen und terrassierten Feldern im Hintergrund, diese Landschaft hat für den europäischen Leser von vornherein mehr einen ästhetischen als einen praktischen Charakter. Und so ist es durchaus annehmbar, wenn der Fürst Li-po, der sie meditierend betrachtet, sich fragt, ob Schönheit und Vergnügen die letzten Werte darstellen könnten und sich dann zur "virtue", zur Fürsorge für seine Untertanen, entschließt. Gemeinsamkeiten mit der traditionellen Ekloge sind hier fast gar nicht mehr vorhanden.

Im ganzen haben sich Scotts *Oriental Eclogues* weit von der ursprünglichen Eklogentradition entfernt, was auch darin Ausdruck findet, daß keiner der auftretenden Charaktere mehr ein Schäfer ist[53] und keine der Eklogen mehr eine dialogische Struktur besitzt.

Noch weitläufiger ist die Beziehung zur traditionellen Ekloge bei den drei aus dem gleichen Jahr stammenden *African Eclogues* von

---

[51] Eine Fußnote betont obendrein noch die Verwerflichkeit des Selbstmordes für die indische Religion (S. 475).

[52] So ist auch die Erscheinung des Birmah nicht objektiv (wie die mythologischen Charaktere der klassischen pastoralen Welt) realisiert, sondern nur subjektiv im Bewußtsein des sprechenden Priesters.

[53] Eine Ausnahme bildet nur die schöne Semira in I, von deren Herden die Rede ist.

Thomas Chatterton.[54] Wie bei der Pastorale fallen Chattertons Gedichte auch hier sehr aus dem allgemeinen Rahmen. Jones hält, von der Warte des spätromantischen Kritikers aus, die *African Eclogues* für die einzigen Gedichte, in denen sich die Ekloge des 18. Jahrhunderts überhaupt zu einer „Andeutung großer Dichtung" erhebe.[55] Im Gegensatz zu den anderen Verfassern von orientalischen Eklogen bringt Chatterton für die Realien des von ihm gewählten fernen Schauplatzes nur minimales Interesse auf. So verlegt er in II den Tiber kühn nach Afrika und läßt in den beiden letzten Gedichten wenig sachgemäß den asiatischen Tiger als Repräsentanten der Fauna des Schwarzen Erdteils auftreten. Kennzeichnend ist der Anfang der dritten Ekloge:

> Where the rough Caigra rolls the surgy wave,
> Urging his thunders thro' the echoing cave;
> Where the sharp rocks, in distant horrour seen,
> Drive the white currents thro' the spreading green;
> Where the loud tiger, pawing in his rage,
> Bids the black archers of the wilds engage;
> ...
> (S. 465)

Der exotische Handlungsort soll vor allem eine romantisch-imposante Stimmungskulisse abgeben, in der die gestreifte Großkatze mit ihrer fremdländischen Wildheit vielleicht wirkungsvoller ist als der als Wappenemblem und nützliches Vergleichsobjekt bereits alltäglich vertraute König der Wüste. Die eindrucksvollsten Mittel zur Erzeugung einer exotischen Atmosphäre werden wiederholt eingesetzt: grandiose Felskatarakte finden sich in allen drei Eklogen, zweimal tun sich großartige Höhlen auf (I, III) – die ihrer Funktion nach in keiner Weise mit den kühlespendenden Grotten Arkadiens zu vergleichen sind – und ebenso oft spielen mysteriöse heilige Bäume eine Rolle (I, II) – die gleichfalls kaum etwas mit dem schirmenden Baum in der pastoralen Welt gemeinsam haben.

Die wilde afrikanische Landschaft dient stets als Hintergrund für den entscheidenden Abschnitt einer bewegenden Handlung, in der es um Liebe und Tod geht. Trotz dieser Thematik fühlt sich der Leser schwerlich an die klassische Ekloge, sondern mehr an Heldensagen erinnert. Dies trifft besonders für "The Death of Nicou" (II) zu, wo ein afrikanischer Götterkrieg die Vorgeschichte bildet. Der schwarze Recke

---

[54] Chalmers, *English Poets*, Bd. 15, S. 451–453 (I, II) und 465f. (III). – Nach der beigefügten Datierung ist freilich III die früheste Ekloge.
[55] "Eclogue Types", S. 53.

Nicou, Sohn des Kriegsgottes Narrada, welcher den Himmelsbeherr-
scher Vichon besiegt hatte, soll von den Göttern vernichtet werden,
indem sie ihn mit seinem Freund Rorest entzweien. Vichons Sohn
Vicat entfacht in diesem eine ungestüme Liebe zu Nica, Nicous
Schwester, so daß er das Mädchen mit Gewalt entführt und es schließlich vor Kummer stirbt. Nicou gewinnt die Racheschlacht gegen den
ehemaligen Freund, tötet diesen, stößt sich dann aber den noch rau-
chenden Todespfeil ins eigene Herz.

Ähnlich ist das Geschehen von "Heccar und Gaira" (III). Müde
nach erfolgreich angerichtetem Blutbad unter ihren Feinden beraten
sich die befreundeten Recken. Heccar spricht für die Rückkehr, wogegen Gaira seine Rache noch nicht als vollendet ansieht; denn während seiner Abwesenheit auf der Tigerjagd hat man ihm Frau und
Kinder in die Sklaverei entführt. Heccar läßt sich überzeugen. Lediglich das Dialogschema stammt hier aus der Eklogentradition.

Thematische und motivische Bezüge zur traditionellen Ekloge sind
allenfalls in "Narva and Mored" (I) auszumachen. Nach der langen
Beschreibung einer afrikanischen Kultszene durch den Dichter singt
eine Priesterin des Gottes Chalma ein monologisches Preislied auf die
unglücklichen Liebenden, welche der Gott nun nach ihrem Tode in
seiner dunklen Höhle belohnt. Die Sprecherin zählt jeweils katalog-
artig die Schönheiten der beiden auf und berichtet von ihrer Liebe auf
den ersten Blick. Infolge von Narvas Priesteramt mußte die Liebe
jedoch aussichtslos sein; das verzweifelte Paar stürzte sich gemeinsam
in die Strudel des Flusses mit den Worten: "Gods! take our lives, unless
we live to love." (S. 452) Der doppelte Freitod hier steht, ebenso wie
der Tod Nicous durch die eigene Hand, in auffallendem Kontrast zu
der Art, wie etwa Scott dieses Motiv in seinen *Oriental Eclogues* behandelt. Anders als sonst in der orientalischen Ekloge benutzt Chatterton den exotischen Schauplatz, um dadurch für seine Gedichte auch
eine weitgehende Freiheit von Bindungen moralischer Art zu gewinnen.

Die vier *Eastern Eclogues; Written during a Tour through* Arabia,
Egypt, *and other Parts of* Asia *and* Africa, *in the Year MDCCLXXVII*
von Eyles Irwin[56] lassen wieder ein größeres Bemühen um Sachtreue
und eine intimere Kenntnis der dargestellten orientalischen Länder
erkennen, wie es der Titel bereits unterstreicht. Ähnlich wie vorher

---

[56] (London, 1780; ohne Angabe des Verfassers, der aber durch die namentliche
Widmung des Gesamtwerkes an die Frau sowie der Schlußekloge an den Bruder
eindeutig zu erschließen ist.)

Warton und Scott versucht der Autor in der theoretischen Vorbemerkung die Rechtfertigung seines Werks aus der Verlegung der mittlerweile erfolgreich und erschöpfend strapazierten Form auf geographisch-poetisches Neuland abzuleiten, das von sich aus neue Sujets liefere.[57] Darüber hinaus hebt er hervor, daß die Darstellungen aus dem unmittelbaren Augenschein hervorgegangen seien und im Grunde den Charakter von Abbildungen hätten:

> It has been the Fortune of our Traveller to be tempted, by a near Approach to those distant Scenes, to sketch from the Life, and to depict Nature in her more retired Views. (S. 3)

Diese Authentizität versteht Irwin offensichtlich unter dem für seine Gedichte geltend gemachten "Claim to Originality" (S. 3), demgegenüber eventuelle Mängel in der Ausführung sekundär seien.[58]

Es ist bemerkenswert, daß die größere Vertrautheit mit den östlichen Ländern bei Irwin zum ersten Mal in der orientalischen Ekloge eine ablehnende Haltung gegenüber dem Orient mit sich bringt. Die besonderen Züge des orientalischen Lebens in seiner zeitgenössischen Form werden negativ gezeichnet, während umgekehrt alle positiven Charaktere Europäer sind.

In "Alexis: or, the Traveller" (I) meditiert der Reisende Alexis angesichts der Ruinen von Alexandrien über das Schicksal des bei Pharsalia unterlegenen Pompejus, über die Liebenden Antonius und Cleopatra sowie die einstmals blühende Weltstadt. Für die gegenwärtigen Herren des Landes hat er nur Verachtung:

> O death to think! must now the abject race
> Of Turk and Arab lord it in their place? (S. 11, Z. 87f.)

Beeindrucken läßt sich der gelehrte Reisende hingegen von den Franziskanermönchen, die ihn dort zum Schluß gastfreundlich aufnehmen.

Der arabische Harem, in dem "Selima: or, the Fair Greek" (II) spielt, wird als Stätte des Lasters und der Torheit dargestellt:

> Here might you see, in pride of beauty's blaze,
> A female list'ning to an eunuch's praise;
> There, where a glass the chrystal bath supply'd,

---

[57] "The Plan on which these Poems are conducted, has been pursued by so many able Pens, that an Author could have little Success to hope for on common Topics. In other Climes, where new Subjects ocur [sic], it may be adopted without any Imputation of Presumption..." (S. 3)

[58] "His [i.e. the Author's] Pictures may ... put in their Claim to Originality, whatever Deficiencies they may have in Point of Coloring and Execution." (S. 3)

One naked bent enamor'd o'er the tide;
A damsel here, applauded, wake the lyre
To notes of low, libidinous desire;
While there a groupe, with pictur'd terrors pale,
Imbibe the wonders of a fairy tale.   (S. 15, Z. 49–56)

Umsonst sehnt sich die schöne Griechin, die von Seeräubern hierhin entführt ist, angewidert von der sie umgebenden Sinnlichkeit und Eitelkeit, nach ihrer Heimat und dem geliebten Cleon – die Wahl des Gebieters fällt auf sie, und sie muß sich zum verhaßten Dienst zurückziehen.

In der dritten Ekloge, "Ramah: or, the Bramin", wird der hindostanische Brahmane, der nach einer langen Rede als Demonstration gegen die herrschende Außenpolitik von der Pagode springt, als bigotter Fanatiker eingestuft, wenngleich der Autor seine Warnung billigt. "...there is reason blended with his fanaticism", heißt es kühl in einer Fußnote (S. 25). Um so besser kommt dagegen in dem Abriß der nationalen Geschichte „der hochherzige Brite" (Z. 78) weg. Die britische Herrschaft ist für den Brahmanen der Idealzustand: "And Britain reign'd, and blest the nations round!" (Z. 82).

Der Herrscherpalast in der maurischen Stadt Tunis, Handlungsort für die Schlußekloge "The Escape: or, The Captives", ist mit seinem Marmor, seiner prächtigen Ausstattung und besonders seinen paradiesischen Gärten zwar betörend schön, aber die ganze Pracht kann nur durch die Leiden zahlloser Sklaven zustande kommen:

To rear the flow'r, to dress the bow'r of joy,
A thousand slaves their daily toil employ:
And in this sensual Eden's ample round,
The toil of thousands is unequal found!   (S. 27, Z. 31–34)

Zwei edle spanische Jünglinge fliehen aus dieser Sklaverei – nicht ohne daß jeder zuvor einen Monolog auf die Geliebte in der Heimat gehalten hat –, indem sie sich mit einem Tau von der Festung in ein bereitstehendes Boot hinablassen.

In der Zuordnung von Irwins Eklogen zu den vier Hauptzeiten des Tages (Morgen, Mittag, Abend, Nacht) zeigt sich, ebenso wie in der stets eingeschobenen Widmung und der allgemeinen Diktion, deutlich der Einfluß Popes, aber auch der von Collins; die Thematik der letzten Ekloge ist offensichtlich an die des Schlußgedichtes bei Collins angelehnt, wie die Ähnlichkeit der Zweittitel, "The Fugitives" – "The Captives", hervorkehrt.

300

Marion Bragg kommt zu dem abschließenden Ergebnis, Irwin sei zwar wohl bereist und gelehrt, deshalb aber doch bloß ein Pedant und kein Dichter.[59] Dieses Urteil ist nicht unberechtigt. Obwohl Irwin sich stellenweise als geschickter Stilist erweist,[60] läßt er dabei fundamental das Gefühl für die Angemessenheit der Mittel, den Sinn für Gewichtungen und Implikationen vermissen. So müssen beispielsweise in der Schlußekloge die pathetischen Reden der beiden Spanier, welche das rettende Tau schon festgeknotet haben und in der Hand halten, angesichts der kritischen Situation dem Leser als absurde Geschwätzigkeit vorkommen. Am geschlossensten ist vielleicht das Anfangsgedicht, das allerdings die schwächste Beziehung zur traditionellen Ekloge hat.[61]

Der Einfluß der Eklogentradition macht sich bei Irwin jedoch ohnehin fast nur in der äußeren Anlage geltend. In jedem Gedicht wird ein Monolog gehalten, welcher Teil der entscheidenden Phase eines Handlungsverlaufs ist, und zum Schluß stellt sich jeweils eine bestimmte Veränderung ein, die den Abbruch der Rede notwendig macht oder kennzeichnet.[62] Statt der pastoralen Themen stehen die Fragen Macht und Freiheit im Mittelpunkt.

Die beiden *American Eclogues* (1783/84) von dem Rev. Mr. Gregory aus Liverpool[63] gehören trotz des unterschiedlichen Schauplatzes zu dem gleichen, von Collins begonnenen Traditionszweig, wie man an den Titeln, "Morning; or, the Complaint" und "Evening; or, the Fugitive", ablesen kann. Mit den Leiden der nordamerikanischen Negersklaven behandeln sie ähnliche Themen wie bei Irwin; aber die Kritik an der Sklaverei ist weniger sentimental, oberflächlich und allgemein als dort, sondern richtet sich gezielt und kompromißlos gegen die ihrem Namen nach christlichen Unterdrücker und ihre Helfershelfer.[64] Außerdem versucht Gregory stärker die traditionellen Ausdrucksmittel und

---

[59] *Formal Eclogue*, S. 105.

[60] Z. B. zeigt er seine Beherrschung der Periphrasis in dem *couplet* (Ecl. II, S. 16, Z. 61f.):

> Th' Arabian berry circles round the room,
> And from the lighted tube ascends perfume.

[61] Jones ("Eclogue Types", S. 56) versteht die Ekloge als Ausdruck „romantischen Geistes" und Vorausblick auf Byron.

[62] I: Die Mittagshitze läßt Alexis den Schatten des nahen Klosters aufsuchen. – II: Selima muß ihren Liebesdienst antreten. – III: Ramah ist von der Pagode gesprungen. – IV: Die Spanier verwirklichen ihre Flucht.

[63] I: *GM*, 53 (1783), S. 1043f. – II: *GM*, 54 (1784), S. 45f.

[64] Allerdings werden als positives Gegenbeispiel in I auch die Quäker erwähnt, und Mombaze in II kann seinen eigenen Herrn „a father, not a master" (S. 46) nennen.

Motive in realistischer Umformung nachzubilden und für seine Aussage einzusetzen. Die Neger werden als die pastoralen Menschen der Wirklichkeit und Gegenwart verstanden.

Das Urmodell der Ekloge I ist offensichtlich Vergils Damon-Lied. Adala, der in früher Morgendämmerung bei einem schrecklichen Sturm seine Klage äußert, befindet sich als Sklave grundsätzlich in einer Situation, die im Widerspruch zu der Schönheit und dem Reichtum des Landes, in dem er lebt, steht:

> With waving pines tho' vocal woods be crown'd,
> And streamed vales with living wealth abound,
> To golden fields tho' rip'ning rays descend,
> With blushing fruit the loaded branches bend;
> To those, who ne'er must freedom's blessings taste,
> 'Tis barren all, 'tis all a worthless waste. –
>
> (S. 1043)

Der Sprecher beklagt die grausame Gegenwart und sehnt sich nach der schönen Vergangenheit. Das frühere Leben in der afrikanischen Heimat hat für ihn die Züge einer *aetas aurea*.[65] Anstelle der Wälder des Maenalus als Repräsentanten der mystischen Einheit Arkadiens werden hier in dem (am Ende abgewandelten) Refrain die Ebenen Afrikas als Symbol der Freiheit genannt.[66] Der verhängnisvolle Tag, an den der Sprecher zurückdenkt, ist nicht der der ersten Begegnung mit der Geliebten, sondern der, als er zum Sklaven wurde. Er erwägt den Freitod durch den Sprung vom Felsen, entscheidet sich dann aber nach hamletähnlichen Gedanken über die Ungewißheit eines solchen Schritts dagegen: Gott soll Rache üben und den Unmenschen und ihren Nachkommen einmal ein ähnliches Schicksal bereiten, wie es jetzt die Söhne Afrikas erleiden müssen. Das Echo, welches Adala in dieser harten Welt den Anbruch des Morgens verkündet, ist das der Peitsche: "But hark! the whip's harsh echo thro' the trees!" (S. 1044)

Die Grundsituation der anderen Ekloge ist der ersten Vergil-Ekloge nachgebildet. Der Negersklave Zamboia, welcher mit seinem Kind

---

[65]
> O blissful seats! O self-approving joys!
> Nature's plain dictates! ignorance of vice!
> O guiltless hours! Our cares and wants were few,
> No arts of luxury, or deceit, we knew;
> ...
> (S. 1043)

[66] Adalas trotziger Refrain lautet:
> Lift high the scourge, my soul the rack disdains,
> I pant for freedom and the native plains!

unterwegs ist, um in unbekannter Ferne eine Zuflucht zu suchen, trifft
seinen alten Freund Mombaze, dem ein etwas glücklicheres Los zuteil
geworden ist, und wird von diesem am Ende gastfreundlich eingeladen,
bei ihm auszuruhen und die Nacht zu verbringen. Auf die traditionelle
Frage nach der Ursache seines Kummers erzählt Zamboia vorher seine
traurige Geschichte. Ein skrupelloser Sklavenaufseher hat Melinda,
Zamboias Frau, nachgestellt, ist von ihr zurückgewiesen und hat deshalb aus Wut falsche Anschuldigungen gegen sie erhoben, welche
infolge der Rechtlosigkeit der Sklaven automatisch zu ihrer Bestrafung
führten, obwohl sie obendrein schwanger war. Unter den rohen Geißel-
hieben ihrer Peiniger gab sie den Geist auf. Zamboia ist völlig verzweifelt; aber die Möglichkeit, seinem Leben selbst ein Ende zu machen, steht ihm nicht offen, da er für sein Kind sorgen muß.[67] Der Freitod wird also auch hier nur als ein theoretischer Ausweg behandelt,
welcher der Wirklichkeit des Lebens nicht entspricht. Ähnlich wird die
relative Versöhnlichkeit des Schlusses von Vergil durch realistische
Härte ersetzt: die Verfolger ergreifen den geflohenen Sklaven und
schleppen ihn in Ketten zum Tod.

Wenig angemessen in den beiden *American Eclogues* erscheint oft
die Sprache. Die herkömmliche Frage *Why so sad* beispielsweise nimmt
im Munde des Negers Mombaze (II) folgendermaßen Gestalt an:

> Say then, what chance has burst thy rigid chains,
> Has led thee frantic o'er these distant plains?
> What potent sorrows can thy peace infest?
> What crimes conceal'd corrode thy anxious breast?   (S. 45)

Der abwechslungslose, abstrakt-künstliche Sprachstil, dem es anscheinend nie an dem gebührenden Adjektivattribut mangelt, steht weithin
in einem zu starken Mißverhältnis zu der Handlung und der wirklich-
keitsbezogenen Art, wie diese gesehen wird.

Nicht viel anders ist die Diktion in "The Lovers. An African Eclogue" von H. M. (1784),[68] wo es gleichfalls um das Sklavenproblem

---

[67] Dazu sagt Zamboia.

> One only pledge my weary soul detains,
> This *hapless infant*, all that now remains,
> The mournful image of my once-lov'd wife,
> And ties me down awhile to hated life; –
> Else this bold hand should liberty restore,
> And my rapt spirit seek a happier shore.   (S. 46)

[68] *GM*, 54 (1784), S. 199f.

geht. Der glückliche Zustand Afrikas vor dem Auftauchen der Sklavenjäger wird hier z. B. so in Erinnerung gerufen:

> Once happy land! where all were free and blest,
> And love and friendship sooth'd each care to rest:
> Where age rejoic'd to see his offspring take
> The quaint meander through the limpid lake;
> Where nightly sports regal'd the sprightly throng,
> And Plenty smil'd at cheerful Labour's song. (S. 199)

Die poetisierende Formelhaftigkeit der Sprache fällt in diesem Fall vielleicht jedoch weniger auf, da sie eher im Einklang steht zu der freiheitskämpferischen, patriotischen Hochstimmung, die das Gedicht beherrscht.[69]

Der Neger Bura und seine geliebte Zelma sind schwimmend von dem vor der Küste ankernden Schiff der britischen Sklavenjäger entkommen und führen nun am Gestade im Schutz einer Palme einen Dialog, in dem sie sich gegenseitig berichten, wie sie den Menschenhändlern in die Hände gefallen sind. Erst jetzt offenbart Zelma, die Buras Kampfeseifer fürchtet, daß eine Aktion zur Befreiung der übrigen Gefangenen durch einen Häuptling vorbereitet ist. Sie hören den Lärm des Kampfes, der mit einer Explosion des Sklavenschiffes endet: die Götter haben der Not der Gefangenen ein Ende gemacht und sie in ihren Frieden geholt. Das liebende Paar aber flieht landeinwärts zu menschenfernen Stätten, wo es Zufriedenheit und Glück finden will. Abgesehen von den für die Vergangenheit und Zukunft als real entworfenen Bildern pastoralen Glücks sowie dem dialogischen Schema sind hier keine Auswirkungen der Eklogentradition im einzelnen festzustellen.

Das anonyme "The African Lovers" (1800)[70] enttäuscht den Leser, der aufgrund des Titels ein ähnliches Thema wie in den vorher diskutierten Eklogen erwartet. Ebensogut wie in Afrika könnte die moritatartige Handlung auch an einem anderen Ort angesiedelt sein. Die befreundeten Jünglinge Kimor und Maraton sind beide von Liebe zu der schönen Louisa entbrannt, wollen aber ihre Freundschaft zueinander nicht preisgeben; so stoßen sie der Maid auf grüner Au nach einer letzten Umarmung den Dolch ins Herz, um sich dann selbst den Stahl in

---

[69] Bura, der schwarze Liebhaber, sagt u. a.: "Who spoils his country ne'er can taste of love." – "... when could I better die, / Than thus for friendship, love, and liberty?" (beides S. 200)

[70] *GM*, 70 (1800), S. 772f.

die Brust zu senken. Zwar ist die Schöne schwarz und wird in ihrem Wuchs mit einem Kakaobaum verglichen, und einmal wird auch das Stichwort „Sklaverei" gleichsam als Lokalkolorit eingeführt,[71] aber in den Reden der Sprecher und den erzählenden Partien dominiert doch die poetische Landschaft heimischer Provenienz mit geißblattumrankter Eiche, Rosen und singenden Vögeln. Die Flucht in die exotische Ferne des Schwarzen Erdteils und die zeitliche Vergangenheit ("in former ages", S. 772) dient dem Verfasser wohl bloß als Versuch, sein oft schon groteskes poetisches Unvermögen zu verschleiern.[72]

In dem letzten Werk von Bedeutung, das zu diesem Zweig der Eklogentradition zu zählen ist, Southeys vier *Botany-Bay Eclogues* (1794),[73] spiegeln sich die Veränderungen wider, die sich im Laufe des Jahrhunderts für die Pastorale vollzogen haben. Das englische Land repräsentiert in den Monologen und Dialogen der nach Australien deportierten Strafgefangenen das verlorene pastorale Ideal, an das sie voll Wehmut und Nostalgie zurückdenken. So spricht Elinor, die Tochter eines englischen Landgeistlichen, die auf die schiefe Bahn gekommen ist, in I von ihren Erinnerungen an die glückliche Jugend auf dem Lande:

> Still wilt thou haunt me, Memory! still present
> The fields of England to my exiled eyes,
> The joys which once were mine. Even now I see
> The lowly lovely dwelling; even now
> Behold the woodbine clasping its white walls,
> Where fearlessly the red-breasts chirp'd around
> To ask their morning meal: and where at eve
> I loved to sit and watch the rook sail by,
> And hear his hollow tone... (S. 72)

Trotzdem sagen fast alle Charaktere ja zu ihrem Exil, zum Leben in der australischen Wildnis.[74] Mit einem mehrfachen Willkommen

---

[71] "Far from the realms of Slavery she's gone..." (S. 773).

[72] Wie sehr dem Autor jedes Stilempfinden abgeht, zeigt sich u. a. an der Stelle, als die Schöne die Liebeswerbungen der Freunde mit der Begründung zurückweist, sie müsse nun infolge der späten Stunde zu Bett gehen (S. 772):
> Farewel! for now I seek my lowly bed,
> And soon reclin'd shall on its surface lay,
> Where slumbers soft may lull my weary'd head,
> And steep my soul in rest till dawn of day.

[73] *Poetical Works*, Bd. 2, S. 71–89.

[74] II (S. 80): "...Humphrey gets more good from guilt than glory". – III (S. 81f.): "God be thank'd, in this corner I've got a good berth." "Thank God I'm safe

begrüßt Elinor das rauhe und unkultivierte Land, in dem sie in Zukunft leben wird:

> Welcome, ye marshy heaths, ye pathless woods,
> Where the rude native rests his wearied frame
> Beneath the sheltering shade; where, when the storm
> Benumbs his naked limbs, he flies to seek
> The dripping shelter. Welcome, ye wild plains
> Unbroken by the plough, undelved by hand
> Of patient rustic; where for lowing herds,
> And for the music of the bleating flocks,
> Alone is heard the kangaroo's sad note
> Deepening in distance. Welcome, wilderness,
> Nature's domain! for here, as yet unknown
> The comforts and the crimes of polish'd life,
> Nature benignly gives to all enough,
> Denies to all a superfluity.
> ...
> I earn in honesty my frugal food,
> And lay me down at night to calm repose;
> ...   (S. 73)

Die neue Heimat ist der alten zwar an ästhetischen und zivilisatorischen Qualitäten unterlegen, dafür aber überlegen an moralischen. Sie ist noch nicht von der Zivilisation angekränkelt und bietet den Bewohnern die Möglichkeit, ein natürliches, ehrliches und zufriedenes Leben zu führen. Das alte Thema der Pastoraldichtung, der Gegensatz zwischen Zivilisation und Natur, Stadt und Land, wird hier erneut aufgegriffen, und zwar – wie die wesentliche Berücksichtigung der Arbeit deutlich macht – in realistischer Weise.

Im Gegensatz zu der Sammlung von Collins, mit der die *Botany-Bay Eclogues* die Gliederung nach den vier Tageszeiten gemeinsam haben, sind die positiven Eigenschaften des fernen Schauplatzes bei Southey nicht etwas Zusätzliches, sondern sie resultieren aus dem Fehlen von negativen Elementen. Die exotische Welt besitzt hier nicht mehr den Charakter des grundsätzlich Anderen, Besonderen, Höheren; sie unterscheidet sich nur in Einzelheiten und Erscheinungsform von

---

quarter'd at Botany Bay." – IV (S. 89): "In these extremest climes Want can no more / Urge me to deeds of darkness, and at length / Here I may rest." – Eine Ausnahme bildet Richard in III mit dem Wunsch "God send me away" (S. 81); aber er spielt eine völlig untergeordnete Rolle und spricht im ganzen nur vier Zeilen. William in II ist ebenfalls mit seinem Los unzufrieden, doch ihn schmerzt vor allem der Verlust seiner Familie.

den Verhältnissen in England und entbehrt daneben – zu ihrem Vorteil – das zivilisatorische Beiwerk. Die Gemeinsamkeit zeigt sich z. B., als William in II den pastoralen Baum der exotischen und der heimischen Spezies miteinander in Beziehung bringt:

> . . . Yon tree, whose purple gum bestows
> A ready medicine for the sick man's woes,
> Forms with its shadowy boughs a cool retreat
> To shield us from the noontide's sultry heat.
> . . . now upon old England's shore
> The weary labourer's morning work is o'er.
> The woodman there rests from his measured stroke,
> Flings down his axe, and sits beneath the oak;
> . . .
> (S. 75)

Die schattenspendende Funktion des fremden balsamgebenden Baumes ist die gleiche wie die des englischen Eichbaumes. Deshalb erinnert der eine an den andern. Zum ersten Mal in der orientalischen Ekloge geht die Blickrichtung aus der Ferne in die englische Heimat. Die Ursachen, die zur Entstehung der orientalischen Ekloge geführt haben, sind nicht mehr gegeben.

So erscheint es auch folgerichtig, wenn Southey sich wenig später dem Bereich des eigenen Landes zuwendet und die *English Eclogues* verfaßt, die nur graduelle Unterschiede zu den *Botany-Bay Eclogues* aufweisen. Während dort allein der Tod die Armen und Leidenden Ruhe finden läßt, bringt hier noch die Situation der Strafkolonie den Ausgestoßenen in begrenztem Maße inneren Frieden. Auch hier geht es um die Schicksale einfacher Menschen, die im Leben gescheitert sind. Der kleine Bauer William in II ist, um seine Saat zu schützen, zum Wilderer geworden und deswegen deportiert; sein Mitsträfling Humphrey hat sich von Soldatenwerbern zum Militär locken lassen und ist dann immer tiefer gesunken. Der Matrose John und der Soldat Samuel in III sind nach langen Kämpfen und Leiden ohne Dank in ein Privatleben entlassen, dessen Elend sie nicht zu meistern vermocht haben. Frederic in IV ist ebenfalls durch schlimme Verhältnisse schuldig geworden. In den beiden mittleren Eklogen benutzt Southey hier noch das Eklogenschema des amöbäischen Wettstreits, wogegen er sich in den späteren Gedichten konsequent weiter von der Tradition entfernt.

Auch die Verlagerung der Ekloge auf die exotischen Schauplätze ferner Länder hat nicht dazu führen können, die Eklogentradition in England über das 18. Jahrhundert hinaus am Leben zu erhalten. Wie Southeys Beispiel deutlich macht, sind inzwischen die Probleme von

sozial niedrigstehenden Menschen genauso gut oder sogar ausdruck-
stärker im heimischen Kontext darstellbar. Die orientalische und exotische Ekloge ist in dieser Beziehung von der Pastorale selbst eingeholt
worden, die jedoch auf andere Weise die Grundlagen ihrer Existenz
verloren hat. Schließlich hat die Anziehungskraft, welche von der
Exotik entfernter Länder ausgeht, zum Ende des Jahrhunderts sehr
nachgelassen: die romantischen Dichter sind – von Ausnahmen wie
etwa Coleridges "Kubla Khan" abgesehen – mehr an den unbekannten
Seiten und Teilen des eigenen Landes sowie europäischer Länder interessiert als am Orient oder fremden Erdteilen.

3. Die Fischer-Ekloge

Die Voraussetzungen, durch welche Hirten als Charaktere für die
Darstellung in der Eklogendichtung interessant und geeignet werden,
sind ähnlich auch bei Fischern gegeben: hier handelt es sich ebenfalls
um eine soziologische Gruppe von einfachen Menschen, die ein Leben
führen, das genügend Muße für meditatives Nachdenken und musische
Beschäftigungen enthält;[1] dieses Leben ist nicht nur relativ unkompli-
ziert, sondern stellt dazu noch einen in sich abgeschlossenen Bereich
dar, der sich gut als kontrastives Modell für die komplexe Wirklichkeit
des Lebens in der Zivilisation handhaben läßt. Für den Dichter, der
auf der Suche nach einer Möglichkeit ist, wie er die klassischen Vorbilder seiner Imitation variieren kann, muß es deshalb recht naheliegend sein, die traditionellen Hirten durch Fischer zu ersetzen und
seine Eklogen am Rande der verschiedenen Fischgründe statt vor der
Kulisse von Viehweiden anzusiedeln.

Eine solche Variation der Substanz bietet sich um so mehr an, als
zwischen beiden Bereichen natürliche Verbindungen bestehen. Wie
Henry Marion Hall in seiner Untersuchung *Idylls of Fishermen* bemerkt, kann Fischen und Angeln zu den gelegentlichen Betätigungen
von Hirten gehören und wird als solche nicht selten in der Pastoraldichtung genannt.[2]

---

[1] Der von Dorothy Broughton in ihrer Einleitung zu William Diapers Werken
(*Complete Works* [London, 1951], S. XXXI) vorgebrachte Einwand: "Fishers
cannot combine pleasure with their daily tasks", vermag nicht zu überzeugen,
da er gleichermaßen für die Hirten in der Pastoraldichtung gelten würde. (Vgl.
dazu auch Dr. Johnson im *Rambler* vom 21. Juli 1750.)
[2] *A History of the Literary Species*, Columbia University Studies in Comparative
Literature (New York, 1912), S. 18.

Es ist demnach nicht verwunderlich, wenn die Metamorphose von der pastoralen zur piskatorischen Ekloge in der Geschichte der Gattung schon lange vor dem 18. Jahrhundert realisiert worden ist. Die während des 18. Jahrhunderts in England entstehenden Fischer-Eklogen sind aber darum im Rahmen dieser Untersuchung nicht weniger aufschlußreich. In ihnen zeigt sich eine Entwicklung, die in gewisser Beziehung parallel zu der der Pastorale verläuft und die gleichfalls stark im Zeichen eines wachsenden Realismus steht.

Die Parallelität zur Pastorale ist in der Fischer-Ekloge grundsätzlich sehr ausgeprägt. Bei keinem Zweig der Eklogentradition markiert das Bestreben der imitierenden Innovation, also die poetische Zielsetzung, eine abgewandelte, aber doch analoge Neuauflage klassischer Muster hervorzubringen, deutlicher die Anfänge als hier. Die Autoren betonen in auffallender Weise die Novität des Gebietes, auf das sie sich begeben wollen. In diesem Punkt wird der entscheidende Vorteil einer Fischer-Ekloge gegenüber der Pastorale gesehen. So heißt es entsprechend noch in einer späten (d. h. nach dem letzten Werk dieser Untergattung im 18. Jahrhundert veröffentlichten) Einführung: "...Piscatory Eclogue has the advantage over Pastoral in displaying a field less beaten and less frequented."[3]

Auf die entscheidenden Nachteile, mit denen die Fischer-Ekloge fertig zu werden hat, weist Dr. Johnson in seinem Essay "Delights of Pastoral Poetry" hin.[4] Er führt an, daß das Meer weniger mannigfaltig sei als das Land und daß zudem den meisten Menschen als Landbewohnern die Besonderheiten und Schönheiten des Meeres weithin unbekannt seien. Der zweite Nachteil, die mangelnde Vertrautheit des Lesers mit dem Lebensbereich von Fischern, von welcher der Dichter ausgehen muß, wiegt sicher am schwersten. Hierin ist wahrscheinlich auch der wichtigste Grund zu sehen, weswegen die piskatorische Variante der Gattung nie als Einzelekloge auftritt, sondern stets in der Form von Eklogensammlungen: der Dichter hat die spezifische Welt der Fischer für die Vorstellung des Lesers erst aufzubauen, was durch die kumulierende Wirkung mehrerer Gedichte überzeugender möglich ist. Die fundamentalen Schwierigkeiten bringen es mit sich, daß die Fischer-Ekloge keine große Bedeutung erlangt und schließlich so spe-

---

[3] "Of Pastoral and Piscatory Eclogue". – Einleitung zu Fletchers *Piscatory Eclogues* in der Ausgabe von 1771. Siehe Chalmers, *English Poets*, Bd. 6, S. 132f., hier S. 132.

[4] *Rambler*, 36 (21. Juli 1750).

zialisiert wird, daß sie nur einen ganz besonderen, fest umgrenzten Teil des Lesepublikums ansprechen kann.

Angelegt ist die Fischer-Ekloge bereits in dem unter Theokrits Namen überlieferten *corpus*. In dem Eidyllion XXI, dessen Echtheit heute meist bezweifelt wird, unterhalten sich zwei Fischer nachts in ihrer Hütte, und der eine erzählt dem andern von einem Traum, den er gerade hatte und in dem er einen goldenen Fisch gefangen hat. Der Gegensatz zwischen Land und See kommt in dem bekannten Eidyllion XI, der erfolglosen Werbung des Polyphem um die Meernymphe Galatea, zur Sprache.

Den Anspruch, der eigentliche Begründer der Fischer-Ekloge zu sein, erhebt mit einigem Recht der italienische Humanist Jacopo Sannazaro,[5] und die gelehrtesten Männer seiner Zeit geben dazu ihre Bestätigung.[6] In den fünf lateinisch geschriebenen *Eclogae Piscatoriae* (1526)[7] transponiert Sannazaro die Gattung, indem er sich vor allem an seinem verehrten Vorbild Vergil und in zweiter Linie auch an Theokrit orientiert,[8] zielstrebig in den maritimen Bereich: die dargestellten Charaktere sind Fischer; der Ort des Geschehens und der Gespräche ist die Meeresküste; die Meeresumwelt übernimmt die Funktion der pastoralen Synusie; Opfer, Geschenke und Pfänder bestehen aus Meerestieren; und ozeanische Gottheiten treten an die Stelle der pastoralen. Wenn Sannazaro trotzdem der Vorwurf gemacht wird, seine Fischer seien nur verkleidete Schäfer,[9] so liegt das zweifellos daran, daß eine solche Transformation von der Sache her nur in bestimmten Grenzen möglich ist. Es kann beispielsweise nicht überzeugen, wenn die tausend Lämmer, mit deren Besitz sich der Sprecher in Vergils zweiter Ekloge bei seiner Liebeswerbung rühmt, in tausend Austern umgesetzt werden (II).

Sannazaro bildet das grundlegende Beispiel für Phineas Fletcher, der die Sondergattung mit seinen sieben *Piscatory Eclogues* (1633)[10] in England einführt. Unmittelbarer verpflichtet ist Fletcher jedoch dem

---

[5] Siehe besonders den Anfang der 4. Ekloge (Text: *Piscatory Eclogues,* hrsg. von Wilfred P. Mustard [Baltimore, 1914]).

[6] Vgl. Hall, *Idylls,* S. 64.

[7] Sannazaro soll ursprünglich, nach dem Muster Vergils, zehn Eklogen verfaßt haben, von denen aber während seines Exils in Frankreich die Hälfte verlorenging (vgl. Hall, *Idylls,* S. 61f.).

[8] Selbst bei der am meisten von Theokrit abhängigen Ekloge V (Liebeszauber und Liebeswerbung um die Nymphe Galatea) stammen wesentliche Elemente, wie Anfang, zweiteiliger Aufbau und Sprachstil, von Vergil.

[9] Vgl. Hall, *Idylls,* S. 63.

[10] Text siehe Chalmers, *English Poets,* Bd. 6, S. 133–154.

Vorbild von Spensers *Shepheardes Calender*, dessen wesentliche Motive er adaptiert in dem Bereich der Fischer zu reproduzieren versucht.[11] Vor allem benutzt er wie Spenser die Ekloge als Medium für die allegorische Darstellung persönlicher Lebensumstände (I, II) sowie der Korruptheit des zeitgenössischen Klerus (IV).[12] Auch hier ist die Transformation der Gattung im ganzen nicht erfolgreicher als bei Sannazaro.

Eine bemerkenswerte Veränderung gegenüber Sannazaro besteht darin, daß neben dem Meeresgestade bei Fletcher auch das Ufer von Flüssen wie Medway (III), Trent (V) und Cam (VI) als Schauplatz gewählt ist. Ausschlaggebend hierfür ist wohl hauptsächlich die persönliche Allegorie der ersten beiden Eklogen, wo der Flußgott Camus die Universität Cambridge repräsentiert, die nach Fletchers Meinung ihm und seinem Vater übel mitgespielt hat. Vielleicht möchte Fletcher auch die Trennung vom Land, dem traditionellen Gebiet der Ekloge, weniger abrupt gestalten, so daß er in der Schlußekloge Hirten und Fischer nebeneinander auftreten lassen und durch gegenseitiges Lob ihrer Vertreter und gemischte Liebesverbindungen – Schäfer und Fischermädchen, Fischer und Schäferinnen – die beiden Bereiche als gleichwertig miteinander versöhnen kann. Konkretere Züge als ihre ozeanischen Kollegen erhalten die Flußfischer und ihr Handwerk darum nicht.

In die entgegengesetzte Richtung wie Fletcher geht zu Anfang des 18. Jahrhunderts William Diaper[13] mit seinen *Nereides: or, Sea-Eclogues* (1712).[14] Während Fletcher den Schauplatz zum Teil ins Landesinnere verlegt, löst sich Diaper – wie der Zweittitel zum Ausdruck bringt – vollständig vom Land und gibt seinen Gedichten als Handlungsort die hohe See. Die Sprecher in den vierzehn Eklogen sind nicht mehr Fischer, sondern Meergottheiten, Tritonen und Nereiden. Lediglich XII, wo der Meergott Glaucus seinem Freund Murex ein Gespräch zwischen zwei Fischern vorträgt, das er kurz zuvor nahe der britischen Küste mit angehört hat, läßt sich streng genommen als Fischer-Ekloge bezeichnen.

---

[11] Ausgenommen sind die Fabeln (Febr.), die Geschichte von der Jagd auf den unbekannten Cupido (März), das ausführliche Preislied auf die Königin (April), sowie die Totenklage (Nov.). Vgl. Hall, *Idylls*, S. 127f.; Halls Feststellung, Fletchers Werk sei "almost a complete 'Fishers' Calender'" (S. 128), scheint hingegen übertrieben, da auch das Motiv des Fortschritts der Jahreszeiten nicht ausgearbeitet ist.

[12] Ähnlich wie bei ‚Hirt' ist der metaphorische Gebrauch des Begriffs ‚Fischer' für einen Geistlichen durch die biblischen Texte vorbereitet.

[13] Hall (*Idylls*, S. 155) behauptet, der Autor heiße richtig John Draper.

[14] Text: *Complete Works*, hrsg. von Dorothy Broughton, S. 9–51.

Der konstituierende Grund für das einzigartige Werk ist wohl zweifellos wieder das Bestreben der Innovation. So sagt Diaper in seiner Widmung an Congreve:

> Since novel Treats our modern Gusts persue,
> I hop'd at least to please by something new.   (S. 13, Z. 11f.)

Eingehender wird dieses Motiv in dem kurzen Vorwort erläutert:

> ... the agreeable Images, which may be drawn from things on Earth, have been long since exhausted, but it will be allow'd, that the Beauties (as well as the Riches) of the Sea are yet in a great measure untouch'd: And those who have made some Attempts that way, have only given us a few Piscatory Eclogues, like the first Coasters, they always keep within sight of Shore, and never venture into the Ocean.   (S. 16)

Diaper faßt also seine See-Eklogen als eine Möglichkeit auf, die bereits erschöpfte Tradition der Ekloge fortzuführen, und versteht sie als konsequente Weiterentwicklung der Fischer-Eklogen seiner Vorgänger, die, wie er meint, auf halbem Wege stehen geblieben sind.

Doch auch ein zweiter Faktor spielt eine entscheidende Rolle für die Verlegung der Szene in die ozeanischen Gefilde. Die Welt der Meergottheiten bildet ein Äquivalent zur *aetas aurea* in der Popeschen Theorie; sie stellt einen Freiraum dar, in dem es nicht zu Kollisionen mit der harten Realität kommen kann. Dies wird sehr deutlich von Dorothy Broughton festgestellt:

> ... by what would appear to be the only practicable method, that of adopting non-human characters ... [Diaper] avoids the chief pit-fall of the piscatory genre. Spared all toils and immune from human ills, his sea-dwellers devote their days to play and courtship, revelling in their natural element.   (S. XXXII)

Unter Wasser herrscht noch eine Art paradiesischer Zustand. Der Sündenfall hat, wie Palaemon in der vierten Ekloge (Z. 21ff.) die Worte des weisen Melampus wiedergibt, nur auf dem Land stattgefunden. Für die Meeresbewohner sind weiterhin – wie in der klassischen Pastorale – nur Liebe und Gesang von primärer Bedeutung:

> ... we content with what the Gods approve,
> Do nought but ever sing, and – ever Love.   (Z. 38f.)

Die Tritonen treten daher in der gleichen Weise auf wie die Hirten in der traditionellen Ekloge und führen beispielsweise in einigen Gedichten (II, VII, XIV) amöbäische Wettgesänge durch, wobei es vorwiegend um das Lob der Geliebten geht. Die Übereinstimmung mit den Hirten der Tradition wird dadurch unterstrichen, daß die Meereswesen an einigen Stellen sogar unversehens mit dem Attribut ‚Menschen' belegt werden.[15]

Ihrem eigenen Selbstverständnis nach sind die Meeresbewohner freilich auf strenge Abgrenzung gegenüber den Hirten, "those earthborn Slaves" (IV, Z. 5), bedacht. Die gegen diese und damit gegen die traditionelle Pastorale vorgebrachte Kritik richtet sich bezeichnenderweise vornehmlich gegen die wenig ideale Wirklichkeit des Schäferlebens. Am schärfsten kommt dies in Ekloge XII in der Rede des zweiten Fischers zum Ausdruck:

> ... on sow'r Herbs the Shepherds poorly feed,
> Or sapless Cheese, and Crusts of mouldy Bread;
> Or if it chance a stragling Lamb be drown'd,
> With Sighs he eats what he with Sorrow found:
> He grieves his Loss, and ever is in pain
> By snowy Winters, or by Summer's Rain. (Z. 52–57)

Umgekehrt ist jedoch das Unterwasserreich selbst keineswegs eine phantastische Traumwelt. In der Anfangsekloge etwa wird die ozeanische Szene in den Termini einer irdischen Landschaft, wie sie aus der Pastoraldichtung vertraut ist, gezeichnet.[16] Den größten Teil seines Vorworts verwendet Diaper darauf, durch Bezugnahme auf verschiedene Autoritäten und den Belegfall einer zeitgenössischen Kuriosität ("the Girl kept at *Harlem*", S. 15) die Vorstellung von menschenähnlichen Wasserbewohnern als realistisch denkbar und möglich erscheinen zu lassen. Wenn er allerdings seine Ausführungen mit dem Argument abschließt, im Vergleich zu mutmaßlichen Bewohnern fremder Planeten seien Meeresbewohner infolge ihrer größeren Nähe zur Heimat der Menschen noch wahrscheinlicher, kann man daraus erkennen, daß die Realität der ozeanischen Welt wahrscheinlich doch nicht allzu ernst gemeint ist.

Eine heitere Einstellung zu dem dargestellten Gegenstand macht sich in verschiedener, meist unaufdringlicher Weise in den *Sea-Eclogues*

---

[15] Z. B. IV, Z. 22; XI, Z. 15; XIII, Z. 1ff.

[16] Vgl. beispielsweise Z. 61f.:
> The Ocean has its Groves, and gloomy Shades,
> And chrystal Springs below, and cooling Glades.

geltend. Die Sprache z. B. geht gelegentlich in komische Töne über.[17]
Im XIII wird die Begrenztheit der Menschen bzw. der Seebewohner
unter anderem durch das Beispiel belegt, daß der bescheidene Saugfisch
die verliebteste Nymphe und den ausgelassensten Tritonen im Küssen
übertreffe. Auch die überlieferten Motive der Ekloge werden zum Teil
auf mehr oder weniger humorvolle Art eingesetzt. Während Diaper
sonst die Tiere und Pflanzen nicht in der Form der pastoralen Synusie
mit den sprechenden Charakteren empfinden läßt[18] und die Fische ausgesprochen als "the unthinking Throng" (XII, Z. 111) apostrophiert,
fordert Lycon in VI die Fische mit komischer Prononciertheit zum
aufmerksamen Zuhören auf.

In Ekloge III begegnet die typische Eklogensituation der Frage nach
dem Grund der plötzlichen Trauer in ihrer komischen Umkehrung:
Drymon fragt den hinzukommenden Melanthus nach der Ursache seiner auffälligen Fröhlichkeit und schließt gleich die Vermutung an, es
müsse sich wohl um Erfolg in der Liebe handeln.[19] Wie man dann erfährt, hat Melanthus sich jedoch an dem unbekannten (alkoholischen)
Inhalt eines Fasses, das nach einem Schiffbruch in der See schwamm,
gütlich getan und ist davon in eigenartige Hochstimmung geraten;
Zurückweisung durch die Geliebte kann ihn nun nicht mehr beunruhi-
gen, und ihm ist jede Nymphe, wie sie nur kommt, völlig recht.[20] Die
Nymphe Eune in XI, die sich von ihrem Geliebten verlassen glaubt,
sagt mit dreimaligem "Farewell" der Welt Lebewohl, um aus dem
Leben zu scheiden; sie schläft aber bloß ein und kann ihren Melvin
beim Erwachen glücklich wieder in die Arme schließen. Obwohl die
Liebe bei Diapers Meereswesen den gleichen Stellenwert wie in der
klassischen Pastorale hat, ist ihre Bedeutung nicht so ernster Natur.

---

[17] Z. B. V, Z. 74–77:
> The Sea is heard with deeper Sound to roar,
> And slumbring Waters may be said to snore.
> Each Nymph is stretching on her oozy Bed,
> And scarce a Fish pops up his sleepy Head;
> ...

[18] Hall (*Idylls*, S. 162) konstatiert: "Draper's poems ... are almost unspoiled by
the ridiculous pathetic fallacies that characterize so many verses of the genre."

[19] What happy Chance has pleas'd the smiling Boy?
The Nymph he loves is sure no longer coy. (Z. 37f.)

[20] No Nymph, or old, or ugly, now I scorn;
Ev'n blear-ey'd *Opis* now wou'd serve the turn.
Parthenoe hates, nor do I greatly care;
For now, the Nymph that's kind, is only fair. (Z. 71–74)

Daher ist es auch kaum tragisch, wenn der in Ekloge X hauptsächlich nach Theokrits Vorbild (II) veranstaltete Liebeszauber zum Schluß fehlschlägt.

Die *Nereides* finden bei Diapers Zeitgenossen nur wenig Resonanz. Lediglich Swift bemerkt in seinem *Journal to Stella* etwas gönnerhaft, die Gedichte seien "very pretty" und der Gedanke sei neu, und Pope widmet dem Dichter vorübergehend in einer Auflage der *Dunciad* ein *couplet*.[21] Neben äußeren Gründen, die mit Diapers Auftreten und Persönlichkeit zu tun haben und die sich nicht mehr genau rekonstruieren lassen, mögen für die kühle Aufnahme die große Anzahl sowie die mangelnde Homogenität und Einheitlichkeit der *See-Eklogen* verantwortlich sein. Vielleicht sind auch die Belanglosigkeit des zugrundegelegten Modells und die Indirektheit der Realitätsbezüge mit ausschlaggebend. Literaturgeschichtlich jedenfalls führt Diapers grundsätzlicher Versuch in eine Sackgasse. Für die weitere Entwicklung der Fischer-Ekloge sind nur gelegentliche konkrete Details, z. B. die Erwähnung der verschiedenen besonderen Fischsorten in den Eklogen XII und XIII von Bedeutung.

Der populärste Autor von Fischer-Eklogen in England ist – wie Hall feststellt[22] – Moses Browne mit seinen neun *Piscatory Eclogues: An Essay to Introduce New Rules, and New Characters into Pastoral* (1729).[23] In dem langen Vorwort, das Browne zur Rechtfertigung seines Werks beifügt, übergeht er bezeichnenderweise vollkommen Diapers Meeres-Eklogen. Für Fletcher, von dem er ausführliche Zitate wiedergibt, findet er dagegen anerkennende Worte, und zwar hauptsächlich mit einer etwas paradox anmutenden Begründung, die für Brownes eigene *Piscatory Eclogues* aufschlußreich ist: "... the Bent of his [Fletcher's] mind is elegant and rural" (S. 25). An Sannazaro kritisiert er indirekt, daß die Tätigkeit von berufsmäßigen Seefischern zu mühsam und zu wenig elegant sei (S. 23), und meint vielsagend, die Austern und Krebse, die einem dort beständig serviert würden, seien eine reichlich harte und unverdauliche Kost (S. 24).

Obwohl Browne selbst von dem Renaissance-Dichter abhängig ist und nach dessen Beispiel auch in einer Ekloge (III) See-Fischer auftreten läßt, geht er doch so weit zu bedauern, daß Sannazaro überhaupt

---

[21] Siehe Dorothy Broughtons "Introduction", S. XVII und S. XX.

[22] *Idylls*, S. 165.

[23] To which is prefix'd, a Discourse in Defence of this Undertaking. With Practical and Philosophical Notes (London, 1729) (zunächst anonym veröffentlicht).

seine *Sea Eclogues* (wie der Titel hier nicht ohne Grund heißt) verfaßt habe, da sie nur die Aufnahme von seinen, Brownes eigenen, Gedichten beeinträchtigen und ihm den Anspruch der Originalität streitig machen könnten (S. 24). Trotzdem betont Browne schon im Untertitel die Neuheit seines Versuchs und erhebt in der Einleitung der Anfangs-ekloge die kühne Behauptung: *"Untry'd the Subject*, and the *Manners new"* (S. 36). Und vielleicht kann man einem solchen Anspruch sogar eine partielle Berechtigung zubilligen.

Es geht Browne nicht um eine allegorische Aussage wie Fletcher, und er ist auch nicht an einer Phantasiewelt mit besonderen Spielregeln interessiert wie Diaper, sondern er sucht den Bezug zur Wirklichkeit des Lebens auf dem englischen Lande, allerdings in einer edlen Form. Vom Konzept des Goldenen Zeitalters möchte er nur die allgemeine Einstellung bewahrt wissen.[24] Solche Voraussetzungen sieht er vor-nehmlich in der Person und Tätigkeit von Anglern gegeben, die er daher zu seinen Hauptsprechern macht.[25] Brownes gebildete Amateur-angler sind ein Äquivalent zum *gentleman in retreat*, wie ihn sich die Pastorale etwa um diese Zeit zum Gegenstand gewählt hat.[26]

Das wichtigste Vorbild für Browne ist, neben den Werken der Eklogentradition, Izaac Waltons *Compleat Angler* (1653), die klassi-sche englische Darstellung der Kunst des Angelns; sie bedient sich der Form eines Prosadialogs zwischen Piscator (Angler, hinter dem der Autor selbst steht), Venator (Jäger) und Auceps (Falkner), um auf unterhaltsame Art die Besonderheiten der verschiedenen Fische abzu-handeln und Hinweise zu geben, wie man sie angelt. Hall umreißt die Zielsetzung Brownes treffend, wenn er sie als Bemühen um die Fort-führung der Tradition der Ekloge und zugleich um die Wiedergabe des *Compleat Angler* in Versen mit den Mitteln dieser Tradition for-muliert.[27]

---

[24] So sagt er in der Einleitung (S. 15): "...be the Manners of the Speakers but adapted to the Simplicity of the Golden Age..."

[25] In einer Ekloge (VII) läßt Browne auch Vogelfänger ("Fowlers") auftreten, um seine These zu stützen, daß die Form nicht unbedingt auf Hirten beschränkt sei, sondern auch andere Gruppen mit ähnlichen Voraussetzungen zum Gegenstand nehmen könne.

[26] Es ist nicht zufällig, wenn Browne bei seinen allgemeinen Postulaten die entspre-chenden Begriffe gebraucht: "...let 'em [the Speakers] have but Leisure for their Muses, and the Country for their Retirement..." (S. 15) – S. 18 bezeichnet er Angeln als "an Exercise so gentle".

[27] "...[Browne] decided to produce a work which should preserve the classical conventions and types of song as far as possible, and at the same time adapt the piscatory form to the purpose of rendering 'The Compleat Angler' in Verse." (*Idylls*, S. 170).

Ein sehr anschauliches Beispiel ist die Ekloge IV, wo die beiden Angler Myrtol und Thelgon einen amöbäischen Wettgesang mit Albio als Schiedsrichter veranstalten. Sie singen fast ausschließlich von Fischen und deren Eigenarten, und die traditionellen Eklogenmotive werden vornehmlich für dieses Thema dienstbar gemacht. Die Rätsel, welche die beiden Sprecher einander stellen, haben Geheimnisse der Überwinterung und der Brut von Fischen zum Gegenstand (S. 68f.). Beim Adynaton mutet die Treueerklärung an den Patron als vergleichsweise nebenrangig an gegenüber der Charakterisierung von Forelle, Hecht, Lachs und Barbe.[28] Ähnlich scheint die vertraute Unterordnung des Sprechers unter den Geschmack der Geliebten nur ein willkommener Anlaß für das Aufzählen eines Katalogs von angelbaren Fischen:

> Whilom the *Trout* was wont to yeild Delight,
> Once cou'd the *Umber*, once the *Tench* invite.
> The wattled *Barble* erst my Choice possest,
> And lordly *Pike* deserv'd my chief Request:
> Now all must to the shapely *Dare* give place,
> My only Choice, for *Aegle* loves the *Dace*. (S. 64f.)

Das Liebesthema ist hier sonst unbedeutend geworden, wie es der ironischen Kritik Brownes in der Einleitung entspricht.[29]

Einige der *Piscatory Eclogues* fallen freilich etwas aus diesem Rahmen. Browne selbst macht für V, VI und VIII höhere Ambitionen geltend.[30] In den drei Gedichten sind die Sprecher zwar auch Angler, aber der Inhalt ist mehr traditioneller Art. "Colin's Despair" (V), das vorgibt, eine Imitation von Miltons "Lycidas" zu sein, ist eine Liebes-, jedoch keine Totenklage;[31] "The Strife" (VI) behandelt zwei mytholo-

---

[28]   Sooner shall *Trout* the tempting *Fly* refuse,
    Or greedy *Pike* their Sense of Rapine lose:
    The *Salmon* in the *shallow Creek* shall stray,
    And in the *Meer* the *Barble* sooner play;
    Than thou, fair *Hertford*, cease the Muse to claim,
    ... (S. 66)

[29] Browne spottet folgendermaßen über den obligatorischen Primat des Liebesthemas: " you are not excus'd that your Persons are perfectly Shepherds, they must be Shepherds in Love, all Flame! and Rapture! or you fail in your Attempt." (S. 16)

[30] Er sagt: "...[these poems] have a Pretence to some little Merit above their Fellows." (S. 31)

[31] Auch in der Einleitung verrät Browne seine wenig profunde Kenntnis von Miltons "Lycidas", wenn er S. 25 davon spricht, Milton habe das Gedicht auf den Tod von Phineas Fletcher verfaßt.

gische Liebesgeschichten; und "The Nocturnal" (VIII) ist eine Art elegisches Nachtgedicht. Gerade das letzte zeigt, wie wenig Browne eigentlich mit nicht-piskatorischen Themen anfangen kann. Nachdem die beiden Angler Laco und Myrson sich lange unterhalten haben, unter welchem Baum sie sich niederlassen wollen und welche Spukwesen zu nächtlicher Stunde umgehen, äußert Myrson unvermutet, fast schon gegen Schluß, daß es die grausamen Schmerzen der Liebe seien, die ihm den Schlaf rauben (S. 115).[32]

Durling hat sicher nicht unrecht, wenn er meint, Browne verdiene mehr Beachtung als Naturbeobachter denn als vollendeter Dichter.[33] Es ist kennzeichnend, daß Browne z. B. in der eben erwähnten Ekloge VIII an einer Stelle Wert auf die Erläuterung legt, daß Bienen nach seiner eigenen Beobachtung doch nachts summen könnten, obwohl Vergil das Gegenteil behaupte (S. 115). Allgemein nähern sich die *Piscatory Eclogues* durch ihre realistisch-praktische Ausrichtung dem ländlichen Lehrgedicht.[34] Die umfassenden Fußnoten über die unterschiedlichen Fische und Ködersorten bilden eine wesensmäßige Ergänzung und Abrundung des Werkes. Es kann nicht verwundern, wenn Brownes Sammlung – wie Hall feststellt – ihren Platz vor allem in Bibliotheken von Anglerliteratur hat.[35]

Den Abschluß der Entwicklung, welche die Fischer-Ekloge durchläuft, bildet *The Anglers. Eight Dialogues in Verse* (1758) von Thomas Scott.[36] Indem der Autor das einzelne Gedicht hier 'dialogue' und nicht 'eclogue' nennt, distanziert er sich deutlich von der Eklogentradition, wie es die erste Fußnote der Sammlung (S. 1) noch ironisch unterstreicht: der mißliebige (fiktive) Kritiker Zoilus wünscht sich dort, daß der Autor doch den Terminus 'eclogue' gebraucht hätte, da er, Zoilus, dann seine Belesenheit und kritische Geschicklichkeit hätte unter Beweis stellen können, um die Unangemessenheit einer solchen Gattungsbezeichnung nachzuweisen. Von der traditionellen Ekloge sind lediglich der Rahmen und vereinzelte Restelemente übrig geblieben. Die Ge-

---

[32] Selbst das Zeitschema des Gedichts kann nicht überzeugen: die beiden Angler gehen um Mitternacht (wenngleich S. 114 von "Twilight" die Rede ist) hinaus und unterhalten sich bis zum Morgen; dann ist plötzlich vom Mittag die Rede (S. 117), und sie wollen die restlichen Stunden bis zur Nacht mit Schlafen verbringen.

[33] *Georgic Tradition*, S. 62.

[34] Die beiden namentlichen Hinweise auf Vergil in den Fußnoten beziehen sich daher auf die *Georgica* (S. 43 und S. 115).

[35] *Idylls*, S. 181.

[36] Anonym veröffentlicht (London, 1758).

dichte haben – was freilich kaum mehr als durch Anmerkungen zum Ausdruck kommt – eine jahreszeitliche Anordnung; die dialogische Sprechsituation wird nach Art der Ekloge meist durch eine eintretende Veränderung, in der Regel den Anbruch des Abends, beendet; die Motive des pastoralen Baums (S. 28), des Rätsels (S. 42) sowie des Echos (S. 56) erinnern desgleichen noch schwach an die bukolische Tradition.

Daß Scotts Werk jedoch zu allermeist ein *Compleat Angler* in Versform sein will, demonstrieren die technisch formulierten Titel der einzelnen Gedichte: "A Defence of Angling" (I); "Some general Rules of the Sport" (II); "Angling for Trout" (III); "Angling for Pearch" (IV); "Carp" (V); "Mixed Angling" (VI); "Trowling for Pike" (VII); "Fishing for Pike with Lay-hooks" (VIII). Als literarisches Modell hat das ländliche Lehrgedicht eindeutig den Vorrang gegenüber der Ekloge. Das Motto des Werks stammt aus Vergils *Georgica*,[37] und im Vorwort wird nicht ohne Grund Somervilles *Chace* als Beispiel für ein vergleichbares Gedicht angeführt (S. IV). Wie im Lehrgedicht gebräuchlich, lockert Scott die trockene Materie auf, indem er unterhaltende Geschichten und Exkurse mit losem Bezug zum Thema einfügt. So erzählen die Angler einander beispielsweise die Episode vom armen Fischerdieb und das Histörchen vom unbeholfenen, dicken Gehilfen (beides IV); es gibt die Darstellung des Walfangs (V), das Küchenrezept für die Fischzubereitung (VII) sowie das Lob Britanniens (V). Am Ende der Digression hat dann meistens der Fisch angebissen (vgl. S. 15, 20, 27, 30, 41).

Die Angler-Philosophie, die im Hintergrund steht und besonders bei der Apologie des Angelns im Anfangsdialog zur Sprache kommt, entspricht im wesentlichen der Ideologie des *retreat*: In dem naturnahen, einfachen Lebensbereich der Angler lernt man auf natürliche Art die entscheidenden menschlichen Tugenden;[38] das Angeln wird als Ausdruck der Freiheit und Unabhängigkeit verstanden.[39] Die realistische Grundausrichtung der Dialoge bringt auch soziale Kritik mit sich;

---

[37] Und zwar aus dem bekannten Lob des Landlebens: II, 485f. Die Nähe zu den *Georgica* wird besonders im zweiten Dialog deutlich, wo das Werkzeug des Anglers und die Wettervorzeichen behandelt werden.

[38] Here Virtues learn'd (ill learn'd by formal rules)
Unknown to courts, unknown to wrangling schools,
Patience, and peace, and gentleness of mind,
Contempt of wealth, and love of human Kind.   (I, Z. 89–92)

[39] So sagt z. B. Garrulus in IV, 134f.:
I vote, I serve my Country, and I fish,
Nor foul my fingers in a great Man's dish.

z. B. kritisiert Lepidus im Anschluß an die Geschichte von dem armen Mann, den der reiche Fischrechtbesitzer ins Gefängnis bringt, in seinem (im Shenstone-Metrum gehaltenen) Lied den willkürlich festgesetzten Besitzanspruch der Reichen auf die Natur:

> One hundred a year gives the right
>   To challenge all Nature our own;
> Tell short of the sum but a mite,
>   And your ninety nine pounds are as none. (IV, Z. 50–53)

Aber diese Kritik erhält wenig Gewicht, und Mysta trägt beispielsweise in VI mit noch größerem Nachdruck den entgegengesetzten Standpunkt vor.[40]

Das Thema Liebe aus der bukolischen Tradition ist bei Scott ganz aufgegeben. Dagegen ist der thematische Komplex Dichtung zwar von Interesse, doch dieses ist sehr begrenzt. So beklagen etwa die Sprecher in V nur kurz den Niedergang der Dichtung, den sie entweder auf die allgemeine Dekadenz der Zeit oder auf das Unvermögen der Dichter zurückführen (S. 26), um dann schnell zur Tagesordnung überzugehen. Fische und Angeln sind das einzige wirklich relevante Thema. Sinnigerweise ist im zweiten Dialog statt der Flöte die Angel der liebevoll an den Nachfolger tradierte Gegenstand (S. 7).

Damit wird für Scott auch die Rechtfertigung der eigenen Dichtung schwierig. Schon das amüsant-oberflächliche Vorwort, angeblich aus der Feder des Buchhändlers bzw. Verlegers, weist darauf hin. Auf den Einwand, warum in aller Welt das Werk in Versen sei, wo Verse sich doch so schlecht verkaufen ließen, weiß der angesprochene Autor letztlich nur zu entgegnen: "... that he loved jingling himself, and thought other people did so too" (S. IV). Dichten besitzt nur noch den Stellenwert eines persönlichen Hobbys.[41] Am Schluß des letzten Dialogs spricht Caurus in ironischer Selbstbescheidung von "our poetic rant" (Z. 209) und läßt in dem Zusammenhang den aufschlußreichen Ausdruck "in honest prose" (Z. 212) fallen. Dichtung ist letzten Endes vielleicht sogar etwas suspekt und auf jeden Fall wenig von Nutzen. Mit Singen kann man höchstens die Fische erschrecken, aber beim Angeln hilft es einem nicht, wie Simplicius im dritten Dialog in naiver Offenheit sagt:

---

[40]   More oft these Robbers prowl, like beasts of night,
            And pillage, by the moon's perverted light,
            Law-guarded streams; hence righteous Anglers pine,
            And Lords of fish at fish-less tables dine. (VI, Z. 47–50)

[41] Mit ähnlicher Subjektivität sagt der Sprecher der letzten Rede des Werkes (VIII, Z. 215): "I love the man who angles and who rhymes..."

No fish, so silly, will be caught by song. (Z. 74)

Es versteht sich, daß von einer solchen Grundlage aus kein Anlaß und keine Möglichkeit besteht, die Tradition der Fischer-Ekloge fortzusetzen.

4. Besondere Eklogen

Wenn es zusätzlich zu den mannigfachen untersuchten Arten von Eklogen im 18. Jahrhundert noch einige Gedichte gibt, die wohl den Titel ‚Ekloge' tragen,[1] sich aber keinem der unterschiedlichen Traditionszweige zuordnen lassen, so mag dies vor allem als Erinnerung dienen, daß sich die literarische Entwicklung nicht in klar abgegrenzten Kategorien vollzieht. Die besonderen Eklogen, die hier mehr beiläufig angeführt werden sollen, sind alle in der zweiten Jahrhunderthälfte entstanden und ausnahmslos ohne besondere Bedeutung. Sie stehen jeweils einzeln und für sich. In jedem Fall verfolgt der Autor einen so spezifischen Zweck, daß von der veränderten Anwendung der Form kein Anstoß für die Bildung eines eigenen Traditionsstranges ausgeht. Meist gibt es nur einen losen Bezug zur klassischen Eklogentradition, in der Hauptsache durch einen dialogischen Rahmen und szenische Präsentation.

Drei der Gedichte lassen sich als Gelegenheitsgedichte im weiteren Sinne ansprechen. Bei *"A Dialogue, &c.* spoken at the Commencement in the *College* of *Philadelphia*, June 5, 1770; supposed to be written by *Dr. Smith"*[2] wird dies schon durch die Überschrift deutlich. Das Thema ist der Preis Amerikas als auserwähltes Land der Freiheit und der wirtschaftlichen und kulturellen Blüte. Damon, von Amyntor nach der Ursache seiner Niedergeschlagenheit gefragt, verweist auf die besorgniserregende Unruhe im Land – die Vorwirren des Unabhängigkeitskrieges. Doch als ihn Amyntor mit der Aussicht auf eine glorreiche Zukunft getröstet hat, geht er seinerseits dazu über, die historische Theorie einer stetigen Westwertsverlagerung von Prosperität und Kultur zu entwickeln, innerhalb derer Amerikas große Stunde bald gekommen sein werde. Die Eklogentradition liefert nicht nur den Gesprächsrahmen, sondern dazu fungiert die Vorstellung des Goldenen

---

[1] Mit der einen Ausnahme des im folgenden zuerst behandelten Gedichts; dort wird die intendierte Gattungszugehörigkeit vor allem durch die Sprechernamen, Damon und Amyntor, dokumentiert.

[2] *GM*, 40 (1770), S. 384.

Zeitalters, das es in der Frühzeit in einem Land des Orients gegeben habe, als historisch-geographischer Ausgangspunkt für die zentrale These.[3]

Noch mehr auf einen besonderen Anlaß bezogen, jedoch weniger eigenständig, ist "A Congratulatory Pastoral On the Arrival of Sir Sidney Smith from his Confinement. By John Gorton" (1798),[4] wo Moeris und Damon sich über die erfolgreiche Flucht eines hohen englischen Offiziers aus französischer Kriegsgefangenschaft freuen. Die aufdringlichen pastoralen Elemente wirken höchst aufgesetzt und deplaciert.

Robert Fergusson verläßt in "The Ghaists: A Kirk-yard Eclogue" (1773)[5] deutlich alle für den Leser bis dahin vertrauten Gebiete der Ekloge. Als Sprecher treten zur Abwechslung einmal zwei Geister auf, die aus ihren Gräbern gekommen sind und auf dem Friedhof in Edinburgh umgehen. Es sind die Geister von zwei ehemaligen Stiftern wohltätiger Erziehungs- und Bildungseinrichtungen, Watson und Herriot. Sie klagen abwechselnd über den allgemeinen Niedergang der Zeiten sowie im besonderen über ein geplantes Stiftungsgesetz, welches Stiftungsvermögen zu dem niedrigen Zinssatz von 3 Prozent unter staatliche, d. h. praktisch englische, Verfügung bringen soll.[6] Das Adynaton ist nach Herriots Worten Wirklichkeit geworden:

> *Nature* has chang'd her course; the birds o' day
> Dosin' in silence on the bending spray,
> While owlets round the craigs at noon-tide flee,
> And bludey bawks sit singand on the tree.   (Z. 25–28)

Am Ende verfällt man auf den Plan, den „weisen Mackenzie" – von anderer Seite allerdings unter dem Beinamen "the Bluidy Advocate" bekannt[7] – aus seinem Grab aufzuwecken; da er unter den *Covenanters* einst so tüchtig aufgeräumt hat, kann man von ihm annehmen, daß er auch die Initiatoren des neuen Gesetzes in bewährter Weise zur Raison bringen wird.

---

[3]   ... With Eastern swains,
          Where innocence and simple nature join'd,
          To bless the rural cot, when time was young,
          Fair *Freedom* first upheld her bloodless reign.

[4] *GM*, 68 (1798), S. 608f.
[5] *Poems*, Bd. 2, S. 141–145.
[6] Vgl. auch Anm S, 287.
[7] Vgl. Anm. S. 288.

Während in diesem Gedicht hin und wieder ironische Töne durchdringen, ist Fergussons "A Drink Eclogue" (1773)[8] ausgesprochen komisch, was durch den schottischen Dialekt noch stärker zur Geltung kommt. Eine Flasche Brandy und eine Flasche Whisky streiten sich in amöbäischer Manier, wer der Bessere sei. Der Brandy spielt sich als Favorit der feinen Leute auf und versucht, seinen Rivalen als rustikalen *Highland*-Proleten herunterzumachen. Der Whisky bemüht sich erst zu vermitteln, beansprucht dann aber stolz, er habe oft den Dichter, insbesondere "Allie" (Allan Ramsay), bei seinem Schaffen inspiriert. Als die Wirtin den Wettstreit als Schiedsrichter entscheiden soll, entlarvt sie den ,feinen' Französling Brandy kurzerhand als gefärbten Whisky.

Komischer Natur ist auch "A School Eclogue" (1773?) von Anna Laetitia Barbault.[9] Zwei Schuljungen, Harry und Edward, führen da einen amöbäischen ,Dichterwettstreit' durch, bei dem William, der gerade von der Schule erlöst ist und nach Hause fahren soll, als Schiedsrichter waltet. Ein Modellboot, dessen Segel aus dem Hemdzipfel des Erbauers hergestellt ist, sowie ein halber Kuchen dienen als Pfänder. Nachdem die beiden Sänger die Streiche des Konkurrenten und die Schuljungenflamme Anna genügend gewürdigt und sich gegenseitig ein Rätsel aufgegeben haben, beendet der rauhe Klang der Schulglocke das Spiel. Das komische Mißverhältnis zwischen der poetischen Form und dem etwas banalen Inhalt wird vermittels eingehender Imitation antiker Muster, die durch lateinische Vergilzitate aus der 1. und 3. Ekloge dokumentiert sind, vollends deutlich gemacht; z. B. wird die Befreiung Williams aus der Schule mit der von Tityrus erfahrenen göttlichen Wohltat gleichgesetzt.[10] Einen anderen Dienst kann die Imitation zu dieser Zeit kaum noch leisten.

Die beiden tragisch-ernsten Gedichte, die weiterhin hier aufzuführen sind, haben denn auch am wenigsten mit der Tradition der Ekloge zu tun. "Will, the Ferryman, a Water-Eclogue" (1758) von einem Dr. Fref,[11] handelt über die rührselige Geschichte eines Fährmannes, der seiner geliebten Molly die Unschuld geraubt und sie dadurch in den

---

[8] *Poems*, Bd. 2, S. 210–214.

[9] *The Works*, 2 Bde. (London, 1825), Bd. 1, S. 149–156.

[10] Edward sagt (S. 149): "What god, what saint, this prodigy has wrought?" Und die Fußnote bringt dazu in Erinnerung: "Sed tamen, ille Deus qui sit, da Tityre nobis."

[11] *GM*, 28 (1758), S. 280.

Tod getrieben hat. Am Ort des Geschehens meint er dann klagend in dem Segel eines Schiffes die in das Leichentuch gehüllte Tote zu erkennen und stürzt sich ins Wasser, um mit ihr vereint zu sein. Wenn der Titel das Gedicht nicht als Ekloge ausgäbe, würde man es nach Thematik, Stilelementen und Form ohne weiteres als Ballade ansprechen.[12]

In gleicher Weise allenfalls durch den Titel als Ekloge zu erkennen ist Samuel Taylor Coleridges "Fire, Famine, and Slaughter. A War Eclogue" (1798).[13] Das Gespräch der drei Kriegsfurien erinnert am ehesten an die Hexenszenen in Shakespeares *Macbeth*.[14] Die drei Furien erzählen von den Schreckenstaten, die sie im Kriege verrichtet haben, und sprechen insbesondere über den Mann, auf dessen Geheiß sie ihr Werk verrichten. Sein Name, den sie nicht aussprechen wollen, hat vier Buchstaben (Pitt ist wohl damit gemeint), und sie wollen ihm sein Werk nach Gebühr vergelten. Mit anderen Zweigen der Ekloge – etwa der von Collins' *Oriental Eclogue IV* beeinflußten Tradition, wie Jones meint[15] – hat Coleridges Gedicht wenig gemeinsam.

---

[12] Die letzte Strophe lautet beispielsweise:
   The ebbing waters soon return'd
   To *Castle-rock* his floating corse:
   They rung his knell, the village mourn'd,
   And his new sweet-heart deck'd his hearse.
[13] *The Complete Poetical Works*, hrsg. von Ernest Hartley Coleridge, 2 Bde. (Oxford, 1912), Bd. 1, S. 237–240.
[14] Der Anfang heißt z. B.:
   Fam. Sisters! sisters! who sent you here?
   Slau. [*to Fire*]. I will whisper it in her ear.
   Fire. No! no! no!
   Spirits hear what spirits tell:
   'Twill make a holiday in Hell.
           No! no! no!   (Z. 1–6)
[15] "Eclogue Types", S. 57.

V. SCHLUSS

Das für diese Untersuchung zugrunde gelegte Textmaterial wurde nicht ausgewählt, sondern nach Möglichkeit lückenlos erfaßt[1] und vollständig diskutiert. Da gerade in der Dekadenzphase einer Gattung nicht ausschließlich die literarische Qualität eines Werkes zählt und man auch minderwertige Texte berücksichtigen muß, um zu umfassenden und verläßlichen Ergebnissen zu gelangen, hätte die prinzipielle Auswahl des Untersuchungsmaterials eine unangemessene Vorentscheidung dargestellt. Die literarhistorische Bedeutung, die jedem einzelnen Werk im Rahmen der Entwicklung der Gattung zukommt, ist vor allem durch die Ausführlichkeit der kritischen Behandlung berücksichtigt worden.

Die Diskussion der über zweihundert hier erfaßten Titel von Eklogensequenzen und Einzeleklogen hatte sich zum Teil mit Detailfragen zu beschäftigen, und um der Vollständigkeit und Exaktheit der Untersuchung willen mußten auch Abweichungen von sich abzeichnenden allgemeinen Tendenzen an der entsprechenden Stelle registriert werden. Es erscheint deshalb angebracht, abschließend einen zusammenfassenden Abriß der Entwicklungen zu geben, welche die Eklogendichtung im Laufe des 18. Jahrhunderts durchläuft, damit so ein überschaubares Gesamtbild entsteht. Insbesondere sollen dabei die Beziehungen der verschiedenen Traditionsstränge zueinander deutlich gemacht werden, nicht nur die Gemeinsamkeiten, Berührungspunkte und Unterschiede, sondern auch die zeitlichen Relationen. Zugleich wird im nachhinein zu überprüfen sein, inwieweit sich die grundsätzliche Einteilung der Eklogen in die unterschiedlichen Großgruppen und Einzelzweige als begründet erwiesen hat.

Wir waren nach einem Überblick über die Geschichte der Gattung und einer Prüfung der wichtigsten klassischen Vorbilder davon ausgegangen, daß die Pastorale grundsätzlich modellhaften Charakter be-

---

[1] Eine Auswahl erfolgte lediglich dadurch, daß neben dem *Gentleman's Magazine*, dem konkurrenzlos führenden Publikationsorgan seiner Art, kein weiteres Magazin systematisch einbezogen wurde. Eine Ausweitung auf andere Magazine – in dem ab 1769 erscheinenden *Town and Country Magazine* finden sich beispielsweise auch eine Reihe von Pastoralen – hätte bloß eine (störende) quantitative Erweiterung bedeutet, ohne daß die Ergebnisse der Untersuchung dadurch beeinflußt worden wären.

sitzt. Die pastorale Welt bildet letztlich ein poetisches Projektions-
modell, anhand dessen der Dichter Themen von Bedeutung in verein-
fachter und deutlicher Weise durchspielen und darstellen kann. Die
künstliche Welt der Hirten will als Metapher für die komplexeren
Verhältnisse des tatsächlichen Lebens verstanden werden, ohne daß
dadurch die eigentliche Ebene, die für den städtischen Leser als Kom-
plementärbereich zu seiner eigenen Existenz interessante Daseinsform
des Landes, bedeutungslos zu werden braucht.

Dieser Wesenszug der Gattung steht im Widerspruch zu den poetischen Vorstellungen des frühen 18. Jahrhunderts, die durch eine weitgehende Abneigung gegen Mehrdeutigkeit und Bildlichkeit gekennzeichnet sind; man möchte die Dichtung möglichst klar und verständ-
lich auf die erfahrbare Wirklichkeit bezogen wissen. Das Zeitalter des
Rationalismus stellt damit in vorher nicht gekannter Art einen Bezug
her zwischen den Hirten der pastoralen Tradition und der tatsächlichen
Landbevölkerung. Der Dichter findet sich in dem Dilemma, daß er auf
der einen Seite durch den herrschenden Klassizismus aufgefordert ist,
die klassische Tradition der Pastorale fortzusetzen, daß aber andererseits von der geltenden aristokratischen Gesellschaftskonzeption das
Dasein von Schäfern und Landbewohnern als eine niedere Lebensform
abgestempelt wird, welche der Darstellung seitens des Dichters und der
Aufmerksamkeit des Lesers nicht würdig ist.

Gerade diese Zwangslage trägt dazu bei, daß eine ganze Reihe von
neuen Spielarten der Gattung entsteht. Zu dem Grundproblem zeichnen sich drei unterschiedliche Typen von Haltungen als möglich ab, die
eine Fortführung der Eklogentradition erlauben: 1. Der Dichter versucht trotz der erschwerten Bedingungen die Gattung weiterzuführen,
wobei er bemüht sein muß, besonders unliebsame Aspekte der Tradition zu mildern oder zu vermeiden und das ländliche Leben tunlichst
in gesellschaftlich akzeptablen, verfeinerten Formen darzustellen. 2.
Der Dichter wendet die Tradition ins Burleske oder Satirische, indem
er gerade die groben und anstößigen Seiten der zeitgenössischen Wirklichkeit vor dem für die Leser der Zeit gegenwärtigen Hintergrund der
hohen klassischen *exempla* hervorkehrt. 3. Der Dichter weicht auf
andere Gebiete aus, die für die Epoche von Interesse sind, wo aber die
Darstellung von einfachen Hirten und Landleuten oder vergleichbaren
Charakteren aus bestimmten Gründen nicht problematisch ist.

Entsprechend den drei grundsätzlichen Möglichkeiten haben wir die
verschiedenen Zweige der Ekloge, die sich im frühen 18. Jahrhundert
herausbilden, bei der vorliegenden Untersuchung in drei Hauptgruppen

eingeteilt, welche in je einem Kapitel behandelt sind. Zur ersten, Gruppe, die zunächst durch ein Streben nach Idealisierung oder zumindest Anhebung des dargestellten Gegenstandes bestimmt wird, gehören die eigentliche Pastorale und die Sonderform der pastoralen Elegie. In die zweite Gruppe, die auf eine unbeschönigte Darstellung der als keineswegs ideal empfundenen Realität gerichtet ist, sind die burleske Ekloge, die Stadt-Ekloge, die ,politische' Ekloge sowie die Provinz-Ekloge zu rechnen. Die dritte Gruppe von Variationsformen der Gattung, die sich in anderen, unproblematischen Bereichen ansiedeln, besteht vor allem aus der religiösen Ekloge, der orientalischen und exotischen Ekloge sowie der Fischer-Ekloge, zu denen noch einige unbedeutende Mutationsarten hinzukommen. Diese Einteilung hat sich im ganzen bestätigt. Besonders zu Anfang des Jahrhunderts sind grundlegende Unterschiede zu beobachten, die jedoch im Laufe der Zeit abnehmen. Die verschiedenen Zweige nähern sich einander an, vor allem da die gesellschaftlichen Vorbehalte und Einschränkungen nicht mehr in dem früheren Maße gegeben sind.

Der tragende Zweig der Gattung ist und bleibt, wie sich herausgestellt hat, auch im 18. Jahrhundert die Pastorale im eigentlichen Sinne, die eine ernsthafte Darstellung von Hirten und Landleuten in heimischer, seltener auch in unspezifischer Umgebung bietet. Zu ihr gehört nicht nur das zahlenmäßig größte Kontingent von Eklogen, sondern von ihr gehen auch wichtige Impulse für die anderen Stränge der Tradition aus. Pope und Shenstone beispielsweise stellen auch für andere Eklogenarten, wie die burleske Ekloge, die Stadt-Ekloge oder die orientalische Ekloge, entscheidende Leitbilder dar, während umgekehrt etwa die burleske oder orientalische Ekloge zwar einen Phasenvorsprung vor der Pastorale gewinnen, aber doch nicht Gedichte im Range von Vorbildern hervorbringen können; Gays burleske Eklogen werden erst dann zu *exempla* für die Pastorale, als man ihren burlesken Charakter nicht mehr erkennt. Das Ende der Pastorale selbst mit dem Ausgang des Jahrhunderts bedeutet deshalb, von sehr wenigen Ausnahmen abgesehen,[2] auch für die übrigen Eklogenzweige den Schlußpunkt, wenn sie nicht schon vorher aufgehört haben.

Aufgrund des vorhandenen Textmaterials ließ sich die Entwicklung der Pastorale in drei Perioden einteilen. In der ersten Periode, welche etwa die ersten drei Jahrzehnte des Jahrhunderts umfaßt, dominiert

---

[2] Dies sind in erster Linie die Stadt-Eklogen von Daniel und Davidson sowie die pastoralen Elegien, die noch im 19. Jahrhundert zustande kommen.

das Bestreben, die dargestellten Hirten und ihre Welt zu idealisieren, wie es besonders in der Idee des Goldenen Zeitalters zum Ausdruck kommt. Die anschließende Phase der nächsten drei Jahrzehnte ist durch die Darstellung des *retreat*, der kontemplativen Zurückgezogenheit des Gentleman auf dem Lande, einer sozial akzeptablen Form ländlichen Lebens, gekennzeichnet; am Schluß dieser Evolutionsstufe steht die impressionistische Beschreibung des ländlichen Tagesablaufs, in der der Mensch nur noch eine Statistenrolle besitzt. Während der dritten Periode, die sich über die restlichen vier Jahrzehnte erstreckt, wenden sich die Pastoraldichter wieder mehr dem Menschen und Problemen des menschlichen Handelns zu, die sie mit einer Darstellung des Landes in Verbindung zu bringen versuchen. Es erwies sich als zweckmäßig, nicht nur aus Gründen der Übersichtlichkeit der Untersuchung, die Diskussion der Einzeleklogen jeweils von der der Eklogensequenzen zu trennen. Infolge ihrer geringeren Wirkung und Durchschlagskraft bleiben die für sich stehenden Eklogen im allgemeinen weniger anspruchsvoll und konsequent sowie entschieden konservativer als die Eklogensammlungen, auch wenn sich bei ihnen gelegentlich in einzelnen Aspekten Innovationen finden.

Das bedeutendste Werk der ersten Periode, dessen Einfluß durch das ganze Jahrhundert hindurch zu verfolgen ist, sind Popes *Pastorals*. Vom Dichter konzipiert als korrektes poetisches Komprimat der klassischen *exempla* der Bukolik für die Moderne, lassen sie im Ansatz schon die Faktoren erkennen, die schließlich bis Wordsworth zum Ende der Gattung führen. Die vorher künstliche pastorale Welt büßt ihren metaphorischen Charakter ein und nimmt trotz der Leitvorstellung des Goldenen Zeitalters stärker reale Züge an. Die pastorale Synusie ist nur noch in niederen Manifestationsformen, als scheinbares Phänomen, letztlich nichts mehr als ein konventionsbedingtes Spiel, möglich. Natur und Landschaft gewinnen gegenüber den auftretenden Menschen eine größere Autonomie. Dadurch verlieren die großen Themen der pastoralen Tradition – Liebe, Dichtung und Tod/Vergänglichkeit – an Bedeutung.

Die Pastoralen von Popes Rivalen Philips weisen trotz der erbittert geführten zeitgenössischen Kontroverse – wie es sich zeigte – kaum grundsätzliche Unterschiede zu denen Popes auf. Sie sind uneinheitlicher in der Ausführung, und das heimische Muster Spensers dominiert vor der Antike. Auch Philips muß angesichts der aristokratischen Wertvorstellungen der Zeit eine gehobene Darstellung ländlicher Charaktere geben, strebt aber andererseits ebenfalls nach einer wirklichkeitsnahen Abbildung der realen Landschaft. Purneys ebenso einfältige wie sentimentale Reimwerke waren als unergiebig und wenig kennzeichnend für die Entwicklung der Gattung anzusprechen. Eine Alternative zu Pope ergab sich in den Pastoralen von Evans, der in einem mutigen Experiment versucht, die Präsentation rustikaler Figuren und dörflichen Lebens mit der klassischen Tradition zu verbinden. Aber Evans gesteht zum Schluß selbst ein, daß sein Versuch gescheitert ist, und bekennt sich zu der Dichtung und dem Beispiel Popes.

Eine fortschreitende Weiterentwicklung der Gattung, die von Pope ihren Ausgang nimmt, erfolgt in der nächsten Phase bei den Gedichten von Lyttelton, Shenstone und Cunningham. Anstelle einer wenig spezifischen, edleren Art von Hirten, wie sie mit dem Goldenen Zeitalter assoziiert ist, wird nun der zeitgenössische *retired gentleman* als Sprecher und Akteur der Pastorale dargestellt. Während in der klassischen Bukolik eine tragische Grundeinstellung vorherrscht, propagieren diese Pastoralen ein praktisch erreichbares Lebensideal, über dessen positiven Charakter trotz der melancholischen Sentimentalität bei Shenstone grundsätzlich kein Zweifel aufkommen kann. Die traditionellen Themen und Motive der Pastoraldichtung werden dem veränderten Gegenstand angepaßt oder müssen verschwinden. In dieser Periode ist die Gattung einer konsequenten Reduktion unterworfen, die in der jeweils auf gut die Hälfte des vorangehenden Werkes schrumpfenden Gesamtlänge sowie in der jedesmal kürzeren Verszeile ihren äußeren Ausdruck findet. Formal verzichten Lyttelton und nach ihm Shenstone auf den früher überwiegenden Dialog und begnügen sich mit dem Monolog. Bei Cunningham tritt dann noch der Sprecher völlig in den Hintergrund, so daß das Werk zu einem einfachen *descriptive poem* wird.

Die Pastoralen der letzten Phase zeigen keine vergleichbar einheitliche Entwicklung. In verschiedenen Richtungen werden Versuche unternommen, die Gattung weiter zu beleben und sie in Einklang mit den veränderten gesellschaftlichen, weltanschaulichen und poetischen Vorstellungen und den dadurch für die Dichtung relevanten Aussagezielen zu bringen. Gemeinsam ist den unterschiedlichen Ansätzen, soweit sie überhaupt ernsthafte literarische Ansprüche stellen, daß sie sich darum bemühen, die Darstellung des Landes mit der Behandlung von Problemen menschlichen Handelns, moralischen Fragestellungen im weiteren Sinne, zu verbinden. Der Mensch rückt wieder mehr in den Mittelpunkt. Chatterton wählt für seine *Eclogues* noch einmal die Vergangenheit, doch anstelle der fiktiven *aetas aurea* jetzt das historisch-reale Mittelalter, was sich freilich als wenig glücklicher Weg herausstellt. Die naiven und inhomogenen Pastoralen des Landschaftsmalers Smith waren, insbesondere angesichts ihrer Wertschätzung bei der zeitgenössischen Kritik, für uns von symptomatischem Interesse. Der schottische Dichter Fergusson schreibt, trotz einer offensichtlichen Orientierung an Cunningham, auffallend konservative Pastoralen, in denen die Szene Schottlands eine wesentliche Funktion hat und den traditionellen Darstellungsmitteln und Motiven Glaubwürdigkeit verleihen soll. Während John Scotts *Amoebaean Eclogues* in erster Linie den Prestigeverlust der Gattung erkennen lassen, tritt bei Scotts *Moral Eclogues* die in dieser Periode vorherrschende Tendenz nicht nur im Titel hervor. In dem Bestreben, das Landleben als moralisch hochstehende Lebensform zu präsentieren, manifestieren die Gedichte die Annäherung der Gattung an die Tradition des ländlichen Lehrgedichts, die wir bereits vom Anfang des Jahrhunderts an beobachten konnten. Die zwölf Gedichte, die wir mit 'Rural Calendar' bezeichneten, haben sich in einer ähnlichen Richtung noch weiter von der ursprünglichen Form entfernt.

Southeys *English Eclogues*, die letzte Sequenz von Pastoralen, beziehen ausgeprägt gegen die Tradition Stellung. Statt der traditionellen Hirten mit ihren stilisierten Zügen werden einfache Landbewohner, statt der pastoralen Themen soziale und materielle Probleme des Lebens auf dem Lande dargestellt. Die Natur steht – im Kontrast zu der dekadenten und korrupten Stadt – als höhere Macht hinter dem Landleben und relativiert seine Härten und Nöte. Der Dichter tritt nicht mehr als pastoraler Künstler und Schöpfer des Dialogs auf, sondern als stellvertretend Erlebender und Teilnehmer an einem Gespräch, als Vermittler von existentiellen Einsichten für den Leser.

In den separaten Pastoralen vollzieht sich während der drei Phasen, meist schwächer ausgebildet, die entsprechende Entwicklung. Nur selten finden sich bedeutendere Innovationen und Umwertungen, wie etwa in der ersten Periode bei Parnell, wo bereits das Konzept des *retreat* behandelt wird, oder bei einigen Autorinnen, welche die Rollen der Geschlechter verändern und umwechseln. In der Regel begnügen sich die Verfasser mit kleineren Modifikationen und bedienen sich der überlieferten Gattung als zuhandenes Aussageinstrument, oft in der Art eines Gelegenheitsgedichts. Dadurch bedingt, ließen sich in diesem Zusammenhang nicht selten Beispiele von erstarrten Konventionen aus der früheren Liebesdichtung sowie leerer *poetic diction* feststellen.

Popes Einfluß als anerkannter Meister der Gattung in der Moderne ist auf diesem Sektor besonders handgreiflich. Man darf wohl davon ausgehen, daß Dichter, die engagierter mit der Gattung arbeiten wollen, sich meistens für die tragfähigere Form der Sammlung entscheiden.

Eine bezeichnende Ausnahme ist Wordsworth, dessen verschiedene pastorale Gedichte, "Michael" insbesondere, das Ende der Gattung mit sich bringen. Da Wordsworth sich noch konsequenter als Southey von der Tradition löst, hätte auch das Festhalten an der Sequenzform ein traditionelles, künstliches Moment bedeutet. Wordsworth behandelt die von Pope postulierten "best of men", aber nicht als imaginäre Hirten des Goldenen Zeitalters, sondern in Gestalt der realen, zeitgenössischen Schäfer des Lake District. An die Stelle einer pastoralen Synusie ist vollkommen die Verbundenheit des einfachen Menschen mit der Natur getreten. Nicht das *otium* des Hirten in der klassischen Pastorale, sondern gerade die Arbeit ist für diese Welt bestimmend. Individuelle, spezifische Symbole haben die konventionellen Symbole der Gattung, wie Flöte, pastorale Geschenke, pastoraler Baum, ersetzt. Nur einzelne Impulse von der Pastorale leben in der romantischen Dichtung fort.

Die pastorale Elegie, die Sonderformen der Pastoralen, in der ein Toter in der Person eines Hirten betrauert und gewürdigt wird, bildet vor allem deshalb ein interessantes Gegenstück zur Hauptgattung, weil sie nicht wie diese in der Lage ist, die Inhalte ihrer Darstellungen zu verändern und sich so den gewandelten weltanschaulichen und literarischen Vorstellungen anzupassen. Ihre Konventionalität ist wesentlich stärker ausgeprägt, und sie ist darum weitaus früher erschöpft als die allgemeine Pastorale. Nachdem sich die pastorale Elegie schon in der Renaissance und vor allem durch das Vorbild von Miltons "Lycidas" verselbständigt, ist sie zu Anfang des 18. Jahrhunderts eine sehr beliebte Form, ein Gelegenheitsgedicht für einen der wichtigsten Anlässe im gesellschaftlichen Leben. Doch ihre Beliebtheit hört schon mit dem Ausgang des zweiten Jahrzehnts auf. Die tragenden Konventionen – die Objektivierung der Trauer durch die pastorale Synusie, die Projektion des Leids auf eine Welt der Mythologie, die schließliche *consolatio* – sind unglaubwürdig geworden. Sie lassen sich auch allen Versuchen zum Trotz nicht erneuern. Durch das zunehmende Verschwinden dieser Konventionen verliert die pastorale Elegie ihren eigenen Charakter. Sie wird allgemeiner, nähert sich der Kirchhofselegie und ist am Ende nur noch in dem Ausnahmefall, wenn es um den Tod eines pastoralen Dichters wie Shenstone geht, möglich.

Für die burleske Ekloge ist die nach zeitgenössischer Anschauung fundamentale Diskrepanz zwischen der hohen klassischen Tradition und der niederen Wirklichkeit des Lebens auf dem Lande von konstitutiver Bedeutung. Bei dem führenden Werk des Zweiges, Gays *Shepherd's Week*, konnten wir feststellen, daß der Dichter durch die Burleske versucht, sowohl die Tradition fortzusetzen als auch die ländliche Realität darzustellen. Die burleske Ekloge gewinnt dadurch einen Entwicklungsvorsprung vor der ernsten Pastorale. In Gays Zyklus hat z. B. die Arbeit schon den gleichen Stellenwert wie später bei Wordsworth. Die pastoralen Themen machen dabei in der burlesken Ekloge ähnliche Veränderungen durch wie in der Pastorale; die gleichen Punkte erweisen sich als kritisch. Allmählich wird jedoch die Wirklichkeit des Dorfes immer weniger als unangemessen für die Dichtung empfunden, und es kommt dadurch gelegentlich sogar so weit, daß man Gay in die Hauptlinie der Gattung einordnet. Eine burleske Wirkung stellt sich nun bei der Wiedergabe rustikaler Gegebenheiten zum Teil ohne die Absicht des Autors ein, beispielsweise in Thompsons "Milkmaid". Ungefähr während der letzten Phase der eigentlichen Pastorale erscheint die Burleske zunehmend als Satire, die gegen die Gattung selbst gezielt ist, was vorher nicht der Fall war. Anstelle der Rustikalität, die nicht mehr wie früher als lächerlich empfunden wird, werden in immer stärkerem Maße obszöne Elemente eingesetzt, um einen burlesken Effekt zu erreichen.

Die Stadt-Ekloge, die für das *Augustan Age* wohl am meisten typische Variationsart der Gattung, bildet – wie wir sahen – eine ausgesprochene Anti-Form. Der Lebensbereich der städtischen Kultur steht in einem multivalenten Spannungsverhältnis zu dem Arkadien der klassischen Tradition einerseits und der zeitgenössischen Gegenwart des englischen Landes auf der anderen Seite. Die Form eignet sich deshalb vornehmlich für eine satirische Kritik an der Stadt und ihrer Realität. Dies kommt u. a. dadurch zum Ausdruck, daß Frauen, als Repräsentanten der städtischen Gesellschaft und (damals) geeignete Objekte der Kritik, hier mehr noch als in der burlesken Ekloge eine wichtige Rolle spielen. Die entscheidenden Anstöße für die Entstehung der *town eclogue* gehen von dem Kreis um Swift und Pope aus: Swift verfaßt das früheste Beispiel und gibt im übrigen viel beachtete theoretische Anregungen; Pope benutzt für sein komisches Epos in analoger Umkehrung pastorale Konzeptionen; von Gay stammt wiederum die erste, beispielhafte Sammlung. In Gays Gedichten erscheint die Stadt – im Gegensatz zu der auf Wesentliches und Echtes reduzierten Modellwelt der Bukolik – als ein Raum, in dem Äußerlichkeiten, Ersatz und Verstellung ausschlaggebend sind. Ausschließlicher als Gay behandelt die von ihm inspirierte Lady Montagu in ihrer Sammlung von Stadt-Eklogen die höfische Gesellschaft.

In dem anschließenden Zeitraum, der etwa mit der mittleren Phase der Pastorale zusammenfällt, waren nur Einzelgedichte der Untergattung zu finden, die sich meist mit niederen sozialen Schichten der Stadt beschäftigen. Fischweiber, Küchenpersonal und Straßenkehrer repräsentieren die Gewöhnlichkeit städtischen Lebens. Die ausdrückliche Einbeziehung des Landes in die Darstellung der Stadt-Ekloge als kontrastiver Idealbereich erfolgt dann in der letzten Phase; zum ersten Mal wird bei Jenner, wenn auch bloß stellenweise, die Stadt kritisiert, weil sie nicht Land ist. Die Sammlung von Erskine, in der nur noch eine lose Verbindung zur pastoralen Tradition besteht, entspricht mit ihren Vertretern von Randgruppen der urbanen Zivilisation mehr den Gedichten des vorhergehenden Zeitraumes. Daneben läßt sich die Form auch jetzt noch als satirisches Zweckgedicht einsetzen. Das Ende des Entwicklungsbogens wird erst im folgenden Jahrhundert erreicht, weniger in Daniels *Virgil in London* als vor allem in Davidsons *Fleet Street Eclogues*, wo die erlösende Kraft des Landes gepriesen und der Fall des Menschen als eine Vertreibung vom Lande gesehen wird.

Kleinere, benachbarte Seitenlinien der Gattung sind die ‚politische‘ und die Provinz-Ekloge. Die *political eclogue*, die erst um die Jahrhundertmitte entsteht, ist mit der Stadt-Ekloge verwandt, weist aber trotz zeitlicher Diskontinuität einen größeren Zusammenhalt als diese auf. Nachdem sie zunächst satirisch Landadlige und Landgeistliche, die Repräsentanten der Stadt auf dem Lande, behandelt hat, wird sie dann in den 8oer Jahren ihrem Namen entsprechend zur politischen Satire. Die weniger kohärente Provinz-Ekloge, die vorwiegend ebenfalls in der zweiten Jahrhunderthälfte auftritt, steht mehr der burlesken Ekloge nahe und macht eine parallele Entwicklung wie diese durch: während die provinzielle Rustikalität, teilweise durch den regionalen Dialekt noch betont, zuerst eine burleske Wirkung hervorruft, wird die Entfernung von der urbanen Zivilisation, jedenfalls beim Beispiel des ‚pastoralen‘ Schottland, schließlich als positiv gewertet.

Unter den Zweigen der Gattung, die auf andere, unproblematische Bereiche ausweichen, entfernt sich die religiöse Ekloge am meisten von der zeitgenössischen Realität. Sie behandelt in ihrem einen, durch Popes

"Messiah" inaugurierten Typus in Imitation der 4. Ekloge Vergils die Messianischen Prophezeiungen und in der von Lady Winchilsea eingeleiteten anderen Unterart die Hirten- oder Anbetungsszenen der Nativität. Da die religiöse Ekloge nicht zuletzt das Ziel einer klassischen Aufwertung der biblischen Inhalte verfolgt, liegt ihr Schwerpunkt im ersten Drittel des Jahrhunderts. Infolge des rationalistischen, deistischen Denkens der Zeit mangelt es der Form jedoch an Überzeugungskraft, und sie findet ihr voraussehbares, wenn auch zeitlich verspätetes Ende anfangs des letzten Jahrzehnts in einer konsequent aufklärerischen, atheistischen Transformation.

Die orientalische und exotische Ekloge, der bedeutendste Zweig dieser dritten Großgruppe der Gattung, entsteht auf dem Boden des wachsenden Interesses in Europa am Exotischen, das gegen die Jahrhundertmitte einen Höhepunkt erreicht. Für die Ekloge erweisen sich hier – ebenso wie für andere Künste und Kunstgattungen – der Orient und die unbekannten Länder der Ferne als Ausweg aus den abendländisch-klassischen Normen und Zwängen. Dem Dichter eröffnen sich nicht nur durch die Neuheit der gewählten Szene neue Möglichkeiten der Imitation und damit der u. U. real glaubhafteren Fortsetzung der Tradition, sondern auch infolge der anerkannten Besonderheit des dargestellten Bereichs erweiterte thematische Möglichkeiten. Die orientalische und exotische Ekloge kann lange vor der Pastoralen schon einfache Menschen und ihre Probleme ernsthaft behandeln.

Zu der Zeit, als Cunningham das positive aristokratische Ideal des *retreat* propagiert, wendet sich Collins in der ersten Sammlung dieser Untergattung, den *Persian Eclogues*, schon moralischen Problemen zu und stellt die zerstörerische Wirkung des Krieges dar. Auch Warton gestaltet dieses Thema, allerdings nicht vor einer orientalischen Kulisse, sondern auf einem vergleichbar exotischen Schauplatz in Deutschland, mit lokalen Assoziationen, wie sie später in der *gothic novel* entwickelt werden. Scott befaßt sich noch vor den *Moral Eclogues* erfolgreicher in seinen orientalischen Eklogen mit moralischen Fragestellungen. Abgesehen von Chatterton, der in seinen Gedichten eine wild-romantische, unwirkliche Szenerie entwirft, konnten wir ein wachsendes Bemühen um ethnographische Korrektheit beobachten. Dies geht bis hin zu Irwin, wo den authentischen Reiseerfahrungen des Verfassers größtes Gewicht beigemessen wird, andererseits aber die Vertrautheit mit den Verhältnissen der orientalischen Länder dazu führt, daß der Orient seine exotische Wirkung verliert und grundsätzlich eine negative Wertung erfährt. Das Thema der Sklaverei, welches hierbei Bedeutung erhält, wird auch in anderen Eklogen der Untergattung, teilweise mit Amerika als Handlungsort, aufgegriffen. Am Ende des Jahrhunderts, bei Southey, zeigt sich, daß die Daseinsberechtigung der orientalischen und exotischen Ekloge dadurch gemindert ist, daß die Probleme und Leiden einfacher Menschen nun auch in heimischem Kontext darstellbar geworden sind. Southey schreibt zwar – in ähnlicher Reihenfolge wie Scott – als erstes die in der Ferne spielenden *Botany-Bay Eclogues*, behandelt dann aber gleiche Themen in seinen *English Eclogues*, und diesmal mit größerem Erfolg als der Vorgänger. Die Entfernung zur klassischen bukolischen Tradition, in welche die orientalische und exotische Ekloge aufgrund der ihr eigentümlichen Voraussetzungen schnell gekommen ist, wird damit jedoch nicht vermindert.

Im Gegensatz zur orientalischen Ekloge, die erst spät auf den Plan tritt, ist die Fischer-Ekloge eine frühe Mutationsform. Während der letzten Phase der Pastorale hat sie schon aufgehört zu bestehen. Im übrigen bildet sie eine ausgesprochene Parallele zu der Hauptgattung. Das gilt nicht nur, weil die piskatorische Welt, wie sie von Sannazaro und später in England Fletcher geschaffen ist, eine analoge Übertragung der pastoralen Welt in ein anderes Medium (mit freilich weniger günstigen Voraussetzungen) darstellt. Darüber hinaus macht die Fischer-Ekloge auch – wie wir feststellten – im 18. Jahrhundert eine parallele Entwicklung zu der der Pastorale durch. In Diapers *Sea-Eclogues* präsentiert sich ein idealisierter Sonderbereich, der sich als maritimes Äquivalent zum Konzept des Goldenen Zeitalters verstehen läßt. Bei den Angler-Eklogen von Browne tritt die Idee des *retreat* mit entsprechender Abwandlung in Erscheinung. Thomas Scotts Angler-Dialoge sind dann so unmittelbar auf die Wirklichkeit und spezifische Tätigkeit des Angelns bezogen, daß sie nur noch vereinzelte Restelemente der Eklogentradition enthalten, sich dafür aber der Tradition des ländlichen Lehrgedichts angenähert haben.

Trotz der mannigfachen Versuche, die geschätzte Gattung der Ekloge durch Transplantationen am Leben zu erhalten, stellt sich mit dem Ausgang des 18. Jahrhunderts unausweichlich das Ende der Form ein. Wie die Untersuchung im einzelnen ergeben hat, haben die grundlegenden Voraussetzungen der Gattung endgültig alle einen substantiellen Wechsel durchgemacht und sind als solche nicht mehr gegeben.

LITERATURVERZEICHNIS

Bemerkung: Außer den englischen Eklogen des 18. Jahrhunderts, wo es auf chronologische Übersichtlichkeit und Vollständigkeit ankommt, sind die Titel in den einzelnen Kategorien jeweils alphabetisch angeordnet. *Anderson* und *Chalmers* bezeichnen die von diesen Herausgebern edierten Gedichtsammlungen. Für bekannte Zeitschriften sind die üblichen Abkürzungen verwandt.

1. Texte

a) Nicht-englische Autoren

Andrelinus, Faustus. *The Eclogues of F. A. and Ioannes Arnolletus*, hrsg. von Wilfred P. Mustard. Baltimore, 1918.

Baif, Ian Antoine de. *Evvres en rime.* 5 Bde. Paris, 1886.

Boccaccio, Giovanni. *Opere in versi...*, hrsg. von Pier Giorgio Ricci. Milano/Napoli, 1965.

Duff, J. Wight/Arnold M. Duff (Hrsgg.). *Minor Latin Poets* (Loeb Classical Library). London/Cambridge, Mass., 1934.

Edmonds, J. M. (Hrsg.). *The Greek Bucolic Poets* (Loeb Classical Library). London/Cambridge, Mass., 1960; [1]1912.

Geraldini, Antonio. *The Eclogues*, hrsg. von Wilfred P. Mustard. Baltimore, 1924.

Gow, A. S. F. *The Greek Bucolic Poets*, transl. with brief notes. Cambridge, 1953.

Lemaire, N. E. (Hrsg.). *Poetae Latini Minores*. Bd. 1. Pauis, 1824.

Mantuanus, Baptista. *The Eclogues*, hrsg. von Wilfred P. Mustard. Baltimore, 1911.

Marot, Clement. *Oeuvres*, hrsg. von Gordon de Percel. 6 Bde. La Haye, 1731.

Petrarca, Francesco. *Rime, Trionfi e Poesie Latine*, hrsg. von F. Neri u. a. Milano/Napoli, 1951.

Pope, Alexander (Hrsg.). *Selecta Poemata Italorum Qui Latine Scripserunt*. 2 Bde. London, 1740.

Rapin, René. *Eclogae*. Augsburg, 1753.

Ronsard, P. de. *Oeuvres complètes*. 8 Bde. Paris, 1857–67.

Sannazaro, Jacopo. *Arcadia & Piscatorial Eclogues*, hrsg. von Ralph Nash. Detroit, 1966.

----------. *Piscotary Eclogues*, hrsg. von Wilfred P. Mustard. Baltimore, 1914.

Vergil. *Opera*, hrsg. von F. A. Hirtzel. Oxford, 1959; [1]1900.

b) Englische Eklogen, 16. und 17. Jahrhundert

Barclay, Alexander. *The Eclogues*, hrsg. von Beatrice White. London/NewYork/Toronto, 1960; [1]1928.

Barnfield, Richard. *The Poems*. London, 1936.

Basse, William. *The Poetical Works*, hrsg. von R. Warwick Bond. London, 1893.

Brathwaite, R. *Natures Embassie*. Boston, Lincs., 1877.

Browne, William (of Tavistock). *Poems*, hrsg. von Gordon Goodwin. 2 Bde. London, 1894.

Eclogs or Pastorals on Several Arguments. London, 1682.

Duke, Richard. "Floriana, A Pastoral ...". *Chalmers,* 9, S. 218f.

Fletcher, Phineas. "Piscatory Eclogues". *Chalmers,* 6, S. 132–154.

Googe, Barnabe. *Eglogs, Epytaphes & Sonettes,* hrsg. von Edward Arber. London, 1871.

Lodge, Thomas. *The Complete Works.* 4 Bde. Glasgow, 1883.

Pomfret, John. "A Pastoral Essay ...". *Chalmers,* 8, S. 316–318.

Quarles, Francis. *The Complete Works,* hrsg. von Alexander B. Grosart. 3 Bde. London, 1880–81.

Sabie, Francis. "Pan's Pipe. Three Pastoral Eclogues, with Other Verses, by F. S. (1595)", hrsg. von James W. Bright/Wilfred P. Mustard. *Modern Philology,* 7, S.433–464.

Spenser, Edmund. *The Works. A Variorum Edition,* hrsg. von Edwin Greenlaw u. a. 8 Bde. Baltimore, 1932–42.

Spenser, Edmund, the Countess of Pembroke u. a. "Astrophel. A Pastoral Elegy ...". *An English Garner,* hrsg. von Edward Garner. London, 1877. Bd. 1.

Wither, George. *The Poetry,* hrsg. von Frank Sidgwick. 2 Bde. London, 1902.

c) Englische Eklogen, 18. Jahrhundert (und später)

1703 William Congreve. "The Tears of Amaryllis, A Pastoral; Lamenting the Death of the Late Lord Marquis of Blandford". *Chalmers,* 10, S. 288f.
Matthew Prior. "The Despairing Shepherd"; "Amaryllis. A Pastoral". *Literary Works,* hrsg. von Wright/Spears. 2 Bde. Oxford, 1959. Bd. 1, S. 197f. und 689–691.

1703/04 William Walsh. "Delia. Lamenting the Death of Mrs. Tempest, Who Died upon the Day of the Great Storm". *Chalmers,* 8, S. 417.

1704 John Dryden. "On the Death of Amyntas: A Pastoral Elegy". *The Poems and Fables,* hrsg. von James Kinsley. London, 1961. S. 840–842.

1705 E. Arwaker. *The Birth Night. A Pastoral.* London, 1705.

1706 S. F. [= Sarah Fyge Egerton]. "The fond Shepherdess. A Pastoral". *Poems On Several Occasions.* London, 1706.

1706? Thomas Parnell. "Health. An Eclogue"; "The Flies. An Eclogue". *Chalmers,* 9, S. 361 und S. 361f.

1709 Ambrose Philips. "Pastorals". *Chalmers,* 13, S. 109–117.
Alexander Pope. "Pastorals"; "Messiah" (1712). *The Poems of Alexander Pope,* hrsg. von John Butt. S. 119–138 und S. 189–194. – A. P. *Pastoral Poetry and An Essay on Criticism,* hrsg. von E. Audra/Aubrey Williams. (Twickenham Edition, Bd. 1) London/New Haven, 1961.
Elizabeth Singer. "Love and Friendship: A Pastoral". (In: *Prior's Poems*) *Chalmers,* 10, S. 139f.

1710/11 Jonathan Swift. "A Town Eclogue"; "A Pastoral Dialogue between Richmond-Lodge and Marble-Hill" (1727); "A Pastoral Dialogue (between Dermot and Sheelah)" (1729). *The Poems,* hrsg. von Harold Williams. 3 Bde. Oxford, ²1958.

1712 John Byrom. "A Pastoral. Written by the Author, when a Student at Trinity College, Cambridge, ..."; "A Divine Pastoral". *Chalmers,* 15, S. 185f. und S. 253f.

William Diaper [oder Draper]. "Nereides: or, Sea-Eclogues". *Complete Works,* hrsg. von Dorothy Broughton. London, 1951. S. 17–51.

1713 Anne Countess of Winchilsea. "A Pastoral Dialogue. Between Two Shepherdesses"; "A Pastoral. Between Menalcas and Damon on the Appearance of the Angels to the Shepheards on Our Saviour's Birth Day". *The Poems,* hrsg. von Myra Reynolds. Chicago, 1903. S. 144–147 und S. 215–220.

1714 John Gay. "The Shepherd's Week"; "(Town) Eclogues"; "Araminta. An Elegy". *Chalmers,* 10, S. 443–453 und S. 479–485.

ca. 1714 Duke of Wharton. "Menalcas and Enosia, A Pastoral Dialogue, Occasioned by an Amour He Had, When a Youth...". *J. Nichols's Select Collection of Poems.* London, 1780. Bd. 5, S. 24–31.

1716 Lady Mary Wortley Montagu. "Town Eclogues". *The Letters and Works,* hrsg. von Lord Wharncliffe. 2 Bde. London, ³1861. Bd. 2, S. 432–448.

1717 Elijah Fenton. "Florelio; a Pastoral, Lamenting the Death of the Late Marquis of Blandford". *Chalmers,* 10, S. 393.
Thomas Purney. "Pastorals. After the Simple Manner of Theocritus"; "Pastorals: viz. The Bashful Swain: and Beauty and Simplicity". *Works,* hrsg. von H. O. White. Oxford, 1933.
"Palaemon. A Pastoral". In: The Duke of Buckingham u. a. *Poems on Several Occasions.* London, 1717. S. 119–122. (Von Ault hrsg. als: *Pope's Own Miscellany,* 1935.)

1719? Allan Ramsay. "Richy and Sandy: On the Death of Mr. Addison"; "Robert, Richy, and Sandy: A Pastoral on the Death of Matthew Prior" (1721?); "Keitha. An Elegy on the Death of Mary, the Countess of Wigton" (1721); "An Ode, with a Pastoral Recitative..."; "Betty and Kate: A Pastoral Farewell to Mr. Aikman, when He Went for London". *The Works.* 3 Bde. London/Edinburgh, 1851. Bd. 2, S. 170–184 und S. 197–200.

ca. 1720 James Thomson. "A Pastoral Betwixt David, Thirsis and the Angel Gabriel. Upon the Birth of Our Saviour"; " A Pastoral Between Thirsis and Corydon. Upon the Death of Damon". *Complete Works,* hrsg. von J. L. Robertson. London, 1908. S. 490f. und 492f.

1721 [Jonathan Smedley]. "The Mournful Shepherdess. A Pastoral"; "The Death of Ranter. A Mock Poem". *Poems on Several Occasions.* London, 1721. S. 141–147 und S. 165–167.

1722 Samuel Boyse. "The Force of Love. A Pastoral Essay". *Chalmers,* 14, S. 569–571.

1725 William Pattison. "The Jealous Shepherd: A Pastoral". *Anderson,* 8, S. 556f.

1726 (u. früher) Abel Evans. "Six Pastorals. From Original MSS". *J. Nichols's Select Collection of Poems.* London, 1780. Bd. 5, S. 86–143.

1726/27 William Broome. "Daphnis and Lycidas. A Pastoral"; "A Pastoral, To a Young Lady, upon her Leaving, and Return to the Country"; "The Complaint. Caelia to Damon". *Chalmers,* 12, S. 16f., S. 28 und S. 39f.

1728 Edward Howard, Earl of Suffolk. ("3 Pastorals"). *Musarum Deliciae.* London, 1728. S. 43–70.

1729 Moses Browne. *Piscatory Eclogues. An Essay to Introduce New Rules, and New Characters into Pastoral...* London, 1729.

1731 J. B - - l. "On the Holy Nativity. An Eclogue". *Gentleman's Magazine* (im folgenden zit. als *GM*), 1 (1731), S. 536f.

1732 Robert Dodsley. "Kitty. A Pastoral". *Chalmers*, 15, S. 340.
George Lord Lyttelton. "The Progress of Love, in Four Eclogues". *Chalmers*, 14, S. 167–170.

1733 "The Contest. A London Eclogue, in Imitation of the seventh Pastoral of Virgil". *GM*, 3 (1733), S. 486.
"Warbletta: A Suburbian Eclogue". *GM*, 3 (1733), S. 369–370.

1734 E--l of M--dd--x. "Strephon and Collin. A Dialogue". *GM*, 4 (1734), S. 100.
"The Billingsgate Contest. A Piscatory London Eclogue. In Imitation of the Third Eclogue of Virgil". *GM*, 4 (1734), S. 270.

1735 "Thirsis and Selina. A Pastoral Dialogue". *GM*, 5 (1735), S. 43.
W. B---d. "November. A Pastoral Elegy". *GM*, 5 (1735), S. 46.

1736 Fidelio. "Damon's Despair, on the Loss of Nisa". *GM*, 6 (1736), S. 284.

1737 S. "Harissa, or a *Bristol* Pastoral" (Inhaltsverz.). *GM*, 7 (1737), S. 570.
Sylvius. "A Pastoral, writ in the Spring". *GM*, 7 (1737), S. 627.

1739 W. C----e. "Spring, A Pastoral, from the Greek of Bion." *GM*, 9 (1739), S. 155.
"A Wapping Eclogue". *GM*, 9 (1739), S. 586f.

1740 Sarah Dixon. "Collin and Silvio. A Pastoral"; "Adrasto. A Pastoral"; "A Pastoral. Claius and Old Philemon"; "Pastoral"; "On a Dispute between Two Farmers for an Old Sow. A Pastoral"; "Pastoral. Coridon and Menalcas"; "The Complaint of the Shepherd Adrasto". *Poems on Several Occasions*. London, 1740. S. 6–8, 19f., 22–25, 62–64, 99–102, 114–118 und 171–173.
"A Pastoral". *GM*, 10 (1740), S. 313.

1742 William Bewick. "On the Death of a young Gentleman, in Imitation of the Pastoral". *Several Letters and Miscellany Poems*. Newcastle, [2]1742. S. 169–182.
William Collins. "Persian Eclogues" (2. Aufl. 1757: "Oriental Eclogues"). In: Gray and Collins, *Poetical Works*, hrsg. von Austin Lane Poole. London, 1966; [1]1919. S. 208–230.
"A Pastoral on the Spring". *GM*, 12 (1742), S. 271.

1743, publ. 1755 William Shenstone. "A Pastoral Ballad, in Four Parts. 1743"; "A Pastoral Ode, to the Hon. Sir Richard Lyttleton"; "Colemira. A Culinary Eclogue". *Chalmers*, 13, S. 298–300, S. 294f. und S. 300.

1743 Melpomene. "Cosmelia, A Pastoral". *GM*, 13 (1743), S. 266.
"Amyntas and Delia. A Pastoral Poem; On the Occasion of a Person of Distinction being call'd to the War". *GM*, 13 (1743), S. 661f.

1744 R. G---. "A Pastoral Dialogue. Address'd to a young Lady". *GM*, 14 (1744), S. 328.

1745 Thomas Blacklock. "A Pastoral On the Death of Stella"; "A Pastoral. Inscribed to Euanthe"; "A Pastoral Elegy. The Plaintive Shepherd"; "Desiderium Lutetiae; from Buchanan, An Allegorical Pastoral..."; "Philanthes: A Monody". *Chalmers*, 18, S. 196f., 197f., 198, 198–200 und 200–202.
[Thomas Warton.] "Five Pastoral Eclogues: The Scenes of which are supposed to lie among the Shepherds, oppressed by the War in Germany". *Chalmers*, 18, S. 136–141.

1746 John Dobson. "Robin. A Pastoral Elegy". *GM*, 16 (1746), S. 609.

1747 [Charlotte Ramsay (verh. Lennox)]. "A Pastoral from the Song of Solomon";
"Aminta and Delia". *Poems on Several Occasions. Written by a Young Lady.*
London, 1747. S. 1–6 und 15–19.
"A Pastoral". *GM*, 17 (1747), S. 443.
"The Accident; a Pastoral Essay". *GM*, 17 (1747), S. 489f.

1748 "A Pastoral Essay, by a young Collegian. The plan suggested by the late
Eclipse". *GM*, 18 (1748), S. 328.
"A Pastoral". *GM*, 18 (1748), S. 565.
J. W. *The Courtship. A Pastoral in Imitation of Mr. Gay.* London, 1748.

1749 Soame Jenyns. "The 'Squire and the Parson. An Eclogue". *Chalmers*, 17,
S. 614f.

1750 "Shock. An Eclogue on the much lamented Death of Miss . . . . .'s favourite
Lap-Dog". *GM*, 20 (1750), S. 37.
"The Parsons. An Eclogue" (By a Country Clergyman). *GM*, 20 (1750) S. 326.
"The Nativity of Messiah: A sacred Eclogue". *GM*, 20 (1750), S. 565f.

1751 Ophelia. "Winter. A Pastoral Dialogue". *GM*, 21 (1751), S. 84f.
Four Pastorals: Morning; Noon; Evening; and Night. Addressed to a Lady.
London, 1751.

1752 "A Pastoral Dialogue". *GM*, 22 (1752), S. 331.

1753 "A Pastoral. By a Quaker". *GM*, 23 (1753), S. 384.

1754 Ophelia. "Snaith Marsh. A Yorkshire Pastoral". *GM*, 24 (1754), S. 135.

1756 Horatio. "A Pastoral". *GM*, 26 (1756), S. 488.

1757 Mr. Barford. "The Great Shepherd. A Sacred Pastoral". In: *A Collection of
Poems in Four Volumes. By Several Hands.* London: Printed for G. Pearch,
1775, Bd. 3, S. 138–155.
Mrs. Leapor. "The Month of August"; "Mira's Picture". In: *Poems by Emi-
nent Ladies.* 2 Bde. London, 1757. Bd. 2, S. 24–26 und S. 102–104.
William Thompson. "The Milkmaid"; "The Magi. A Sacred Eclogue". *Chal-
mers*, 15, S. 25f. und S. 27.
T. F. "A Pastoral". *GM*, 27 (1757), S. 326.

1758 Dr. Fref. "Will the Ferryman, a Water Eclogue . . .". *GM*, 28 (1758), S. 280.
Dr. Thomas Scott. *The Anglers. Eight Dialogues in Verse.* London, 1758.

1759 *Daphnis and Menalcas*: A Pastoral. Sacred to the Memory of the Late General *Wolfe.* London, 1759. (Besprechung: *GM*, 29 [1759], S. 544.)
A Pastoral Elegy. London, 1759.

ca. 1760 John Cunningham. "Day. A Pastoral"; "Palemon. A Pastoral"; "Phillis:
A Pastoral Ballad"; "Pomona: A Pastoral"; "Damon and Phillis: A Pastoral
Dialogue"; "Corydon: A Pastoral"; "Content. A Pastoral"; "Corydon and
Phillis. A Pastoral". *Chalmers*, 14, S. 431f., 434f., 440f. und 443.
Richard Jago. "Ardenna. A Pastoral Eclogue. To a Lady"; "The Scavengers.
A Town Eclogue". *Chalmers*, 17, S. 310f.

1761 Robert Lloyd. "Chit-Chat. An Imitation of Theocritus. Idyll XV". *Chalmers*, 15, S. 105–108.

1762 Cornwall. "A Western Eclogue". *GM*, 32 (1762), S. 287.

1763 Charles Churchill. "The Prophecy of Famine. A Scots Pastoral". *Chalmers*,
14, S. 287–291.
John Langhorne. "Genius and Valour: A Pastoral Poem . . .". *Chalmers*, 16,
S. 419–421.

1764 Elizabeth Whateley [Mrs. Darwell]. "Delia, A Pastoral". *Original Poems on Several Occasions*. London, 1764. S. 64–67.

1765 Michael Bruce. "Daphnis. A Monody"; "Alexis. A Pastoral"; "Eclogue in the Manner of Ossian". *Anderson*, 11, S. 288f.

1766 Patricius. "Grief: A Pastoral Elegy"; "The Dying Shepherd". *GM*, 36 (1766), S. 378f. und 379.

1767 Worcester. "A Pastoral. In the Modern Style". *GM*, 37 (1767), S. 471f.

1768 Thomas Chatterton. "Eclogues"; "African Eclogues" (1770). *Chalmers*, 15, S. 381–385 und S. 451–453 sowie S. 465f.
William Jones. "Solima; an Arabian Eclogue". *Chalmers*, 18, S. 457f.
T. S., Esq.; of the Middle Temple. *Four Pastorals*. London, 1768.

1769 George Smith. *Six Pastorals*. London, 1769.

1770 John Logan. "Damon, Menalcas, and Meliboeus: an Eclogue". *Chalmers*, 18, S. 67f.
John Scott. "Oriental Eclogues"; "Moral Eclogues" (1778); "Amoebaean Eclogues" (1782). *Chalmers*, 17, S. 472–476, S. 456–458 und S. 467–472.
"Spring and Beauty; A Pastoral". *GM*, 40 (1770), S. 135f.
Dr. Smith. "A Dialogue, &c. spoken at the Commencement in the College of Philadelphia...", *GM*, 40 (1770), S. 384.

1771 Robert Anderson. "Damon; or, the Complaint". *Anderson*, 11, S. 455.

1772 Charles Jenner. *Town Eclogues*. London, 1772.
William Kenrick. *Love in the Suds; a Town Eclogue*. London, 1772.

1773 Anna Laetitia Barbauld. "A School Eclogue". *The Works*. 2 Bde. London, 1825. Bd. 1, S. 149–156.
Andrew Erskine. *Town-Eclogues*. London, 1773.
Robert Fergusson. "Pastorals"; "The Complaint. A Pastoral"; "The Decay of Friendship. A Pastoral Elegy"; "An Eclogue to the Memory of D. William Wilkie"; "An Eclogue"; "The Ghaists. A Kirk-Yard Eclogue"; "A Drink Eclogue". *The Poems*, hrsg. von M. P. McDiarmid. 2 Bde. Edinburgh/London, 1954. Bd. 2, S. 4–18, 25–28, 82–89, 141–145, 210–214.

1774 *A Pastoral Ballad In Four Parts: Admiration, Hope, Disappointment, Success*. London, 1774.

1776 Mr. Hawkins. "Colin: A Pastoral, On the Death, and in Imitation, of Mr. John Cunningham". *GM*, 46 (1776), S. 177f.
B.B.C.C. (oder B.B. aus C.C.?). "The Hay-Field. A Moral Eclogue" (Chatterton II, modernisiert). *GM*, 48 (1778), S. 327f.
B. B. "Elinor and Juga. Modernized from Rowley's Poems". *GM*, 48 (1778), S. 534.

1780 (Eyles Irwin). *Eastern Eclogues; Written during a Tour through* Arabia, Egypt ... London, 1780.

1782 William Mason. "The Dean and the Squire: A Political Eclogue". *Chalmers*, 18, S. 420–424.
H. S. "Tityrus. Meliboeus". *GM*, 52 (1782), S. 349f.

1783–84 Rev. Mr. Gregory. "American Eclogues. Eclogue I. Morning; or the Complaint"; "American Eclogues. Eclogue II. Evening; or The Fugitive". *GM*, 53 (1783), S. 1043f. und *GM*, 54 (1784), S. 45f.

1784 H. M. "The Lovers, an African Eclogue". *GM*, 54 (1784), S. 199f.

1785–1787 (Rural Calendar): "July, A Pastoral Poem"; "August. A Pastoral"; "September: A Pastoral"; "October, A Pastoral"; "November. A Pastoral"; "December. A Pastoral Poem"; "January. A Pastoral Poem"; "February. A Pastoral Poem"; "March. A Pastoral Poem"; "April. A Pastoral Poem"; "May. A Pastoral Poem"; "June. A Pastoral Poem". GM, 55 (1785), S. 641f., 818f. und 906f. sowie GM, 56 (1786), S. 155f., 888f., 982f. und S. 1074f. sowie GM, 57 (1787), S. 171f., 259f., 349f., 525f. und 716. – Vom gleichen Autor: "The Smile. A Pastoral Poem". GM, 61 (1791), S. 567.

1785–1799 "Political Eclogues". The Rolliad, in two Parts; Probationary Odes ... London, 21. Aufl., 1799.

1786 J. H. C. "Colin", GM, 56 (1786), S. 1075.
Peter Pindar [= John Wolcot]. "Bozzy and Piozzi; or, The British Biographers. A Pair of Town Eclogues"; "The Royal Bullocks. A Consolatory and Pastoral Elegy". The Works. London, 1824. S. 104–111 und S. 219.
"The Minister. An Eclogue". An Asylum for Fugitive Pieces, 2 (1786), S. 165–169.

1787 E. B. G. ("A Pastoral in imitation of Dr. Byrom"). GM, 57 (1787), S. 528.
Bob Short. The Four Seasons of the Year, to which are added: Rural Poems and Pastoral Dialogues Imitated from Mr. Gay ... London, 1787.

1790 W. Hamilton Reid. "The Shechinah, a Sacred Poem, after the Manner of Pope's Messiah". GM, 60 (1790), S. 1128f.

1792 Gentlemen of Devonshire and Cornwall. "Milon and Dametas, a Pastoral. From Gessner"; "The Caterpillar; or, the Fortunate Allusion. A Pastoral Poem"; "The Half-Peel'd Turnip, a Pastoral Ballad"; "A Pastoral Ballad"; "A Pastoral Ballad of Simplicity"; "The Cottage Girl". Poems. Bd. 2. Bath, 1792. S. 85–112.

1794 Robert Southey. "Botany-Bay Eclogues"; "English Eclogues" (1797–1803). The Poetical Works. 10 Bde. London, 1837. Bd. 2, S. 71–89 und Bd. 3, S. 2–53.
"Pastoral". GM, 64 (1794), S. 843.

1798 Samuel Taylor Coleridge. "Fire, Famine, and Slaughter. A War Eclogue". The Complete Poetical Works, hrsg. von Ernest Hartley Coleridge. 2 Bde. Oxford, 1912. Bd. 1, S. 237–240.
John Gorton. "A Congratulatory Pastoral on the Arrival of Sir Sidney Smith from his Confinement". GM, 68 (1798), S. 608.

1800 William Wordsworth. "The Idle Shepherd-Boys; or, Dungeon-Ghyll Force. A Pastoral"; "The Pet-Lamb. A Pastoral"; "The Brothers"; "Michael. A Pastoral Poem"; "The Oak and the Broom. A Pastoral". Poetical Works, hrsg. von Thomas Hutchinson, neu bearb. von Ernest de Selincourt. London, 1969; [1]1904. S. 66f., 68f., 75–80, 104–110 und 123f.
"The African Lovers". GM, 70 (1800), S. 772f.

1802 Μόσχος. "An Eclogue. Scene, Worcestershire". GM, 72 (1802), S. 159f.

1803 John Lowe, Jun. "A Serious Pastoral". Poems. Manchester, 1803. S. 12–31.

1814 George Daniel. Virgil in London; or, Town Eclogues. London, 1814.

1876 Alexander Wilson (the American Ornithologist). "Despondence – A Pastoral Ode"; "Alexis' Complaint". The Poems and Literary Prose, hrsg. von Grosart. 2 Bde. Paisley, 1876. Bd. 2, S. 262–265.

1893 John Davidson. Fleet Street Eclogues. London, 1893. – Fleet Street Eclogues, Second Series. London/New York, 1896.

d) Andere Texte

Behn, Aphra, "Oroonoko; or the Royal Slave". *Works*, hrsg. von Montague Summers. London/Stratford o. A., 1915. Bd. 5, S. 125–208.

Crabbe, George. *A Selection*, hrsg. von John Lucas. London, 1967.

Fielding, Henry. *Joseph Andrews* (Everman's Library). London/New York, 1962.

Gray, Thomas. "Poems". In: Gray and Collins, *Poetical Works*, hrsg. von Austin Lane Pool. London, 1966; [1]1919.

"The Guardian". *The British Essayists*, hrsg. von Alexander Chalmers. Bd. 16. London, 1802.

Hoole, Mr. "An Account of the Life and Writings of John Scott, Esq." In: John Scott, *Critical Essays*. London, 1785 (repr. 1969). S. I–LXXXIX.

Johnson, Samuel. *Lives of the English Poets*. 2 Bde. (World's Classics). London, 1952; [1]1906.

– – – – – – – – – –. *The Rambler* (Everyman's Library). London/New York, 1953.

Puttenham, Richard. *The Arte of English Poesie*, hrsg. von Gladys D. Willcock/ Alice Walker. Cambridge, 1936.

Pope, Alexander. *The Correspondence*, hrsg. von George Sherburn. 5 Bde. Oxford, 1956.

Spence, Joseph. *Observations, Anecdotes, and Characters of Books and Men*. Collected from Conversation, hrsg. von James M. Osborn. 2 Bde. Oxford, 1966.

Swift, Jonathan. *The Correspondence*, hrsg. von Harold Williams. 5 Bde. Oxford, 1963–1965.

Warton, Joseph. *An Essay on the Writings and Genius of Pope*. London, 1756.

2. Sekundärliteratur

Adams, Richard P. "Whitman's *Lilacs* and the Tradition of Pastoral Elegy". *PMLA*, 72 (1957), S. 479–487.

Ainsworth, Edward Gay, Jr. *Poor Collins. His Life, His Art, and His Influence.* Ithaca/London, 1937.

Alpers, Paul. "The Eclogue Tradition and the Nature of Pastoral". *College English*, 34 (1972), S. 352–371.

Appleton, William W. *A Cycle of Cathay. The Chinese Vogue during the Seventeenth and Eighteenth Centuries.* New York, 1951.

Arthos, John. *The Language of Natural Description in Eighteenth-Century Poetry.* New York, 1966; [1]1949.

Atkinson, Dorothy F. "The Pastorella Episode in *The Faerie Queene*". *PMLA*, 59 (1944), S. 361–372.

Ball, F. Elrington. *Swift's Verse. An Essay.* London, 1929.

Baskervill, C. R. "The Early Fame of *The Shepheards Calender*". *PMLA*, 28 (1913), S. 291–313.

Bate, Walter Jackson. *From Classic to Romantic. Premises of Taste in Eighteenth-Century England.* New York, 1961; [1]Cambridge, Mass., 1946.

– – – – – – – – – –. "The English Poet and the Burden of the Past, 1660–1820". *Aspects of the Eighteenth Century*, hrsg. von Earl R. Wassermann. Baltimore, 1965. S. 245–264.

Bennett, A. L. "The Principal Rhetorical Conventions in the Renaissance Personal Elegy". *SP*, 51 (1954), S. 107–126.

Böschenstein-Schäfer, Renate. *Idylle*. Stuttgart, 1967.

Bolgar, R. R. *The Classical Heritage and its Beneficiaries*. Cambridge, 1958; ¹1954.

Bourgery, A. "Les Bucoliques de Virgile dans la poésie moderne". *Revue des études latines*, 23 (1945), S. 134–150.

Bragg, Marion K. *The Formal Eclogue in Eighteenth-Century England* (Univ. of Maine Studies. 6, 2nd Series). Orono, Maine, 1926.

Briggs, Asa. *How They Lived*. Bd. 3. *An Anthology of original documents written between 1700 and 1815*. Oxford, 1969.

Brinkmann, Richard (Hrsg.). *Begriffsbestimmungen des literarischen Realismus* (Wege der Forschung. 212). Darmstadt, 1969.

Broich, Ulrich. *Studien zum komischen Epos. Ein Beitrag zur Deutung, Typologie und Geschichte des komischen Epos im englischen Klassizismus 1680–1800*. Tübingen, 1968.

Brower, Reuben A. *Alexander Pope. The Poetry of Allusion*. London/Oxford/New York, 1968; ¹1959.

Bush, Douglas. *Mythology and the Renaissance Tradition in English Poetry*. Überarb. Ausg. New York, 1963; ¹Minneapolis/London, 1932.

– – – – – – – – – –. *Mythology and the Romantic Tradition in English Poetry*. New York, 1963; ¹1937.

Carnall, Geoffrey. *Robert Southey* (Writers and their Work. 176). London, 1964.

Carrara, Enrico. *La Poesia pastorale* (Storia dei Generi Letterari Italiani). Milano, 1909.

Chalker, John. *The English Georgic. A Study in the Development of a Form*. London, 1969.

Chambers, Edmund K., Sir. "Introduction". *English Pastorals*. London, 1906. S. XV–XLVIII.

Clark, Donald B. *Alexander Pope* (Twayne's English Authors Series. 41). New York, 1967.

Comparetti, Domenico. *Virgil in the Middle Ages*, übers. von E. F. M. Benecke. London, 1895.

Congleton, J. E. *Theories of Pastoral Poetry in England. 1684–1798*. Gainesville, 1952.

Cory, Herbert E. "The Golden Age of the Spenserean Pastoral". *PMLA*, 25 (1910), S. 241–267.

– – – – – – – – – –. "Spenser, Thomson, and Romanticism". *PMLA*, 26 (1911), S. 51–91.

Danby, John F. *William Wordsworth: The Prelude and Other Poems* (Studies in English Literature. 10). London, 1963.

Davis, Rose. *The Good Lord Lyttelton. A Study in Eighteenth Century Politics and Culture*. Bethlehem, USA, 1939.

Dobrée, Bonamy. *English Literature in the Early Eighteenth Century. 1700–1740* (The Oxford History of English Literature. VII). Oxford, 1959.

– – – – – – – – – –. "Nature Poetry in the Early Eighteenth Century". *Essays & Studies*, NS, 18 (1965), S. 13–33.

Draper, John W. *The Funeral Elegy and the Rise of English Romanticism*. London, 1967; ¹1929.

Draper, R. P. *Shakespeare and the Pastoral*. Ph. D. Thesis Nottingham, 1953.

Durling, Dwight L. *Georgic Tradition in English Poetry*. Port Washington, N.Y., 1964; [1]1935.

Durrant, Geoffrey. *William Wordsworth* (British Authors). Cambridge, 1969.

Eliot, T. S. "Poetry in the Eighteenth Century". *From Dryden to Johnson* (Pelican Guide to English Literature. 4), hrsg. von Boris Ford. Harmondsworth, 1957. S. 271–277.

Elledge, Scott (Hrsg.). *Milton's Lycidas. Edited to Serve as an Introduction to Criticism*. New York/London, 1966.

Ellis, William D., Jr. "Thomas D'Urfey, the Pope-Philips Quarrel, and *The Shepherd's Week*". *PMLA*, 74 (1959), S. 203–212.

Empson, William. *Some Versions of Pastoral*. London, 1950; [1]1935.

Fairclough, Henry Rushton. *Love of Nature among the Greeks and Romans*. New York, 1963.

Forsgren, Adina. *John Gay, Poet "of a Lower Order". Comments on His Rural Poems and Other Early Writings*. Stockholm, 1964.

Forsythe, R. S. "*The Passionate Shepherd*; and English Poetry". *PMLA*, 40 (1925), S. 692–742.

Garrod, H. W. *Collins*. Oxford, 1928.

Gibbs, Lewis. *The Admirable Lady Mary. The Life and Times of Lady Mary Wortley Montagu (1689–1762)*. London, 1949.

Goldmann, Lucien. „Der genetische Strukturalismus in der Literatursoziologie". *Marxistische Literaturkritik*, hrsg. von Viktor Žmegač. Frankfurt a. M., 1972. S. 59–75.

Greenlaw, Edwin A. "The Shepheards Calender". *PMLA*, 26 (1911), S. 419–451.

Greg, Walter W. *Pastoral Poetry and Pastoral Drama. A Literary Inquiry, with Special Reference to the Pre-Restoration Stage in England*. London, 1906.

Groom, Bernard. *The Unity of Wordsworth's Poetry*. London/New York, 1960.

Haight, Gordon S. "The Author of 'the Address' in Quarles' *Shepheards Oracles*". *MLN*, 59 (1944), S. 118–120.

Hall, Henry Marion. *Idylls of Fishermen. A History of a Literary Species* (Columbia Studies in Comparative Literature). New York, 1912.

Halsband, Robert. *The Life of Lady Mary Wortley Montagu*. Oxford, 1956.

Hanford, James Holly. "The Pastoral Elegy and Milton's *Lycidas*". *PMLA*, 25 (1910), S. 403–447.

Harrison, Thomas Perrin, Jr. (Hrsg.) / Harry Joshua Leon (Übers.). *The Pastoral Elegy. An Anthology*. Austin, Texas, 1939.

Harrison, T. P., Jr. "Spenser, Ronsard, and Bion. *MLN*, 49 (1934), S. 139–145.

Hartman, Geoffrey H. *Wordsworth's Poetry. 1787–1814*. New Haven/London, 1964.

Havens, Raymond D. "Romantic Aspects of the Age of Pope". *PMLA*, 27 (1912), S. 297–324.

––––––––––. *The influence of Milton on English Poetry*. Cambridge, 1922.

––––––––––. "Thomas Warton and the Eighteenth-Century Dilemma". *SP*, 25 (1928), S. 36–50.

––––––––––. "Changing Taste in the Eighteenth Century. A Study of Dryden's and Dodsley's Miscellanies". *PMLA*, 44 (1929), S. 501–536.

Heath-Stubbs, John. *The Pastoral*. London, 1969.

Heninger, Simeon K. "The Renaissance Perversion of Pastoral". *Journal of the History of Ideas*, 22 (1961), S. 254–261.

Highet, Gilbert. *The Classical Tradition. Greek and Roman Influences on Western Literature*. Oxford, 1951; ¹1949.

Hughes, Merrit Y. "Spenser and the Greek Pastoral Triad". *SP*, 20 (1923), S. 184–215.

Humphreys, A. R. "Architecture and Landscape". *From Dryden to Johnson*, hrsg. von Boris Ford. Harmondsworth, 1957. S. 420–442.

Huscher, Herbert. „Die englische Naturdichtung im Lichte der vergleichenden Literaturbetrachtung und der jüngsten Kritik". *Anglia*, 62 (1938), S. 138–172.

Irving, William Henry. *John Gay. Favorite of the Wits*. New York, 1962; ¹1940.

Jones, John A. *Pope's Couplet Art*. Athens, Ohio, 1969.

Jones, Richard F. "Eclogue Types in English Poetry of the Eighteenth Century". *JEGP*, 24 (1925), S. 33–60.

Kaufman, Paul. "The Reading of Southey and Coleridge: The Record of their Borrowings from the Bristol Library, 1793–1798". *MP*, 21 (1923/24), S. 317–320.

Kerlin, Robert Thomas. *Theocritus in English Literature*. Lynchburg, Virginia, 1910.

Kermode, Frank (Hrsg.). "Introduction". *English Pastoral Poetry. From the Beginnings to Marvell*. London, 1952. S. 11–44.

Kitchin, George. *A Survey of Burlesque and Parody in English*. New York, 1967; ¹1931.

Klingner, Friedrich. *Römische Geisteswelt*. München, ⁴1961.

Knowlton, E. C. "Pastoral in the Eighteenth Century". *MLN*, 32 (1917), S. 471–474.

----------. "The Novelty of Wordsworth's *Michael* as a Pastoral". *PMLA*, 35 (1920), S. 432–446.

----------. "Wordsworth and Hugh Blair". *Philological Quarterly*, 6 (1927), S. 277–281.

----------. "Southey's Eclogues". *Philological Quarterly*, 7 (1928), S. 231–241.

Korninger, Siegfried. *Die Naturauffassung in der englischen Dichtung des 17. Jahrhunderts*. Wien, 1956.

Lawall, Gilbert. *Theocritus' Coan Pastorals. A Poetry Book*. Cambridge, Mass., 1967.

Leishman, J. B. *Milton's Minor Poems*. London, 1969.

Lesky, Albin. *Geschichte der griechischen Literatur*. Bern/München, 2. erw. Aufl. 1963; ¹1957/58.

Levin, Harry. "What Is Realism?" *Comparative Literature*, 3 (1951), S. 193–199.

Lincoln, Eleanor Terry (Hrsg.). *Pastoral and Romance. Modern Essays in Criticism*. Englewood Cliffs, New Jersey, 1969.

Lovejoy, Arthur O. " 'Nature' as Aesthetic Norm". *MLN*, 42 (1927), S. 444–450.

----------. "The Parallel of Deism and Classicism". *MP*, 29 (1931/32), S. 281–299.

----------."The Chinese Origin of a Romanticism". *Essays in the History of Ideas* (1933), S. 99–135.

Lovejoy, Arthur O./George Boas. *Primitivism and Related Ideas*. Baltimore, 1935.

McCoy, Dorothy Schuchman. *Tradition and Convention. A Study of Periphrasis in English Pastoral Poetry from 1557–1715*. The Hague, 1965.

Mack, Maynard. "'Wit and Poetry and Pope': Some Observations on his Imagery". *Eighteenth-Century English Literature. Modern Essays in Criticism*, hrsg. von James L. Clifford. Oxford/New York, 1959. S. 21–41.

McKay, A. G. "Virgilian Landscape into Art". *Virgil*, hrsg. von D. R. Dudley. London, 1969. S. 139–160.

MacKay, L. A. "On Two Eclogues of Virgil". *Phoenix*, 15 (1961), S. 156–158.

McLane, Paul E. *Spenser's Shepheards Calender: A Study in Elizabethan Allegory*. Notre Dame, Ind., 1961.

Mantz, Harold Elmer. "Non-dramatic Pastoral in Europe in the Eighteenth Century". *PMLA*, 31 (1916), S. 421–447.

Marinelli, Peter V. *Pastoral* (The Critical Idiom. 15). London, 1971.

Mayo, Robert. "The Contemporaneity of the *Lyrical Ballads*". *PMLA*, 69 (1954), S. 486–522.

Mertner, Edgar. „Thomas Gray und die Gattung der Elegie". *Poetica*, 2 (1968), S. 326–347.

Meyer, Sam. *An Interpretation of Edmund Spenser's 'Colin Clout'*. Notre Dame, Ind., 1969.

Meyerstein, E. H. W. "Chatterton: His Significance To-day". *Essays by Divers Hands*, NS, 16 (1937), S. 61–91.

Mingay, G. E. *English Landed Society in the Eighteenth Century*. London/Toronto, 1963.

Moore, John Robert. "Gay's Burlesque of Sir Richard Blackmore's Poetry". *JEGP*, 50 (1951), S. 83–89.

Morley, Edith J. "John Cunningham, 1729–1773". *Essays by Divers Hands*, NS, 19 (1942), S. 39–52.

Murray, Gilbert. *The Classical Tradition in Poetry*. London, 1927.

Mustard, Wilfred P. "Later Echoes of the Greek Bucolic Poets". *American Journal of Philology*, 30 (1909), S. 245–283.

Nicolson, Harold. *The Age of Reason (1700–1789)*. London, 1960.

Nitchie, Elizabeth. *Vergil and the English Poets* (Columbia Univ. Studies in English and Comparative Literature). New York, 1919.

Norlin, George. "The Conventions of the Pastoral Elegy". *American Journal of Philology*, 32 (1911), S. 294–312.

Otis, Brooks. *Virgil. A Study in Civilized Poetry*. Oxford, 1963.

Panofsky, Erwin. "Et in Arcadia ego. On the Conception of Transience in Poussin and Watteau". *Philosophy and History. Essays presented to Ernst Cassirer*, hrsg. von Raymond Klibansky und H. J. Paton. New York/Evanston/London, 1963; [1]Oxford, 1936. S. 223–254.

Parker, Roscoe E. "Spenser's Language and the Pastoral Tradition". *Language*, 1 (1925), S. 80–87.

Parkes, H. B. "Nature's Diverse Laws: The Double Vision of the Elizabethans". *Sewanee Review*, 58 (1950), S. 402–418.

Parkin, Rebecca Price. *The Poetic Workmanship of Alexander Pope*. New York, 1966; [1]1955.

Parrish, Stephen Maxfield. "Dramatic Technique in the *Lyrical Ballads*". *PMLA*, 74 (1959), S. 85–97.

Perkins, David. *Wordsworth and the Poetry of Sincerity*. Cambridge, Mass., 1964.

Wolff, Erwin. „Englische Literatur im 18. Jahrhundert. Ein Forschungsbericht (1950–1960)". *Deutsche Vierteljahrsschrift,* 35 (1961), S. 280–297.

Woodhouse, A. S. P. "Milton's Pastoral Monodies". *Studies in Honor of Gilbert Norwood,* hrsg. von M. E. White (Phoenix Supplementary Volumes. 1). Toronto, 1952.

Wordsworth, Jonathan. *The Music of Humanity. A Critical Study of Wordsworth's Ruined Cottage.* London, 1969.

Wormell, D. E. W. "The Originality of the Eclogues". *Virgil,* hrsg. von D. R. Dudley. London, 1969. S. 1–26.

Yost, Calvin Daniel, Jr. *The Poetry of the Gentleman's Magazine: A Study in Eighteenth Century Literary Taste.* Diss. Philadelphia, 1936.

Young, Andrew. *The Poet and the Landscape.* London, 1962.

PERSONEN- UND SACHREGISTER

Das folgende Register erfaßt nur Personennamen aus den Bereichen Dichtung und Literaturkritik. Bei den aufgeführten Werktiteln blieben einleitende Artikel unberücksichtigt. *Kursive* Zahlen beziehen sich auf Seiten mit Werkanalysen. A hinter der Seitenzahl bedeutet, daß in einer Anmerkung auf dieser Seite Aussagen zu finden sind, die über die bloße Quellenangabe hinausgehen.